国家社会科学基金“十三五”规划2017年度教育学一般课题
“智慧型3D网络学习空间构建与应用研究”成果

智慧型3D网络学习空间构建与应用

龙艳军　李奕君 著

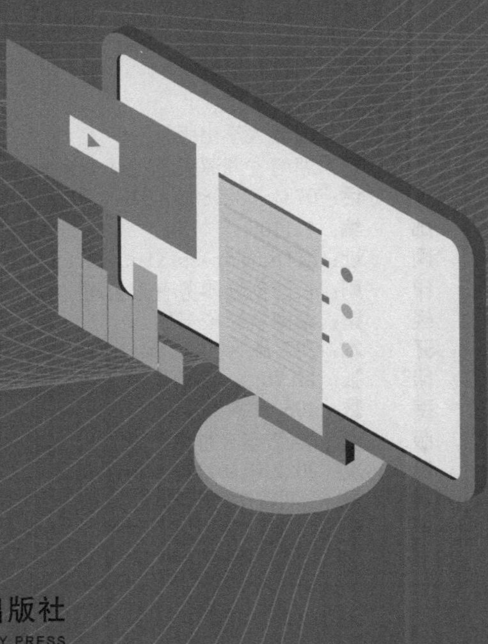

湘潭大学出版社
XIANGTAN UNIVERSITY PRESS

图书在版编目（CIP）数据

智慧型 3D 网络学习空间构建与应用 / 龙艳军，李奕君著. -- 湘潭 : 湘潭大学出版社，2022.9

ISBN 978-7-5687-0994-1

Ⅰ. ①智… Ⅱ. ①龙… ②李… Ⅲ. ①网络教学一研究 Ⅳ. ①G434

中国版本图书馆 CIP 数据核字（2022）第 258183 号

智慧型 3D 网络学习空间构建与应用

ZHIHUIXING 3D WANGLUO XUEXI KONGJIAN GOUJIAN YU YINGYONG

龙艳军 李奕君 著

责任编辑：丁立松
封面设计：文海宏远
出版发行：湘潭大学出版社
社　　址：湖南省湘潭大学工程训练大楼
电　　话：0731-58298960 0731-58298966（传真）
邮　　编：411105
网　　址：http://press.xtu.edu.cn/
印　　刷：长沙创峰印务有限公司
经　　销：湖南省新华书店
开　　本：787 mm×1092 mm 1/16
印　　张：17.75
字　　数：405 千字
版　　次：2022 年 9 月第 1 版
印　　次：2022 年 9 月第 1 次印刷
书　　号：ISBN 978-7-5687-0994-1
定　　价：68.00 元

前言

FOREWORD

网络学习空间作为教育信息化国家战略核心，近10年的普及与应用推动了其教育内涵与服务应用不断升级与优化，当前网络学习空间研究主要聚焦于社交、教学与认知等学习规律研究，缺乏对其学习机制的深度和系统探究，即学习是一种情境化环境中参与体验与探究的过程和复杂问题解决能力培养的过程，这种方式在传统的课堂教学中则难以实现，且当前主流的网络学习空间也具有局限性。而基于5G互联网、虚拟现实等新技术构建的3D虚拟学习环境正好可以突破此局限，因此，网络学习空间平台亟需转型与升级。

2018年，工信部颁发《工业和信息化部关于加快推进虚拟现实产业发展的指导意见》，对虚拟现实领域自主产权提出要求，“到2020年，我国虚拟现实产业链条基本健全，核心关键技术创新取得显著突破。”当前主流的游戏、影视、军事、教育等方面的模拟技术大多是国外技术主导，所以自主研发的3D绘制引擎是我国一个重大需求。市面已有成熟的绘制引擎，如Unreal Engine 4、Unity等，是当前在游戏、汽车、建筑工程、影视动画等领域中用于3D、VR和MR可视化体验的炙手可热的实时内容开发平台。但这类引擎所开发的应用并不完全适合在Web中进行教育类的应用。首先是这些引擎工具是桌面端的，主要是应用在游戏、影视等领域，其次是它们都具有诸如兼容性低、项目开发时间长以及需要为浏览器安装对应的插件等缺点，也没有办法完美地处理跨平台的适应问题，同时使用的门槛较高，需要专业技术人员参与以满足客户需求。

随着互联网技术的快速发展，尤其是WebGL标准提出之后，Web3D技术发展突飞猛进，大量基于Web的3D应用涌现出来，Web3D技术就是互联网与虚拟现实技术的产物，即是指基于互联网和软件技术将3D的虚拟世界在互联网上构建的桌面级虚拟现实技术。由于基于Web的使用便利性，对虚拟现实的需求正逐渐转向在互联网上建立3D的虚拟世界，Web3D技术具有二维平面技术所不可比拟的优势，配合5G互联网高速广泛的传播优势，Web3D技术有着巨大的前景和潜力，为网络学习空间的转型和升级提供了强大的技术支撑。

本书从网络学习空间平台重构与应用双视角出发，通过对网络学习空间背景及应用价值的分析，基于云计算、大数据、虚拟现实、人工智能等新一代技术重构网络学习空间平台，在实现现有网络学习空间平台功能的基础上，设计与开发了基于WebGL技术的在线3D多用户引擎和在线3D编辑器，教师借助在线3D编辑器，可创作出多人协作的3D虚拟学习环境，以构建出3D网络学习空间，并以职业教育课程教学进行实践。具体的研究从以下几个方面展开。

第一章，对网络学习空间的背景及其应用现状和理论基础进行了梳理，针对当前网络学习空间平台存在的不足以及网络学习空间建设与应用研究缺失等问题，探索利用新一代信息技术构建网络学习空间平台的技术、方法和途径。

第二章，重构网络学习空间需要使用云计算、大数据、人工智能、虚拟现实、5G移动通信等相关技术的支持，对重构网络学习空间平台与应用的支撑技术进行了探析，并对重构网络学习空间的价值进行了探讨。

第三章，网络学习空间的规划、设计与应用需要相关理论基础的支撑，理论指导实践，从学习理论、学习环境设计理论和活动理论等理论中，为网络学习空间重构奠定理论基础。

第四章，使用新一代信息技术重构网络学习空间平台，从整体框架、技术构成、网络学习空间平台功能等方面进行了全面介绍，网络学习空间具备了主流2D网络学习空间平台的功能，也设计开发了一套面向师生使用的3D虚拟学习环境开发系统，借助该系统，师生可创作出3D虚拟学习环境，改变了传统的优质教学内容的创作模式，拓展了学习时空，增强了学习环境的趣味性，为教与学开展各类活动提供无限可能。

第五章，微课是网络学习空间中重要的学习资源。从微课拍摄环境布置、制作工具使用等技术开发角度介绍了微课设计与开发，并重点介绍了Focusky和Camtasia Studio两款视频制作工具的使用以及微课实例开发，为开发高质量的微课视频教学资源打下坚实的基础。

第六章，高质量的3D虚拟学习环境设计与开发，需要遵循一定的设计理论和设计原则。从设计视角，介绍了3D虚拟学习环境的设计基础、设计要素，以及3D虚拟学习环境下支持的学习活动设计，并对3D虚拟学习环境的交互设计进行了详细阐述，为师生利用3D虚拟学习环境开发系统创作高质量的3D虚拟学习环境打下坚实的基础。

第七章，从应用的角度介绍了3D网络学习空间的建设方法，以职业教育课程教学为案例，从课程分析、资源开发、课堂教学、应用效果等方面进行了阐述，为教师利用智慧型3D网络学习空间教学提供参考。

第八章，对课题的研究做了全面总结，并对智慧型3D网络学习空间平台以及应用的过程中存在的不足之处进行阐述，平台的开发需要一个持续迭代的过程，将在今后的工作中进行不断改进和完善。最后针对网络学习空间持续建设与深入发展需要开展的工作提出了相关建议。

网络学习空间的研究与应用还处在不断发展过程中，相关的理论、模式和方法还在持续探索中，需要不断完善和优化。由于笔者水平有限，可能有不当之处，敬请大家批评指正！

龙艳军

2022年5月

目录
CONTENTS

第一章　网络学习空间研究概述 1
第一节　网络学习空间基本概述 1
第二节　网络学习空间的应用现状 4
第三节　本课题研究的主要内容 10
第二章　重构网络学习空间的新一代信息技术及其价值探求 20
第一节　重构网络学习空间的新一代信息技术 20
第二节　新一代信息技术重构网络学习空间的价值探求 45
第三章　相关学习理论基础 48
第一节　建构主义学习理论 48
第二节　情境认知学习理论 49
第三节　具身认知学习理论 50
第四节　活动理论 52
第五节　沉浸理论 53
第四章　智慧型3D网络学习空间平台设计 55
第一节　网络学习空间平台整体框架设计 55
第二节　智慧型3D网络学习空间架构组成 58
第三节　新一代信息技术重构的网络学习空间平台 69
第四节　3D虚拟学习环境开发系统 80
第五章　常用微课制作技术 147
第一节　微课制作环境准备 147
第二节　Focusky软件及实例 150
第三节　Camtasia Studio使用与实例 178
第六章　3D虚拟学习环境设计基础与活动设计 216
第一节　3D虚拟学习环境设计基础 216
第二节　3D虚拟学习环境的设计要素 225
第三节　3D虚拟学习环境中学习活动设计及实例 236

第七章　智慧型3D网络学习空间建设与应用案例......245
第一节　智慧型3D网络学习空间建设方法......245
第二节　智慧型3D网络学习空间教学案例......252
第八章　研究与展望......263
第一节　研究总结......263
第二节　研究的不足之处......266
第三节　推进网络学习空间建设与应用的建议......268
参考文献......273

第一章 网络学习空间研究概述

第一节 网络学习空间基本概述

一、网络学习空间的由来与发展

2012年9月5日，刘延东副总理在全国教育信息化工作电视电话会议上提出："十二五"期间，要以建设好"三通两平台"为抓手，也就是"宽带网络校校通、优质资源班班通、网络学习空间人人通"，建设教育资源公共服务平台和教育管理公共服务平台，简称"三通工程"，其中网络学习空间人人通是"三通工程"的核心。网络学习空间是利用现代信息技术和计算机网络构建的面向正式学习和非正式学习的虚拟空间，即网络学习空间是一种基于互联网的虚拟学习环境。"十二五"以来，我国教育信息化处于从"应用"向"融合""创新"转型升级的关键时期，以信息化引领构建以学习为中心的全新教育生态，基本建成"人人皆学、处处能学、时时可学"，并与国家教育现代化发展目标相适应的教育信息化体系远景目标，网络学习空间是构建网络化、数字化、个性化、终身化的教育体系及推动教育教学模式创新的有效途径。

2018年4月，教育部为指导基础教育、职业教育、高等教育等各级各类教育的网络学习空间构建与应用，组织专家编写了《网络学习空间建设与应用指南》，旨在推动网络学习空间的深入发展，规范网络学习空间的建设与应用，促进教学方式与学习方式变革，创新教育服务模式与管理体制机制。同一时间教育部又印发了《教育信息化2.0行动计划》，其主要任务是继续深入推进"三通两平台"建设，实现三个方面普及应用。"宽带网络校校通"实现提速增智，所有学校将全部接入互联网，网络带宽需要满足信息化教学需求，无线校园和智能设备应用逐步普及。"优质资源班班能"和"网络学习空间人人通"实现提质增效，在"课堂用、经常用、普遍用"的基础上，形成"校校用平台、班班用资源、人人用空间"的态势。网络学习空间突破了现有教育模式的时空限制与学习方法的限制，使学习资源无限丰富，教学时空得到无限延伸，借助移动智能终端设备，充分利用碎片时间，可促进教与学、教与教、学与学的全面互动，实现教与学方式的全面变革，有利于教师与学生的共同学习、共同提高，也有利于学生自主学习能力的提升，从而培养学生解决问题的能力。网络学习空间的成功实践，将对现行的以校园内学习为主的教育方式与理念产生革命性的影响，对继续教育、终身教育与学习型社会构建具有重大的现实意义。

目前，我国"三通两平台"建设正在持续和深入推进过程中，国家对其付出了巨大的财力和物力，也取得了巨大的成功，大量的网络学习空间应运而生。建设好的网络学习空间极大地推动了学习环境的变化，加速推进了教育信息化的发展。但是，由于网络技术的应用程度、教师资源开发能力、学校内部管理等方面的影响因素，当前网络学习空间的应用效果还不能令人满意。主要表现在：①网络学习空间在日常教学中的使用频率低；②当前有大量建设好的网络学习空间被“闲置”起来；③有些学校已经对网络学习空间产生了排斥等等。一些研究者指出，网络学习空间建设好了而学生不愿意使用，主要原因就是：二维平面网页枯燥单调，教学内容同质化严重，高质量的资源少之又少，难以激发学习者的学习兴趣，调动不了学习者的学习积极性，人机交互方式简单，难以做到即时反馈，学生参与感不强，学习数据记录不全，难以评价学习成效，缺乏技能培养环境，实践环节欠缺。究其原因不难发现，当前基于Web2.0技术下的网络学习空间已然步入发展的瓶颈期，二维网络技术难以支撑起学生对沉浸性学习环境、自然人机交互方式和“面对面”社会性交互的需求。

近年来，虚拟现实、扩展现实、虚拟世界、数字孪生等视觉沉浸技术，正不断从学习资源、教学组织和系统平台等方面重塑网络学习空间环境。2021年被称为元宇宙元年，元宇宙作为虚拟现实的高阶发展产物，集VR/AR/MR、5G、云计算、人工智能、学习分析等新一代信息技术于一体，将成为下一代互联网的最新形态，届时人类社会将进入一个崭新的网络时代。在线创作游戏平台Roblox认为构成元宇宙的基本要素包括身份、朋友、沉浸感、低延迟、多元化、随时随地、经济系统和文明。这八大要素将构成一个虚实融合、泛在互联、智能开放、去中心化的3D模拟世界。教育领域是元宇宙的主要应用场域，因此，元宇宙作为在线教育的新平台将重新定义网络学习空间，变革基于网络学习空间的教学模式和评价方式，支持学生的个性化学习和全面发展。在我国教育信息化深度推进的过程中，网络学习空间虽然取得了较为丰富的成果，但在教育信息化2.0时代，要想持续推动教育教学生态革新，实现智慧教育和教育现代化，网络学习空间的重构与设计意义重大。

二、网络学习空间概念与内涵

2018年4月，为贯彻《国家教育事业发展“十三五”规划》《新一代人工智能发展规划》精神，落实《教育信息化“十三五”规划》中提出的“基本建成人人可享有优质教育资源的信息化学习环境”“创新‘网络学习空间人人通’建设与应用模式，拓展信息时代教学、管理与服务方式”的要求，推动网络学习空间的深入发展，规范网络学习空间的建设与应用，促进教学方式与学习方式的变革，创新教育服务模式与管理体制机制，教育部组织专家编写了《网络学习空间建设与应用指南》，为基础教育、职业教育、高等教育等各级各类教育的网络学习空间建设与应用提供行动指南。

《网络学习空间建设与应用指南》中包含了网络学习空间的概念和内涵、建设与应用目标、原则和基本流程，以及网络学习空间的构成、个人与机构空间、公共应用服务、数据分析服务和空间安全保障等内容。指出网络学习空间是由教育主管部门或学校认定的，融资源、服务、数据为一体，支持共享、交互、创新的实名制网络学习场所。其内涵包含六个方面，具体为：

1. 网络学习空间建设与应用的根本目标是引领教育服务模式创新，促进教育体制机制变革，推动教育信息化升级转型，适应教育现代化发展要求。

2. 网络学习空间建设与应用的基本任务是提供教育应用服务，引入行业、机构等社会资源，支持教育教学模式创新，促进教育公平，提高教育教学质量。

3. 网络学习空间建设与应用的重要内容是聚合学习过程和教育管理数据，开展学情分析和学习诊断，精准评估教学效果，提供个性化学习服务，支持精细化管理和科学决策，推动人工智能在教学、管理中的应用。

4. 网络学习空间的核心属性是共享、交互、共创，基本特征是个性化、开放性、联通性和适应性。

5. 网络学习空间的基本构成包括个人空间、机构空间、集成的公共应用服务和数据分析服务等。

6. 网络学习空间建设与应用的基础是无障碍获取空间服务的网络和终端接入条件。

三、网络学习空间建设与应用目标

《网络学习空间建设与应用指南》中也明确了建设与应用目标，从重构学习环境、优化资源供给、变革教学模式、重塑评价方式、创建服务模式、提升治理水平六个方面进行了阐述。

1. 重构学习环境。建立人人皆学、处处能学、时时可学的泛在学习环境，适应信息化条件下的教与学需求，推动正式学习与非正式学习融合，实现有效支持个性化、适应性学习的智能化学习支持环境。

2. 优化资源供给。通过利用教育资源公共服务平台、企业与社会教育资源，共享智力资源等方式，汇聚适应区域教育发展需求的优质资源，缩短资源生成、进化周期，支持个性化资源推送，实现精准服务，创新资源供给模式。

3. 变革教学模式。落实以学生为中心的教育观，改变传统教育教学流程，实现线上线下相结合，支持自主、合作、探究学习，促进教学方式从以教为主向以学为主转变，从单一、被动的学习方式向多样化、个性化的学习方式转变。

4. 重塑评价方式。跟踪监测教与学全过程，由结果导向的单一评价扩展到综合性、过程性的多维度评价，实现基于数据的综合素质评价，从注重评价的筛选功能扩展到注重评价的诊断、激励与预测功能。

5. 创新服务模式。从面向群体共性需求的规模化、无差别供给，转变为面向个体定制需求的精准化、智能化、个性化、适应性供给，创新教育服务供给渠道、手段和内容，形成多元教育服务并存的良性供给模式。

6. 提升治理水平。落实立德树人根本任务，提升教育管理水平，促进教育管理业务重组、流程再造，建立智力资源共享、社会资源准入的监管评价机制，促进教育治理体系和治理能力现代化，探索体制机制改革，适应信息时代的教育发展需求。

第二节 网络学习空间的应用现状

网络学习空间是我国本土化的创新概念，国内网络学习空间的建设与应用，因政府提出的“三通两平台”建设而成为研究热点。通过走“政府主导、企业建设、学校应用”的路线，网络学习空间已经从“建设导向”转变为“应用导向”，目前已经发展到融合创新阶段。结合文献研究及有关网络学习空间应用实践的分析发现，网络学习空间正逐步与教育教学实现深度融合，成为师生学习的重要虚拟学习空间。

一、网络学习空间建设与应用情况

自2012年网络学习空间作为“三通两平台”的重要组成部分被提出后，相关研究大量涌现，网络学习空间成为广大研究者热点讨论的话题，发文量逐年递增。随着网络学习空间建设与应用的持续发展，国家政策层面的不断推进，2017—2019年呈现稳步上升态势，相关研究热度持续升温。通过对网络学习空间相关文献内容的梳理发现，无论是理论与实践层面还是宏观与微观角度，研究者在网络学习空间的发展过程中持续探索，包括网络学习空间的相关理论基础、内涵与特征、模型构建、空间分类、教学模式、行为投入、评价标准和融合创新等方面的研究。但是，基于网络学习空间进行实践应用的研究较少，当前网络学习空间的价值未被充分发掘和利用，如何深入推进网络学习空间的建设与应用，满足教育教学、决策评估等方面的需求，实现学习型社会的愿景，是当下值得思考与探索的问题。

从网络学习空间建设的实践层面看，2012年底，国家教育资源公共服务平台正式上线运行，为全国教育机构、师生及家长提供优质数字教育资源服务和实名制网络学习空间，具体开通空间数量统计如表1所示。截至2019年底，全国各级各类教育师生网络学习空间开通数量已达10 397万个，首次破一亿个。据教育部的教育信息化和网络安全工作月报显示，截至2020年5月底，我国教育资源公共服务平台已开通学校空间41万个、教师空间1 349万个、学生空间651万个、家长空间593万个，体系空间登录总数994.6万人次、应用访问2.96亿人次，月活跃用户0.65亿人。从2014年5月—2020年5月，国家教育资源公共服务平台上开通的教师空间、学生空间和家长空间由一开始的117.5万增长至2 593万，这一组数字增长值的背后离不开教育界各方的努力。然而，相较于“网络学习空间人人通”的目标仍存在一定的距离，部分空间的师生开通率并未达到100%，家长空间的开通比例较低。此外，表1-1中的数据仅是基于国家教育资源公共服务平台进行统计，并非囊括全部平台开通空间的数量。从表中空间开通的增长率可以发现，空间开通率逐年下降，在一定程度说明了除了国家教育资源公共服务平台外，可能衍生出不少通过区域或学校自建、校企合建、企业建设等途径而建设的平台。截至2020年5月，国家教育资源公共服务平台的空间开通数量如表1-1所示。

表1–1 国家教育资源公共服务平台的空间开通数量

年月	教师空间	学生空间	家长空间	合计空间	同比增长
2020.5	1 349万	651万	593万	2 593万	3.8%
2019.5	1 314万	615万	569万	2 498万	7.5%
2018.5	1 221万	580万	522万	2 323万	16.2%
2017.5	1 058万	505万	437万	2 000万	62.1%
2016.5	512万	387万	335万	1 234万	69.2%
2015.5	361万	189万	179万	729万	479.5%
2014.5	16.1万	88.1万	21.6万	125.8万	221.9%
2013.5	3.08万	18.16万	17.84万	39.08万	

二、网络学习空间存在的一些问题

教育信息化在我国相关部委的大力推动下，网络学习空间的建设与应用得到了前所未有的发展，但在具体的建设和应用中仍然存在着一些亟需解决的问题。

1. 对网络学习空间内涵的认识不统一

自网络学习空间概念提出以来，虽然在研究领域和应用领域均受到广泛的重视，但对其认识并不统一。在其内涵界定方面，目前主要存在两种观点。其中一种观点认为网络学习空间是基于网络环境而开展学习的“平台”。如网络学习空间是基于一定的学习支撑服务平台，为每个学习者提供私有的和个性化的个人学习空间以及承担公共服务功能的公共学习空间，以促进学习者学习为宗旨，是师生之间开展学习活动的虚拟场所，支持教师、学生、家长等多种角色的互动交流。另一种观点认为网络学习空间是学习的“系统”。在有关网络学习空间最新的研究中，郭绍青等人借鉴软件系统的三层架构模型，认为网络学习空间由数字教育资源、交流与对话、管理与决策三个子系统构成。网络学习空间通过与新兴技术的不断发展和交叉融合，聚合数字教育资源和智力资源，为学习者提供虚实融合的学习资源环境，实现智能个性化学习，建构信息化社会虚实一体教育新生态的教育云服务体系，具有动态性、进化性、聚合性、联通性和适应性等特点。

2. 网络学习空间以离身型空间为主

受传统的离身学习环境观的影响，教师为顺利完成教学任务与教学目标，将网络学习空间作为师生开展学习活动、产生学习行为、接收相关学习知识、应用所学知识和技能的虚拟场所和背景。因此，教师在网络学习空间的构建中，为学生的学习提供了丰富的学习资源和技术支持工具，但这些资源、环境和工具的设计忽视了学习者的身体及情感在学习中的重要作用。学习者在学习过程中始终游离在学习空间之外，无法将自己融入空间中与其他学习者、教师课程助教等进行紧密的互动，也难以体验到在学习空间中的具体感受和学习体验。学习者依托网络学习空间开展学习，对空间的黏性不强，很少有学习者将个人的网络学习空间整合进日常的学习之中，成为自身的私有空间，大多是仅仅依托平台开展针对某门课程的学习。课程学习结束，空间的作用便不复存在。另外，在网络学习空间的应用中，教师对营造空间的社会文化氛围重视不够。事实上，学习者“是一个活生生的、与自然环境和文化环境交互作用的有机体，他们的心智、大脑、身体和环境是一体化的系统”，正是在这种一体化的环境交互作用下，实现了认知发展的复杂、整体、动态生成过程，而现有的离身型网络学习空间则难以做到。

3. 对学生的情感参与支持不够

学习者在学习过程中的学习参与，可以分为行为参与、情感参与和认知参与三个维度。网络学习空间作为学习者在线学习的支撑环境，学习者在其中的学习参与同样也分成这三个维度。行为参与是学习者在网络学习空间中进行学习的具体行为表现，如登录空间的次数、在空间中的发帖次数、浏览资源的次数、学习的时长等；认知参与主要是学生在网络学习空间中进行学习时的思维活动以及对学习内容的掌握情况，如在空间中发帖内容、讨论内容的质量等；情感参与则是学生在学习过程中的情感反应，如对某个知识点的学习内容特别感兴趣，或在主题讨论中对别人针锋相对的观点表现出不满或郁闷等。在网络学习空间的实践应用中，教师对学生的行为参与、认知参与关注较多。相对而言，由于情感是隐藏在学生的行为参与和认知参与的背后，不太容易把握。因此，教师对学生的情感参与重视不足。如教师可以对学生在网络学习空间中的行为参与进行统计，也可以对学生的认知参与进行点评，却忽视了隐藏在背后的情感需求。事实上，情感参与对学生学习中的行为参与和认知参与有重要的影响，如当学习者对某个主题表现出浓烈的学习兴趣时，会很自然地投入更多的行为和认知参与其中，进而会促进对该主题的学习。如果学生在学习中的情感参与得不到回应，或某些负面的、消极的情感得不到消解，也会降低行为参与和认知参与，进而影响学习效果。

4. 二维网络技术支撑的网络学习空间出现的天花板效应

基于Web环境构建3D学习环境，也就是Web3D技术。当前，在网络学习空间中使用的Web3D应用（主要是各类虚拟仿真教学系统），这些基本大多是使用Unity3D、Flash3D、Java3D等桌面端编辑器开发的，但是它们都具有诸如兼容性低、项目开发时间长，以及需要为浏览器安装对应的插件等缺点，也没有办法完美地处理跨平台的适应问题。直到目前为止，还没有能全面解决上述问题的技术。目前3D虚拟仿真教学系统一般由企业创建，虽然开发出的3D虚拟仿真环境做到了功能强大、界面精美，但也带来了成本的高昂以及个性化的不足，学习者的学习过程难以采集或者采集到学习者的学习过程数据难以集成到网络学习空间平台，因此，难以做到对学习者的精准评价和个性化资源推送。同时，利用第三方工具开发的3D虚拟仿真学习环境大多为单用户资源，无法实现多人环境，师生也因此无法在其中开展灵活多样的、动态变化的教学活动，无法开展协作交流学习，难以实现构建学习共同体。另外，高质量的3D虚拟仿真学习环境开发一般需要教学设计者、美术人员、程序设计师等专业人员组成的设计团队参与，普通教师要开发3D虚拟学习环境，无技术团队，教师难以自主开发出符合本人教学使用的高质量课程资源。当前网络学习空间研究主要聚焦于社交、教学与认知等学习规律研究，缺乏对其学习机制的深度和系统探究，即学习是一种情境化环境中参与体验与探究的过程和复杂问题解决能力培养的过程，在传统课堂教学中难以实现，当前主流的网络学习空间也具有局限性，而基于5G互联网、虚拟现实等新技术构建的3D虚拟学习环境正好可以突破此局限，因此，二维网络技术支持的网络学习空间出现了天花板效应，网络学习空间平台亟需转型与升级。

三、网络学习空间建设与应用存在问题的主要原因

网络学习空间在建设与应用发展方面有着很多的阻碍。例如：盲目的政策推动、对网络学习空间的意识态度消极、高质量且能吸引学习者主动学习的空间资源匮乏、空间的建设体系不完善、缺乏空间应用的激励机制和有效的空间应用模式指导等。这些问题的存在极大程度地限制了网络学习空间的发展，亟需我们研究发展之策。

1. 人们对网络学习空间价值认识不够全面深刻

网络学习空间的提出，让人们看到了信息技术对教育进行变革的希望，也让更多学校奋不顾身地投入网络学习空间的建设与应用的洪流当中。当前，全国各地方的教育行政部门、各级各类的高等院校、职业院校、中小学校、信息科技公司等都在积极地推动网络学习空间的建设与应用。这些机构和企业一般都要求教师和学生在指定的网络学习空间内进行实名制注册等，这是一种强制性的要求，并没有考虑到师生对网络学习空间的看法与立场。通过研究发现，绝大多数的教师和学生对网络学习空间内涵与价值的认识还在较浅的层面上。在人工智能时代，学习、教学与教育形态将会发生革命性变革，传统的3D结构（即教师、学生、课程）将转变为新的四维结构（即学生、数字化学习环境、数字化学习资源和教学支持服务），教师将成为基于数字化环境、资源的学生学习活动的开发者、支持者、服务者和领航者。因此，教师是网络学习空间教学的引导者，他们对网络学习空间的价值认识和掌握的程度都会直接决定网络学习空间应用效果的好坏。但现实情况是，当前学校中的有些老师还不会使用网络学习空间开展教学，有些老师使用网络学习空间只是为了应付上面的检查，部分教师对网络学习空间的应用还存在着排斥态度。教师对网络学习空间认识上的不足将会直接导致学生对其认识的偏差。因此，应使师生高度重视教育信息化的发展，全面理解网络学习空间的内涵，明确其核心价值，认识其重要性。

2. 资源供给主体信息技术能力不足及高质量的空间资源匮乏

网络学习空间中课程资源的质量及数量问题会对它的应用频率和教学效率产生最直接的影响，使用网络学习空间的教师都会在网络学习空间内创建自己的课程，提供各类学习资源上传或相应的链接，以此丰富网络学习空间内容。但是，通过进入具体的网络学习空间和对学生调查后的反馈可知，教师网络学习空间内的教学资源比较繁多，有些甚至分类不够清晰，资源大多是一些从网上收集的视频资源以及将纸质教材内容数字化的内容，原创的、高质量的课程资源不多，教师过多地追求课程资源数量而忽略了质量。由于网络学习空间未做好规划以及资源分类不清楚，导致学生在大量的学习资源中寻找资源变得比较困难，使用体验欠佳，网络学习空间对学习者的自主学习并没有起到实质性的帮助。信息技术应用方面的能力会直接影响网络课程资源的

建设，教师的信息技术水平低下也同样构成了网络学习空间应用和普及的“瓶颈”。在各级各类学校中均存在着有些教师不会使用互联网、不会使用教育相关的应用软件、不会录制微视频等情况。因此，各级各类学校应重视对网络学习空间使用、课程设计、微课制作等方面的培训，提高师生信息素养。

3. 网络学习空间的建设体系不够完善

网络学习空间的建设要将其空间功能、布局结构及空间内容等关键要素进行合理的规划设计。从相关的文献研究以及实践使用中可知，网络学习空间的功能都达不到系统性和整体性，空间所提供的功能并不能很好地辅助学习者有效地学习。网络学习空间不能够深入有效地分析学习者的需求和特点、也不能对学习者进行个性化的诊断和智能反馈、以及网络学习空间中收集到的数据多用于统计分析，并没有做到对学习者的学习经历过程进行全程记录等。可见当前网络学习空间的功能应用层次偏低。在布局和整体结构上，现阶段网络学习空间中的栏目规划不清，系统后台也不能很好地辅助教师对栏目进行规划，存在栏目重复冗余，或者是栏目不全和链接混乱等问题。在网络学习空间学习资源的组织结构方面，缺乏必要的统筹和规划。网络学习空间建设体系的不完善，使当前网络学习空间的开发质量变得参差不齐。因此，网络学习空间平台设计者应该从做好整体的设计规划，支持教师端后台对前端访问界面的自动或手动拖动布局，提供相应工具为教师和学生对空间布局和组织提供支持服务。

4. 网络学习空间的应用缺乏新型教学模式作为指导

《教育信息化“十三五”规划》中指出，网络学习空间的建设重点是要着眼于教学上的应用，通过应用来促进教育的进步和学生的发展。因此，各级各类学校要拓展网络学习空间应用的范围，将网络学习空间深入应用到教育教学当中，使其成为教学的重要组成部分。通过调查了解到，部分教师不知道如何开展基于网络学习空间的教学或者网络学习空间仅仅只是用于保存视频和文档资源等。实际上，基于网络学习空间的教学与传统的课堂教学的教学设计和教学流程有很大的不同，对从教多年且年纪较大的教师们熟练使用网络学习空间是一个大的挑战，他们已经习惯了传统的教学模式，最常见的方式是利用多媒体信息呈现教学资源，使教学内容丰富生动，但这种方式仍旧是一种传统的课堂教学模式，还是没有做到以学习者为中心的教学。由于基于网络学习空间教学等新型教学模式的应用很少，这很大程度上减弱了网络学习空间的应用，影响了教学模式的创新与发展。基于网络学习空间的新型教学模式构建，与学校管理制度、教师观念、网络环境、设备条件等多方面因素影响有关。

四、推进网络学习空间建设与应用的策略

1. 提高理论水平，进一步深化对网络学习空间内涵与价值的认识

理论对实践具有指导性的作用。在当前“互联网+教育”的大背景下，教师必须要具备扎实的网络教育教学理论基础作为支撑，牢固树立在新的网络环境下以“教师为主导、学生为主体”的现代教学理念，从思想认识的深处改变传统的教育教学观念。教师还要在网络教学环境中定位好

自己的角色，做好学生网络学习空间教学当中的组织者、指导者、监控者和领航者，摒弃传统课堂教育中权威者的角色。师生对网络学习空间的认识程度和重视程度直接决定着网络学习空间的建设与应用。因此，研究认为，为提升师生对网络学习空间的理论水平及重视程度，可以开展网络学习空间、教育技术相关应用的培训，培训内容着重讲解网络学习空间的内涵、功能、价值以及网络教育教学的理论知识，使师生明确网络学习空间的地位和功能、深化对空间的共识、不断提升网络教育的理论水平、制定好网络中的教学设计和教学策略，加快推进网络学习空间的持续建设与深入应用。

2. 加强空间建设相关的技能培训，提高空间资源供给质量和应用水平

无论使用哪种网络学习空间进行教学，都对教师的课程设计能力、信息技术应用能力、教学资源设计与整合的能力等方面提出了较高的要求。教师不但要有先进的教学思想、教学理念、教学方法，在网络学习空间的教学环境下，还要有过硬的信息技术操作与应用的能力。信息技术的操作能力对网络学习空间教育应用有着多方面的影响：一方面是基于网络学习空间环境下的学习环境创造；另一方面是网络学习空间环境下教学资源的制作。因此，教师的信息技术应用能力主要应包括电脑基础知识、微课制作、课件制作、动画制作、网页设计，以及3D虚拟学习环境的设计与开发等，对于有关具体网络学习空间应用方面的培训，应包括空间注册、空间各方面的功能、空间交流等知识。培训的方式及形式要根据学校的实际情况进行安排，可通过分学科、分重点的形式对教师进行培训。

3. 强化技术支撑，对网络学习空间的建设体系进行全面升级和转型

针对网络学习空间建设体系反应出来的各种不足，我们可以从不同方面来解决。一方面，急需加快推进网络学习空间建设标准的研制工作，发布网络学习空间的建设指南，进而有效指导空间的建设与应用，目前教育部已经组织专家编写《网络学习空间建设与应用指南》，标志着网络学习空间标准化建设指导工作已经完成。另一方面，我们可以在原有的网络学习空间技术支持基础之上，融入大数据、人工智能及VR（虚拟现实）、AR（增强现实）、MR（混合现实）、XR（扩展现实）即VAM（X）–R技术，以及学习分析等关键技术，将网络学习空间的技术架构进行全面升级，构建“云+网+端”一体化的网络学习空间基础设施。其中“云”是指云计算、大数据基础设施，云计算技术和大数据技术可更有效地分析学生的需求和特点，通过使用xAPI技术规范，全过程、全方位地采集学习者的学习经历数据，形成教育大数据，借助大数据分析技术，能够实现学生个性化学习的诊断、预警和监测。“网”不仅包括原有的互联网，还需要拓展到物联网领域，融入人工智能、VAM（X）–R技术，给物体赋予智能。人工智能技术可以增强网络学习空间在智能评测、拍照搜题、智慧教育等方面的能力。借助VAM（X）–R技术，基于WebGL可开发类似于游戏引擎的工具，做出支持虚拟学习环境的开发工具，并将该工具嵌入到网络学习空间中，借助该工具可以在网络学习空间中创设逼真的虚拟学习环境、构建虚拟学习形象，实现虚拟融合打造更强的沉浸感和交互感，开展情境化教学，可有效地拓展传统课堂，使学习者在虚拟的世界中感受真实世界情境。“端”就是移动终端，使学习无处不在。它包括移动PC、智能平板、智能手机、可穿戴的传感设备及软件形式存在的应用等，可以是数据的来源，也可以是服务提供的界面。

4. 加大科研力度，促进网络学习空间教学模式的创新

大部分教师对网络学习空间都存在着共同的疑惑：如何建？如何用？这成为了建设与应用网络学习空间最大的阻碍。对此，教育研究者和各学校可以确定相关网络学习空间建设与应用的研究课题，积极发展网络学习空间环境下的教学模式的创新研究。通过模式，能够使教师更加明确基于网络学习空间的教学流程，以及在网络教学环境下师生所需要做的工作，模式对教学实践具有很高的指导作用。目前，基于网络学习空间教学的核心主要包含三个环节：课前知识传递与吸收、课上知识答疑与讨论、课后知识巩固和创新。网络学习空间的功能支撑整个教学过程，将其应用于教学过程中的功能细化为：推送学习资源、在线交流讨论、记录学习过程、分析统计数据、作业评价与共享。在课前、课中、课后阶段，教师和学生需要完成各自不同的任务以保证网络学习空间教学的成功。

第三节　本课题研究的主要内容

在我国教育信息化深度推进的过程中，网络学习空间研究和应用已经取得了较为丰富的成果，全国各地教育行政主管部门按照“普及应用、融合创新、示范推广”的原则，依托国家数字教育资源公共服务体系，组织师生开通实名制网络学习空间，不断推动网络学习空间应用普及，呈现了注册基数大、受众面广、影响面深等特点。但二维网络技术支撑的网络学习空间出现天花板效应，师生利用现有的网络学习空间难以有效开展教学活动，难以实现信息技术支持下的情境化教学和高效协作学习、难以有效利用数据分析开展多元化智能分析和综合评价等等，导致利用网络学习空间进行教学时学习者学习兴趣不高以及参与度低，学习效果不理想，总之利用现有网络学习空间开展教学已经难以实现新的突破。

云计算、大数据、人工智能、5G移动通信、虚拟现实、区块链、学习分析等新一代信息技术具有呈现手段丰富、突破时空限制、快速复制传播、全过程跟踪学习、提高精准服务等独特优势，为网络学习空间的拓展和创新提供了有力的技术支撑，为网络学习空间的新样态构建提供了新的可能和契机。在教育信息化2.0时代，要想持续推进教育理念更新、模式变革、体系重构，实现智慧教育，支撑引领教育现代化发展，使我国教育信息化发展水平走在世界前列，网络学习空间重构与设计意义重大。《智慧型3D网络学习空间构建与应用研究》（BCA170078）课题正在基于这一研究背景，利用新一代信息技术，从全新建设网络学习空间大平台、网络学习空间技术赋能、教师赋能，以及基于网络学习空间构建新型的课堂教学模式等方面开展研究。

一、利用新一代信息技术，全面重构网络学习空间大平台

本课题所设计与开发的智慧型3D网络学习空间云平台，主要是针对当前网络学习空间平台存在的痛点问题：① 主流的网络学习空间平台提供的课程内容同质化严重、形态单一。目前网络学习空间中主要以微视频、文档、动画等方式存在，且内容重复的多，精品的少。网络学习空间建设无统一的标准和模板，杂乱无章，平台众多，难以实现空间互联互通。② 3D虚拟学习环境一般由企业创建，虽然开发出的3D虚拟学习环境做到了功能强大、界面精美，但因此也带来了成本的高昂以及个性化的不足，学生的学习过程难以跟踪，采集学习者的学习过程数据难以集成到网络学习空间平台，因此，难以做到对学习者的有效评价和个性化资源推送。③ 创建3D虚拟学习的工具众多，通常利用第三方工具（如Unity3D、Quest3D、Flash3D、Virtools等）创建，在浏览器中运行时需要提供创建工具对应的插件，虽然Unity3D创建的3D虚拟学习环境可发布为浏览器直接支持WebGL格式，但其发布的文件一般较大，导致用户需要较长时间下载，在浏览器中运行不够流畅，用户体验不佳。Flash3D插件目前不被主流的浏览器支持，所开发的3D虚拟学习环境也不能在主流的浏览器中运行，因此难以实现跨平台、难以实现泛在学习。④ 目前的3D虚拟学习环境资源大多为单用户资源，师生无法在其中开展灵活多样的、动态变化的教学活动、无法开展协作交流学习，难以实现构建学习共同体。⑤ 3D虚拟学习环境一般需要教学设计者、美术人员、程序设计师等专业人员组成的设计团队，普通教师要开发3D虚拟学习环境，无技术团队，难以开发出高质量的课程资源。具有情境性、沉浸性、参与性为主要特征的3D虚拟学习环境正在成为重要的学习环境。本研究构建的智慧型3D网络学习空间云平台则是在充分分析和评估现有网络学习空间平台的基础上，利用云计算、大数据、人工智能、虚拟现实、学习分析等新一代技术构建，智慧型3D网络学习空间平台由2D在线教育系统和3D在线虚拟学习环境开发系统两大系统组成。

智慧型3D网络学习空间平台的2D在线教育系统与现有的主流网络学习空间平台功能相同，平台整体架构采用SaaS模式设计，由平台运营端、机构端、教师端、学生端等四端组成，以机构为单位，可为每个机构提供一套云端在线教育系统，在功能则实现了教、学、练、测、评生态链条功能。3D在线虚拟学习环境开发系统，是一种基于浏览器原生支持的WebGL（Web图形库）技术开发的，采用了B/S架构，嵌入到平台的教师端和学生端，主要供师生进行3D虚拟学习环境创作使用，前端提供了3D多用户底层引擎以及在线3D编辑器，支持3D虚拟学习环境模板技术（模板一般由教学设计人员、美术人员、程序设计师等跨专业组成的团队所开发），支持xAPI技术（可采集3D虚拟学习环境中学习者的学习经历数据），教师可利用现有3D虚拟学习环境模板加载到在线3D编辑器中进行二次开发或者利用在线3D编辑器中从无到有搭建3D虚拟学习环境。由于底层引擎支持多人环境，因此利用3D在线虚拟学习环境编辑与发布系统所开发的3D虚拟学习环境无需一行代码即可构建出多用户的3D虚拟学习环境。服务端可由Web服务器、存储空间（文件服务器）和数据库系统组成，可对前端用户创作的3D虚拟学习环境进行管理。

通过3D网络学习空间平台的独特设计为教育机构、教师、学生开展教与学提供功能强大、使用简便的网络学习空间，并将其应用于教学实践，通过该平台，大力地推进信息技术与教育教学的深度融合和创新，为国家教育现代化的推进尽绵薄之力。随着5G技术的不断推广应用，以虚拟现实技术为核心的多用户网络学习空间平台将会有广阔的应用前景。采用云计算、大数据、人工智能、虚拟现实、5G通信等新一代信息技术，构建“云+网+端”一体化的网络学习空间基础设施，可以充分利用个人计算机、智能平板、智能手机等多种终端开展新形态教学，使学习无处不在。

二、利用新一代信息技术，为网络学习空间赋能

网络学习空间作为技术与教育融合的一种体现，为教育发展带来新的机遇和视角。最新《地平线报告》显示，重构网络学习空间已是加速技术与教育融合发展的重要趋势。为促进教育进一步融合发展，从五个方面阐述新一代信息技术赋能网络学习空间重构。

（一）教与学的组织样态重构

信息化时代期待的学习新样态应是学习者主动学习，学习者基于个人学习经验在网络学习空间的支持下选择合适的方法开展学习活动、获得优秀教师的帮助并找到合适的学习同伴共同完成学习活动。但目前来说这种教与学新样态被认为是一种理想的教育形态，在现有常规教学条件下几乎不可能达到，而利用新一代信息技术重构的网络学习空间能够有效解决这些问题。首先，重构的网络学习空间中汇聚了优秀教师的教学智慧和典型学生的学习经验，帮助学习者关联相关学习同伴形成学习共同体。其次，重构的网络学习空间为教与学以及学习活动的开展提供了无限可能。再次，重构的网络学习空间利用VR、AR、MR、AI等新兴技术，建设了学科认知、虚拟仿真、情境感知等工具和网络课程、智能题库、数字图书馆、数字博物馆等优质资源，结合智能感知设备可以模拟出现实世界中难以达到或体验的场景、活动，可极大地增强学习者的学习体验。最后，重构的网络学习空间利用大数据、学习分析等技术构建学习者画像，依托个性化推荐系统可为学习者提供精准的个性化学习服务。

（二）人才培养新模式构建

《教育信息化2.0行动计划》提出要构建人才培养新模式，达到“三全两高一大”，即教学应用覆盖全体教师、学习应用覆盖全体适龄学生、数字校园建设覆盖全体学校，信息化应用水平和师生信息素养普遍提高，建成“互联网+教育”大平台，推动从教育专用资源向教育大资源转变、从提升师生信息技术应用能力向全面提升其信息素养转变、从融合应用向创新发展转变，努力构建“互联网+”条件下的人才培养新模式、发展基于互联网的教育服务新模式、探索信息时代教育治理新模式。

信息技术与教育教学的深度融合转变了人才培养模式，依据核心素养要求，遵循学生成长规律，以需求促发展，培养符合新时代和信息社会发展需要的、具有较高素养的创新型和智慧型人才。重构的网络学习空间可有效助力构建“互联网+”条件下的人才培养新模式，创设网络学习

空间人人皆通、处处可学的智能化学习环境，借助现实环境相同并融入多学科、多领域的3D虚拟学习环境，以情境化–问题式的教学方式，将跨领域、跨学科的知识融会贯通，实现学习者的深度学习，创新学科体系，创造智慧型教育生态场域，建立相应的素养图谱、学科知识图谱与能力图谱，通过分析学习者的数据来考核学生素养，为人才培养和学业考核量化标准提供数据支持。

（三）资源服务供给新模式建设

《教育信息化“十三五”规划》中要求“加快探索数字教育资源服务供给模式，有效提升数字教育资源服务水平与能力”。人工智能、“互联网+”等技术为汇聚名师微课、网络课程等提供了有效手段，但所汇聚的网络资源对学生个性化学习的针对性、有效性普遍偏低，主要原因在于缺乏分类、分层次的资源组织体系。重构网络学习空间下的资源服务供给方式为解决该问题提供了方法与思路。利用云计算、大数据、区块链技术为数字化教学资源提供云服务，动态组织灵活自主式的知识建构即教师根据教学内容，利用功能强大、操作简单的视频制作工具，如视频制作工具Camtasia Studio、剪影等，自主设计与开发系列微课等视频资源，利用3D虚拟学习环境开发系统开发3D虚拟学习环境，支持资源内容与结构的调整和完善，以学习者需求为导向建设、整合学习资源关系网络，利用教育大数据、学习分析等技术满足学习者个性化学习需要。同时整合优质教师教学智慧，汇聚资源制作、共享技术和教学环境配备等方面的优势力量，利用以互联网为主的多种手段均衡分配教育资源，进一步推进教育公平。

（四）智能导引个性化学习

常规教学条件下，教师无法详细了解每个学习者的学习情况，因此，难以全面、系统、精准刻画出学生学科知识体系掌握情况和能力形成程度。在人工智能时代，重构的网络学习空间为及时采集到学习者个体或群体完整的学习过程、结果和学习方式的大数据提供了切实可行的环境和手段。重构的网络学习空间依据学科知识图谱和对应能力图谱建立基于教学评价的精准化量化指标体系，按照量化标准动态跟踪、采集学习者的行为数据，实时给出学习分析报告，有针对性地为学习者推荐学习路网，以促进学习者的个性化学习；基于群体学生学习情况大数据分析出群体学生共性问题，帮助教师调整教学路径，同时推荐相应的优质教学套件和学习路网资源，为教师的教学活动提供有效支撑。

（五）促进知识深度学习

重构的网络学习空间关注基于教学资源与工具有效支持知识深度理解的途径和方法，并且建立了相应的智能支撑系统，并按照教学路径对课堂教学所需要的素材与工具、套件和路网资源等进行系统分类。重构的网络学习空间利用数据挖掘、知识发现等方法将知识的内在机理、规律呈现出来，按照知识的内在机理模拟活动过程，利用3D在线虚拟学习环境编辑与发布系统创建支持学习者体验探究的3D虚拟学习环境，开展基于情境化–问题式的教学等多种教学活动，使学习者获得真实感知的沉浸式体验，帮助学习者开展体验探究，攻克重难点，促进其深度学习。

三、利用网络学习空间为教师赋能

随着虚拟现实技术、大数据等数字技术在教育领域的应用日益广泛，利用网络学习空间开展的学习方式与教育形态正在发生革命性变革。随着教育信息化的不断推进，教师则需要积极适应未来教育与学习的变革，在教学工作中将要承担更为多样与专业的角色，具备更高更全面的专业素养。在人工智能时代，学习、教学与教育形态将会发生革命性变革，传统的由教师、学生、课程构成的3D结构将转变为新的四维结构，即学生、数字化学习环境、数字化学习资源和教学支持服务。教师将成为基于数字化环境和资源的学生学习活动开发者、支持者、服务者和领航者。在未来的学习与教育教学形态中，传统学校模式下的以教师为中心、以知识传授为主导的角色特征将逐渐被消解，未来教师的角色将被重塑，呈现出符合未来学习、教学与教育变革需要的多样性和基于学习、教学与数字技术融合的专业性。

（一）教师是学生学习过程的领航员

利用新一代信息技术支持的3D网络学习空间，学生在真实和虚拟世界中同时学习，现实世界中的教师将与3D虚拟学习环境中的虚拟学习代理人（或称为虚拟教师、智能导师等）一道承担起学习领航员与指导者的角色。为满足学习者的个性化需求，为学习者量身定制终身和基于需求的学习计划，并根据个人需求随时自动更新学习计划，教师与学生、虚拟代理人构成学习共同体，共同围绕学生的学习目标、任务与内容、方法，全程参与和指导学生的知识掌握、问题解决与知识创新过程。同时，教师将更多地依据学生个性化的学习活动及其进度，“面对面”的对其进行适配性的个别化指导，并且依据网络学习空间中所采集的学生学习过程的动态变化及时调整。当然，教师更为关注学生的认知、情感与行为等综合素养的养成，并将在学生的学习进程中同时扮演激励者的角色，鼓励学生敢于面对学习中的不确性与风险，引导学生进行基于情境–问题的探索与知识创新，激发学生潜能，培养学生的创新意识与能力。

（二）教师是学生学习的评估者

利用新一代信息技术支持的3D网络学习空间，学习者在3D虚拟学习环境中开展学习活动，对学生的学习评价，将打破知识与生活的界限，鼓励学生将知识学习与问题解决、创新能力提升结合起来，让学生运用所学知识解决实际问题，培养创新能力、问题解决能力。在评估过程中，教师将突破传统的纸笔标准化测试，借助于信息技术平台，采用观察、档案袋等多样质性评估方法，从关注简单的知识信息传授转型到促进学习者核心素养的全面发展上，多方面、多途径的全面收集学生学习与发展的数据信息，综合评估学生发展状态，重视对学生创新能力、合作能力、学习适应与社会责任等关键能力的评估，及时将信息反馈给学生，与学生一起依据评估信息调整学习进展情况。

（三）教师是学习情境的创设者

利用新一代信息技术支持的3D网络学习空间，借助3D在线虚拟学习环境开发系统，教师可以非常方便地基于真实、虚拟两种学习环境，面向以真实问题来重组教学内容，创设适应不同学习内容的3D虚拟学习情境，采用体验式、探究式、项目化等多种学习方式，创设更多的实践与动手操作机会，让学生在解决实际问题的过程中掌握知识与实践变革之间的深层联系，在积极体验中学习知识、培养能力、养成个性。在学习情境创设上，既可以基于问题创设情境，以问题研究为平台建构课堂教学，也可以创设一些开放性、生活性、现实性的教学情境，特别是从抽象、枯燥的概念学习中解放出来，走向生活，让每个学生真正感受到学习的乐趣，更有效地促进学生的学习。

（四）教师是学生发展的交流者

未来的课程，将突破学科与生活界限，着眼加强学生个体与自然、社会生活的联系，通过校内外课程资源的有效整合，学生对以知识学习为主的课程的选择，自由度将显著提高。同时还必须看到，信息技术特别是人工智能的应用固然有利于学生随时随地开展学习活动，但作为自然个体与社会个体，学生的发展是认知、情感与行为协商一致素养的综合提升，学生在社会性的学校环境中必然面临着思想与价值、学习与压力、交友与生活等多方面的困扰。从这个意义上讲，未来教师将更为重视学生在非学习领域的发展问题，更注意发挥面对面教学在意义的生成、情感的熏陶与价值的建构等方面的不可替代的作用，及时与学生交流，了解学生发展中存在的身心困惑与问题，平等、民主与学生交流，引导学生形成正确的世界观、人生观、价值观，从而引领学生跨越成长困扰，促进学生全面发展与个性发展。

（五）教师是学习资源的开发者

未来的课程教材开发、教学设计将广泛应用数字技术，学习内容将呈现出可视化、虚拟化、全息化等特征，从而促进学生的深度体验与问题学习。教师将更多地关注如何将学生的学习、教学与信息技术有效结合起来，开发出支持学生自主学习的学习资源、学习软件与平台，构筑起支持自主学习的线上线下学习网络，并能够为学生和所有在线学习者提供使用学习资源的指导。当然，教师既是学习资源的“选用者”“驾驭者”“开发者”，决定着与课程有关内容素材的识别、积累、选择、利用，将接触到的各种思想、观念等信息整合到自己的课程内容中，使之成为素材性课程资源的一部分，也是学习资源系统的管理者，通过多种途径将素材性课程资源与条件性课程资源、校内资源与校外资源，以及人力与物资等各种资源整合起来，形成一个资源系统，从而全方位地支持学习者自主、个性化、定制化的学习。

（六）教师是专业成长的自主学习者

人工智能时代，随着技术的不断发展和支持环境的不断丰富和完善，学习者进行主动式、探究式、项目化的学习方式将会越来越多。智能技术的发展促进学生学习方式向交互性、情境性、连续性转变，促进学生主动、深度与跨界学习，使学生在积极体验中学习知识、养成个性、培养能力将成为教师专业发展的一个核心导向。为了能够在瞬息万变的技术变革中成为优秀的教学工作者，教师就必须致力于成为专业成长的自主学习者。教师要能够充分了解学科发展的前沿，把握基于解决问题、创设情境所需要的跨学科知识的发展脉络与趋势，充分认识学生认知、情感与行为的发展状况并积极应对学生学习的需求与挑战。

四、利用新一代信息技术，构建基于网络学习空间的新型课堂教学模式

新一代信息技术也统称为智能技术，智能技术支持下的新型课堂教学模式，可以从多个不同的角度进行分类构建，诸如从知识学习和创新思维能力培养、课堂规模化教学和个性化学习有机结合、课程常态教学和特色学习、学科内和跨学科等不同角度构建。

（一）智能工具支持下的深度学习

疑难知识理解和复杂问题探究等活动开展的有效性直接决定着课堂教学的质量。常规条件下，很多疑难知识学习和复杂问题探究等活动难以顺利开展，利用人工智能、大数据、VR/AR等技术所研究的智能工具、虚拟仿真实验室、3D虚拟学习环境等能够很好地破解这一难题。因此，充分利用网络学习空间下的智能工具、虚拟仿真实验室、3D虚拟学习环境等，支持疑难知识理解和复杂问题探究，实现深度学习是新型课堂教学模式应着重研究的问题。常规条件下不易理解的学习内容或难以探究的问题，一般情况下，需要两种不同类别的学习支持手段或条件：①将知识以可视化的形式呈现出来，并能够通过调整相关变量改变可视化呈现，且可通过人机交互，实现知识的应用体验和系统探究。②提供丰富的相关资料，帮助理解和探究知识。对于需要精准和丰富的相关资料做支撑，才能更好地完成知识学习和探究活动的情况，要完成此目标，常规条件下是很难做到的，信息技术在这个方面恰恰能够提供很好的支持。借助“互联网+”、人工智能、虚拟现实等技术，按照科学的分类体系建立资料库，将所有相关资料汇聚在一起，并开发智能检索引擎系统，使得教师和学生能够快速、便捷、精准获得所需要的资料，并构建与现实情景逼真的3D虚拟学习环境，融入学科知识内容，有效支持知识的系统学习和问题的深入探究。对于需要将知识以可视化的形式呈现出来，才能够有利于疑难知识理解和复杂问题探究的情况，不是简单将知识以可视化形式呈现出来，就一定能够很好地解决问题的。

对于疑难知识学习而言，首先要能够可视化呈现知识的内在机理。如果存在多种变化状态的话，则需要能够交互控制各种影响因素，并可视化呈现出相应的变化样态。其次对于存在多种变化状态的情况，要能够按照教学和学习需要，便捷选择多个状态进行比较和分析，能够记录各个特殊状态特征并做比对分析。最后要能够按照知识内在机理模拟操作过程，并能够对关键学习点进行有针对性的测试和评价。

对于问题探究而言，首先需要计算仿真出探究所需要的环境和各种工具，能够根据探究方案开展探究活动，并呈现出相应的探究结果。其次是要能够记录探究活动过程，并能够对探究活动过程中的不同阶段状态进行比较分析。最后是要能够对探究活动过程进行指导和评价。在传统的课堂中如果想要按照这种课堂教学模式开展教学活动，没有相应的智能学习工具和3D虚拟学习环境等支撑手段和条件是不可能实现的。这其中，比较关键的事情是需要借助人工智能和大数据等技术，计算仿真出符合知识内在机理的动态演化过程，并利用VR/AR等技术模拟仿真出真实样态并且能够进行交互，在此基础上，研究开发3D虚拟学习环境和学科智能学习工具等。

（二）微课云课支持下的个性化学习

在传统常规条件下，教师面对全班学生，在教学过程中只能选择适合大多数学生实际情况的教学模式开展教学活动，学生不可能随时随地得到最适合自己的教师指导和帮助，因此也难以实现个性化学习。课后，当学生遇到学习困难时，更无法得到教师的个性化指导和帮助。班级统一教学情况下的个性化学习难以实现，已经成为制约教育高质量发展的瓶颈。因此，如何有效利用“互联网+”、人工智能、大数据等技术，将优秀教师、优质课程资源等按照不同学习方式，随时随地供给所有学生是智能技术支持下的新型课堂教学模式构建时需要着重解决的问题。借助新一代信息技术，能够构建出有效支持学生个性化学习的新型课堂教学模式。目前有两种切实可行的做法。一种是针对同步课堂教学中所存在的局部知识学习问题，以微课程的形式支持学生个性化学习；另一种是针对单元、阶段性及寒暑假等复习中所存在的知识梳理总结和系统应用等方面所存在的问题，以名师云课方式支持学生个性化复习。

1. 微课支持下的翻转学习

微课支持下的翻转学习，是将知识点讲授录制成微视频并上传到网络学习空间中，让学生在课前通过学习任务单的引导进行学习，使学生能够根据自己的实际情况个性化地听讲。通过课前利用微课开展个性化学习，充分利用碎片化的时间，基本上可以解决对基础知识的学习，将课堂中更多的时间用于解决更高难度或复杂问题与任务，让学生有更多的深入思考和合作学习的机会，在完成复杂问题解决的同时，培养学生创新性思维等高阶思维能力。支持翻转学习的微课建设，比较好的做法是按照学习路径体系，有针对性地分类汇聚关键知识点和问题讲解的名师智慧。微课支持下的翻转学习新型教学模式构建方向如图1-1所示。微课支持下的翻转学习应包括课前预习、启发指导、合作探究和梳理总结等环节。课前预习主要是借助微课进行自主学习，该阶段更加突出的重点内容是对本节课的相关知识点内容，学生按照自己适合的方式选择适合自己的老师进行个性化听讲。在课堂中，教师首先利用交流展示工具，分析学生课前自主学习情况，并针对共性问题进行讲解。在启发指导阶段，教师可以利用多媒体、VR/AR等技术，将抽象知识转化为直观生动的形态，并提供知识应用的虚拟场景，为探究提供必要的支撑。在合作探究阶段，通过师生互动、生生互助开展协作学习以达成问题解决，突破学习重难点。在梳理总结阶段，学生在教师和同伴的指导与帮助下再次内化知识与技能，不断重组、修改和优化自己的认知结构。

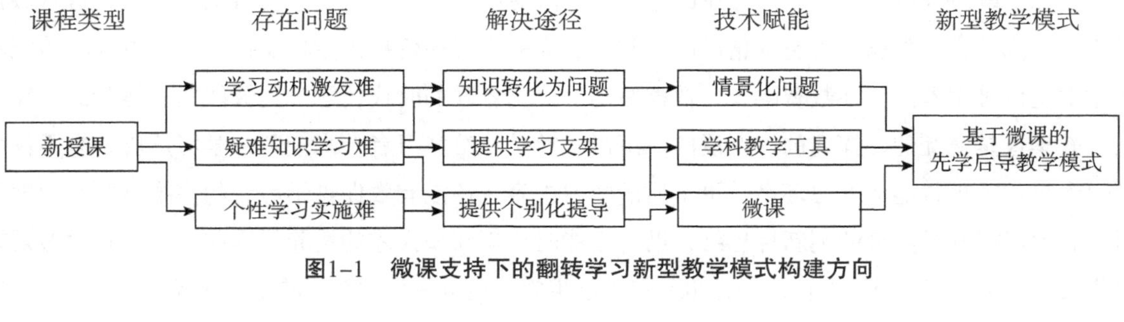

图1-1 微课支持下的翻转学习新型教学模式构建方向

2. 名师云课支持下的系统复习

课下，学生在单元及以上规模的阶段性复习中，如果遇到问题，很难找到高水平老师进行个别化辅导，而这种复习又直接决定着学生课程学习的质量。借助网络学习空间等学习环境，将最优秀的教师阶段性复习指导以名师云课的形式全面供给学生，是解决这一问题切实可行的途径和办法。名师云课支持下的系统复习新型教学模式构建方向如图1–2所示。在构建名师云课支持下的系统复习模式时，应根据学生系统学习的不同需要，分类探索适合不同情况下的系统复习个性化学习模式。应分类研究如何汇集优秀教师，精心研磨课程体系，建设适合学生专题系统提升、模拟试题精讲、学生综合素养培养等支持学生个性化复习的课程。

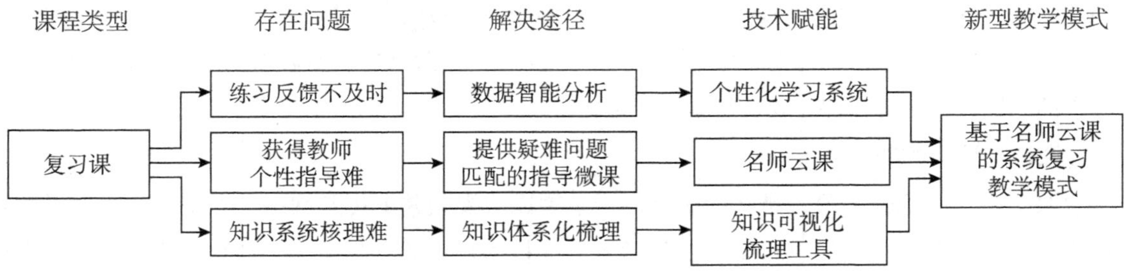

图1–2　名师云课支持下的系统复习新型教学模式构建方向

（三）3D虚拟学习环境支持下的沉浸式学习

随着虚拟现实、5G技术的快速发展，具有情境性、参与性、沉浸性特征的3D虚拟学习环境正在成为重要的学习环境。3D虚拟学习环境可以将现实中逼真的环境镜像到虚拟世界中，让学习者足不出户也能以身临其境的方式进入电脑生成的栩栩如生的学习情境，此种方式很容易诱发学习者的初始学习兴趣和学习动机，为学习者带来较强的学习沉浸感。教师利用3D虚拟学习环境开发系统等嵌入到网络学习空间平台的工具，根据课程内容，构建3D虚拟学习环境，并在3D虚拟学习环境中设定好问题情境，可在虚拟的学习环境中开展情境化–问题式、项目式、游戏化的教学活动，让学习者主动进行知识的探究，发现问题并学会逐步解决问题，最终培养学习者的创新能力和解决问题的能力。尤其是在支持多人协同的3D虚拟学习环境中，师生将在具身化、可交互的3D场景中，进行平等的、互动的交流，共同探究知识、解决问题，不断将知识内化和迁移，提升学习者综合解决问题的能力。同时在此过程中，借助xAPI技术规范将学习者的学习过程进行数据采集，形成教育大数据，为更加精准的、数据驱动的学习评价提供数据支撑，这种方式在传统的课堂中是极难做到的。在数智融合、数据驱动、万物皆联的时代，学习是智能的、体验的、在场的，教学也是交互的、探究的、沉浸的。沉浸式教学将给学习者带来全新的学习体验，它不仅为学习者提供了更智能的学习环境，更优质的学习内容，还能有效促进学习者的多维体验和深度学习；有助于提升学习者的创新性思维，助力智能时代创新型人才的培养。因此，沉浸式学习是智能化教育教学变革的重要方向之一，也是提升学生学习质量和教学效果的重要途径。

（四）大数据支持下的教学精准评价与优化

大数据支持下的教学精准评价与优化，应以学生为中心，在利用大数据对学生已有知识学习情况和学习方式情况进行分析的基础上，精准确定教学目标，科学设计教学活动流程，选择适切的教学资源与工具，实施教学活动。在教学活动过程中，应能够动态采集学生学习结果和方式大数据，适时分析学生学习情况，根据学生学习情况，动态选择合适的干预策略，调控教与学活动。基于教与学的结果和方式的大数据，建立学生学习数字画像，教师教学数字画像，实现教学的精准评价。大数据支持下教学精准评价与优化，应能够实时、动态采集多场景、全流程的学生学习结果和学习方式大数据，建立学习全过程数据档案。在课前，教师应能够充分利用大数据，精准分析个体和群体学生学习情况，了解群体学生共性学习规律，筛选出适合班级群体学生学习的共性学习路径。在课中，根据学生的学习行为表现和学习结果数据，动态监测学生学习状况，调控教学活动安排，为学生推荐个性化学习路径。在课后，基于学生学习数字画像，及时发现学生学习存在的问题，有针对性地提供个性化学习资源，安排适合的测试训练，帮助学生完成高品质个性化学习。

第二章

重构网络学习空间的新一代信息技术及其价值探求

运用云计算、大数据、虚拟现实、人工智能、5G通信、区块链等新一代信息技术促进教育变革已成为全球共识，而技术间加速融合、协同创新所形成的智能技术生态是驱动未来教育发展的关键。新一代信息技术生态以教育信息的全面感知为基础，以大数据和人工智能为动力，以虚拟现实为核心，通过跨时空、跨模态、跨组织的教育教学要素重组，以及各教育主体间可信、智能的合作，推动未来教育创新与变革。新一代信息技术生态可为跨时空的教育资源配置、多主体的教育协同治理、社会化的教育服务供给，以及智能化的教育管理和评价提供支撑，从教育环境、教育资源、教学活动、教育组织和教育管理等多个方面，系统性、结构化地重塑未来教育样态。利用新一代信息技术，从网络学习空间平台架构层面支撑网络学习空间向情境化、智慧化、个性化等方向发展，探索教育新基建建设，促进教育数字化转型。

第一节　重构网络学习空间的新一代信息技术

随着网络学习空间建设与应用的不断推进，二维网络技术支撑的网络学习空间平台出现天花板效应。以情境性、沉浸性、参与性为主要特征的3D虚拟学习环境能够极大地激发学习者的学习动机，3D虚拟学习环境典型的代表为Second Life。Second Life所构建的3D虚拟学习环境在国外教育方面的应用已经得到了广泛的认可，但在我国教育领域的应用中，由于Second Life存在着需要使用美元购买虚拟土地、客户端无中文版、不支持跨平台、访问速度慢所导致的用户体验差等因素，在国内并没有得到有效的推广应用。新一代信息技术完全具备构建基于Web环境下的3D虚拟学习环境的能力，本节将简要探讨重构网络学习空间相关的新一代信息技术，包括了云计算、大数据、人工智能、物联网、虚拟现实、5G通信、区块链、xAPI等技术，并对这些技术与教育的结合做了简要的阐述。

一、云计算

（一）云计算的定义

云计算（Cloud Computing）是一种资源交付和使用模式，可通过网络将硬件、平台、软件等

IT资源以服务的形式提供给使用者。提供资源的网络被称作“云”，“云”实际上是指具有相当大规模的网络。

广为接受的云计算定义是美国国家标准与技术研究院（NTSI）的定义：云计算是一种按使用量付费的模式，这种模式提供可用的、便捷的、按需的网络访问，进入可配置的计算资源共享池（资源包括网络，服务器，存储，应用软件，服务），这些资源能够被快速提供，只需要投入很少的管理工作，或与服务供应商进行很少的交互。

云计算的产生是IT技术进步的必然产物，是分布式计算（Distributed Computing）、并行计算（Parallel Computing）、效用计算（Utility Computing）、网络存储（Network Storage Technologies）、虚拟化（Virtualization）、负载均衡（Load Balance）等传统计算机和网络技术发展融合的后产生的“新一代的信息服务模式”。

云计算不是一种全新的网络技术，而是一种全新的网络应用概念，云计算的核心概念就是以互联网为中心，在网站上提供快速且安全的计算服务与数据存储，让每一个使用互联网的人都可以使用网络上庞大的计算资源与数据中心。云计算架构如图2-1所示。

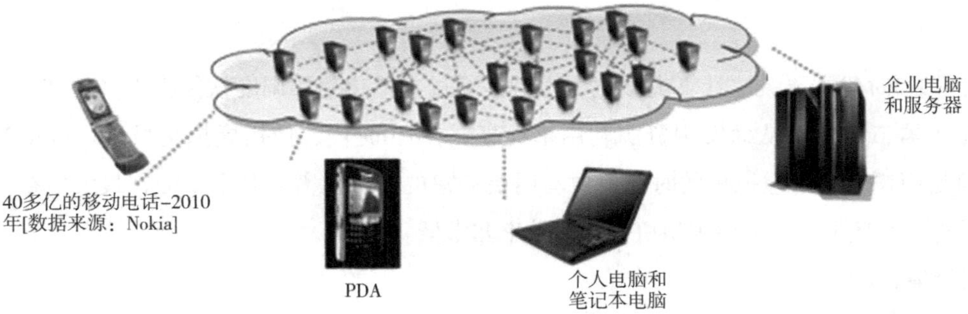

图2-1　云计算架构

（二）云计算的特性

1. 基于互联网络

云计算是通过把一台台的服务器连接起来，使服务器之间可以互相进行数据传输，同时通过网络向用户提供服务，数据就像网络上的“云”一样在不同服务器之间“飘”。

2. 按需服务

“云”的规模是可以动态伸缩的，在使用云计算服务的时候，用户所获得的计算机资源是按用户个性化需求增加或减少的，用户在此基础上对自己使用的服务进行付费。

3. 资源池化

资源池是对各种资源（如CPU资源、存储资源、网络资源）进行统一配置的一种配置机制。从用户角度看，无需关心设备型号，内部的复杂结构，实现的方法和地理位置，只需关心自己需要什么服务即可。从资源的管理者角度来看，最大的好处是资源池可以近乎无限地增减和更换设备，并且管理、调度资源十分便捷。

4. 弹性扩展

基于系统负载、使用量（波峰波谷）灵活实时或近实时分配或回收资源，在保障业务持续可用的同时兼顾IT成本。

5. 安全可靠

云计算要保证服务的可持续性、安全性、高效性和灵活性。对于提供商来说，必须采用各种冗余机制、备份机制、足够安全的管理机制和保证存取海量数据的灵活机制等，从而保证用户的数据和服务安全可靠。对于用户来说，只要支付一笔费用，即可得到供应商提供的专业级安全防护，节省大量时间与精力。

6. 资源可控

云计算提供的初衷，是让人们可以像使用水、电一样便捷地使用云计算服务，极大地方便人们获取计算服务资源，并大幅度提供计算资源的使用率，有效节约成本，使得资源在一定程度上属于“控制范畴”。

（三）云计算的发展历程

1. 云计算1.0

云计算1.0时代主要关注计算虚拟化，也就是通过虚拟化集群调度软件将更多的IT应用部署在更少的服务器节点上，从而实现资源利用率提高。在1.0时代，使用虚拟化虽然可以提升硬件利用率，但是用户在申请虚拟机的时候，要写明要创建的虚拟机需要几个CPU、最大内存、多大硬盘，然后再由管理员手动创建虚拟机，工作效率非常低。

2. 云计算2.0

云计算2.0时代主要是面向基础设施云租户和云用户实现资源服务化和管理自动化。在这个阶段，以前人工创建虚拟机、云硬盘等操作全部自动化，同时提供可选的虚拟机规格，比如对硬盘大小、CPU个数等进行了标准化定制。用户可根据需求选择虚拟机规格完成自助申请，然后只需要经管理员审批通过，用户就可以使用自己的虚拟机了。

3. 云计算3.0

到了3.0时代，云计算关注的是云原生以及业务的重构，逐步纵向扩展应用分层架构体系，向分布式无状态的架构演进。从而使得IT在支撑企业业务敏捷化、智能化，以及提升资源利用效率方面达到新的高度。

云原生是当前云计算的最新发展阶段，注重构建云原生应用以最大化使用云计算能力。Docker容器技术和Kubernetes容器集群管理技术是当前的热点。容器技术更多地用于应用交付层面，对PaaS市场产生了深远影响，主流PaaS平台已经基本都支持容器技术。

云原生定义以Kubernetes（k8s）为主，包含了容器、服务网格、微服务、不可变基础设施和声明式API等代表性技术，DevOps（开发运维）、持续交付、微服务、容器为云原生的重点技术。

云原生应用是使用云原生技术构建的、运行在云上的应用，是可弹性扩展的，具备高容错性、易管理和便于观察的松耦合系统。传统应用为了能够在云环境中运行，需要改造为云应用，再迁移到云上，这种并不能算是云原生应用。为了更好地发挥云计算的优势，在云计算3.0时代构建云原生应用已经成为了重要的技术趋势。

（四）云计算部署模式

云计算有3种部署模式：私有云、公共云和混合云。

1. 私有云

一般由一个组织来使用，同时由这个组织来运营。华为数据中心属于这种模式，华为自己是运营者，也是它的使用者，也就是说使用者和运营者是一体，这就是私有云。

2. 公共云

就如共用的交换机一样，云计算运营商去运营这个系统，但是它的用户可能是普通的大众，这就是公共云。

3. 混合云

混合云强调基础设施是由两种或更多的云组成的，但对外呈现的是一个完整的实体，企业正常运营时，把重要数据保存在自己的私有云里面（比如财务数据），把不重要的信息放在公共云里，两种云组合形成一个整体。比如说电子商务网站，平时业务量比较稳定，自己购买服务器搭建私有云运营，但到了节日促销的时候，业务量非常大，就从运营商的公共云租用服务器，来分担节日的高负荷，还可以统一调度这些资源，这样就构成了一个混合云。

（五）云计算服务类型

云计算按照服务类型大致可以分为三类：基础设施即服务、平台即服务和软件即服务。

1. 基础设施即服务（Infrastructure as a Service，IaaS）

服务提供商把计算基础（服务器、网络技术、存储和数据中心空间）作为一项服务提供给用户。它也包括提供操作系统和虚拟化技术等。在互联网的作用下，供应商将不同服务器集群后所形成的“云端”等基础设施作为基本量来为客户提供服务，其服务种类包括服务的虚拟化以及资源存储等，该服务类型属于硬件托管式，用户对供应商提供的硬件采取服务使用的方式进行。像国际上的Amazon AWS，还有国内的阿里云，都在提供LaaS服务，LaaS是实际部署最多的一种服务模式。

2. 平台即服务（Platform as a Service，PaaS）

服务提供商将软件开发环境和运行环境等以开发平台的形式提供给用户。这种方式主要是为用户提供开发软件平台以及相关研发环境为主，通过其提供的开发平台，客户能自行研发各种程序，并在互联网的作用下得到使用。用户使用PaaS的模式与SaaS具有相同之处，不同之处在于前者是开发软件的平台，而后者是应用软件的平台，比较典型的PaaS提供商有Force.com、Google－Apps Engine、Heroku和微软Azure等。在国内，一般大型的政务网和私有云中可以实现区域教育平台、区域医疗服务中心、区域公共服务等的使用。

3. **软件即服务**（Software as a Service，SaaS）

服务提供商将应用软件提供给用户，在这种模式下，应用作为一项服务托管，通过Internet提供给用户，可以帮助用户更好地管理他们的IT项目和服务，确保他们IT应用的质量和性能，监控他们的在线业务。这一模式主要是为客户提供应用软件类的服务。有关供应商将其应用软件全部共享在其“云端”服务器上，在互联网作用下，使用户享受其服务，并依据需求进行订购，费用计算以时间、数量为主，用户只要通过Web浏览器就可以获取服务。SaaS与PaaS的区别在于，使用SaaS的不是软件的开发人员，而是软件的最终用户。CRM客户关系管理、ERP企业资源计划以及其他一些常见的业务软件等都是SaaS服务，还有面向互联网用户的社交网络，如Twitter等，再有就是工具型的软件，比如邮件、杀毒、OA、中小型企业的财务软件等，未触及大型企业IT核心业务。目前，SaaS的应用最为广泛，也最为人们所熟知。

（六）云计算技术在教育中的应用

云计算技术在教育领域的影响不断深入，改变着教育的形态。教育局、中小学、高校等机构纷纷开设教育云平台、搭建智慧校园。与此同时，直播、翻转课堂、云中教室、AI双师等新模式被越来越多地应用到教学场景中，云计算技术推动教务、教学开始共同迈入数字化时代。

1. **教育资源的数字化**

在云平台上，教学不再需要人之间实体的接触。学校管理者和师生都可以在任意时刻接入互联网，接收、观看、下载或分享他们需要的教育资源。老师也可以将教材、教学课件、教学视频等资料存储到云平台上，学生通过移动终端便可轻松获取。同时，教育资源可分享的覆盖范围变得前所未有地广阔，各个学校或机构的教育资源都可以集合到一起，教育资源使用效率可获得巨大提升。

2. **教学管理的数字化**

云计算技术还可以实现教学管理的数字化。通过把各种系统、终端连接起来，实现集中化的平台管理。同时，采用跨终端数据采集、信息挖掘分析，记录学生的学习轨迹，全程追踪教学内容和授课效果，及时获悉每位学生的学习情况，同步了解到每位学生的学习状态、提供更富个性化的教学，优化教学效果。

3. **教与学的互动性**

教育云平台构建了便捷、可靠的教育网络环境，通过虚拟桌面云终端的设计方式，师生可以随时随地通过云平台实现有效交流，将师生和教育管理者从传统的教学方式中解放出来，促进教与学的全面互动。

4. **教育信息的安全性**

云平台还有一个重要的优势就是安全性。其加密和备灾的功能，可以从物理层、网络层到应用层做到实时自动化监控，保证数据安全。当设备出现故障时，将数据存储在云端，可以有效避免信息丢失。

二、大数据

大数据是一个体量特别大，数据类型特别大的数据集，并且这样的数据集无法用传统数据库工具对其内容进行抓取、管理和处理。大数据通常指无法在可承受的时间内用软硬件进行捕捉、管理和处理的数据集合，需要新处理模式才能使数据集合成为具有更强决策力、洞察发现力和流程优化能力的海量、多样化的信息资产。

（一）大数据定义

麦肯锡全球研究所给出的定义：大数据是一种规模大到在获取、存储、管理、分析方面大大超出了传统数据库软件工具能力范围的数据集合，具有海量的数据规模、快速的数据流转、多样的数据类型和价值密度低四大特征。

一般我们所说的大数据，是指无法在一定时间内用常规软件工具对其内容进行抓取、管理和处理的数据集合，是需要新处理模式才能具有更强的决策力、洞察发现力和流程优化能力来适应海量、高增长率和多样化的信息资产。大数据技术，是指从各种各样类型的数据中，快速获得有价值信息的能力。能用于处理大数据的技术包括大规模并行处理（MPP）数据库、数据挖掘电网、分布式文件系统、分布式数据库、云计算平台、互联网、可扩展的存储系统等。

（二）大数据的特征

通常用5个V（即Volume、Variety、Value、Velocity、Veracity）来概括大数据的特征。

1. 数据体量巨大（Volume，**大量**）

指数据体量巨大，从TB级别跃升到PB级别（1 PB＝1 024 TB）、EB级别（1 EB＝1 024 PB），甚至于达到ZB级别（1 ZB＝1 024 EB）。截至目前，人类生产的所有印刷材料的数据量是200 PB，而历史上全人类说过的所有的话的数据量大约是5 EB。当前，典型个人计算机硬盘的容量为TB量级，而一些大企业的数据量已经接近EB量级。

2. 数据类型繁多（Variety，**多样**）

数据类型的多样性也让数据被分为结构化数据和非结构化数据。相对于以往便于存储的以文本为主的结构化数据，非结构化数据越来越多，包括网络日志、音频、视频、图片、地理位置信息等，这些多类型的数据对数据的处理能力提出了更高的要求。

3. 价值密度低（Value，**价值**）

价值密度的高低与数据总量的大小成反比。以视频为例，一部 1 小时的视频，在连续不间断的监控中，有用数据可能仅有一两秒。如何通过强大的机器算法更迅速地完成数据的价值“提纯”，成为目前大数据背景下亟待解决的难题。

4. 处理速度快（Velocity，**高速**）

这是大数据区别于传统数据挖掘的最显著特征。数据处理遵循“ 1 秒定律”。物联网、云计算、移动互联网、车联网、手机、平板电脑、PC，以及遍布地球各个角落的各种各样的传感器，无一不是数据来源或者数据承载方式。

5. **数据真实性**（Veracity，**真实性**）

指的是数据来自于各种、各类信息系统网络以及网络终端的行为或痕迹。

（三）大数据架构

大数据主要的来源是互联网、物联网、企业应用系统数据等，大数据的处理流程是通过大数据处理系统对数据源进行数据导入（ETL、提取、转换、加载等）、数据存储（SQL和N oSQL），再经过批处理、交互处理、流处理等操作，然后进行数据挖掘（数据仓库、OLAP、商务智能等），即经过数据准备、存储管理、计算处理、数据分析、知识展现五个步骤，最后形成可视化的数据呈现给用户，大数据架构如图2-2所示。

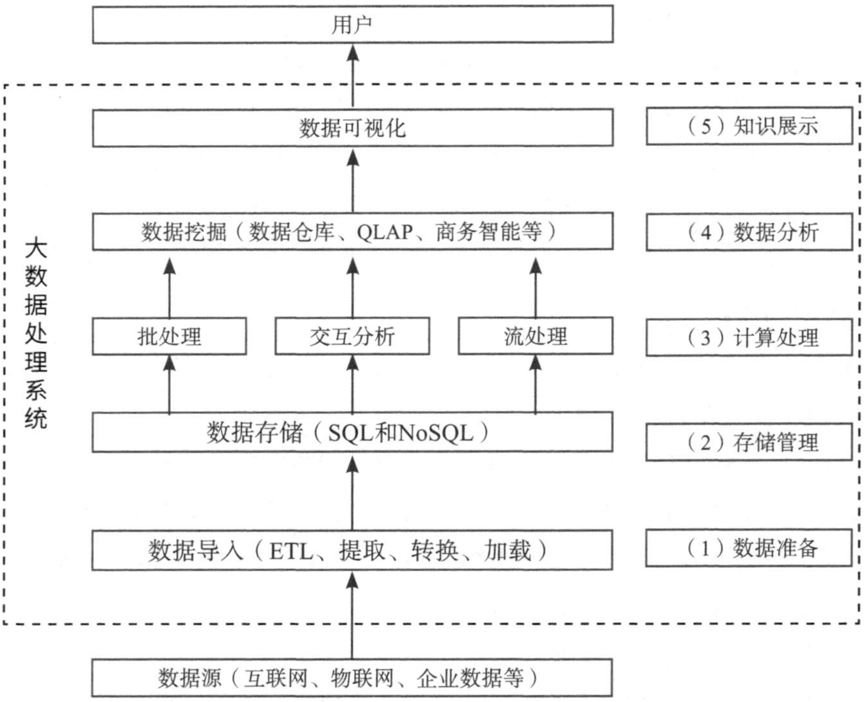

图2-2　大数据架构图

（四）大数据的关键技术

1. **分布式文件系统**（HDFS）

HDFS是一种大数据存储技术，能提供高吞吐量的数据访问，非常适合大规模数据集上的应用。在最流行的开源大数据Hadoop中，Hadoop分布式文件系统HDFS（Hadoop Distributed File System）是Hadoop项目的核心子项目，是分布式计算中数据存储管理的基础，是基于流数据模式访问和处理超大文件的需求而开发的，可以运行于廉价的商用服务器上。

2. **分布式面向列的开源数据库**（HBase）

大数据存储技术不同于一般的关系数据库，是非结构化数据存储的数据库。

3. **大数据管理技术**（MapReduce）

MapReduce，一种编程模型，主要思想是概念“Map（映射）”和“Reduce（归纳）”。大数据管理主要用了分布式并行处理技术，编程人员借助MapReduce可以在不会分布式并行编程的情况下，将自己的程序运行在分布式系统上。

4. Chukwa

用于监控大型分布式系统的数据收集系统，继承了Hadoop的可伸缩性和鲁棒性。

5. Flume

Flume是Cloudera提供的一个高可用、高可靠、分布式的海量日志采集、聚合和传输的系统Flume支持在日志系统中定制各类数据发送方，用于收集数据；同时，Flume提供对数据进行简单处理并写到各种数据接收方（可定制）的能力。

6. Kafka

Kafka是一种高吞吐量的分布式发布订阅消息系统。

7. Producer

Producer主要发布消息到Kafka broker中。

8. Consumer

消息消费者，向Kafka broker读取消息的客户端。

9. Apache Spark

Apache Spark是专为大规模数据处理而设计的快速通用的计算引擎。Spark是UC Berkeley AMP Lab（加州大学伯克利分校的AMP实验室）所开源的类Hadoop MapReduce的通用并行框架，Spark拥有Hadoop MapReduce所具有的优点；但不同于MapReduce的是——Job中间输出结果可以保存在内存中，从而不再需要读写HDFS，因此，Spark能更好地适用于数据挖掘与机器学习等需要迭代的MapReduce的算法。

Spark是一种与Hadoop相似的开源集群计算环境，但是两者之间还存在一些不同之处，这些有用的不同之处使Spark在某些工作负载方面表现得更加优越，换句话说，Spark启用了内存分布数据集，除了能够提供交互式查询外，它还可以优化迭代工作负载。

Spark是在Scala语言中实现的，它将Scala用作其应用程序框架。与Hadoop不同，Spark和Scala能够紧密集成，其中Scala可以像操作本地集合对象一样轻松地操作分布式数据集。

尽管创建Spark是为了支持分布式数据集上的迭代作业，但是实际上它是对Hadoop的补充，可以在Hadoop文件系统中并行运行。通过名为Mesos的第三方集群框架可以支持此行为。

（五）大数据与云计算

大数据需要新处理模式才能具有更强的决策力、洞察发现力和流程优化能力来适应海量、高增长率和多样化的信息资产。同样也是一种规模大到在获取、存储、管理、分析方面大大超出了传统数据库软件工具能力范围的数据集合。大数据的意义并不在于掌握庞大的数据信息，而在于对这些含有意义的数据进行专业化处理。换言之，如果把大数据比作一种产业，那么这种产业实现营利的关键，在于提高对数据的优化能力，通过优化实现数据的增值。

大数据与云计算在技术上的联系密不可分：云计算相当于我们的计算机和操作系统，将大量的硬件资源虚拟化之后再进行分配使用，大数据无法用单台的计算机进行处理，必须采用分布式架构。对海量数据进行分布式数据挖掘，必须依托云计算的分布式处理、分布式数据库和云存储、虚拟化技术。

（六）大数据在教育中的应用

1. 革新教育理念和教育思维

随着大数据时代的来临，教育大数据深刻改变着教育理念、教育思维方式。新的时代，教育领域充满了大数据，诸如学生、教师的一言一行，学校里的一切事物，都可以转化为数据。当每个在校学生都能用计算机终端学习时，包括上课、读书、写笔记、做作业、发微博、进行实验、讨论问题、参加各种活动等，这些都将成为教育大数据的来源。大数据比起传统的数字具有深刻的含义和价值。例如，对于一张试卷、一次考试，考试得分为90分，它可以是简简单单的一个传统的数字，但如果换一个角度来分析，把它作为一个数据来看待，就可以得到其背后所隐含的许多充满想象力的数据信息：可以是每一大题的得分，每一小题的得分，每一题选择了什么选项，每一题花了多少时间，是否修改过选项，做题的顺序有没有跳跃，什么时候翻卷子，有没有时间进行检查，检查了哪些题目，修改了哪些题目，等等，这些信息远远比一个90分要有价值得多。不单是考试，课堂、课程、师生互动的各个环节都渗透了这些大数据。教育将不再是靠理念和经验来传承的社会科学，大数据时代的教育将步入实证时代，变成一门实实在在的基于数据的实证科学。大数据使得教育者的思维方式发生了深刻变化，传统的教育大多是教育主管部门和教育者通过教学经验的学习、总结和继承来展开的，但是有些经验是不具有科学性的，常识有时会影响人们的判断。大数据时代将可以通过对教育数据的分析，挖掘出教学、学习、评估等符合学生实际与教学实际的情况，这样就可以有的放矢地制定、执行教育政策，制定出更符合实际的教育教学策略。

2. 实现个性化教育

大数据带来的一个变化在于为实施个性化教育提供了可能性，真正实现从群体教育的方式转向个体教育。利用大数据技术，我们可以去关注每一个学生个体的微观表现，比如，他在什么时候翻开书，在听到什么话的时候微笑点头，在一道题上逗留了多久，在不同学科的课堂上提问多少次，开小差的次数分别为多少，会向多少同班同学发起主动交流，等等。这些数据的产生完全是过程性的，包括课堂的过程、作业的过程、师生或生生互动的过程等等，是对即时性的行为与现象的记录。通过这些数据的整合能够诠释教学过程中学生个体的学习状态、表现和水平。而且这些数据完全是在学生不自知的情况下被观察、收集的，只需要一定的观测技术与设备的辅助，而不影响学生任何的日常学习与生活，因此，其采集非常自然、真实，可以获得学生的真实表现。大数据技术将给教师提供最为真实、最为个性化的学生特点信息，教师在教学过程中可以有针对性地因材施教。比如，在课堂学习过程中，哪些学生注意基础部分，哪些学生注意实践内容，哪些学生完成某一练习，哪些学生可以阅读推荐书目，等等。不仅如此，当学生在完成教师布置的作业时，也能通过数据分析强化学习。比如，通过电子设备做作业时，某一类型的题目有几次全对，就可以把类似的题目跳过；如果某个类型的题目犯错，系统则可进行多次强化，这样不仅提高了学习效率，也减轻了学生的学习负担。

3. 重新构建教学评价方式

在教学评价中利用大数据分析，可以通过技术层面来评价、分析，进而提升教学活动，从依靠经验评价转向基于数据评价。教学评价的方式不再是经验式的，而是可以通过大量数据的“归纳”，找出教学活动的规律，更好地优化、改进教学过程。比如新一代的在线学习平台，具有行为记录和学习诱导的功能。通过记录学习者鼠标的点击，可以研究学习者的活动轨迹，发现不同的人对不同知识点有何不同反应，用了多长时间，以及哪些知识点需要重复，哪些知识点需要深化等。对于学习活动来说，学习的效果体现在日常行为中，哪些知识没有掌握、哪类问题最易犯错等成为分析每个学生个体行为的直接依据。通过大数据分析，还可以发现学生思想、心态与行为的变化情况，可以分析出每个学生的特点，从而发现优点，规避缺点，矫正不良思想行为。此外，大数据通过技术手段，记录教育教学的过程，实现了从结果评价转向过程性评价。例如，基于网络学习平台或电子课本，能记录下学生完成作业情况、课堂言行、师生互动、同学交往等数据，教师在期末时将这些数据汇集起来，有了更加丰富的素材与数据依据，可以发现学生学习成长过程的特点，能对学生的发展提出建议。同时，这些数据也可以促使教师进行教学反思，自己在哪些方面需要改进，从而促进和优化教学实施过程。

三、人工智能

（一）人工智能定义

美国斯坦福大学人工智能（Artificial Intelligence, AI）研究中心尼尔逊教授给人工智能下了这样的定义：人工智能是关于知识的学科，是怎样表示知识以及怎样获得知识并使用知识的科学。从实用观点来看，人工智能是一门知识工程学：以知识为对象，研究知识的获取、知识的表示方法和知识的使用。

维基百科上对人工智能的定义是：人工智能是指由人制造出来的机器所表现出来的智能。百度百科上对人工智能的定义是：人工智能是研究、开发用于模拟、延伸和扩展人的智能的理论、方法、技术及应用系统的一门新的技术科学。维基百科上的定义简单明了，百度百科的定义更正式一些，总体来说都倾向于给人工智能一个更广义的定义，即人工智能是模仿人类但不局限于人类的一切人工制造的智能形式，包含强人工智能、弱人工智能的一切形态，它是计算机科学的一个分支。

（二）人工智能研究的主要目标和关键技术

人工智能是一门极富挑战性的学科，从事这项工作的人必须懂得计算机知识、心理学知识和哲学知识等很多领域的知识。人工智能研究的主要目标是使机器能够胜任一些通常需要人类智能才能完成的复杂工作。但不同的时代、不同的人对这种复杂工作的理解是不同的。例如繁重的科学和工程计算本来是要人脑来承担的，现在计算机不但能完成这种计算，而且能够比人脑做得更快、更准确，因此，现代人已不再把这种计算看作是“需要人类智能才能完成的复杂任务”，可见对复杂工作的定义是随着时代的变化而发展的，它一方面不断获得新的进展，一方面又转向更有意义、更加困难的目标。目前能够用来研究人工智能的主要物质手段以及能够实现人工智能技术的机器就是计算机，人工智能的发展历史是和计算机科学与技术的发展史联系在一起的。除了计算机科学以外，人工智能还涉及信息论、控制论、自动化、仿生学、生物学、心理学、数理逻辑、语言学、医学和哲学等多门学科，需要研究的主要内容包括：知识表示、自动推理和搜索方法、机器学习和知识获取、知识处理系统、自然语言理解、计算机视觉、智能机器人、自动程序设计等方面。

人工智能技术关系到人工智能产品是否可以顺利应用到我们的生活场景中。在人工智能领域，它普遍包含了机器学习、知识图谱、自然语言处理、人机交互、计算机视觉、生物特征识别几个关键技术。

1. 机器学习

机器学习主要是研究计算机怎样模拟或实现人类的学习行为，以获取新的知识或技能，重新组织已有的知识结构，能够不断完善自身的性能，达到操作者的特定要求。

2. 知识图谱

知识图谱（Knowledge Graph）是结构化的语义知识库，用于以符号形式描述物理世界中的概念及其相互关系，其基本组成单位是“实体–关系–实体”三元组，以及实体及其相关属性一值对，实体之间通过关系相互连接，构成网状的知识结构。知识图谱作为近两年大数据时代下新颖的知识组织与检索技术，其知识组织和展示的优势逐渐体现出来，受到众多领域的关注。知识图谱旨在描述现实世界中存在的实体以及实体之间的系，于2012年5月17日由Google正式提出，其初衷是为了提高搜索引擎的能力，改善用户的搜索质量以及搜索体验。随着人工智能技术的发展和应用，知识图谱逐渐成为关键技术之一，现已被广泛应用于智能搜索、智能问答、个性化推荐、内容分发等领域。

3. 自然语言处理

自然语言处理是计算机科学领域与人工智能领域中的一个重要方向，研究能实现人与计算机之间用自然语言进行有效通信的各种理论和方法，涉及的领域较多，主要包括机器翻译、机器阅读理解和问答系统等。

4. 人机交互

人机交互主要研究人和计算机之间的信息交换，主要包括人到计算机和计算机到人两部分的信息交换，是人工智能领域重要的外围技术。人机交互是与认知心理学、人机工程学、多媒体技术、虚拟现实技术等密切相关的综合学科。传统的人与计算机之间的信息交换主要依靠交互设备进行，交互设备主要包括键盘、鼠标、操纵杆、数据服装、眼动跟踪器、位置跟踪器、数据手套、压力笔等输入设备，以及打印机、绘图仪、显示器、头盔式显示器、音箱等输出设备。人机交互技术除了传统的基本交互和图形交互外，还包括语音交互、情感交互、体感交互及脑机交互等技术。

5. 计算机视觉

计算机视觉是使用计算机（包括PC及嵌入式平台）和成像设备对生物视觉的一种模拟，它的主要任务就是，通过对采集的图片或视频进行处理以获得相应场景的二维或者三维信息，从而使得计算机得以像人那样“看”到事物，理解事物，甚至根据其对事物的理解，做出一定的反应。计算机视觉研究的最终目标就是使计算机能像人那样通过视觉观察和理解世界，具有自主适应环境的能力。

6. 生物特征识别

生物特征识别技术是指通过个体生理特征或行为特征对个体身份进行识别认证的技术。从应用流程看，生物特征识别通常分为注册和识别两个阶段。注册阶段通过传感器对人体的生物表征信息进行采集，如利用图像传感器对指纹和人脸等光学信息、利用麦克风对说话声等声学信息进行采集，利用数据预处理以及特征提取技术对采集的数据进行处理，得到相应的特征进行存储。识别过程采用与注册过程一致的信息采集方式对识别人进行信息采集、数据预处理和特征提取，然后将提取的特征与存储的特征进行比对分析，完成识别。生物特征识别技术涉及的内容十分广泛，包括指纹、掌纹、人脸、虹膜、指静脉、声纹、步态等多种生物特征，其识别过程涉及图像处理、计算机视觉、语音识别、机器学习等多项技术。目前生物特征识别作为重要的智能虚拟化身份认证技术，在金融、公共安全、教育、交通等领域得到了广泛的应用。

（三）我国人工智能发展规划

《新一代人工智能发展规划》的战略目标中指出，人工智能分三步走：

第一步，到2020年人工智能总体技术和应用与世界先进水平同步，人工智能产业成为新的重要经济增长点，人工智能技术应用成为改善民生的新途径，有力支撑进入创新型国家行列和实现全面建成小康社会的奋斗目标。

第二步，到2025年人工智能基础理论实现重大突破，部分技术和应用达到世界领先水平，人工智能成为带动我国产业升级和经济转型的主要动力，智能社会建设取得积极进展。

第三步，到2030年人工智能理论、技术与应用总体达到世界领先水平，成为世界人工智能创新中心，智能经济、智能社会取得明显成效，为跻身创新型国家前列和经济强国奠定重要基础。

（四）人工智能在教育中的应用

人工智能（AI）技术极大地促进了沉浸式教学的有效实施，AI在沉浸式教学练习、学习过程、教学过程、评价与教学管理等环节，都发挥着重要作用。它可以通过优化计算机系统，增强动作与图像识别、语音识别、语言处理计算等方面的精确性，提高计算机模拟人类情感和思维的准确度。同时，在沉浸式教学过程中，人工智能还扮演着虚拟助手、虚拟教师等角色，动态而精准识别学习者的活动，作出准确的反馈，对学习者进行问题诊断，并提供智能化与个性化的辅导，大大减轻了教师的负担。

1. 个性化学习

每一个人，无论是孩子还是成年人，都有独特的思维特点和学习方式，但是老师只有一个。个性化学习就是通过收集和分析学生的学习数据，用人工智能勾勒出每个学生的学习方式和特点，然后自动调整教学内容、方式和节奏，使每个孩子都能得到最适合自己的教育。随着时间的推移，数据积累逐渐增多，人工智能也就越“聪明”，对学生学习的适应也就越精准，这样形成良性循环，效果越来越好。

2. 虚拟导师

虚拟导师其实也是一种自适应学习系统，只不过焦点在学生的课后自学和答疑，而不是课堂教学上。这个领域目前还在早期发展阶段，进一步的推动则依赖于一些关键技术的发展，如语音语意的识别，以及数据的进一步采集和分析。虚拟导师也许几年内还不能代替真人辅导，但一定会在课后辅导行业中逐渐占有一席之地。

3. 教育机器人

用机器人充当教育者的角色直接和孩子交流，已经不只属于科幻小说了。目前，一些新兴的创新公司正在开发可以成为孩子的老师和朋友的机器人。机器人在听到孩子的问题之后，可以自动连接网络寻找答案，并且通过和孩子的交流逐渐学习和了解孩子的情绪和个性。机器人和孩子交流得越多，对孩子的了解就越深。目前，机器人能够流畅交流的话题还是相对有限，需要持续开发研究。

4. 场景式教育

将虚拟现实（VR）和增强现实（AR）运用在教育中，想象空间是不可估量的，益处也是显而易见的。课堂不再局限于小小的教室、白板和PPT，而是整个宇宙。一家名为“Immersive VR Education”的VR/AR公司，他们的旗舰产品之一是“阿波罗11号VR”，用户只要带上VR眼镜，就可以“亲身”体验阿波罗11号登月的整个过程。不用多解释，这样的经历一定比老师在课堂上苦口婆心说几个小时的效果要好得多。

四、物联网

（一）物联网概念

1. 物联网的定义

物联网是指通过信息传感设备，按约定的协议，将任何物品与互联网相连接，进行信息交换和通信，以实现智能化识别、定位、跟踪、监控和管理的一种网络。

2. 物联网的含义

物联网就是物物相连的互联网。这有两层意思：其一，物联网的核心和基础仍然是互联网，是在互联网基础上延伸和扩展的网络；基二，其用户端延伸和扩展了，任何物品与物品之间进行信息交换和通信，也就是物物相息。

（二）物联网的关键技术

1. 传感器技术

这也是计算机应用中的关键技术。绝大部分计算机处理的都是数字信号。自从有计算机以来，就需要传感器把模拟信号转换成数字信号，计算机才能处理。

2. RFID标签

也是一种传感器技术，RFID技术是融合了无线射频技术和嵌入式技术为一体的综合技术，RFID在自动识别、物品物流管理有着广阔的应用前景。

3. 嵌入式系统技术

综合了计算机软硬件、传感器技术、集成电路技术、电子应用技术为一体的复杂技术。经过几十年的演变，以嵌入式系统为特征的智能终端产品随处可见：小到人们身边的MP3，大到航天航空的卫星系统。嵌入式系统正在改变着人们的生活，推动着工业生产以及国防工业的发展。如果用人体给物联网做一个简单比喻，传感器相当于人的眼睛、鼻子、皮肤等感官，网络就是神经系统用来传递信息，嵌入式系统则是人的大脑，在接收到信息后要进行分类处理。这个例子形象地描述了传感器、嵌入式系统在物联网中的位置与作用。

4. 智能技术

是为了有效地达到某种预期的目的，利用知识所采用的各种方法和手段。通过在物体中植入智能系统，可以使得物体具备一定的智能性，能够主动或被动地实现与用户的沟通，也是物联网的关键技术之一。

5. 纳米技术

是研究结构尺寸在0.1~100 nm范围内材料的性质和应用，主要包括：纳米体系物理学、纳米化学、纳米材料学、纳米生物学、纳米电子学、纳米加工学、纳米力学等。这7个相对独立又相互渗透的学科包括纳米材料、纳米器件、纳米尺度的检测与表征这3个研究领域。纳米材料的制备和研究是整个纳米科技的基础，其中，纳米物理学和纳米化学是纳米技术的理论基础，而纳米电子学是纳米技术最重要的内容。使用传感器技术就能探测到物体物理状态，物体中的嵌入式智能能够通过在网络边界转移信息处理能力而增强网络的威力，而纳米技术的优势意味着物联网当中体积越来越小的物体能够进行交互和连接。电子技术的趋势要求器件和系统更小、更快、更冷，更小是指器件和电路的尺寸要小；更快是指响应速度要快；更冷是指单个器件的功耗要小。但是更小并非没有限度，纳米技术是建设者的最后疆界，它的影响将是巨大的。纳米电子学，包括基于量子效应的纳米电子器件、纳米结构的光/电性质、纳米电子材料的表征，以及原子操纵和原子组装等。

（三）物联网架构

物联网从架构上可以分为感知层、网络层和应用层。

1. 感知层

负责信息采集和物物之间的信息传输。信息采集的技术包括传感器、条形码和二维码、RFID射频、音视频等多媒体信息；信息传输包括远近距离数据传输技术、自组织组网技术、信息处理技术、信息采集中间件技术等传感器网络。

感知层是实现物联网全面感知的核心能力，是物联网中包括关键技术、标准化方面、产业化方面亟待突破的部分，关键在于具备更精确、更全面的感知能力，并解决低功耗、小型化和低成本的问题。

其中RFID和条形码的区别在于：射频识别（RFID）技术，又称为无线射频识别，是一种通信技术，可通过无线电信号识别特定目标并读写相关数据，而无须在识别系统与特定目标之间建立机械或光学接触。

RFID具有远距离读取、高存储容量、成本高、可同时被读取、难复制、可工作于各种恶劣环境等特点；条形码具有容量小、成本低、容易被复制、构造简单、灵活实用等特点。

2. 网络层

是利用无线和有线网络对采集的数据进行编码、认证和传输，广泛覆盖的移动通信网络，是实现物联网的基础设施，是物联网三层中标准化程度最高、产业化能力最强、最成熟的部分，关键在于为物联网应用特征进行优化和改进，形成协同感知的网络。网络层可包括：互联网；有线、无线通信网；各种私有网络；网络管理系统和云计算平台；等。

3. 应用层

提供丰富的基于物联网的应用，是物联网发展的根本目标，将物联网技术与行业信息化需求相结合，实现广泛智能化应用解决方案集，关键在于行业融合、信息资源的开发利用、低成本高质量的解决方案、信息安全的保障，以及有效的商业模式的开发。各个层次所用的公共技术包括编码技术、标识技术、解析技术、安全技术和中间件技术。

（四）物联网在教育中的应用

对于任何一个发达的社会来说，提供适当的教育是非常重要的，所以最好利用最新的技术，以便学生能够有效地学习新事物。利用新技术也能够确保他们愉快和全面地学习。物联网有不同的好处，可以显著提高学习体验。下面给出了一些最大的优点。

1. 信息化教学

利用物联网建立泛在学习环境。可以利用智能标签识别需要学习的对象，并且根据学生的学习行为记录，调整学习内容。这是对传统课堂和虚拟实验的拓展，在空间和交互环节上，通过实地考察和实践，增强学生的体验。例如生物课的实践性教学中需要学生识别校园内的各种植物，可以为每类植物粘贴带有二维码的标签，学生在室外寻找到这些植物后，除了可以知道植物的名字，还可以用手机识别二维码后从教学平台上获得相关植物的扩展知识内容。

2. 教育管理

物联网在教育管理中可以用于人员考勤、图书管理、设备管理等方面。例如带有RFID标签的学生证可以监控学生进出各个教学设施的情况，以及行动路线。将RFID用于图书管理，可通过RFID标签方便地找到图书，同时在借阅图书的时候获取图书信息，而不用把书一本一本拿出来扫描。将物联网技术用于实验设备管理可以方便地跟踪设备的位置和使用状态，方便管理。

3. 智慧校园

物联网在校园内还可用于校内交通管理、车辆管理、校园安全、师生健康、智能建筑、学生生活服务等领域。例如，在教室里安装光线传感器和控制器，根据光线强度和学生的位置，调整教室内的光照度。控制器也可以和投影仪和窗帘导轨等设备整合，根据投影工作状态决定是否关上窗帘，降低灯光亮度。又如在校内有安全隐患的地区安装摄像头和红外传感器，实现安全监控和自动报警等。

五、虚拟现实

（一）虚拟现实概述

虚拟现实技术是20世纪发展起来的全新实用技术，主要分为虚拟现实（Virtual Reality，VR）、增强现实（AugmentedReality，AR）和混合现实（MixedReality，MR）三类，自亮相后旋即掀起了虚拟仿真热潮。习近平总书记在2016年G20峰会上指出：“以互联网为核心的新一轮科技和产业革命蓄势待发，人工智能、虚拟现实等新技术日新月异，虚拟经济与实体经济的结合，将给人们的生产方式和生活方式带来革命性变化”。

（二）虚拟现实的定义

虚拟现实（Virtual Reality，VR）是以计算机技术为核心的现代高科技手段生成逼真的视觉、听觉、嗅觉、味觉等一体化的3D虚拟学习环境，用户从自己的视点出发，借助特殊的输入输出设备，采用自然的方式与虚拟世界的物体进行交互，相互影响。

虚拟现实是由美国计算机科学家、VPL公司创始人杰伦·拉尼尔在20世纪80年代提出的。他指出VR是综合运用了计算机网络技术、多种传感技术、仿真技术、人工智能技术、显示技术等生成的数字化多维环境。其实质是通过多种技术的运用（计算机图形系统和各种显示及控制等接口设备），在计算机仿真生成可实时交互的3D环境，为用户提供沉浸、真实、虚实结合的使用感觉。突破性的技术和创新促进了VR在不同应用领域中的发展，经过30多年的发展，虚拟现实技术已从娱乐和模拟培训中的早期应用扩展到在航空研究、建筑、医学科学可视化、国防、教育和培训领域的应用，它在各行各业具有广泛应用前景的事实已为社会所广泛接受。

从技术性质来定义，VR是一种人机交互技术：在使用VR时，用户可以沉浸在计算机化或模拟的真实环境中，并与该模拟环境（例如驾驶舱和操作场景）进行自然交互。交互作用取决于传感器设备，并由专用的图形程序控制。

从技术设备角度出发，虚拟现实被定义为3D现实的软硬件提供环境，3D现实是通过一系列传感器设备（如头戴式显示器、数据手套等）实现的，该环境模拟了一个真实的世界，用户可以在其中通过特殊的交互设备（例如：输入系统，传感器双向发射器和目镜）来操作和控制3D虚拟学习环境。

从仿真功能上来说，虚拟现实技术是一种仿真，可使用计算机图形来创建逼真的世界，这个合成的世界不是静态的，而是实时响应用户的输入（手势、口头命令等）。这定义了虚拟现实的关键特征，即实时交互性。实时是指计算机能够检测用户输入并立即修改虚拟世界。

（三）虚拟现实技术特征

1. 沉浸性

沉浸性是虚拟现实技术最主要的特征，就是让用户成为并感受到自己是计算机系统所创造环境中的一部分，虚拟现实技术的沉浸性取决于用户的感知系统，当使用者感知到虚拟世界的刺激时，包括触觉、味觉、嗅觉、运动感知等，便会产生思维共鸣，造成心理沉浸，感觉如同进入真实世界。

2. 交互性

交互性是指用户对模拟环境内物体的可操作程度和从环境得到反馈的自然程度，使用者进入虚拟空间，相应的技术让使用者跟环境产生相互作用，当使用者进行某种操作时，周围的环境也会做出某种反应。如使用者接触到虚拟空间中的物体，那么使用者手上应该能够感受到，若使用者对物体有所动作，物体的位置和状态也应改变。

3. 多感知性

多感知性表示计算机技术应该拥有很多感知方式，比如听觉、触觉、嗅觉等等。理想的虚拟现实技术应该具有一切人所具有的感知功能。由于相关技术，特别是传感技术的限制，目前大多数虚拟现实技术所具有的感知功能仅限于视觉、听觉、触觉、运动等几种。

4. 构想性

构想性也称想象性，使用者在虚拟空间中，可以与周围物体进行互动，可以拓宽认知范围，创造客观世界不存在的场景或不可能发生的环境。构想可以理解为使用者进入虚拟空间，根据自己的感觉与认知能力吸收知识，发散拓宽思维，创立新的概念和环境。

5. 自主性

是指3D虚拟学习环境中物体依据物理定律动作的程度。如当受到力的推动时，物体会向力的方向移动，或翻倒，或从桌面落到地面，等。

（四）虚拟现实的关键技术

虚拟现实的关键技术主要包括：

1. 动态环境建模技术

3D虚拟学习环境的建立是VR系统的核心内容，目的就是获取实际环境的3D数据，并根据应用的需要建立相应的3D虚拟学习环境模型。

2. 实时3D图形生成技术

3D图形的生成技术已经较为成熟，那么关键就是“实时”生成。为保证实时，至少保证图形的刷新频率不低于15 帧/秒，最好高于30 帧/秒。

3. 立体显示和传感器技术

虚拟现实的交互能力依赖于立体显示和传感器技术的发展，现有的设备不能满足需要，力学和触觉传感装置的研究也有待进一步深入，虚拟现实设备的跟踪精度和跟踪范围也有待提高。

4. 应用系统开发工具

虚拟现实应用的关键是寻找合适的场合和对象，选择适当的应用对象可以大幅度提高生产效率，减轻劳动强度，提高产品质量。想要达到这一目的，则需要研究虚拟现实的开发工具。

5. 系统集成技术

由于VR系统中包括大量的感知信息和模型，因此系统集成技术起着至关重要的作用，集成技术包括信息的同步技术、模型的标定技术、数据转换技术、数据管理模型、识别与合成技术等。

（五）虚拟现实在教育中的应用

1. 虚拟实地考察

虚拟实地考察已成为VR技术最受欢迎的学习应用之一，许多学校已经开始使用Google Expeditions将学生“运送”到遥远甚至地球上无法进入的地方。Google Expedition应用程序可以在IOS或Android上免费下载，教师可以投资一些可以连接到智能手机的低成本纸板耳机。通过这些简单的耳机，学生可以积极探索从马丘比丘到外太空或深海的任何东西。

2. 语言沉浸

学习一门新语言的最佳方法之一就是全身心投入，要求学生每天都要倾听和讲他们正在学习的语言。由于我们大多数人都无法承受几个星期甚至几个月一次飞往另一个国家，所以虚拟沉浸是一个最好的事情。虚拟现实模拟可以诱使大脑认为体验是真实的，现在正在开发一些使用VR的新语言学习应用程序，其中一个这样的应用程序是Unimersiv，可以与Oculus Rift耳机一起使用，该应用程序允许学习者与来自世界各地的人联系，并在玩游戏和与虚拟世界中的其他学生互动时练习他们的语言技能。

3. 技能培训

虚拟现实模拟还可以帮助学生学习实用技能，以这种方式培训人员的最大好处之一是，学生可以从现实场景中学习，而不会有在不受控制的现实生活中练习陌生技能的风险。Google的Daydream实验室进行的一项实验发现，获得VR培训的人比那些仅仅参加视频教程的人学得更快更好。该互动学习实验的目的是教授咖啡制作，一组学生在VR中学习浓缩咖啡的做法，为了进行对比，另一组通过YouTube视频进行学习。经过相同时间的培训，两组学生被要求在现实世界中煮咖啡。毫无疑问，与观看视频教程的学生相比，使用VR学习的学生减少了错误并且更快地拉动浓缩咖啡。

4. 哲学理论

甚至哲学理论也可以通过虚拟现实来实现。英国Sevenoaks学校最近开始在其哲学课程中使用VR耳机作为向学生介绍法国哲学家Rene Descartes梦想论点的一种方式。关于第一哲学的沉思是有史以来最有影响力的哲学文本之一，并且从梦想和清醒生活可以具有相同内容的说法开始。借助

VR耳机，学生可以看到模拟能够感受到的沉浸感，并亲身体验生活只不过是模拟的可能性。一位学生评论说："我们可以用最新的现代技术测试和理解这些具有百年历史的理论，这真是令人惊讶。它为我带来了哲学的全新意义！"

5. **建筑与设计**

学校们还发现，虚拟现实技术是激发学生创造力并使他们参与的好方法，特别是在建筑和设计方面。在过去的三年里，德鲁里大学哈蒙斯建筑学院的助理教授戴维一直在研究如何在他的领域应用VR技术，并相信它在建筑设计中开辟了无数的可能性。Oculus Rift硬件使建筑师能够采用计算机生成3D模型，并将观众置于这些3D模型中，以实现他们的计划。在爱尔兰的一所小学，学生们甚至使用VR来构建爱尔兰历史遗址的3D模型，然后虚拟地访问它们。

6. **特殊教育**

杰克逊学院为澳大利亚维多利亚州的特殊需求学生提供Oculus Rift耳机让学生在课堂上使用。技术和特殊教育指导员Mathieu Marunczyn 解释说，Oculus Rift帮助激发了学生的想象力，并为他们提供了他们原本无法拥有的视觉洞察力。例如，学生可以在埃及神庙内窥视或观看喷气发动机，以了解它们如何组合在一起，这使得课程更加灵活。Marunczyn还指出，与探索行星和恒星的冥想虚拟现实应用程序相结合的课程往往对他的学生产生镇静作用，其中许多学生患有某种形式的自闭症。

7. **远程学习**

虚拟现实技术在远程学习行业也具有巨大的潜力，宾州州立大学最近的一项研究表明，VR技术可以改善在线学生的学习成果。斯坦福商学院已经提供完全通过VR学习的证书课程，并且在英属哥伦比亚大学法学院的大学，学生们可使用名为VRChat的VR社交应用程序享受虚拟现实讲座。该应用程序提供虚拟在线聊天空间，拥有VR耳机的学生可以自己投影并与讲师和其他学生互动。

8. **改善合作**

虚拟现实技术有可能极大地加强教师和学生之间的协作，包括远程学习和课堂教学。研究表明，虚拟和增强现实模拟可以提高学生的学习动力，改善协作和知识建构。在名为"第二人生"的虚拟世界中进行的一项研究，允许教师在出国前设计、创建和使用协作活动，以便向交换生介绍中国语言和文化。学生们在关键领域的表现有了明显改善，包括在练习语言技能时减少了尴尬，以及学生之间有更好的社交互动。

9. **基于游戏的学习**

虚拟现实可能会彻底改变游戏的学习方式。基于游戏的学习是有效的，因为在增加参与度和动力方面，虚拟现实可以将其提升到一个新的水平。佛蒙特州万宝路学院的讲师简·维尔德（Jane Wilde）曾经在课程中使用游戏和模拟教学一段时间，他指出虽然虚拟现实游戏并不是课堂上唯一的乐趣和参与来源，但它们可以产生重大影响。"根据我自己的经验，基于游戏的学习是激励，因为它很有趣，"她说。"比赛场地平整，球员的性别、体重、种族不会干扰其他球员。你的行为就是你的评判。在3D虚拟学习环境中可以实现很多在现实生活中无法实现的目标，此外，令人

难忘的是虚拟世界中的视觉和动觉体验有助于提升我们的学习能力。“

10. 虚拟校园访问

技术正在改变学生选择大学的方式，许多学校现在开展虚拟现实校园旅游，作为申请人联系的更广泛的一种方式。这些校园“访问”让学生看到他们不能亲自访问的其他城市和国家的大学。虚拟现实游览使用校园及其周围环境的照片和视频，使学生能够以360°的角度探索校园。例如，密歇根大学足球项目现在有一个虚拟现实之旅，让学生体验在大学体育场玩的感觉。

六、第五代移动通信技术（5G）

（一）5G概述

第五代移动通信技术简称5G或5G技术，是最新一代蜂窝移动通信技术，也是继4G（LTE-A、WiMax）、3G（UMTS、LTE）和2G（GSM）系统之后的延伸。

5G的性能目标是高数据速率、减少延迟、节省能源、降低成本、提高系统容量和大规模设备连接。

5G网络的主要优势在于，数据传输速率远远高于以前的蜂窝网络，最高可达10 Gbit/s，比当前的有线互联网要快，比先前的4G LTE蜂窝网络快100 倍。另一个优点是较低的网络延迟（更快的响应时间），低于1 ms，而4G为30～70 ms。

（二）5G特点

1. 5G的基站峰值速度不低于20 Gbit/s，可满足高清视频、虚拟现实大数据量的传输。
2. 空中接口延时水平需要在1 ms左右，满足自动驾驶，远程医疗等实时应用。
3. 超大网络容量，提供千亿设备的连接能力，满足物联网通信。
4. 频谱效率要比LTE提升10倍以上。
5. 连接广域覆盖和高移动性下，用户体验速率达到100 Mbit/s。
6. 流量密度和连接数密度大幅度提高。
7. 协同化，智能化水平提升，表现为多用户、多点、多天线、多摄取的协同组网，以及网络间灵活地自动调整。
8. 5G区别于前几代移动通信的关键，是移动通信从以技术为中心逐步向以用户为中心转变的结果。

（三）5G关键技术

1. 超密集异构网络

在未来5G网络中，减少小区半径，增加低功率节点数量，是保证未来5G网络支持1 000倍流量增长的核心技术之一。因此，超密集异构网络成为未来5G网络提高数据流量的关键技术。

2. 自组织网络技术

自组织网络技术解决的关键问题主要有以下两点：

（1）网络部署阶段的自规划和自配；

（2）网络维护阶段的自优化与自愈合。

3. 内容分发网络

在传统网络中添加新的层次，智能用户网络。会对未来5G网络的容量与用户访问具有重要的支撑作用。

4. 设备到设备通信（D2D）

是一种基于蜂窝系统的近距离数据直接传输技术。具有潜在的提升系统性能、增强用户体验、减轻基站压力、提高频谱利用率的前景。因此，D2D是未来5G网络的关键技术之一。

5. M2M通信

主要是指机器对机器、人与机器间，以及移动网络和机器之间的通信，它涵盖了所有实现人、机器、系统之间通信的技术。作为物联网最常见的应用形式，在智能电网、安全监测、城市信息化、环境监测等领域实现了商业化应用。

6. 信息中心网络（ICN）

指的信息包括实时媒体流、网页多媒体通信等，而信息中心网络就是这些片段信息的总集合。ICN的主要概念是信息的分发、查找和传递，不再是维护目标的可连通性。

（四）5G在教育中的应用

5G的四大教育应用：更真，更近，更多，更准，基于5G的未来应用特质，在教育领域的应用可以概括为以下四个方面：

1. 5G与虚拟现实

关于5G与虚拟现实在教学中可能产生的应用场景，最直观的可以参考电影《西部世界》，这部电影将虚拟现实、网络传输、云计算、人工智能、机器学习、3D打印全部完美展现，突破了想象的极限。5G主要解决网络传输的变化，将网络传输提到了一个新的量级，所以未来在实训实验领域会有更大的突破。将无法复制的实训场景通过5G再现，做到更好的智能体验。

2. 5G与远程教学

北京邮电大学西土城校区和沙河校区，通过“5G+全息投影”技术首次实现了跨校区远程互动教学。光电信息学院芦鹏飞教授为两校区师生展示了一堂与众不同的《诺贝尔物理学奖简史》公选课。作为校级“高新标杆课程”之一，通过“5G+全息远程互动”智慧教室实现了优质课堂资源的远程共享。未来，凭借5G低时延、高速率特性会给远程互动教学带来新的体验。

3. 5G与个人设备

5G的增强移动宽带将移动端的传输能力增强，这就为个人设备提供了更多的可能，未来的个人终端设备会强大到何种地步目前还不好想象，但是作为数据接收方和学习协作的参与方在学习体验上会有提升，更快的内容接收，更丰富的小组协作，更真的人机交互会在未来展现，这里也可以推荐一部电影参考，就是《头号玩家》，在这里个人终端、穿戴设备、网络传输、虚拟现实融合应用，如果未来的学习体验如同进入游戏一般，那可能就是一种真的寓教于乐了。

4. 5G与智慧校园

5G在校园的应用基于5G网络是个宏大的应用场景，除了对整体校园网络提升后带来的应用升级之外，狭义智慧校园应用是利用5G低功耗、大连接、低时延、高可靠场景主要面向物联网业务，作为5G新拓展出的场景，网络高带宽、低时延的特点使得无人移动巡检成为可能，通过巡检机器人采集校园内的人、车、设备的监控视频数据，并进行实时分析处理，识别人员身份、车辆信息、设备运行状态，遇突发事件及时报警，实现校园智慧监控管理。

七、区块链

（一）区块链技术的概念

区块链是分布式数据存储、点对点传输、共识机制、加密算法等计算机技术的新型应用模式。所谓共识机制是区块链系统中实现不同节点之间建立信任、获取权益的数学算法。

（二）区块链技术的特征

区块链技术的特征是开放、共识、去中心化、去信任机制、交易透明、双方匿名、不可篡改、可追溯。

（三）区块链技术应用

1）区块链是一种按照时间顺序将数据区块以顺序相连的方式组合成的一种链式数据结构，并以密码学方式保证的不可篡改和不可伪造的分布式帐本。主要解决交易的信任和安全问题，最初是作为比特币的底层技术出现。

2）为了解决“双花”问题，剔除交易风险（电子货币被复制）。

3）解决拜占庭将军问题。

4）拜占庭将军问题的本质：如何让众多完全平等的节点针对某一状态达成共识。

5）数值货币、智能合约（一套以数字形式定义的承诺，包括合约参与方可以在上面执行这些承诺的协议，通俗地讲，智能合约就是能够自动执行合约条款的计算机程序。）

6）商品防伪和食品安全的溯源，全生命周期的记录。

7）版权确权等。

（四）区块链核心技术

1. 分布式帐本/去中心化

区块链是一个分布式帐本，一种特殊的分布式数据库，链表中有多个存储节点，类似于网状图，没有中心节点，数据不一致时，以“少数服从多数”原则扫行。如果要篡改里面的数据，除非篡改51%的节点，篡改单一节点无效。

2. 哈希加密/防篡改

区块链采用区块+链式的存储结构，每一个区块的生成，含有上一个区块的HASH信息，从而连贯起来，每个链中记录了本块HASH和上一块HASH的交易，这样彼此连贯起来。

3. 非对称加密/数字签名

每一笔交易都用数值签名的方式进行签名，保证交易的真实性。

4. 共识算法（博弈论）/全民记帐

一般有POW（工作量证明），POS（权益证明）等，比特币采用了POW，争夺记账权，争夺记帐权就是平常所说的挖矿。计算机出来的帐单节点哈希值前13个字符为0，则符合规则，得到记帐权；有一个节点计算机出结果，则广播消息告知其他节点，其他节点更新数据。

（五）区块链的特点

1. 去中心化

使用分布式核算和存储，不存在中心化的硬件或管理机构，任意节点的权利和义务都是均等的，系统中的数据块由整个系统中具有维护功能的节点来共同维护。

2. 自治性

区块链采用基于协商一致的规范和协议，使得整个系统中的所有节点能够在信任的环境自由安全地交换数据，使得对“人”的信任改成了对机器的信任，任何人为干预不起作用。

3. 集体维护

新产生的区块需要经过对等网络大部分节点验证其数据的有效性，保证区块链数据的冗余和有效性，这种集体维护防止了集权式的管理可能带来的专政。

4. 开放性

系统是开放的，除了交易各方的私有信息被加密外，区块链的数据对所有人公开，任何人都可以通过公共接口查询区块链数据和开发相关应用，因此整个系统信息高度透明。

5. 安全性

数据在多个节点存储了多份，篡改数据得改掉51%节点的数据，这个是非常困难的。同时还有其他安全机制，比如比特币的每笔交易，都由付款人用私钥签名，证明确实是他同意向某人付款，其他人无法伪造。

6. 匿名性

节点之间的交换遵循固定的算法，其数据交互是须可信任的（区块链中的程序规则会自行判断活动是否有效），因此，交易双方无须通过公开身份取得对方信任，对信用的积累非常有帮助。

7. 完全透明

整个系统的动作规则（算法）、数据（帐本）都是公开透明的，可随时审计的。

（六）区块链技术在教育中的应用

1. 区块链成绩单

目前，传统的学生成绩单里往往只是记录学生所学课程作业、实验和考试成绩等简单且安全性并不高的数据信息。区块链成绩单被认为是能够记录学习者在不同的人生阶段，跨地区、跨院校的各类学习过程和学习结果，包括个人信息、成长记录、兴趣爱好、技能特长、课程作业、考试成绩、小组实验或合作项目、任课教师及班主任评价等方面的详细数据，并通过将数据存储在云服务器中，形成的包含“第一课堂成绩单”和“第二课堂成绩单”的综合成绩单，为个性化的教育提供过程性的诊断。当学习者升学或就业时，可通过查看区块链成绩单获得全方位的信息进行综合评估，选择适合自己的学校专业或岗位，同时为学校和用人单位提供可靠依据。

2. 共享式资源库

随着手机等电子设备的普及，人类的学习日趋呈现内容多样化、场所分散化的特点。个性化学习和差异化教学被认为是未来学习者学得知识、获得技能的关键途径。教学中资源定制与共享可通过区块链技术去中心化的特点，按数据区块逻辑将课件材料、课程案例、实验演示等内容进行组织，通过开放式的分散节点进行存储来实现。学习者可随时随地对资源进行提取，学习将变成一个生动的、多维的资源所构成的社会认知网络，实现“以学生为中心”的教育理念。在我国大多数地区，许多学校的实际招生人数远超计划招生人数。依托区块链技术创建共享式资源库，能在一定程度上促进教育公平并提高教学质量。Cavanagh认为：区块链技术可让学习者的学习实现无缝式共享，将对学习数据资源管理带来巨大变革。

3. 学习认证评价

传统的学习档案以纸质件盖公章为主。学习认证需要验证者凭借身份验明查阅相关档案，是一个时间长、费用高的复杂过程。在现有的教育管理模式下，成绩造假、学历造假、认证困难、论文抄袭等现象屡见不鲜。利用区块链技术的透明化、不可篡改等特性，可通过集体维护一个可靠数据库，使存储着学生学历的分散节点可以共同判断通过密码学方式所产生的数据区块的校验是否是可信的。区块链技术的分布式的活动数据可用于存储完整的学习行为和学习结果，在学生升学、转学、就业等情况下不必办理各类手续，就能有效解决数据可信任、透明化的问题。相比来说，利用区块链验证比其他方式更加安全可靠，更加简单有效，有助于学习者在不同教育机构、工作间安全真实地实现学历认证和发展，对教育及就业的健康发展有重要的意义。

八、xAPI技术规范

近年来，学习分析技术已成为AI+教育的重要应用工具与研究课题。学习分析在沉浸式教学的评价中发挥着重要作用，它能运用先进的分析方法和分析工具，预测学习结果、诊断学习中发生的问题、优化学习效果。通过为教与学提供多样化、自动化的监测方式与分析手段，能及时为教师和学习者提供可视化、直观化的信息，便于教师对学习者学习过程、学习效果，以及自身教学情况作出较为科学的判断。学习分析在沉浸式教学中的应用，有助于教师获得更高效、更准确的学习数据，并在学习者学习活动结束后，从多角度进行分析，以更好地评价学习者，本研究主要介绍xAPI学习技术规范。

（一）xAPI的定义

Experience API（或xAPI）是一种新一代学习技术规范，通过它可以采集（在线和离线）的学习行为数据，打破了只能记录课件阅读过程的局限。xAPI从多种技术中以一致的格式采集数据。各个系统能够通过使用xAPI的简单字段来进行捕获和共享数据，并且能够安全地进行通信。

xAPI解除了许多旧的限制，让移动学习、模拟、虚拟世界、严肃游戏、现实世界的活动、体验式学习、社交学习、离线学习和协作学习等等，可以通过xAPI进行交互采集。值得注意的是，xAPI是社区驱动的，可以免费实施。

（二）xAPI出现的背景

随着移动终端智能化发展，让学习和培训可以随时随地进行，新的分布式异步学习环境呼之欲出，为了让您了解整个学习图谱，捕获更多LMS外部的信息。只有将您的LMS与包括知识库、文档管理系统、社交学习平台和人才管理系统在内的各种系统连接起来，才能够跟踪完成情况、测试分数、可交付成果、学习任务等。

旧标准SCORM明显已经不符合现代学习环境所需，需要定义一个新的标准，来克服许多SCORM所面临的限制。SCORM的局限是只能追踪特定的“课程导向”的学习数据，例如观看了哪些课程页面、考试成绩以及完成哪些课程单元等等。所以采用全新概念的新标准xAPI应运而生。新的xAPI标准让我们可以设计新形态的学习计划，它可纳入的不仅仅是制式化培训课程及评估测验，还有所有可能会发生或预期之外的学习经验（包含在线或离线学习）。

（三）xAPI的工作过程

个人在学习过程中，会产生很多活动，所有这些活动都可使用xAPI进行记录，然后存储于LRS（学习记录存储），LRS可接收、存储和返回有关学习经历和绩效的数据。

当需要记录活动时，xAPI协议应用程序就会以“名词+动词+宾语”（即“某人+做了+什么”）的形式报告向学习记录存储（LRS）发送语句。LRS记录并存储所有发生的陈述。语句是xAPI的基础，规定了活动流中特定时刻的格式。作为使用xAPI的开发人员，需要非常熟悉语句。

如学员李四完成了第一节PS课程，xAPI会把学员李四学习这节PS课程的所有行为事件（学习视频进度、最后得出的成绩、作业完成情况等）以“李四学习了第一节PS课程”形式记录在LRS中，李四和LRS详细信息可以通过启动系统发送给培训者。

LRS可以与其他LRS共享这些语句。LRS可以单独存在，也可以存在于学习管理系统（LMS）中。

（四）xAPI相比SCORM的优势

1. 拥有强大学习档案

不同于SCORM，xAPI拥有一个强大的存储数据的档案馆，这个档案馆被命名为学习记录存储（LRS）。LRS可以详细记录学习者在学习过程中的行为活动和数据，让培训人能够清晰地知道学员在培训中到底在哪个环节出现了问题。

如学员张三在学习APP中学习一门课程时，APP会收集学员的信息告诉LRS。SCORM只会显示“张三–完成PS课程–得分60”，而xAPI的强大之处，是同步LRS的数据告诉培训师：“张三从开始学习课程到什么时候，以60分的成绩完成PS课程”过程中的所有学习活动。这样培训师便能够清晰了解学员张三在学习这节PS课程中的学习情况。

2. 多终端支持

任何启用的设备都可以发送xAPI语句，不需要持续的网络连接，偶尔连接网络即可。例如移动电话、硬件模拟、电子游戏和医疗设备。打破了SCORM是用于跟踪上传到LMS的特定风格电子学习课程的局限性，xAPI可用于跟踪任何的学习经历，包括许多发生在LMS之外的，如通过APP在移动端随时随地进行学习、参与培训，不仅仅局限于网页浏览。

3. 随时随地追踪

xAPI的应用，可以让学习者学习经验，包含制式化培训课程以及游戏、移动设备应用程序、社交网站等非传统学习方式，都能被记录、追踪与分析。跟踪学习事件不必在LMS中开始或结束，它可以在学习者所在的任何地方以及他们选择使用的任何设备上开始。

而SCORM是用于跟踪上传到LMS的特定风格的电子学习课程。社交学习、移动学习、无缝学习、非正式学习都是过去旧标准无法记录的，如果无法追踪学习过程细微的行为事件，学习设计无疑是空口说白话，xAPI的出现将可以很好地满足这些需求。

4. 实现跨平台兼容

xAPI 可以跨平台兼容，如果您在室外，可以使用移动端进行参与学习，如果您在室内可以利用PC端进行学习。xAPI可以使用LRS将数据分发到其他支持xAPI的系统，例如另一个LRS，LMS或第三方报告系统，继而给学习者提供更广阔的学习机会，实际上，此功能是使xAPI变得比SCORM更具优势的引人注目的功能之一。

5. 多语言支持

SCORM仅限于基于JavaScript的内容。xAPI可以与任何编程语言一起使用。

总的来说，xAPI建立在十多年的行业经验之上，消除了旧标准的诸多缺点。xAPI能够开启行业对学习大数据的应用，对未来产业具有深远的影响。这是一个简单却很强大的规范，许多公司和产品已经采用，它将成为未来很长一段时间学习技术的支柱。

作为规范，xAPI开辟了一个数据世界，您可以与其他工具共享和接收数据，通过分享让每个人都受益。您可以向学习者提供更多相关建议，因为您知道他们已完成的活动。您可以参与比以前更大的学习组织。无论发生在何处，都可通过xAPI进行记录。

第二节　新一代信息技术重构网络学习空间的价值探求

一、网络学习空间的价值探求

（一）重塑教学环境的泛在化

网络学习空间的发展变革了教育教学方式，催生了教学环境的新样态。重构的网络学习空间增加了网络空间与传统物理空间的可调节弹性，加强了空间灵活性，为教师、学生、管理者和家长创建了全新的体验环境；创客空间、智慧教室、虚拟仿真实验室、多人协作的3D虚拟学习环境等极大地丰富了教育教学的创新发展，为网络学习空间的智能化、创新化、可视化和个性化提供了坚实基础，使网络学习空间的进一步发展迈向了新的方向。网络学习空间新样态促使教学环境发生结构性变化，网络学习空间结合智慧校园、智慧教室及智慧教育资源云平台打造了全新的智能化、泛在化、个性化的生态环境，通过转变教学理念，突出学习者的主体地位，提供实时、协作、开放的智能学习环境及可灵活选择的学习资源与学习方式，催生了新型的教与学的组织结构样态。

（二）促进教学活动的智能化

网络学习空间在“互联网+”、大数据、虚拟现实等新一代信息技术的支持下，让学生能够根据学习需要，在学习目标的要求下选取适合自己的学习方式、选择适合自己的学习环境、找到最适合自己的学习伙伴、得到最适合自己的教师的帮助，在学习中逐步形成系统的思维能力，这种学习方式只有在3D虚拟学习环境的支持下才更容易实现，而且xAPI技术规范也能实现对3D虚拟学习环境下的学习经历过程进行采集。通过对教育教学全过程进行智能数据分析、智能评价、智能推送与匹配、智能管理与服务，为学习者安排最适合的学习路径、学习资源及工具，为个性化学习活动的开展提供精准化教育安排和科学管理及智能服务，为教师实施分层教学提供依据，也为学习者开展自主、合作、探究性学习活动提供引导。

（三）服务教育资源的体系化

人工智能背景下的教育资源，有力地实现了“4R”课程特征，即丰富性（Rich）、继起性（Recursive）、关联性（Relation）和严密性（Rigorous）。网络学习空间新样态将不同领域、不同学科的不同类型资源进行整合，促进其在使用上从固定形态转向移动互联形态。新一代信息技术的发展为网络学习空间的新样态提供了技术支撑，网络学习空间的新样态将从资源存储形式、进化过程、结构化体系构建三方面推进资源进化的运行机制，为资源的管理与服务、个性化推荐提供保障，不断促进资源的迭代、优化与升级，缩减教育资源鸿沟，促进优质教育资源应用价值的最大化，推进教育公平。

（四）支持学习路径的动态化

《教育信息化2.0行动计划》中提出“探索在信息化条件下实现差异化教学、个性化学习、精细化管理、智能化服务的典型途径”。新一代信息技术的发展为个性化学习服务提供了坚实保障，个性化学习路径生成与规划是当前个性化学习服务研究的重要内容。网络学习空间新样态下的学习路径强调以学习者为中心，依据学习者在学习资源选择、活动类型组织的不同偏好，为其提供满足学习需求和学习兴趣的学习资源和学习活动，由学习者自定步调进行掌控，开展个性化深度学习。当学习者自身发生变化或者外部学习环境发生改变时，学习者的学习路径都会随之改变，网络学习空间的新样态则能够依据这种变化对学习路径做出动态调整，实时收集、分析学习者在教学活动中的海量数据信息，全程监测并记录学习者的学习轨迹，及时进行风险预警与干预，动态调控、规划、导引学习者的学习路径，以支持学习者开展个性化的精准学习。

第三章

相关学习理论基础

理论指导实践。近年来，基于多种学习理论对教育教学改革的指导，学习过程已经从程序化、机械化向参与化、情境化演变，教育教学实践方式也不断地呈现多元化、具身化态势。情境学习、参与学习以及体验学习等理论在教育教学的改革中发挥着重要作用，它们突破了传统教学观念，改变了“脖颈之上”传统学习的思想，这和具体认知有着异曲同工之处。新一代信息技术为网络学习空间建设与应用提供了新的方向，其塑造了视觉沉浸的在线教育立体空间场域，在基于新一代信息技术概念构建各类网络学习空间应用时需要遵循一定的理论基础来支撑其科学发展，坚实的理论基础是科学建设与应用网络学习空间的前提条件。概括来看，新一代信息技术在网络学习空间的建设与应用需要在建构主义、情境认知、具身认知、活动理论、沉浸理论等相关学习理论的指导下开展实践。

第一节　建构主义学习理论

一、建构主义理论基础

建构主义学习理论（Constructivism Learning Theory，CLT）作为认知心理学派的一个重要分支，最早由瑞士著名的儿童心理学家皮亚杰提出。该理论认为学习不是被动接受信息的刺激，而是在一定的情境下，通过交流、反思、体验等活动主动建构自己的理解。

二、建构主义主要观点和特征

建构主义学习理论的主要观点是：①强调学习的主体是学生，教师仅起到辅助作用。②“情境”“协作”“交流”“意义建构”是建构主义学习过程的四大要素。教师对学生不灌输任何个人观点，而是重视学生自己的理解，通过实际或模拟的情境体验，达到对知识的意义建构。

建构主义学习理论主张将传统的以教为中心、进行知识单方面讲授的教学模式转换为以学为中心的新型教学模式，如支架式教学、抛锚式教学、随机进入教学，以强调由学习者自身同外界环境相互作用以完成知识意义建构的重要性。建构主义学习理论不再要求学习者扮演知识内容的被动接受者和被灌输对象，倡导教学者应转变成为学习者知识意义建构过程中的有效帮助者和促进者。

北京师范大学何克抗教授概括了与建构主义学习理论及其学习环境相适应的教学模式，即以学习者为中心，教学者在整个教学过程中发挥组织者、指导者、帮助者和促进者的作用，利用情境、协作、会话等学习环境相关要素充分发挥学习者的主动性、积极性和首创精神，最终促使学生有效地完成对当前所学知识的意义建构。

结合建构主义学习理论，在构建好的3D虚拟学习环境中设计并开展的学习活动就必然要符合以学习者为中心的新型学习理念，在营造强烈沉浸感的同时还要为学习者的知识意义建构创设必要的条件，例如提供多样化的认知工具供学习者选择。同时辅助学习者更好地与教师进行沟通与交流，缩小师生的交互影响距离，避免教学者的缺失状态所带来的消极影响，实现学习者的自定步调学习，可以在3D虚拟学习环境中引入虚拟教师的功能角色。虚拟教师的功能设计同样应遵循建构主义理论以学为中心的核心理念，发挥对学习者的帮助和指导作用。

第二节 情境认知学习理论

一、情境认知理论基础

情境认知理论也称为情境学习理论，最初由Brown等于20世纪80年代在其所著的*Situated Cognition and the Culture of Learning*一文提出，它是继行为主义学习理论和认知主义学习理论之后，近乎与建构主义学习理论同时出现的一个重要理论研究取向。情境认知理论认为情境是一切认知活动的基础。与建构主义学习理论相比，后者最为关注的是个体对知识意义的建构，把经验和环境只当作是一种促进因素，而情境认知理论则认为知识的最重要特征是具有情境性，因而将知识看作是活动、情境及文化的副产品，认为知识的产生不止是一种“建构”和“互动”，还是一种文化适应。

二、情境认知主要观点和特征

情境认知理论强调以真实情境中的实践活动和社会性互动来促进学习者的文化适应，主张只有在相关的知识应用情境中才可能发生有意义的学习。该理论包含以下主要观点：①强调学习情境的真实性，认为学习是一种具有高度情境性的社会实践活动。②个体在实践共同体中针对知识进行有意义的协商以完成知识的意义建构。③强调真实性评价，通过完成真实的学习任务以考察学习者对知识与技能的掌握程度。

情境认知是学习者与情境在交互过程中形成的解决真实问题、适应社会发展的认知，是实现知识的有效迁移并培养学习者适应社会、面向未来之学习力的一种学习活动范式。情境认知贯穿于教育活动全过程，可从学习内容、学习方法和学习结果三个维度来认识情境认知的内涵。①情境认知认为，知识（学习内容）不是学习者个体内部的心理表征或头脑中存在的静态经验网络，而是能够在社会活动中参与实践解决问题的一种应用或工具。知识来源于客观世界，并从中获取经验信息或实践成果；同时又作用于客观世界，指向问题解决并要求创新，促使学习者个体与社会不断向前发展。因此，仅存于头脑中的意识形态或抽象符号并不能被称为知识，只有与客观世界不断相互作用并进行实践、创造，才能体现知识的本质属性。②知识根植于社会情境下的实践活动，其获取的有效方法是学习者在一定情境中与其不断发生交互进而形成自我认知，即通过情境应用有效获取。知识具有情境性，其自身意义并非一成不变，而是在不同情境下有其不同的特定含义，因此在掌握知识的过程中不能脱离相应的情境，否则会造成理解偏差，影响学习效果。与此同时，学习者与情境之间的相互作用也会促进知识的形成与发展，新知识在此过程中不断被创造。③情境认知旨在实现知识的有效迁移，从而培养学习者适应社会、面向未来的学习力。学习结果并不仅仅是学习者在一定情境下通过学习过程获得某种经验，还包括实现知识的迁移，进而解决新的问题、适应社会甚至进行创新。在相应情境下学习，易于增加学习者的学习投入，产生学习活力，从而在不断适应当下社会的过程中形成一种积极取向，促进学习者在逐步提升自我效能感的基础上获得持续发展，最终催生出应对未来复杂情境的学习力。

情境认知理论要求3D虚拟学习环境中设计与开发实现的学习活动必须具有较强的真实性，即要与学习者真实生活密切关联，以充分利用3D虚拟学习环境逼真的情境模拟来促进学习者的知识迁移。

第三节 具身认知学习理论

一、具身认知理论基础

具身认知理论则是将身体、情境和认知三者紧密地融合在一起，既注重了情境的客观真实性，又注重了身体参与的重要性，还注重了身体体验的感知交互性，结合了以上三种学习理论所持有的积极观点，将人真正地看作是“完整的人”。具体认知将情境、身体和认知视为动态交互的统一体，完全打破了传统教育教学观念，强调认知在绝大程度上依赖于身体，身体结构及活动行为对我们看待和认识世界有着至关重要的作用。此外，具身认知理论并没有丢弃原有存在的学习理论，而是以身体为中心，结合多种学习理论的思想所形成的理论研究范式，为教育教学提供了一个全新的视角，给教育教学的革新提供了一个新方向、新思路。

二、具身认知理论的基本观点和特征

具身认知旨在强调身体的重要性，其主要目的就是通过身体去认识和理解事物，通过身体体验来获得知识技能以及情感认知，让身体由内向外，由浅入深地参与认知活动。

目前，具身认知理论已经相对成熟，其基本观点包括以下几个方面：①没有身体就没有认知，身体结构及其行为方式造就了认知发展的形成。学习者可以通过视觉、听觉、触觉等感觉器官来进行认知，也可以通过手势、动作、行为等运动系统进行认知，还可以通过情绪、体验等在认知发展过程中发挥重要的作用。②身体、环境和认知是紧密结合的统一体。具身认知明确了身体结构及其行为方式对认知的决定性作用，强调了环境对认知过程的重要支撑作用，认为认知是基于身体结构与活动行为的认知，而身体活动及行为又是在一定的环境下进行的。这就说明了认知来源于身体，身体离不开环境，它们之间相互联系、相互作用，是紧密结合的统一体。③环境是认知发展过程的一部分。环境对认知过程不仅发挥着重要支撑作用，还是认知发展过程中不可或缺的一部分。正如经验的形成需要具体的社会生活情境，情感的变化需要特定的环境影响，也就是说，环境不仅影响着认知过程的发展，还是认知结构的组成部分。

通过对具身认知基本观点的阐述，我们可以更为深入地了解具身认知的基本特征，主要包括：情境性、参与性、体验性和交互性等。情境性是指为学生提供接近真实的社会生活情境，让学生能够以较为自然的状态轻松愉快学习；参与性是指将学生的身体从边缘地位转移到中心地位，全面解放学生的身体，给予学生身体适度的自由，实现学生身体的直接性参与；体验性是指在知识技能学习过程中注重学生的情感体验，实现学生身体的直观感知和经验，以促进学生积极思考和探索；交互性是指借助多种新媒体辅助工具实现身体、环境和学习内容之间的实时交互，拉近学生与学习内容之间的距离，促进学生“体验→反思→理解→再尝试”的循环发现式学习，以加深学生对相关知识和技能的理解和掌握。

具身认知理论的核心在于强调身体参与认知过程、身体与环境的具身交互等，因而在认知形成过程中要注重置身情境、身体感知与动态交互过程。元宇宙支持与赋能的在线教育能够让学习者置身于更为广阔的社会文化情境中，充分调动身体感觉运动系统与环境世界进行具身交互，以更好地促进学习者认知的形成。从具身认知的视角来审视学习、知识和学习环境，则可以分享出具身认知的学习观、知识观和学习环境观。

（一）关于学习观

从具身认知的视角看待学习即具身学习，主张把心智根植于身体，把身体根植于环境，认为学习既不是孤立于中枢过程的信息加工，也不是外部环境条件对行为的机械作用。具身学习是个体最大限度地利用内部心理资源和外部环境条件，以达到心智、身体和环境之间动态平衡的过程，是身心一体的整合训练过程、在一定情境中的体验过程、一种交互的动态生成过程。具身学习在教学实践中遵循身心一体原则、心智统一原则、植根原则。

（二）关于知识观

从具身认知的视角审视知识，认为知识来自认知主体与其所处的环境之间发生有机性、创造性、生成性的交互作用，是基于个人的身体、经验、实践、行动的参与，以及情境、生活等互动基础上生成知识的过程，知识与知识的建构者融为一体，知识具有具身性、理解性、情境性、生成性等形态。同时，具身认知的知识观主张构建学科知识与个人经验互融、学科知识与生活世界共在的课程知识观。

（三）关于学习环境观

具身认知理论秉持身体及其所处环境共同作为认知活动发生的基础，认知的展开与发生在于身体、心智及环境三者构成认知系统的自组织生成与涌现。为此，有学者提出了具身型学习环境，并认为它是一个混沌但有序、复杂而有结构的有机系统，它具有开放性、适应性和整体性等特征。其中开放性主要是指学习资源的开放与共享，适应性是指各环境要素能够为适应和满足不同学习者的不同特点和需求而做出灵活的变化，整体性是指学习环境是一个完整且有生命的生态系统。

第四节　活动理论

一、活动理论基础

活动理论不是方法论，是一个研究不同形式人类活动的哲学和跨学科理论框架。活动理论（activity theory）又称为“文化–历史活动理论”（Cultural–Historical Activity Theory，CHAT），是将活动系统视为基本单位，从整体和系统上分析人类的实践活动和知识的产生过程。活动理论由心理学家维果斯基正式提出，其思想发源于德国古典哲学和马克思辩证唯物主义。活动理论提出后，得到列昂节夫、恩格斯托姆等人的丰富和完善。活动理论在当代社会科学理论体系中具有重要的地位，广泛应用于不同情景下人类活动分析和研究，被视为弥合社会科学中身心二元对立传统的理论路径，在教育学研究中广泛运用于师生互动和教师学习等方面。

活动理论的基本分析单位是活动，本质上则是一个完整的学习活动系统，主要包括三个核心要素，即主体、客体、共同体，和三个调节要素，即工具、规则、劳动分工。

二、活动理论主要观点和特征

活动理论的基本观点认为，人类改造环境的能力不是体现在单一的行动之中，而是体现在特定的活动系统中。也就是说，人类的发展和知识的产生建立在人类与社会、文化情境的互动之上，这些互动通过文化内涵、工具和符号中介来实现。活动理论为认识学习活动带来了全新的视角。活动理论认为，学习不是直接传递和接受知识的过程，也不只是个体内在的心理活动，学习是人的内心活动与外在行为互动过程中实现心智发展的过程，是活动主体通过中介与外部不断互动的结果。活动理论下的学习包含三个过程：不断重构实践模型的过程、参与共同体实践的过程和生成个人理论的过程。为了阐述学习过程，维果斯基提出了“最近发展区”的概念。最近发展区是“由独立解决问题的实际发展水平，与借助同伴合作来解决问题所决定的潜在发展水平之间的差距”。从这个定义可以看出，最近发展区不仅是个体自身认知上的前后差距，也不限于个体与另一特定个体之间的差距，而是个体与社会文化之间的差距。最近发展区是个体和社会（学习共同体）的交互系统，在这个系统中人们一起解决问题。最近发展区并不是固定不变的，它随着学习过程中学习者与学习共同体的交互行为不断发展。学习的目的就是跨越最近发展区，实现个体和社会认知的匹配。学习者在跨越最近发展区的过程中，需要借助“脚手架”。在维果斯基看来，学习中的脚手架既不是一个物理概念，也不是固定不变的，而是学习中的互动行为，是学习中的合作和指导、演示、引导提问等。总的来说，活动理论将学习纳入活动系统中，从而在整体上和系统上看待学习过程，要求学习者基于实践情景开展互动，突出了学习的实践性和社会性特征。

对应到教学系统中。主体是指学习者，也是学习活动的执行者；客体是指学习者意图认识和实践的目标学习内容；共同体是指为共同完成学习活动而由学习者所组成的学习小组；工具是指学习者作用于目标学习内容的手段，它是主体和客体间的中介；规则即是学习活动过程中用于协调学习者与目标学习内容二者的相关约定，同时它也约束着学习者或学习小组往正确的方向发展；劳动分工是指学习活动开展过程中，学习者或学习小组作用于目标学习内容时，为取得更好的学习效果而进行的任务分工。结合活动理论来拆分学习活动中的各组成要素，并在学习活动设计中对各组成要素进行必要的分析，十分有助于提高学习活动的设计质量。这样的分析通常包括学习活动主体的心理及知识背景、学习活动的开展规则、学习活动中的必要工具，以及客体的呈现方式和规则等。

第五节 沉浸理论

一、沉浸理论基础

沉浸理论又称为心流理论。心流理论最早是由美国心理学家米哈里·契克森米哈赖提出，是解释让人投入所有精力专注于当前活动，而忘记真实世界的特殊心理体验。作为现代积极心理学的重要研究成果，心流理论揭示了人在日常生活中，高效投入状态时，主体特殊的心理活动模式。并归纳出了这种心理状态产生的原因、规律和一般特征，让人们可以有意识地通过外力，营造出合适的氛围环境，促使心流状态的形成，从而有效提高相关效率。

二、沉浸理论主要观点和特征

心流理论的提出，源于契克森米哈赖对于生活的仔细观察。在研究中，契克森米哈赖发现艺术家、棋手、攀岩运动员、音乐家等特殊职业人群，在工作中往往会出现忘我状态，导致其对周边环境和时间全然不知，从而全身心投入到所从事的工作当中。在这个过程中，体验者的整体效率极高，并产生平时所不易形成的满足感和愉悦感。契克森米哈赖将这种现象定义为心流体验，认为其是一种最佳的心理体验形式。而后，契克森米哈赖进一步研究了心流体验产生的条件和引发机制，提出了心流体验形成的九个维度。在契克森米哈赖看来，个体之所以会在体验过程中产生心流状态，其主要原因在于体验客体及相关环境在体验过程中给予体验主体产生了特殊的心理刺激。在这个过程中，紧张与放松交替，无聊与忧虑并存，从而让体验主体形成张弛有度的特殊状态。经过主动调适，体验主体逐渐在不同的心理状态中寻得平衡，从而产生心流体验，最终实现精神上的愉悦感和充实感。具体而言，心流体验的形成，经历了前因、体验和结果三个阶段，其分别对应契克森米哈赖所提出的九个维度。在前因阶段，体验主体必须确定明确的体验目标，并带着目的投入到体验活动中去。而体验对象，应该针对主体展开准确而及时的反馈，与主体之间构建出良性的互动关系。同时，在体验过程中，主体与客体还需要在技能与任务难度上达成匹配，从而为主体体验过程中，控制与放松的心理平衡状态奠定坚实的物质基础。而在体验阶段，体验主体需要保持高度注意，做到行为与意识的统一。而体验客体则应该通过合理的元素配置，复合主体的使用习惯，从而激发主体的潜在控制感。最后，在结果阶段，体验主体因长时间保持高度集中的注意，自我意识逐渐减弱，逐渐产生时空错觉，形成发自内心的高度参与感，从而形成心流体验。由此可见，作为一种反映型心理结构，心流体验的形成需要内外因素同时发力，共同完成。

根据契克森米哈赖的研究，有十个因素伴随着心流产生。①该活动本质上是有意义的。②有明确的目标，虽然具有挑战性，但仍然可以完成。③没有外界的干扰。④对活动情况和结果的个人控制感。⑤人有平静的感觉和自我意识的丧失。⑥有即时的反馈。⑦任务具有可行性，在技能和挑战之间能达到平衡。⑧对自己身体的需求缺乏认知。⑨有较强的集中注意力。⑩人们的体验存在对时间观念的淡忘，或一种扭曲的时间感。虽然沉浸体验的产生由许多因素组成，但也不是要经历所有因素才能发生沉浸体验。沉浸理论是一种积极的心理状态体验。“挑战”与“技能”的关系被认为是影响沉浸的主要因素，已有研究发现，只有同时面临高挑战与拥有高技能时，沉浸体验才有可能发生。还有研究者发现能够产生沉浸体验的游戏类型几乎都是第一人称或角色扮演类游戏另外，沉浸体验的产生还需要学习者自由开放地参与到相应的活动中。总之，沉浸理论描述的是学习者参与活动的“沉浸”状态，能够为智慧技术支持下在线教育的学习活动、学习任务以及探究项目设计提供参考与方向。

第四章

智慧型3D网络学习空间平台设计

网络学习空间平台基于开放式的云计算架构，融合教与学的相关信息、资源和服务，为教师、学生、家长和教育管理者提供互动学习网络空间，同时提升教育科研水平，促进教师专业化发展，实现课堂教学远程辐射，增强名校名师效应，扩大优质资源受众群体，实现教育公平和均衡发展。网络学习空间平台要为学生提供个性化、智能化的绿色学习环境，实时、非实时地跨时空互动交流，直播、自主点播相结合，在与现实世界相同或相近的3D虚拟学习环境中沉浸式地进行学习，进行问题的探究，不仅可以实时聆听名师课程，还可以按照个人兴趣爱好自主选择课程学习，提高学生学习的自觉性、积极性。教师利用网络学习空间平台能够观摩优秀同行教师课堂教学，并与其他教师进行区域或跨区域的教学研讨，提升个人专业能力；同时可以了解学生的学习和生活，有利于因材施教，开展教学及辅导工作。家长利用网络学习空间平台能够全面地了解孩子的学习情况，加强家校互动，同时可以与其他家长们交流育儿心得；同时因学生公平地享受到了优质的师资及学习环境，大大减轻了家长对孩子教育的担忧，进而缓解择校热、农村空心化现象。教育主管部门及学校利用网络学习空间平台能够解决区域教育不均衡、优秀教育资源共享难的问题，缩小了学校间差距，促进优秀教师资源科学、合理配置，推动教育体制改革。

第一节　网络学习空间平台整体框架设计

基于云计算、大数据、虚拟现实、人工智能等新一代信息技术，提出一种智慧型3D网络学习空间平台的建设，该平台是在现有网络学习空间平台的基础上嵌入3D虚拟学习环境开发系统。借助该系统可以设计与开发3D虚拟化、游戏化学习环境，以形成3D网络学习空间。由于是采用统一的3D底层引擎，因此能够实现规范统一3D网络学习空间，同时该系统与平台中的其他相关系统间采用单点登录技术实现统一认证，通过将资源、工具、服务、数据全生态链打通，以构建出智慧型、个性化的网络学习空间，实现网络学习空间人人通及“人人用”的目标。智慧型3D网络学习空间平台总体框架如图4–1所示。

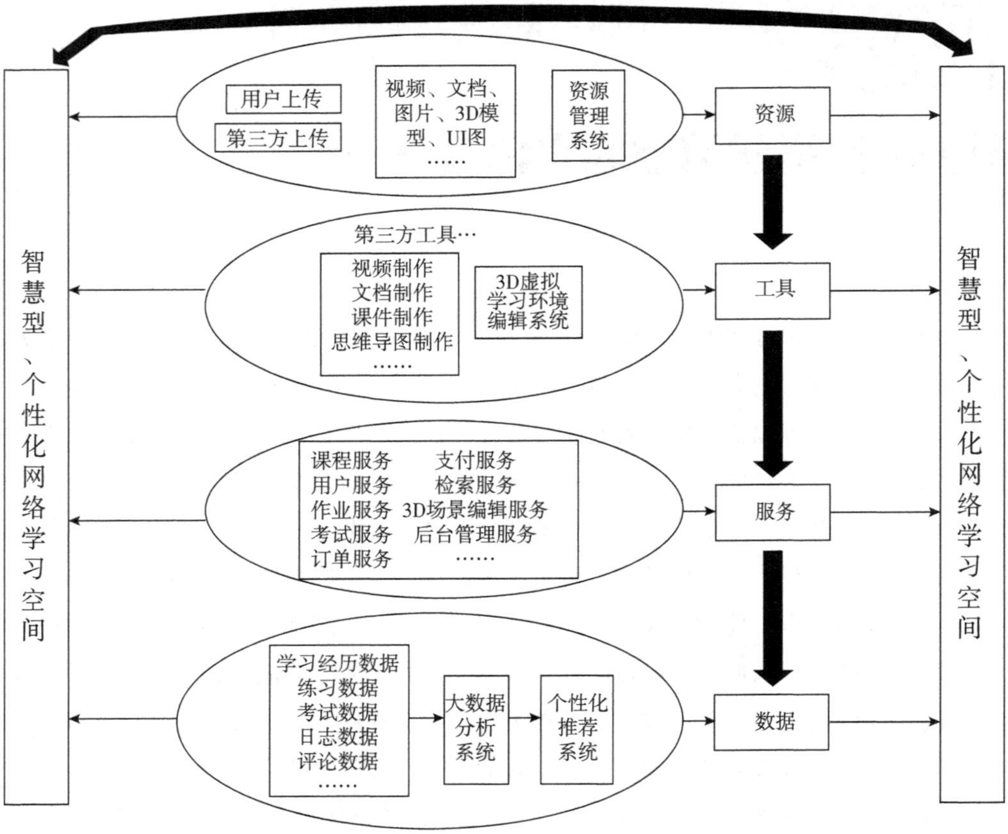

图 4-1　智慧型3D网络学习空间平台总体框架

一、资源

各类短视频、小视频、声音、文档、图片、3D模型（含贴图）、UI图、模板等与教育教学相关的素材资源，是构建网络学习空间最基本的元素，网络学习空间的资源（课件、微课、3D虚拟学习环境等）都是由素材资源加工与处理而成。为了对素材资源进行有效的管理，同时也为了提高教师开发课程资源的效率，网络学习空间平台中也应提供一套资源管理系统，利用资源管理系统，将各类资源进行分门别类的管理。为了让平台资源越来越丰富，资源管理系统应能支持用户或第三方机构（如衍生的专业资源设计的企业）上传各类素材资源，通过采用积分制、允许资源设计为资源设定价格并支持资源交易等多种机制，让资源管理系统中的素材资源越来越丰富，更利于网络学习空间建设。

二、工具

网络学习空间中所有课程的相关视频、文档、3D虚拟学习环境等都需使用相应的工具进行开发与制作。课程目录中的微课视频、图片、文档等教学资源，需借助第三方的开发与制作工具，如微课视频可使用Camtasia Studio，图片如思维导图制作可使用Xmind 8等工具软件制作，3D

虚拟学习环境则是由3D虚拟学习环境开发系统创作而成，3D虚拟学习环境开发系统是本平台区别于其他网络学习空间平台的核心功能，该系统采用了B/S架构，是一套基于Web的3D虚拟学习环境开发系统，集成场景创作、多人协作、交流工具、xAPI支持等多种功能，可构建出无限个多人协同交互的3D虚拟学习环境。通过将其集成到网络学习空间平台，借助该系统，可构建出3D网络学习空间。3D虚拟学习环境开发系统的主要功能如表4-1所示。

表4-1　3D虚拟学习环境开发系统主要功能

序号	功能	特点
1	场景创作	内置建模工具、支持从外部导入模型和贴图，使用JavaScript语言进行交互开发
2	多人协作	用户多人实时在线，通过虚拟化身，聚集在一起交流、讨论、开展探究活动等，无需编写一行代码即可实现
3	交流工具	提供文本、语音、点对点视频三种交流方式，无需编写一行代码即可实现
4	跨平台、跨终端	直接在Edge、Chrome、Firefox、Safari等浏览器中运行，可在任何支持上述浏览器的终端中运行，无需安装任何插件，支持简体中文
5	2D课程平台	能够与任意的网络学习空间平台整合
6	xAPI支持	支持xAPI技术规范，可采集学习者的学习过程数据

三、服务

网络学习空间平台是大规模的课程平台，需要能够支持大规模并发用户的访问，因此对服务器端要求较高，即不仅需要大量的服务器硬件、网络带宽的支撑，平台的软件架构也需要做很好的规划。目前主流的软件架构有两种，一种是单体的软件架构，一种是微服务软件架构。单体软件架构是将平台所有的功能集成在同一个服务中，即同一个应用软件中，此种架构的优势是设计相对较为简单，只需要一个团队开发与维护即可，但此种软件架构最大的问题是当程序出现错误导致系统崩溃后，此时所有的前端用户将不能再访问该服务，同时随着用户的不断增加，有些功能要求快速升级和扩容，单体架构的系统只能是将该服务停止后再进行升级，停止服务期间所有用户均不能访问，只有该服务升级完成后前端用户才能进行访问，这极大地影响了用户的体验。微服务架构则是将原来的单体架构的服务拆分成若干个更小的服务，这些服务是根据每种类型或某一特定功能而设立，如用户管理服务、支付服务等，这些服务都是独立的，开发每个服务的团队也是独立的，当某个服务出现软件错误或者需要升级时，只需要停止该服务即可，其他服务正常运行，也不会影响用户的体验。而且每个服务可以根据需要设定好自动的扩容缩容，可以充分地利用云端服务器的资源。因此本研究的网络学习空间平台使用微服务架构进行设计与开发，将应用拆分成多个核心功能，每个核心功能构成一项服务，每项服务可以单独地构建与部署，如课程服务、用户服务、支付服务、3D场景编辑与发布服务等。服务为平台的运行提供支撑，在某一项服务出现故障后，其他的服务还能够正常地运行，这是单体架构的系统不可比拟的。各类服务也为前端用户开展学习活动提供了相应的支撑功能，比如用户评论、群组讨论等。这类服务在使用的过程中会产生大量有用的信息，将此类信息收集起来后也可以作为学习者的一部分学习经历数据，以形成教育大数据，为后续的学习分析提供数据支撑。

四、数据

每项服务在运行的过程中都会产生大量的数据，如学习经历数据、用户评论数据、考试数据等，同时本研究在使用传统数据采集的基础上，引入了一种全新的数据采集规划，即xAPI技术规范，利用该技术规范，可以采集3D虚拟学习环境中的学习经历数据，而且是非常规范的、标准化的数据，这些数据隐藏着巨大的教育价值，要充分利用这些数据。基于这些数据，可以构建出大数据分析系统，对采集的教学全过程数据（即教育大数据）进行分析，为教师教学提供量化数据支持，及时改进教学策略，同时构建个性化推荐系统，推荐相应的学习资源到学习者的网络学习空间，为学生提供针对性的及时帮助，做到因材施教。

第二节　智慧型3D网络学习空间架构组成

一、智慧型3D网络学习空间平台概述

智慧型3D网络学习空间云平台采用了大规模开放在线课程（Massive Open Online Courses，MOOC）平台的设计思想，考虑到学校（机构）是教育资源相对集中且执行力相对较强的单位，以学校（机构）作为智慧教育的实施主体，课堂（以班级为单位）作为实施智慧教育的主阵地，最适合智慧教育落地，在传统的课堂中，学生依托网络学习空间和5G网络，使用智能平板系统，由教师主导，突出以学习者为中心开展教学。因此，平台以学校（机构）为管理单元，即由平台管理端、机构端、教师端、学生端等四端组成，智慧型3D网络学习空间云平台功能描述如表4-2所示，平台管理端为整个网络学习空间平台的后台运营端，可管理平台内的所有机构、各个机构内的师生、课程、资源等信息，机构端为学校（机构）的管理中心，可管理该学校（机构）的教师、班级、学生、课程、作业、考试等相关的信息；教师端主要提供给学校（机构）内的教师使用，教师在教师中心可创建课程、创建3D虚拟实验或游戏化学习环境、管理班级及学生、布置作业、设置考试、成绩管理、学习分析等功能，教师可基于教师端，以班级为单位，开展小规模限制性在线课程（Small Private Online Course，SPOC）模式教学,在教师端嵌入了3D虚拟学习环境开发系统，教师可根据教学内容，自主地设计与开发3D虚拟实验或游戏化的学习环境，师生可在虚拟的学习环境中开展各类教学活动；学生端主要提供给学生学习的场所，在这里，学生可以学习视频教程、查看PPT/PDF文档、在3D虚拟学习环境中进行操作演练、进行作业与考试等操作，借

助xAPI技术标准将学习者的所有操作都记录到了学习记录系统中。

表4-2 智慧型3D网络学习空间云平台功能描述

功能模块	功能说明
门户	在首页，可以访问各级各类教育机构、教师、课程、学生等网络学习空间，可以通过搜索的方式快速找到教育机构、教师、课程和学生的空间入口，同时提供了登录和注册入口
个人中心	在首页的登录入口，以学生身份登录，即可进入学习者的个人中心，也就是学习者的网络学习空间，学习者能够在自己的空间中加入教师的课程学习（包括视频、文档、在线3D教学内容）、做作业、考试、查看考试成绩、上传资源到个人空间等，平台还可以根据学习者的学习情况推送相应的资源到个人学习空间中
教师中心	在首页的登录入口，以教师身份登录，即可进入教师中心。在教师中心，教师可以进行课程管理、班级管理、学生管理、作业管理、考试管理、题库管理、资源管理、报表管理等，其中平台最具特色的是，在教师中心嵌入了3D虚拟学习环境开发系统，教师在创建3D课程资源时只需要拖拽模型到相应的位置即构建出所需的教学场景，教师可以进行3D虚拟实验或游戏化教学内容的创作。创作好虚拟学习环境发布后形成的链接，将链接添加到课程目录中，学习者无需安装任何插件即可在浏览器中打开3D虚拟学习环境进行互动操作
机构中心	在首页的登录入口，以机构（学校）管理员的身份登录，即可进入机构管理中心，在机构中心，机构管理员可以对本机构的所有班级、教师、学生、课程、资源等进行管理
其他系统	其他系统实现了网络学习空间云平台的辅助功能，包括消息系统、评论系统、学习经历记录系统、教育大数据分析系统以及推荐系统等
平台管理中心	系统管理中心采用专门的登录入口，是平台的运维中心，超级管理员可以对全平台所有的机构、教师、学生、资源等进行管理，可以创建系统管理员，系统管理员根据超级管理员设置的权限进行相应的管理

二、网络学习空间平台的2D在线教育管理系统架构

（一）系统架构需求

本平台的2D在线教育管理系统是一种SaaS（软件即服务）系统，采用了成熟度模型三的标准，即高性能的多租户架构，采用该架构可以有效降低企业的硬件和运维成本，可以有效发挥SaaS应用的规模化效应。由于系统是基于SaaS的，即通过互联网、以服务的形式交付，支持多租户使用，因此，在架构上应该具备以下特性：

1. 多租户特性

SaaS系统需要支持不同的租户在系统上使用，所以系统需要支持不同租户在数据与应用层面的隔离。因此，在系统的数据库层面需要根据该需求进行设计。

2. 在线特性

SaaS应用是通过互联网提供服务的，只要租户能够使用网络，在绝大多数设备上都应该可以对系统进行操作。本研究所设计的在线教育管理系统，客户端即为通用浏览器，需要为所有支持浏览器的不同设备提供样式、交互与设计上的适配，使得用户在任何时间在任何支持浏览器运行的设备上访问平台。

（二）后端开发技术

平台的2D部分采用微服务架构，将前后端进行分离开发，后端使用了Spring Boot和Spring Cloud技术实现，后台数据库则使用了MySQL，提供了RESTfull接口与前端对接，前后端工程师在设计好接口后，前后端就可以分开进行并行开发，能极大地提高开发效率，减少沟通成本。

（三）前端开发技术

本平台的前端主要使用了Vue框架以及Element-UI实现，通过调用后端提供的RESTFull接口实现CURD（增、删、改、查）操作。

三、网络学习空间平台的3D虚拟学习环境开发系统架构

本平台的3D虚拟学习环境开发系统（简称3D开发系统）能够与2D在线教育管理平台融合，2D在线教育管理系统主要提供课程（创建课程、上传视频、文档、3D虚拟学习环境）、练习、测试、考试等功能，3D虚拟学习开发系统是嵌入到2D在线教育管理平台中的一个子系统，网络学习空间是基于网络浏览器运行的，因此3D虚拟学习环境开发系统及其所创作的3D虚拟学习环境，也应该是运行在浏览器中。近年来，随着WebGL技术的不断发展和GPU图形渲染能力的不断提高，图形学相关的研究和应用从PC客户端逐渐转向了Web端，特别是2014年HTML 5标准正式确立之后，基于HTML 5的WebGL技术也得到了快速发展，目前新一代浏览器已经支持WebGL 2.0，为了让普通教师也能够开发适合本人教学的3D虚拟学习环境，本研究的3D开发系统提供了在线3D多用户底层引擎和在线3D编辑器，并支持模板技术，教师借助在线3D编辑器，根据自己所授课程内容，能够非常方便、快捷地开发出3D虚拟学习环境。

（一）在线3D多用户底层引擎

本研究的在线3D多用户底层引擎，采用B/S架构，前端基于WebGL技术开发，后端使用Node.js，数据库使用MonogoDB，利用在线3D多用户底层引擎所开发的3D虚拟学习环境（也称为3D虚拟世界），可在浏览器中无需任何插件运行。在线3D多用户底层引擎功能分为客户端管理、服务端管理和虚拟世界逻辑管理三大模块，客户端与服务端管理用于网络通信和数据传输、创建好的3D虚拟世界的管理，虚拟世界逻辑管理则专门处理虚拟世界中运行的相应逻辑，实现了数据与逻辑的解耦。3D多用户底层引擎由图形渲染、音频、物理、网络等多个开源模块组成，在图形渲染方面对Three.js库进行封装，在音频方面对howler.js库进行封装，在物理方面对Cannon.js库进行封装，在网络方面对Socket.io库进行了封装，同时利用网络通信、状态同步、序列化等技术，完成

了网络多用户功能的封装。在场景管理方面则实现了八叉树3D场景管理算法，通过对场景管理优化，可以在Web浏览器流畅地运行中小规模的3D虚拟学习环境。

1. **总体目标**

本研究要实现构建出3D网络学习空间，必须要有支撑3D虚拟学习环境的底层技术以及便于师生进行3D虚拟学习创作的编辑系统。同时基于Web端的在线3D多用户底层引擎，需要考虑Web平台与PC客户端、移动原生平台的差异，需要解决网络数据传输、网络同步、3D虚拟学习环境数据与逻辑间解耦等问题，还需要针对3D场景多样化的特性，解决场景管理的优化问题。因此，总体目标是设计并实现满足上述要求的基于Web的底层多人引擎。提出合理的引擎架构设计，设计并实现引擎中的网络多用户功能与3D场景管理功能，包括网络数据传输、网络同步、3D场景的管理与优化等主要功能和其他辅助功能，如事件处理、声音、物理与AI等，同时服务端能够将所有创建好的3D虚拟学习环境进行有效的管理。

2. **功能需求**

（1）网络多用户。

要实现多用户网络学习环境，就需要引擎支持多用户功能。网络学习环境离不开客户端和服务端的共同作用，因此还需要考虑服务端的引擎开发。网络学习空间是一种基于互联网的虚拟学习空间，是运行在浏览器中的应用系统，在开发在线3D多用户底层引擎时，一方面需要借鉴以往客户端引擎开发的经验，另一方面需要解决两者之间的不同。网络多用户主要包括Web环境下的网络连接处理、网络消息收发、网络延迟处理、网络同步处理、网络学习环境安全等内容。而如何实现网络同步是网络多用户功能的关键，本研究通过封装Socket.io开源库来实现网络多用户的处理。

（2）3D场景管理与渲染。

场景管理与渲染是在线3D多用户底层引擎的核心模块，是引擎最基础和最重要的功能。渲染引擎首先要实现的功能，是要让用户能够在屏幕上看到3D物体，只有看到了3D物体，才能进一步地实现交互。由于3D虚拟学习环境是一种学习场景，场景中拥有非常多的资源，如3D模型、纹理、声音等，为了实时并且快速进行渲染，需要对场景进行有效的管理，渲染引擎及其场景管理算法和效率的高低，往往决定着该引擎质量。场景管理与渲染主要包括场景管理、基本图元的渲染，纹理、模型和动画的渲染，灯光和阴影的处理等内容，该研究通过对Three.js开源库进行封装，并对其场景管理进行了完善，为3D内容创作者提供了简易的API进行3D内容开发。

（3）事件机制。

3D虚拟学习环境中的交互主要是以事件为基础的。而无论是浏览器与用户之间的交互还是客户端与服务端的交流，都需要事件的监听与管理，事件机制是引擎必不可少的功能。事件机制需要提供事件监听、触发、删除等功能接口供开发者使用，同时将其封装在各个功能中协助功能间实现各种交互操作。

（4）物理引擎。

在3D虚拟学习环境中开展各类活动，需要为用户提供真实的物理感官体验，如学习者的虚拟化身在3D虚拟学习环境中的跳跃、汽车的行驶、物体的碰撞等，物理引擎包含与物理属性相关的功能模拟，如刚体物理、流体物理、重力摩擦力等，一般的物理引擎开发需要由物理学家、数学家、程序设计师等多学科、多专业人员组成的团队，开发难度大、周期长，本研究为节约开发成本、时间，以开源的物理库Cannon.js为基础，将其进行封装，为创作者提供简单易用的API，在3D虚拟学习环境中轻松便捷地实现各种物理效果。

（5）在线3D多用户底层引擎支持的其他功能。

引擎除了图形渲染、实现物理效果以外还需要提供音频系统，为3D虚拟学习环境提供丰富的视听效果。3D虚拟学习环境不仅要有逼真的场景，精美的画面，还需要配备相应的声音效果，以达到更好的学习体验。为了让3D虚拟学习环境中有着更多的效果，更能呈现出与现实世界相同或类似的场景，引擎还需要有支持动画、粒子特效、文件系统、AI等功能，这类功能是在线3D多用户底层引擎的扩展性功能。

（6）在线3D编辑器。

在线3D多用户底层引擎提供了简易的API，3D内容创作者要利用该引擎进行内容创作，需要创作者有一定的程序设计能力，通过调用引擎提供的API进行3D内容创作，这种内容创作方式对于普通教师是难以做到的。为了方便教师利用引擎创作3D虚拟学习环境，本研究在底层引擎的基础上进行再次封装，以在线3D编辑器的形式提供给教师使用，在线3D编辑器是一个基于Web的、具有图形用户界面的应用系统，利用在线3D编辑器，教师只需要找到适合的模型，通过拖拽的方式即可搭建3D虚拟学习环境，极大地简化了3D内容创作流程，减少了创作难度。教师可以利用在线3D编辑器从无到有地创建3D虚拟学习环境，同时可以利用在线3D编辑器将设计好的3D虚拟学习环境保存为模板，也可以将模板调到了编辑器中进行二次开发，在有足够模板的基础上，利用在线3D编辑器可极大地丰富网络学习空间内容，实现优质资源快速增长。模板是指由教学设计人员、美术人员、程序设计师等多学科专业人员组成的团队，针对特定的知识点，利用在线3D编辑器进行创作的3D虚拟学习环境。将在线3D编辑器创建好的各类模板根据不同的学科分门别类地保存在资源网站中，教师可根据自己的教学需要找到合适的模板，然后利用在线3D编辑器调入并进行编辑，以实现教学所需的3D虚拟学习环境。

3. 架构设计

本研究提供的在线3D多用户底层引擎，在浏览器中将原生支持多用户环境，因此引擎分为服务端和客户端。而服务端和客户端都会用到的功能，需要解决两端之间存在的差异，提供统一的接口调用。同时还需要考虑如何实现各个功能与网络多用户功能的组织与交互。引擎由客户端管理、服务器端管理和游戏逻辑管理三大模块组成。客户端管理专门负责客户端的引擎功能，如图形渲染、音频、动画、粒子系统等，通过相应的开源库进行封装后，提供相应的API接口。服务器端管理则是处理从客户端请求的连接和进行消息的收发，提供服务端开发的API接口。游戏逻辑管理则专门用于处理游戏逻辑，实现了游戏数据与游戏逻辑的分离。在线3D多用户底层引擎框架如图4–2所示。

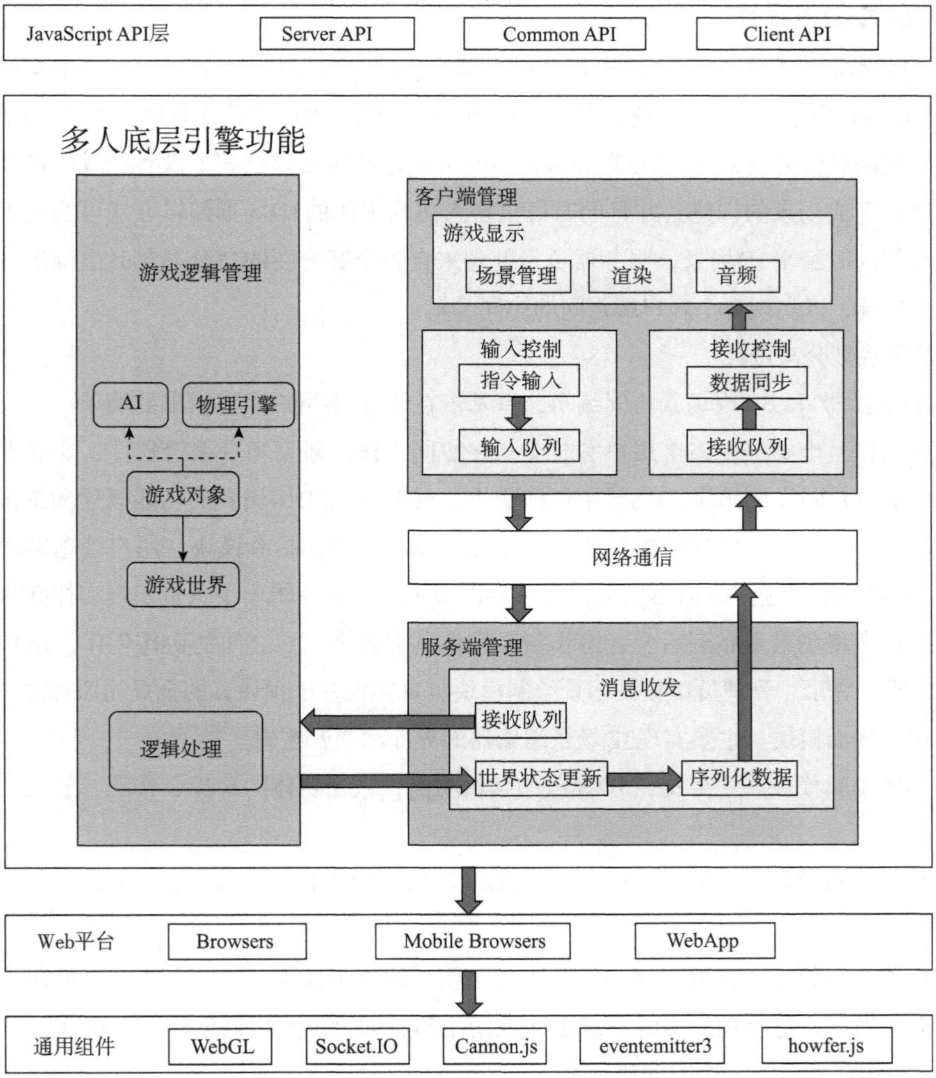

图4-2　在线3D多用户底层引擎框架

在线3D多用户底层引擎的架构主要分为四个层次，第一层为通用组件层，本研究使用第三方库，为引擎功能的开发提供相应的功能函数使用。主要包括Web端的渲染、网络通信、事件、物理等功能。第二层为Web平台层，解决Web游戏开发中PC浏览器和手机浏览器之间的差异，封装统一调用的接口。第三层为引擎功能层，以网络多用户为核心，以网络通信为媒介，实现各个功能与网络多用户功能的组织与交互。同时实现了游戏数据与游戏逻辑的解耦。第四层为API层，引擎为Web端游戏开发提供统一的JavaScript API，分为服务端、客户端和Common API。其中Common API是客户端和服务端均会用到的功能API。通过将引擎分层，实现各个层次功能明确、划分清晰，具有良好的可扩展性，同时引擎解决了游戏数据与游戏逻辑间的解耦，提供了良好的模块化设计，通过封装客户端和服务端之间的差异，提供统一的JavaScript API接口。降低了游戏开发者的学习成本，提供了一致的编程体验。

（二）在线3D编辑器

在线3D编辑器是基于在线3D多用户底层引擎提供的API的基础上开发而成，主要提供给师生创作3D虚拟学习环境的可视化系统，提供所见即所得功能，可以在很大程度上加快3D场景的制作速度，从而提高软件开发效率。在线3D编辑器的可视化操作可以使一个没有经过严格训练的使用者也能够快速完成场景的构建，并且同时可供多人协同工作的3D场景编辑方式可实现多个用户通过网络浏览器同时编辑3D场景，服务器负责处理来自各个客户端的命令并实时渲染出最新场景返回给各个客户端，以实现多个客户端之间的协同编辑。

1. 功能模块划分与设计

在线3D编辑器可以实现场景协同编辑，是基于在线3D多用户底层引擎的简单、方便、高效、支持可视化操作且能够提供多个用户实时交互并协同工作的新型场景编辑软件，能够支持多个用户在网络上实时且同步地操作3D场景中任何物体。根据在线3D编辑器的功能概述和总体架构，将其划分为用户界面模块、实体编辑模块、场景发布模块、协作指令模块、用户管理模块等，其模块组成如图4–3所示。用户界面模块负责实现界面显示，实体编辑模块负责实现实体编辑功能，场景发布模块负责将场景发布到后台，协作指令模块负责各个用户之间的协作创作，用户管理模块负责用户注册、登录、管理员审核，场景绘制模块负责实现基于预计算的全局光照算法。

（1）用户界面模块。主要实现3D场景编辑器的界面和交互逻辑。

（2）实体编辑模块。主要提供3D模型的编辑功能，包括实体的添加、移动、放大、缩小、旋转等操作。

（3）场景发布模块。主要是修改“在线3D编辑器”的平台指令部分，以Web平台方式发布成网页。

（4）协作指令模块。主要将同一任务中每个用户的每个操作动作，上传到服务器端，生成一个“协作指令集”，每个用户实时下载更新该指令集，即可形成协同创作。“协作指令集”中每条指令，将由服务器打上一个时间戳，记录其先后顺序，多客户端通过该时间戳实施协作同步。

（5）用户管理模块。主要支持用户注册、登录、管理员审核等功能，用户加入某场景时，根据其IP地址与输入昵称，确定其唯一身份。支持用户在3DUI上文字通信交互。

（6）场景绘制模块。主要通过使用本研究提出的全局光照改进算法来实现3D场景的快速绘制，提高3D场景的实时绘制与渲染速度和场景真实感效果。

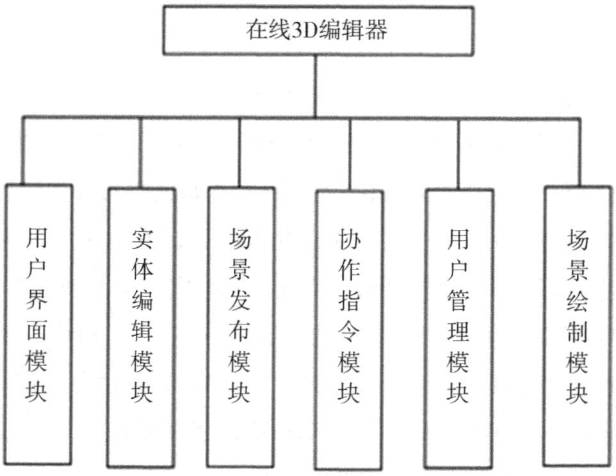

图4–3　在线3D编辑器模块组成

2. **架构设计**

根据功能模块划分与设计结果，将在线3D编辑器分为客户端和服务端两个部分，客户端和服务器是调用在线3D多用户底层引擎提供的API开发而成的。用户通过在线3D编辑器，采用可视化方式来进行场景编辑，可以制作一系列特效，通过拖拽模型的形式创建虚拟场景乃至游戏，创作者可以进行作品的储存以及发布。在线3D编辑器的客户端由实时3D场景编辑、场景模型管理、用户权限管理、协同场景编辑、属性管理、粒子制作与管理、物理系统管理、本地数据管理器和聊天系统组成。服务器端由登录系统、协同系统（会话管理、建模操作、共享场景、冲突避免、冲突检测、冲突解决等）、Web服务、资源存储、备份系统等组成。在线3D编辑器框架如图4-4所示。其中客户端通过浏览器获得实时3D场景，本地数据管理器负责对3D场景中的场景信息、素材、实体属性进行管理，是通过已有的基于本地3D场景编辑器实现的，聊天系统负责实现多个用户之间的实时沟通。实时3D场景存储在服务器端，协同系统定时将最新的场景信息传输给客户端，且每当有客户端更新场景时，实时保存当前的操作信息，登录系统负责管理多个用户的帐号，备份系统用于对当前的所有信息进行备份，以防止突发事件的发生。

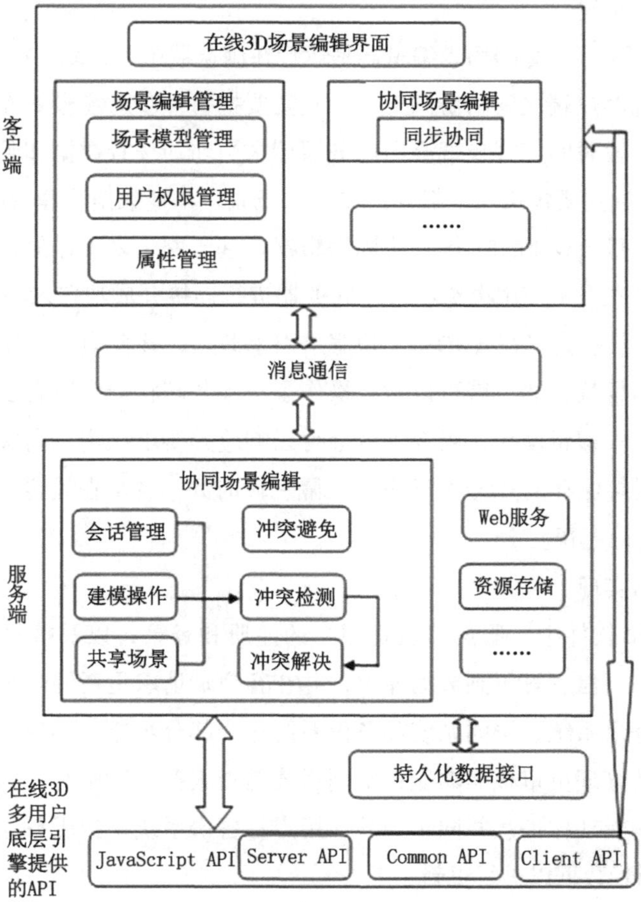

图4-4 在线3D编辑器框架

（1）用户界面设计与实现。

用户界面设计将直接影响使用者的操作，为了让使用者容易上手，操作简单快捷，一个直观、简便的操作界面是必不可少的。屏幕的左侧为资源管理器和素材管理器，可通过左上角的切换按钮进行面板切换，右边为场景管理器，场景管理器包括属性编辑器、粒子编辑器、物理编辑器等。标签显示当前面板的名字。当前对象则显示当前选中的对象名字。在屏幕下方列举对象属性（包括位置、坐标、名称等），并提供对应的输入接口。在编辑模式下，聊天系统可以通过菜单打开，会显示在屏幕左下方，用户在信息输入框中编辑聊天信息，按Enter键或者点击旁边的发送按钮进行上传，聊天记录则显示聊天信息。在场景发布后菜单及工具栏会隐藏，打开聊天窗口的方法是点击虚拟化身上面的人物名称，会弹出一个窗口，该窗口包括三个方面的按钮：第一个按钮是实现聊天功能，此时如果不是私发聊天信息，场景中的所有用户均可看到聊天信息；第二个按钮是点对点语音功能，单击该按钮只能是选择对某一用户发起呼叫，实现点对点语音功能；第三个按钮是点对点视频功能，单击该按钮，会呼叫某一用户，同时启用摄像头，可以实现点对点视频功能。

（2）客户端设计与实现。

客户端中运行浏览器，在线3D场景编辑器是运行在浏览器中，在线3D场景编辑器主要负责3D场景的编辑，为了实现客户端之间的协同工作，它需要把每一步对场景的操作以消息的方式传送到服务器，并且每隔一段时间，客户端会向服务器请求当前的场景数据和聊天信息，以更新本地场景的聊天记录。客户端主要包括三个部分：实时3D场景、本地数据管理器和聊天系统。

由于本研究实现的基于Web的3D场景协同编辑器是基于网络来工作的，为了满足多用户协同编辑的需求，客户端首先需要使用浏览器，与服务器进行连接并成功登录后，才可以打开3D场景编辑器，编辑器打开场景前会将在线3D多用户底层引擎载入，并自动从服务器获取3D场景最新数据进行初始化，渲染出场景，然后就可以自行操作了。服务端将会对所有已连接的用户进行实时监控，每当用户完成一个编辑动作，服务器就会得以响应并要求该用户向服务器上传编辑后的数据信息，以更新服务器端保存的3D场景数据。每隔一段时间，各个在线客户端会自动从服务器获取最新的场景数据以进行更新。

（3）服务端设计与实现。

在3D场景协同编辑软件中，服务器负责用户的注册和登录，以及接收客户端上传的操作和聊天信息，将操作和聊天信息解析到数据库中，并在客户端请求更新的时候，向客户端发送最新数据。服务器主要由登录系统、协同系统和备份系统三个部分组成。其中，登录系统负责支持多用户的注册、登录以及管理员审核等功能；协同系统是指服务器对所有已登录的用户进行实时监控，获取所有用户的编辑动作信息并同步到其他用户；备份系统是指服务器每隔一段时间，会自动备份并保存最新的场景数据以进行更新。

①登录系统。登录系统是在服务器端负责用户注册与登录的模块。在服务器中有一个用户注册列表，通过它来判断用户在登陆界面输入的帐号以及密码是否有效。登录系统主要实现了以

下三个功能：用户登录功能，用户通过输入正确的用户名和密码即可实现登录；用户权限管理功能，根据用户输入的用户名打开与用户身份相对应的管理页面；新用户注册功能，允许新用户通过填写个人信息实现网站注册。用户登录功能的实现主要是通过在数据库中建立一个管理员列表，表中保存了用户的基本信息。

②协同系统。协同系统是在服务器端负责响应客户端更新请求的模块。其分为场景数据和聊天记录两个部分。场景数据具有一个缓存区，缓存区来记录一定时间内客户端上传的编辑数据。到达时间节点后，就通过备份系统写入数据库。每当客户端产生一个新的编辑动作时，上传相应数据到服务器的协同系统并生成一条协作指令保存在服务器的协同系统中，这些由多个客户端产生的多条协同指令以时间戳的顺序生成一个协作指令集，为了保证所有客户端的编辑动作均被服务器接收保存，该协作指令集会定时地写入服务器的备份系统中，客户端通过定时向服务器同步该协作指令集以获得最新场景信息。

③备份系统。备份系统是在服务器端负责备份场景数据的模块。每隔一定时间，备份系统就将协同系统中的场景数据缓存写入数据库。

（三）3D虚拟学习环境开发系统架构设计

3D虚拟学习环境开发系统架构设计是由融入在线3D多用户底层引擎和在线3D编辑器后，从宏观层面来进行架构设计，包括服务端架构、3D虚拟学习环境内部架构以及客户端内部架构三部分组成。

1. 服务端架构

通过在线3D编辑器创设好的虚拟学习环境会最终保存在服务器中，服务器端可以将所有创建好的3D虚拟学习环境管理起来，同时提供Web服务，基于Web服务，每个3D虚拟学习环境可以包含一个或多个实例，这样一个或多个客户端能够连接到一个3D虚拟学习环境的实例，因此使用该系统，可以构建无限个单人或多人协同交互的3D虚拟学习环境。其中服务端架构如图4–5所示。

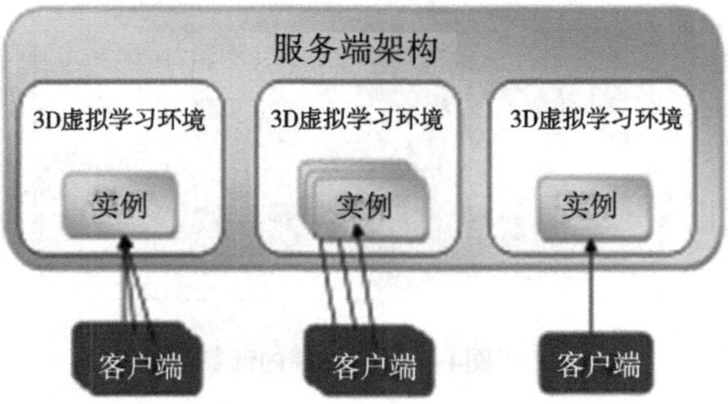

图4–5 服务端架构

2. 3D虚拟学习环境内部架构

3D虚拟学习环境编辑系统所创建的每个3D虚拟学习环境由静态资源和反射器（服务端每创建一个实例就会创建一个反射器）组成。在某一客户端连接到一个3D虚拟学习环境的实例中，在任一时刻该客户端改变其内部状态时，反射器将会同步该状态至其他所有客户端。3D虚拟学习环境内部架构如图4-6所示。

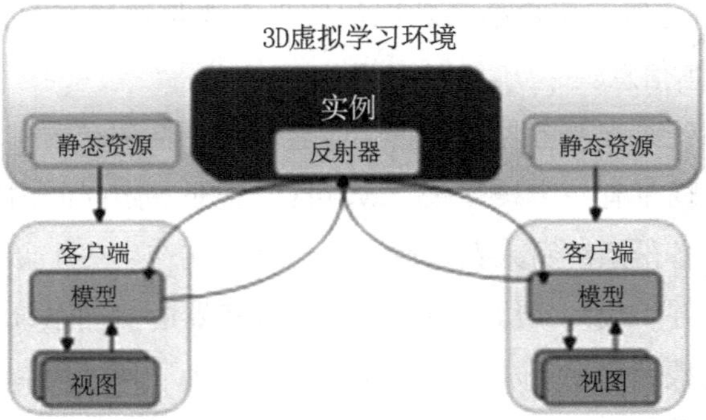

图4-6　3D虚拟学习环境内部架构

3. 客户端内部架构

3D虚拟学习环境编辑系统的客户端由模型驱动、视图驱动、内核以及组件四部分组成，客户端之间通过反射器实现状态同步。底层框架提供脚本、变换、图形、物理、用户接口和声音等驱动程序，脚本驱动程序提供脚本API，允许3D虚拟学习环境的开发者使用底层框架的所有驱动程序。其中模型驱动程序可以通过修改对象直接参与仿真，视图驱动程序可以将输入注入到仿真中，并显示仿真数据。组件是一种可重用的虚拟仿真对象，定义对象的行为、状态和可视化表示，组件也是由一个层次结构构成，组件可以扩展原型组件，并继承其属性、方法和事件，原型可能有多个组件，可以在应用程序中对其进行扩展。用户所编写的与3D虚拟学习环境交互代码是一类组件，由特定JavaScript驱动程序执行。内核则实现模型驱动、视图驱动，以及组件之间的协调、通信。客户端的内部结构如图4-7所示。

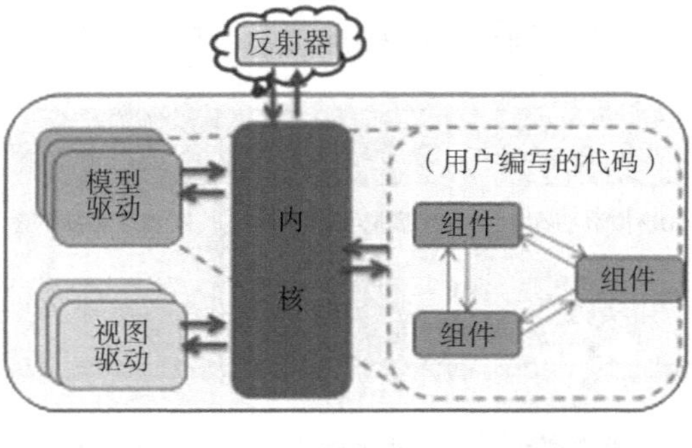

图4-7　客户端内部结构

第三节 新一代信息技术重构的网络学习空间平台

本研究的3D网络学习空间平台是在传统二维网络技术支撑的网络学习空间平台基础上嵌入了3D虚拟学习环境开发系统设计而成。充分应用了云计算、大数据、虚拟现实、人工智能等新一代信息技术，采用SaaS架构模式设计，以机构为单位，为每个机构提供一套云端在线教育系统。通过将二维网络技术与3D虚拟现实技术相融合，3D虚拟学习环境开发系统使用了浏览器原生支持的图形技术，在各种智能终端中运行时无需任何插件，轻松实现了跨平台。网络学习空间平台可为各级各类教师提供教学资源管理以及在线3D教育内容创作工具。平台的目标是构筑创作3D优质教育内容的生态环境，为教师赋能增效。智慧型3D网络学习空间平台由管理端、机构端、教师端和学生端等四端组成，下面对四端的功能进行详细的介绍。

一、智慧型3D网络学习空间云平台功能介绍

（一）平台管理端

平台管理端是整个网络学习空间平台的管理中心，由订单管理、资金管理、课件资源、学生教学、教育机构、系统管理、帮助文档等模块组成，平台管理端使用专门的登录入口。

1. 订单管理模块

在该模块中，可对整个网络学习空间平台中前端产生的订单的订单号、所属教师、所属机构、订单类型、订单状态、支付时间、支付类型、订单金额、下单时间等进行查看，同时可实现对该订单实现人工支付以及删除等操作。可以通过按订单号、订单状态、支付状态、教师姓名、所属机构、开始日期和结束日期进行查询，并可对查询结果进行导出，方便日常对订单的管理。

2. 资金管理模块

资金管理模块主要用于全网中教师提取现金的操作，可查看每一次提现情况，查看内容包括提现编号、所属机构、提现用户、联系方式、提现金额、提现卡号、收款银行帐号、提现方式、收款户名、状态、申请时间、审核时间等内容，审核通过的条目，状态显示为审核通过。

3. 课件资源模块。课件资源模块包含资源（上传的文档等）管理和课件管理两大功能

（1）资源管理。该功能主要是实现对整个网络学习空间平台的学生、教师上传到自己空间中的文件进行管理，文件类型为任意类型，可以实现对该文件的禁用和删除操作。资源内容包括资源名称、用户、角色、所属机构、资源类型、发布时间、审核状态、文件类型等。教师在成为平台的教师身份时，一般会有两种方式：一种是前端注册时，选择教师身份，教师需要提供上传身份证信息、签订协议、手机号码短信验证等操作，协议中要求教师负责其学生上传资源的审核工作；第二种是由机构导入教师信息，此时教师是学校里面的正式教师，同样负责着其学生上传资源的审核工作。只有通过审核的资源才能在平台中查看，如果上传的资源为不健康资源之类的而又通过审核的，教师会受到相应的惩罚，同时在平台后端的资源管理功能中，可将该资源进行屏

蔽或删除。

（2）课件管理。课件管理主要是对教师上传的课件进行管理。教师上传的课件类型包括视频、文档以及3D课件。课件由课件名称、所属教师、所属机构、课件价格、课件类型、发布时间、状态、关联分类等字段组成，管理员可以实现对课件进行禁用、删除等操作。

4. 学生教学模块

（1）学习记录。学习记录功能是指记录学生的学习过程，主要是对学习者的考核记录。学生记录包含姓名、性别、学号、得分、用时、是否通过、创建时间等字段。

（2）学生管理。学生管理模块主要是针对通过平台自主注册的学生进行管理，学生管理包含姓名、性别、学号、电话、注册渠道、是否推荐、学分、星级、创建时间、操作等字段组成，管理可对注册的学生信息进行修改、删除、重置密码、查看信息等操作。

5. 教育机构

（1）教师管理。该功能是对所有机构内的导入的教师信息进行管理，由机构名称、姓名、性别、工号、级别、是否推荐、来源、审核状态、电话、帐户余额、创建时间、操作等字段组成。可实现对教师信息进行查看、修改、删除并查看该教师所管学生信息等操作。

（2）机构管理。机构管理功能是对整个网络学习空间平台中的机构进行管理，机构用户帐户需要由平台管理员手工从管理端添加。机构管理由机构名称、联系人、联系电话、地址、帐号、是否推荐、创建时间、操作等字段组成。可实现对机构信息的修改、查看、删除等操作，同时也可以通过查看学生和查看教师等功能实现对本机构内的教师和学生信息进行浏览。

6. 系统管理

（1）模块权限管理。模块权限管理是对系统的相关的功能接口进行管理，可方便地实现对系统进行扩展。同时对某一具体的功能接口，可实现修改、删除等操作。

（2）角色权限管理。角色权限管理主要是对管理端的管理人员进行管理，包括机构管理员、财务人员、教师、机构、客服等进行管理操作，即添加、修改和删除等操作。同时可以为相应的管理人员设定相应的权限。

（3）微信支付参数。微信支付参数功能，用于设置学生端和教师端用户购买课程或资源时所使用的支付帐号相关参数。

（4）支付宝支付参数。支付宝支付参数功能，用于设置学生端和教师端用户购买课程或资源时所使用的支付帐号相关参数。

（5）专业分类。专业分类主要是对网络学习空间平台首页中设置相应的专业类别，便于学习者快速检索，学习者能够更为方便快捷地根据专业来找到自己喜欢的课程。

（6）系统管理员管理。系统管理员管理功能，主要是对各个机构的管理员进行管理，如设置密码、清除密码等。

（7）课程收入比例。课程收入比例是在教师将所授课程出售时，平台与教师的收入分成，即售出一门课程，除去教师所占比例，剩下的就是平台所占比较。

7. **帮助文档管理**。

帮助文档管理是将网络学习空间平台中的所提供的功能，操作方法和操作步骤提供给机构端管理员、各级各类教师和学生，针对不同的用户端，分门别类地整理出使用方法供学习者参考。

（二）机构端

机构端、教师端、学生端使用统一登录入口，在首页中进行登录，平台会根据是否是机构用户、教师用户、学生用户的身份类型进入相应的界面，即帐号如果是机构用户身份，将会登录到该机构端，教师用户身份将会登录到该机构的教师端，学生用户身份会登录到该机构的学生端。登录入口在网络学习空间平台的首页，如图4–8所示。

图4–8　网络学习空间平台首页（含登录入口）

当用户使用的是机构帐户登录时，登录后会自动进入到该机构的管理中心，机构管理中心的主页中显示了机构的名称、所属地、学生人数、教师人数、课程数、课件数，以及共享资源数等信息。机构管理中心则提供了教师管理、学生管理、课程管理、班级管理、机构设置、报表中心等功能模块，机构管理中心页面如图4–9所示。

图4–9　机构管理中心页面

（1）教师管理。教师管理模块是对本机构内的所有教师进行管理，教师信息主要包括工号、姓名、来源、手机号码（登录帐号）、创建时间、是否推荐、状态、管理操作等，可实现单独添加教师信息、通过Excel模板导入教师信息、导出教师信息至Excel文件、删除教师信息、重置登录密码、将教师推荐至本机构首页等功能。

（2）学生管理。学生管理功能是对本机构内所有的学生进行管理，学生信息包括手机号码、姓名、性别、所属班级、创建时间、标签、是否推荐、操作等，可实现单独添加学生信息、通过Excel模板导入学生信息、导出学生信息至Excel、删除学生信息、重置登录密码、将学生推荐至本机构首页等功能。

（3）课程管理。课程管理功能是对教师所创建的课程及其上传的课件进行管理，课程管理信息包括课程、主讲老师、是否发布、是否收费、创建时间、是否推荐、管理操作等，可以实现对课程的导出、发布、删除、推荐至机构主页等操作。

（4）班级管理。班级管理功能可以实现创建本机构内的班级信息，创建班级时会与某一具体的课程相互关联。

（5）机构设置。机构设置功能提供了对机构的基本资料进行修改与完善、修改机构登录密码、设置机构主页中的轮播图。

（6）报表中心。报表中心功能可查看本机构内的课程、班级、教师、学生等活跃度排行情况，同时可以对课程、资源、学习过程进行分析，提供报表输出，也可以查看学生的成绩等信息。

（三）教师端

在网络学习空间平台的首页中，以教师帐号身份登录后，会自动进入教师管理中心页面。教师管理中心的上端部分，包括教师的头像、教师信息、教师帐户余额以及提现按钮等。教师管理中心页面中提供了个人资料、我的课程、我的班级、我的学生、我的粉丝、订单管理、题库管理、上传资料、资源审核、数据中心、3D开发系统、成绩管理等12个功能模块，教师端的管理中心如图4-10所示。

图4-10　教师端的管理中心页面

其中在教师端的管理中心中的提现按钮，是指当教师销售课程获得收益后可以通过单击该按钮，系统会将教师提现的信息发送到平台管理端，平台管理端的管理人员在收到提款信息后，按照相应的比例分成，将款项转入教师的银行帐号中。

1. 个人资料

在教师端的管理中心，个人资料是指对教师的基本信息进行管理和维护，提供了基本资料、用户头像、修改密码等功能。

2. 我的课程

在教师端的管理中心，我的课程功能模块，是教师端最重要的模块，在我的课程模块中，新注册的教师登录后只有“新增课程”图标，点击“新增课程”，教师即可创建一门新的课程。创建好课程后，在我的课程栏目中将会出现新建的课程，然后教师可以根据课程内容规划好课程目录，然后在相应的课程目录下上传相应的资源。

在教师端的“我的课程”功能页面中，当点击“新增课程”按钮时，会打开添加课程窗口，可根据专业分类、课程名称、课程是否收费、课程总价、优惠折扣、学分、课程图片、是否公开课、课程目标等进行填写，完成后点击确定按钮后，即可添加一门新的课程。在新建课程中，完成课程信息填写好，点击“确定”按钮后，即新建了一门课程，同时打开了填写课程目录及上传资源的窗口，可通过添加一级目录和二级目录完成对课程目录的添加。

在一级目录和二级目录添加完成后，在二级目录中，点击相应的图标可以修改二级目录名称、上传相关资源及删除二级目录。

在上传课程资源中，可以输入课时名称、时长、价格、排序、课程类型（包括视频、文档、3D课时）、上传资源等操作，完成后点击“确定”按钮，完成资源上传。

在上传3D课件时，填写好基本信息后，在课程类型中选择“3D课时”，此时会出现链接输入栏，同时需要将3D编辑器中的相关3D虚拟学习环境打开后，复制浏览器中的URL地址，并将URL地址粘贴到输入框中，点击确定按钮后即可将3D课时添加到课程目录中，在学生打开课程目录时，在目录中点击相应的3D课时链接即可进入3D虚拟学习环境。

在某一具体的课程中，可以针对该门课程添加考试卷库，即考试卷库是挂接在该门课程之下的，考试卷库包含模拟试卷和考核试卷。

在考试卷库窗口中，点击“创建试卷”按钮，可打开创建试卷的基础信息，可根据需要填写试卷名称、试卷来源、试卷类型、考试时长、试卷总分、及格分数、开启试卷（关闭、开启）、试卷描述等信息。

当将开启试卷选择为“开启”时，学生打开该课程时，在课程目录页面中，如果试卷为模拟试卷，会出现“模拟考试”按钮，如果试卷为考试试卷，则会出现“考试”按钮，点击“模拟考试”或“考试”按钮后，则会进入测试界面，开始进行测试。

在添加完考卷相应的信息后，需要添加考试大题，即单项选择题、多项选择题、判断题等类型，目前暂时只支持这三种类型的试题。

3. 我的班级

在教师端的管理中心中，我的班级功能模块用于管理班级，可以通过点击“新增班级”按钮创建班级，新增班级中，可以填写班级名称、选择课程、加入权限、班级封面、班级简介等信息，填写完后点击“确定”按钮，即可创建一个新的班级。

4. 我的学生

教师端的管理中心的“我的学生”模块，可以实现添加所属课程的学生、删除、导入、导出、重置密码、设置标签、加入班级等功能，添加学生时，可以根据要求输入学生的相关信息完成学生添加，也可以通过导入功能，将学生信息事先填入Excel模板中，然后通过导出功能，批量导入学生名单。也可以将选定的学生信息通过导出功能导出为Excel文件。重置密码功能是指学生忘记密码时，将密码重置为初始密码，即888888。

5. 题库管理

教师端的管理中心题库管理模块，用于管理教师所授课程中相应的测试试题。在考试试卷成功创建之前，必须要为每门课程创建相应的试题，因此在创建试卷时，主要是通过选取相应的试题后形成试卷，目前属于手工组卷，暂不支持自动组卷。

在题库管理中，通过点击“新增题目”按钮，打开添加试题窗口，可以选择或填写试题的基本信息，包括选择题型、选择课程、难易度、试题题干、试题解析、试题选项等信息。相应的信息填写完成后，点击“确定”按钮，即可创建一个试题。

6. 资源上传

在资源上传栏目中，教师可以创建目录，上传和下载相应的文件，或者重命名文件、删除文件等操作。资源上传功能实际上是为教师提供的网盘空间，为教师保存各类教学资源。

7. 资源审核

资源审核功能，主要是由教师对所管辖的学生上传的资源进行管理，即学生上传资源的操作交给教师进行管理，通过教师审核的资源，学生端对外公开的资源才能显示或下载，没有通过审核的资源，对外公开的资源不能被显示或下载，如果教师审核通过不健康的资源，在平台的管理端可以将该资源下线，根据协议将对教师进行相应的处罚。

8. 3D开发系统（3D教学场景开发系统）

本研究的3D开发系统，是基于浏览器原生支持的WebGL（Web图形库）技术开发的，提供了在线3D多用户底层引擎以及在线3D编辑器，通过技术手段使得普通教师也能够开发3D虚拟学习环境或游戏化学习环境，改变传统3D虚拟学习环境或游戏化学习环境的创作模式，即由教师根据某一具体的教学内容，利用资源平台中提供的3D基础模型或教学模板，借助于3D编辑器，通过搭积木的形式构建自己所需要的3D场景，实现个性化的教学场景，然后发布到课程目录中供学习者进行操作演练，由于系统运行在通用的浏览器中，无需任何插件，可在多种智能终端设备上运行，轻松实现跨平台。

3D开发系统的主界面如图4–11所示，包含了菜单栏、工具栏、内容库、层级、属性、材质、物理、用户等相应的功能区。屏幕中间最大的窗口为编辑窗口，教师可从内容库中（或资源库）中找到合适的3D模型（或场景），通过鼠标拖拽各类模型，以搭积木的形式构建自己需要的3D教学场景。

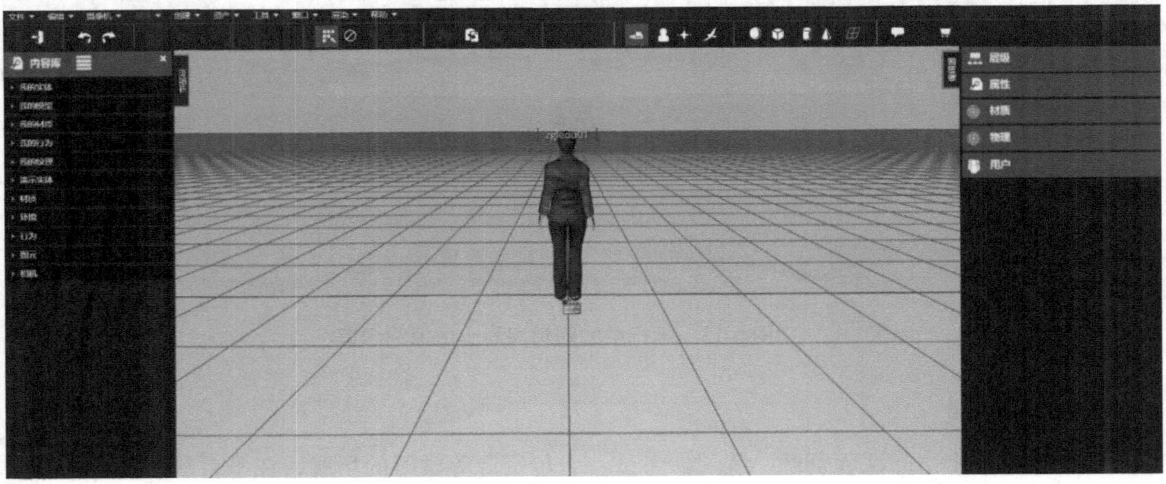

图4–11　3D开发系统的主界面

利用3D开发系统搭建的陈树湘烈士虚拟纪念馆场景如图4–12所示。

图4-12　利用3D开发系统搭建好的陈树湘烈士虚拟纪念馆场景

利用3D编辑器将3D场景搭建好后，在该场景的设置页面中，将场景的“允许编辑器工具”功能关闭后，该场景即为运行状态，双击进入该场景，然后从浏览器中将该场景的URL地址复制到课程目录中，即可完成课程的发布，运行的场景如图4-13所示。

图4-13　运行中的陈树湘烈士虚拟纪念馆

（四）学生端

学生端是学生访问课程资源、练习、考试、上传资源等学习的场所，在平台的首页，通过点击首页中的“登录”按钮，进入登录窗口，输入用户名和密码后，如果用户名是学生身份，平台会自动进入该学生所属的机构主页中，以学生身份登录进入该机构平台首页。学生登录到平台后的机构页面如图4-14所示。

图4-14　学生登录到平台后的机构页面

在机构平台的主页，点击某一具体的课程图标会进入课程详情页面，如“红色教育在永州（蓝山篇）”课程，在该课程界面，包括了课程名称、讲师信息、是否免费、介绍、目录、笔记、评价等栏目，课程详情页如图4-15所示。

图4-15　课程详情页

打开“红色教育在永州（蓝山篇）”的课程目录，如图4-16所示。

图4-16　进入某一课程的课程目录

在“红色教育在永州（蓝山篇）”的课程目录中，单击“陈树湘烈士纪念馆”目录，即可打开“陈树湘烈士纪念馆”虚拟学习环境，目前有2名学员进入了陈树湘烈士虚拟纪念馆，学生之间可以相互交流、学习，陈树湘烈士虚拟纪念馆多人互动环境如图4-17所示。

图4-17　陈树湘烈士虚拟纪念馆多人互动环境

学生登录后，点击学生头像下的“个人中心”菜单，即可进入学生的“个人中心”，在“个人中心”包括了个人资料、在学课程、练习/考试成绩查看、自建栏目、关注/粉丝等栏目。个人资料显示个人基本信息，通过单击“修改”按钮，可以完善个人信息资料，个人资料页面如图4-18所示。

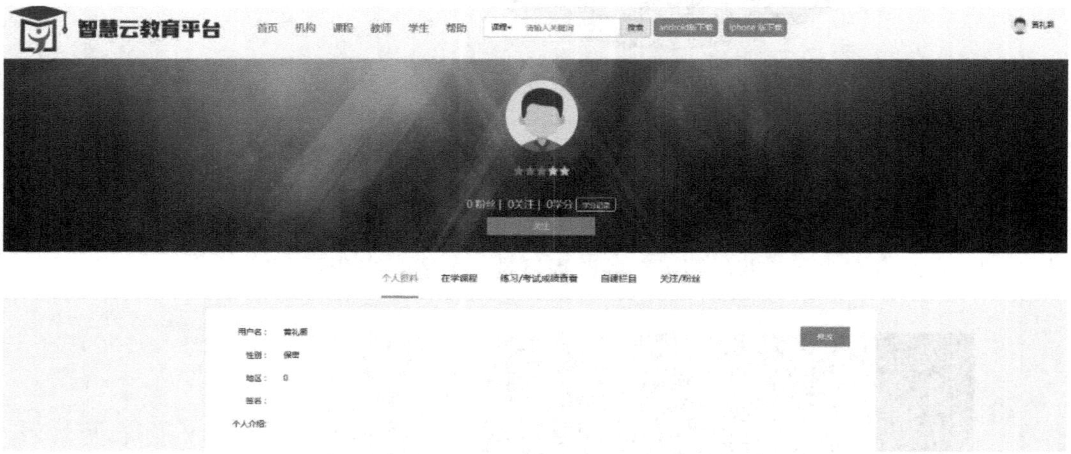

图4-18　个人资料页面

在学生的“个人中心”中，点击“在学课程”栏目，可以看到学员目前正在学习的课程。在学生的“个人中心”，点击“练习/考试成绩查看”栏目，可以看到本人的练习与考试成绩相关的内容，包括序号、学号、姓名、课程名称、做题用时、做题数量、考试分数、查看试卷分析等信息，“练习/考试成绩查看”页面如图4-19所示。

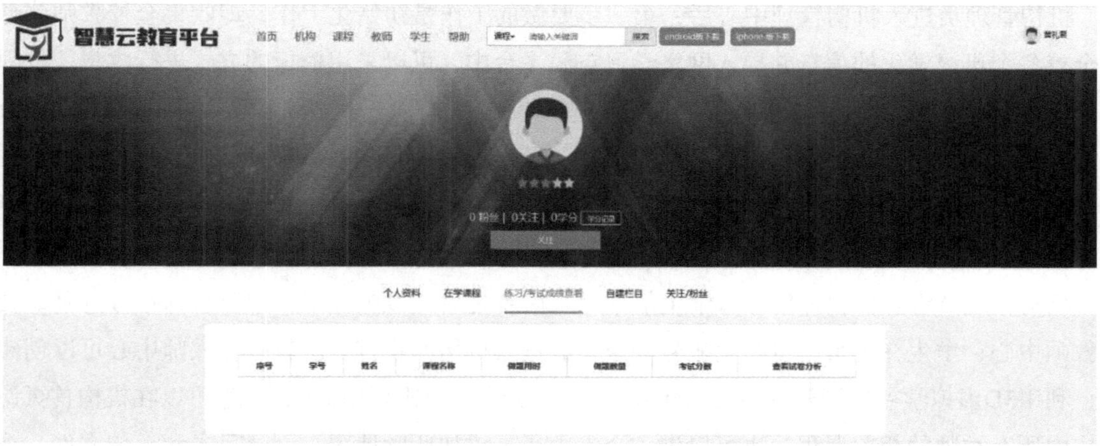

图4–19 练习/考试成绩查看页面

在学生的“个人中心”，点击“自建栏目”，学生可以自主创建栏目，创建目录分类，然后将资源上传到目录中，上传资源包括分组、文件名、状态（公开、不公开）、选择文件等信息，填写好相应的信息后点击“确定”即可上传资源，资源上传完成后，需要教师在后台审核通过后才能在自己的空间中看到相应的文件，学生创建栏目和上传资源如图4–20所示。

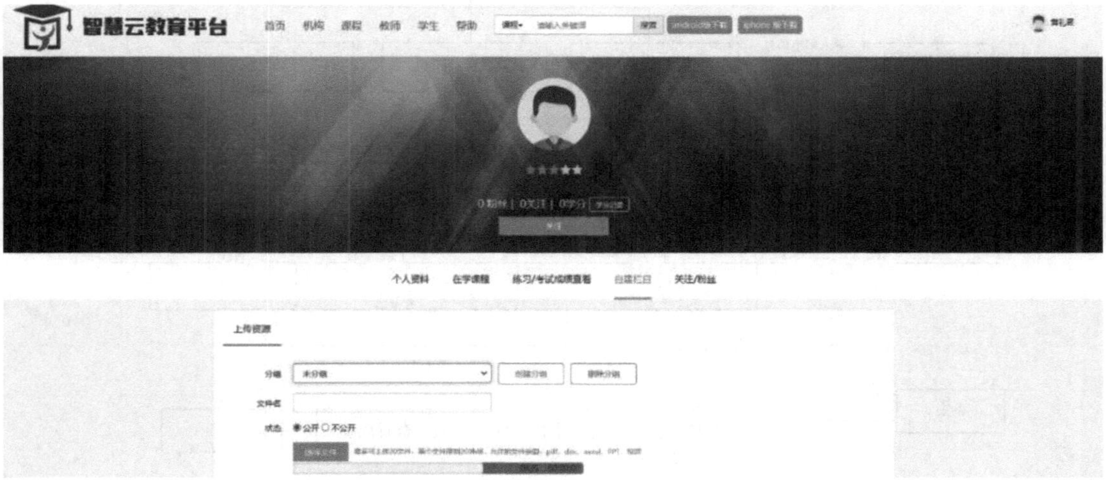

图4–20 学生创建栏目和上传资源

二、智慧型3D网络学习空间云平台操作流程

机构要正常使用网络学习空间平台，必须遵守一定的操作流程。首先是机构向平台的运营管理端提出申请，平台管理端的管理员根据机构提供的相关信息如机构名称、机构logo、机构地址等，为机构创建一个管理员帐号。机构收到管理员帐号后，指定专人负责，此人一般为机构管理员。机构管理员进入网络学习空间平台首页后，以平台管理端提供的帐号登录即可进入本机构的机构管理中心。

机构管理员进入机构管理中心后，第一步要做的工作是初始化工作，即收集全校教师信息以及全校各个班级学生的信息并导入网络学习空间平台中，可以采用模板的方式进行收集，教师用户与学生用户的模板不同，教师用户模板中包括姓名、工号、性别、学历、手机号码（登录帐号）、邮箱等信息，学生用户模板中包括姓名、学号、性别、班级、手机号码（登录帐号）、邮箱等信息。导入教师用户模板信息需要从机构中心的教师管理模块中导入，导入学生用户模板信息需要从机构中心的学生管理模块中导入。

机构管理员将全校教师信息和学生信息导入后台之后，教师在主页中以教师帐号登录，会进入教师中心；学生在主页中以学生帐号登录，会进入机构课程首页。教师在教师中心可以创建课程、利用3D虚拟学习环境开发系统创建3D虚拟学习环境、创建题库等，学生可以在机构首页访问机构内所有教师的相关课程，也可以进入个人中心，添加所学课程、创建目录和上传文件、查看课程成绩等操作。操作流程如图4-21所示。

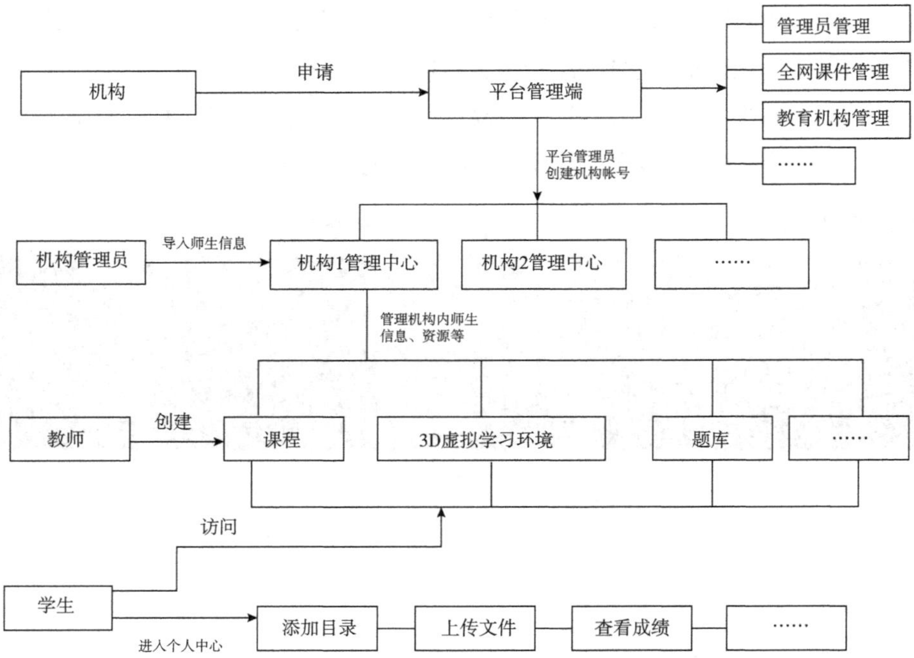

图4-21　智慧型3D网络学习空间平台操作流程

第四节　3D虚拟学习环境开发系统

3D虚拟学习环境编辑与发布系统（简称3D开发系统），通过对开源系统进行改造和完善，使之更适合被教师和学生使用。该系统采用基于浏览器原生支持的WebGL技术开发，提供了一个在线多用户底层引擎和在线编辑器，原生支持多用户环境。3D开发系统是一个教学内容创作平台，由3D多用户底层引擎、在线场景编辑器、课程发布等功能组成，主要提供给教师进行教学内容创作。教师借助该平台，在具备基础3D模型的基础上，通过搭积木的形式构建出所需的教学场景，使用脚本或者图形化编程工具快速构建出具有强交互性的教学内容。同时平台支持从模板调入资源，教师只需要在现有模板的基础上进行二次开发，即可快速开发出所需的课程资源，实现优质教育教学资源爆炸式增长。本章将介绍3D开发系统的主要界面以及基本使用方法。

一、3D开发系统功能介绍

（一）管理场景

登录到3D开发系统后，将会出现由3D开发系统所创建好的所有场景页面，每个场景以一个标题+缩略图的方式显示，标题即为该场景名称，缩略图为该场景中某一视角的剪切图，在创建场景的时候缩略图的位置是空白的，需要通过编辑器提供设置缩略图功能才能添加到该位置。可以通过前一页和下一页进行页面切换，以找到更多场景缩略图，页面下方则显示了所有场景、我的场景、新的场景、创建场景、搜索等功能，其中所有场景功能按钮就会将平台中所有场景，包括自己建设的场景和他人建设的场景，按先后顺序排列，页面能适配不同类型的智能终端设备，最多每行能显示5个场景缩略图，最少每行显示1个场景缩略图即所有场景列表如图4–22所示。

图4–22　所有场景列表

当点击某一场景缩略图，即可进入该场景管理功能页面。如果该场景是由本人创建的，场景管理页面会出现八项功能，即设置、改变标题、恢复备份、删除、进入、查看历史记录、嵌入、重复；如果该场景由他人创建的，场景管理页面会出现四项功能，即进入、查看历史记录、嵌入、重复。场景管理功能页面如图4–23所示。

图4-23　场景管理功能页面

在场景管理功能页面中，设置选项是用来对场景状态进行设置。在设置选项页面，有五个复选框功能及一个下拉列表选择功能。分别为关闭时保持场景状态、允许编辑器工具、单一用户、允许匿名用户、为每一个用户创建化身。关闭时保持场景状态功能，当该选项勾选时可以实现场景状态的永久保存。允许编辑器工具功能，当该选项勾选时，进入场景后可以利用编辑器工具对场景进行编辑，其他用户也可以进入该场景，但只能观看场景，不能编辑和运行场景；当取消勾选时，进入该场景后场景就是一种可运行状态，此时该选项与单一用户选项有关联，当单一用户选项勾选后，该场景就是单用户环境，当单一用户选项取消勾选时，该场景就是多用户环境，即允许多个用户进行同一场景，多人之间可以交流互动；允许匿名用户选项勾选后，没有注册的用户也可以进入场景；为每一个用户创建化身选项勾选后，用户进入场景后，就会拥有自己的虚拟形象，采用第三人称方式控制虚拟人物在场景中的活动，当该选项取消后，用户进入场景后就会以第一人称方式浏览场景。

选择相机下拉列表中，如果在该场景中创建了多个相机，下拉列表中就会以相应的相机名称来创建下拉列表内容，当选择某一相机进入场景后，就会以该相机的设置方式对场景进行浏览。设置选项页面如图4-24所示。

图4-24　设置选项页面

场景功能管理页面中的改变标题功能，可以实现对该场景的标题和描述进行修改；恢复备份功能是能将系统自动做好备份的文件进行恢复；删除功能是将当前场景删除；进入功能是进入该场景的入口；查看历史记录功能可以查看编辑场景时保存过的场景状态；嵌入功能则是可以将当前场景嵌入到某一网页的页面中；重复功能则是将当前场景复制一份，以便于做二次开发。

（二）编辑器主界面

这里主要介绍编辑器界面，在设置选项中，将允许编辑器工具勾选，然后点击保存，接下来在场景功能管理页面中点击进入，就会进入在线编辑器页面，在线3D编辑器页面如图4-25所示。

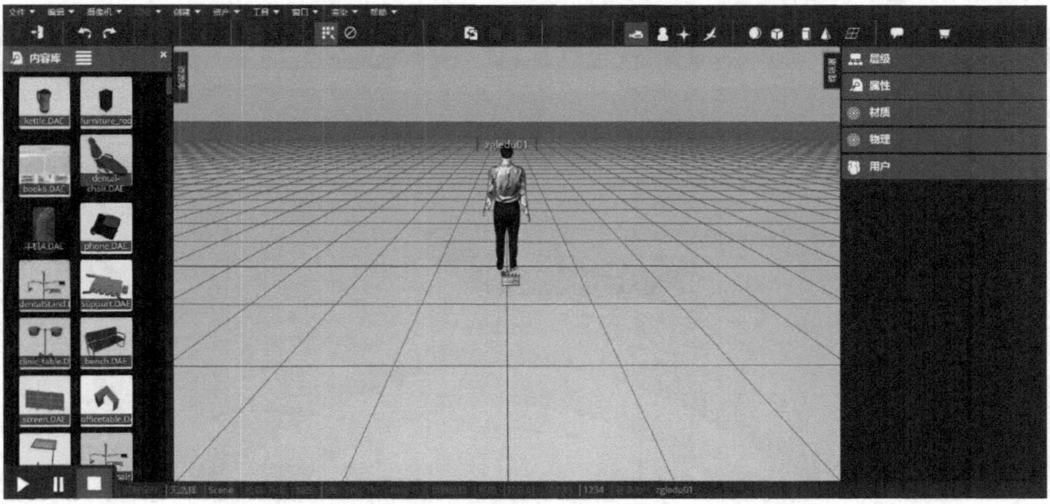

图4-25　在线3D编辑器页面

在图4-25中，界面顶部是菜单栏，编辑器所有的功能都可以在菜单栏中找到。菜单栏下面则是工具栏，在设计时已经将一些常用的工具编排于此，可以通过工具栏快速地进行相应的操作。屏幕左侧是一个资源库选项卡，可用于将可重用的内容对象拖放到场景中。在屏幕正中央，是用来进行场景编辑的地方，可以一人或协同多人进行场景的编辑，该编辑器支持多人协同创作场景。屏幕右侧是一个编辑选项卡，可通过指令操作场景内的对象和场景本身。在屏幕的左下角有一个控制仿真模型播放、暂停、停止状态的控制面板，默认情况下，编辑器加载完仿真模型是停止状态的。当一个对象被选中后，可通过菜单栏（窗口→脚本编辑器），在屏幕底部打开脚本编辑器，或者通过工具栏右侧图标（）点击打开。

（三）导航，选择和移动对象

1. 导航

默认情况下，虚拟仿真场景打开后将在编辑器相机下对场景进行编辑。编辑器相机允许查看和导航整个场景。要使用编辑器相机导航和操作对象，可使用以下键盘和鼠标命令。

（1）点击鼠标左键选中一个对象。

（2）按住鼠标右键并移动鼠标可以环视场景。

（3）向前滚动鼠标滚轮可放大场景，向后滚动可缩小场景。

（4）按住鼠标滚轮可以平移视图。

（5）选择一个物体，使用菜单栏“摄像机→焦点选择”或工具栏中的图标将相机聚焦在选定对象上。

2. 选择

下面以具体的实例来加以说明。单击屏幕左侧的“资源库”选项卡，找到T90坦克模型并将其拖动到场景中（或者双击该模型），在编辑窗口中，按下鼠标左键移动鼠标选中坦克，坦克将以蓝色突出显示，选中坦克后如图4–26所示。

图4–26　坦克选中后以蓝色突出显示

当坦克处于选中状态后，再单击坦克的子物件（如炮塔），炮塔将会以绿色高亮显示。选中塔克后的子物件如图4–27所示。

图4–27　选中坦克后的子物件

3. 移动对象

要在编辑器中移动对象，首先需要选择该对象，选中后鼠标光标处将显示一个坐标控件，如图4-28所示。此坐标控件的默认模式是“移动”。红色箭头指向*X*轴坐标方向，绿色箭头指向*Y*轴坐标方向，蓝色箭头指向*Z*轴坐标方向。移动时只需要单击要移动的方向的箭头并沿该坐标轴方向拖动即可。

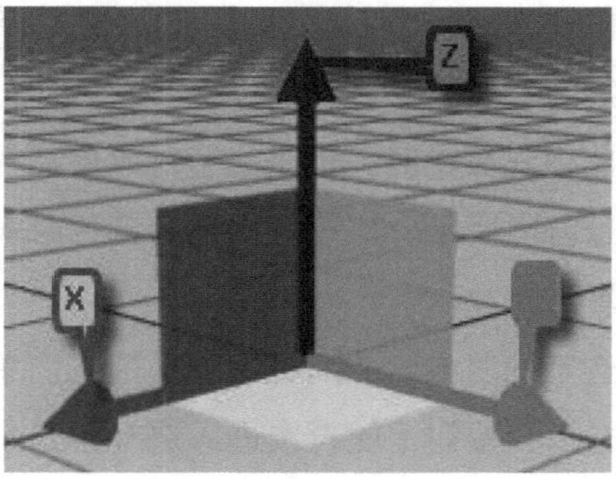

图4-28 坐标控件

在移动模式下，此控件还将显示三个彩色方块。单击并拖动黄色方块以同时在*X*轴和*Y*轴方向上移动，同时保持*Z*轴恒定；单击并拖动紫色方块可同时沿*X*轴和*Z*轴方向移动，保持*Y*轴恒定；单击并拖动蓝色方块以同时在*Y*轴和*Z*轴方向上移动，同时保持*X*轴恒定。通过按住“Ctrl”键选中第二个对象或更多对象，然后可以同时移动选择好的多个对象。

（四）工具栏和快捷键

退出按钮，单击该按钮将退出当前的界面，对应菜单栏中的菜单项是“文件→离开”。

撤销按钮，单击该按钮将放弃上次所做的更改，对应菜单栏中的菜单项是“编辑→撤销”。

重做按钮，单击该按钮可以放弃当前的更改，对应菜单栏中的菜单项是“编辑→重做”。

移动按钮，激活移动工具，将控件置于选定对象上面。按照有色线的方向单击并拖动。在两条线之间按住鼠标，选择由这两条线所组成的平面。选择平面控制柄时单击并拖动后将沿选定平面移动对象。对应菜单栏的菜单项是“编辑→变换→移动”。蓝色背景高亮显示表示移动工具处于活动状态。

旋转按钮，激活旋转工具，将控件置于选定对象上面，单击要在其上旋转的小控件轴，然后在一个方向上沿水平直线拖动进行单向旋转，然后在另一个方向沿水平直线拖动进行旋转。对应菜单栏的菜单项是“编辑→变换→移动”。

缩放按钮，激活“缩放”工具。将控件置于选定对象上面，单击并拖动中心框在坐标轴上均匀缩放，单击并拖动其中一个彩色框可沿选定框的方向缩放。对应菜单栏的菜单项是“编辑→变换→移动”。

在进行移动、旋转、缩放操作时，可使用键盘对应的快捷键进行操作，即按W键激活移动工具，按“E”键激活旋转工具，按“R”键激活缩放工具，通过使用快捷键可以在移动、旋转、缩放模式之间快速切换。

世界坐标按钮，将选定的工具控件与世界坐标系对齐。因此，移动控件的X轴控制柄将指向世界坐标X轴的绝对方向，Z轴将始终“向上”，朝向天空。对应菜单栏的菜单项是“编辑→变换→世界坐标”。

局部坐标按钮，将该控件与选定对象对齐。如果要将一个对象移动到选定对面前面，即使该对象的前方不是指向世界坐标轴方向的（因为此对象已经被旋转），可以使用局部坐标。对应菜单栏的菜单项是“编辑→变换→局部坐标”。

通过单击选择按钮，当此模式被激时，单击一个对象将选择它进行编辑。选中的对象可以被所有工具所用，其属性将通过窗口展示。此按钮在亮起蓝色时表示处于选择模式。对应菜单栏的菜单项是“编辑→选择→选择”。

无选择按钮，取消选择选定的对象，然后退出选择模式。单击该按钮会将选择模式更改为无，并且必须单击“通过单击选择”按钮才能再次进入选择模式。对应菜单栏的菜单项是“编辑→无”。

选择父级按钮，选择某一对象后，单击此按钮将选择该对象的父对象（如果该对象有父对象）。对应菜单栏的菜单项是“层次→选择父级”。

聚焦到选定对象按钮，移动相机，使焦点在选定的对象视图中。如果相机模式尚未处于轨道模式，会将其重置为“环绕”模式。对应菜单栏的菜单项是“相机→焦点选择”。

聚焦到选定对象工具栏按钮对于导航非常有用。只需选择要聚焦的对象（通过层次体系或直接单击对象），然后单击该按钮即可实现快速导航。

复制按钮，复制要粘贴的对象。必须为此操作选择一个对象。拷贝时，复制选定对象的整个层次结构。如果选择的对象框边界标记为红色，则表示无法复制这些对象，此对象控制一部分加载资源文件的模型。对应菜单栏的菜单项是“编辑→复制”。

粘贴按钮，将复制的对象粘贴到场景中。这将生成一个拥有复制所有属性的新对象。新的对象将放在视图中心Z轴坐标为0的位置。近角度观察场景时，可能会使物体比预期的距离更远。对应菜单栏的菜单项是“编辑→粘贴”。

拷贝按钮，复制并粘贴的快捷方式。新的复制对象将位于被复制对象的上层。对应菜单栏的菜单项是“编辑→复制”。

删除按钮，删除当前选定的对象。对应菜单栏的菜单项是“编辑→删除”。

链接按钮，通过此按钮可以指定一个对象作为另一个对象的子对象。必须同时是两个对象的所有者才能完成此操作。具体操作步骤是，首先选择一个对象，然后单击该工具栏按钮，此时光标会变为十字型，同时允许操作者拾取第二个对象。当选择好第二个对象后，该对象将作为所选对象的子对象添加进来。对应菜单栏的菜单项是“层次→链接”。

取消链接按钮，此按钮将取消选定对象与其父对象的链接。选定对象必须是场景中其他对象的子对象。对应菜单栏的菜单项是“层次→取消链接”。

轨道摄像机按钮，此按钮将激活编辑器相机的轨道模式。此按钮以蓝色背景高亮显示表示编辑器正在使用轨道模式相机，这是编辑器的默认相机模式。

第一人称视角相机按钮，此按钮将激活编辑器相机的第一人称视角相机模式。对应菜单栏的菜单项是“相机→默认镜头→虚拟视角”。

导航相机按钮，此按钮激活编辑器相机的导航模式。对应菜单栏的菜单项是“相机→默认相机→导航”。

自由相机按钮，此按钮激活编辑器相机的自由相机模式。对应菜单栏的菜单项是“相机→默认相机→飞行”。

创建球体按钮，此按钮在视图中心创建一个新的球体对象。对应菜单栏的菜单项是“创建→基本体→球体”。

创建长方体，此按钮在视图中心创建一个新的长方体对象。对应菜单栏的菜单项是“创建→基本体→长方体”。

创建圆柱体按钮，此按钮在视图中心创建一个新的圆柱体对象。对应菜单栏的菜单项是“创建→基本体→圆柱体”。

创建圆锥体，此按钮在视图中心创建一个新的圆锥体对象。对应菜单栏的菜单项是“创建→基本体→圆锥体”。

创建平面按钮，此按钮在视图中心创建一个新的平面对象。对应菜单栏的菜单项是“创建→基本体→平面”。

脚本编辑窗口按钮，此按钮将会在屏幕下方显示脚本编辑器窗口。必须在选择某一个具体的对象后单击该按钮才会打开脚本编辑器窗口。对应菜单栏的菜单项是“窗口→脚本编辑器”。

显示聊天窗口按钮，单击此按钮将打开聊天窗口。对应菜单栏的菜单项是“窗口→聊天”。

素材库窗口按钮，单击此按钮将会显示在线素材库网站。对应菜单栏的菜单项是“窗口→素材库”。

快捷键：在利用3D开发系统在编辑模式下进行场景编辑时，熟悉使用下面的快捷键，能够提高场景的编辑效率：①q——选择对象；②w——移动；③e——旋转；④r——缩放；⑤[shift] d——拷贝；⑥[delete]——删除。

（五）组识、访问和关联对象

3D开发系统的层次编辑器是组织访问和对象关联在一起的好方法。场景中的各种对象可以通过分组来组织，在图4–29所示的层次编辑器中，两个球体之间目前是平行关系，将场景中两个球体对象选择后，可以通过单击“层次→分组→组”菜单项来进行分组。将对象分组后可以非常方便地组织同一类对象，对象分组后如图4–30所示。

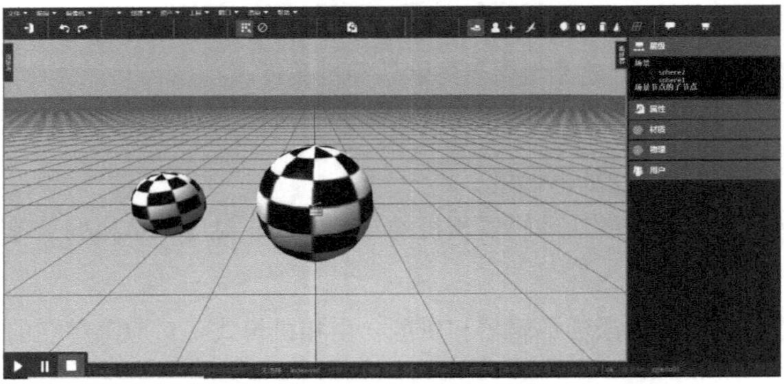

图4-29　对象之间的平行关系

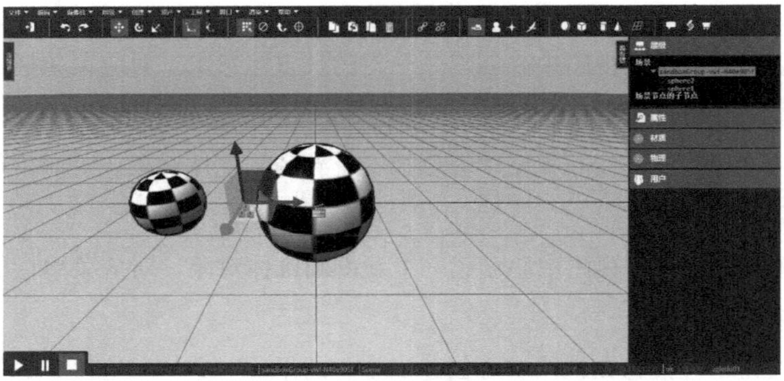

图4-30　对象之间建立分组

另一种将对象关联在一起的方法是利用“父→子”关系将对象链接在一起。分组与链接关系的最大区别在于父对象的角色。在分组中，两个对象有一个共同的父对象（组对象），它是一个空对象。在“父→子”关系中，一个对象成为另一个对象的父对象。需要创建父→子关系，需要执行以下步骤：①选择一个对象作为子对象；②点击工具栏链接图标（ ）；③点击一个对象作为父对象。这步操作可以通过直接单击对象或在层次编辑器中单击对象来选择父对象。也可以使用“选择父级”工具栏图标（ ）来选择对象的父级。场景是根级对象，没有父级。建立的父子关系如图4-31所示。

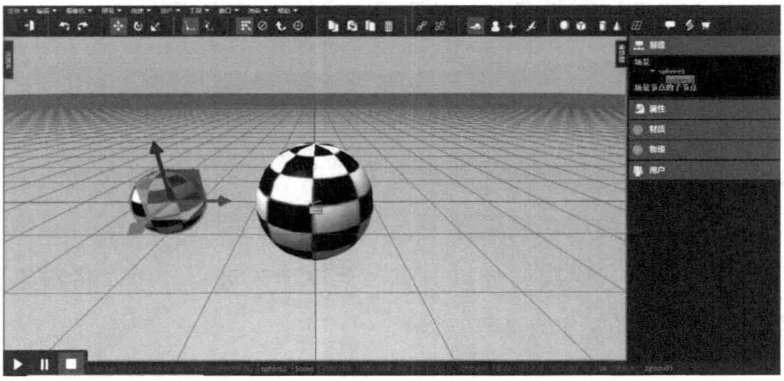

图4-31　对象之间建立父子关系

（六）编辑和播放

教师可以利用3D开发系统的编辑器进行3D虚拟学习环境的创作，主要通过以下步骤：①创建仿真；②编辑仿真；③测试仿真；④发布仿真。

1. 编辑

当“允许编辑器工具”选项被勾选后，进入编辑器时将处于编辑模式，创作者可以看到并使用编辑器工具，并能够与3D虚拟学习环境进行交互。编辑模式是编辑3D虚拟学习环境的默认模式，即当创建新的3D虚拟学习环境时，进入后将处于编辑模式。在编辑模式进行3D虚拟学习环境编辑时，服务器会每隔几分钟保存一次3D虚拟学习环境的备份。

2. 播放、暂停和停止

在编辑模式下，可以通过单击编辑器左下角的“播放”按钮来播放3D虚拟学习环境。当编辑器处于播放模式时，编辑器工具将被禁用。创作者可以暂停仿真，此时可以激活工具，如在不停止运行3D虚拟学习环境的情况下更改相机角度或检查项目。单击“停止”后，3D虚拟学习环境将重置，此时可以再次使用编辑器工具。

3. 查看性能

运行3D虚拟学习环境时系统的性能取决于CPU和GPU资源的交互作用和3D虚拟学习环境的复杂度。在处理模拟时，可以通过导航到“渲染→切换统计信息”菜单项来检查当前计算机上用户体验的每秒帧数，该菜单项将切换左上角的覆盖窗口，显示模拟的每秒帧数。

4. 测试

在编辑模式下，测试3D虚拟学习环境通常是使用播放、暂停和停止控件来完成的。但该功能实现不了对整个3D虚拟学习环境的完整性测试，如希望测试响应用户登录操作、不支持多用户环境等。

为了实现完整性测试，可以使用“测试发布”模式。具体的操作方法是，在编辑器中，打开“文件”菜单中“世界设置”的选项，此时将弹出一个窗口，该窗口包含了“单用户”“允许匿名”“创建化身”“允许编辑器工具”4个复选框、一个“选择摄像机”按钮，以及“确定”和“取消”2个按钮。使用“测试发布”模式来获得待发布场景的实时运行视图。此功能将在服务器上创建该场景的克隆，根据设置好的选项内容，新建一个子窗口运行场景，此时主窗口将被禁用，当子窗口关闭时，临时场景将从服务器上被删除，主窗口将重新启用。使用此功能，可实现测试状态下的3D虚拟学习环境与未来发布后的3D虚拟学习环境运行效果相同。

5. 发布

要让一个创建好的3D虚拟学习环境（场景）处于运行状态，就需要将该场景进行发布，发布后场景是一个运行状态，其他用户登录进来后就可以操作、互动。发布场景的操作非常简单，只需要退出该场景的编辑器界面，然后点击“设置”按钮会弹出一个页面，这里有“关闭时保持场景状态”“允许编辑器工具”“单个用户”“允许匿名用户”“为每一个用户创建化身”5个选项按钮，5个选项中，“允许编辑器工具”选项必须取消勾选，其他选项根据实际需要来进行设置，这样就实现了场景的发布。

（七）导入3D模型和纹理

可以使用“资源服务器”导入3D模型和纹理，该服务器可以通过“资源”菜单项进行访问。

目前创作者利用其他3D软件（如3D Max或Blender等）创建模型，目前3D开发系统支持较好的格式是COLLADA。可以将COLLADA模型上传到资源服务器，然后将其加载到编辑器中，只有在登录到系统后，才能进行上传操作，具体操作步骤：①在菜单栏中打开资源→创建新资源→打开文件；②点击或拖动文件到方框中后将文件上传至服务器；③上传时可以给资源重命名，否则将采用上传的文件名作为默认名称；④点击上传并保存模型；⑤从“内容库”→“我的模型”中点击并拖放模型到场景的任一位置。

（八）协同创作虚拟仿真

在创作者熟悉了3D开发系统的编辑器功能并知道如何创建对象之后，可以创建逻辑使3D虚拟学习环境变得生动起来。利用该编辑器，还可以实现与同事合作，通过网络浏览器在任何地点进行操作。编写3D虚拟学习环境的基础知识包括：①为对象命名可以让我们快速地访问它；②使用脚本编辑器编写3D虚拟学习环境脚本；③在tick()函数中编写响应程序；④通过脚本查找对象；⑤通过变换移动对象；⑥响应用户输入；⑦最后则是设定灯光、相机以及相应的交互。

在接下来的学习中，需要创作者熟悉一些JavaScript基础知识。在下面的示例中，一个包含两个球体的简单场景，球1和球2。通常需要建立对象之间的关系，现将球2作为球1的子对象。

（九）对象命名

场景中所有的物体都可以被指定一个友好的名称。这些名称出现在图形界面中进行设置，名称主要是为了便于识别。要命名对象，请选择该对象并打开“属性”窗口，在标记标题下，找到名称输入框并键入名称，在对象的属性窗口的标识处更改名称如图4-32所示。

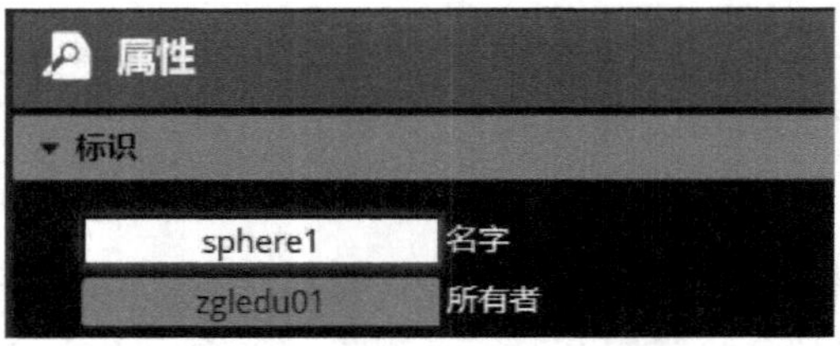

图4-32　对象命名

复制、拷贝或粘贴对象时，如果名称以数字结尾，则该名称将自动递增。名称存储在该对象的“名字”属性中，图4-32为对象命名为sphere1。在脚本中，所有对象都按名称索引，使用脚本为this.children_by_name。

（十）脚本编辑器

脚本编辑器用于编写3D虚拟学习环境逻辑的脚本。所有脚本都是用JavaScript编写的。若要启动脚本编辑器，请选择需要编写逻辑的对象，然后单击“脚本编辑器”工具栏图标（ ）或使用“窗口→脚本编辑器”菜单项，脚本编辑器如图4–33所示。

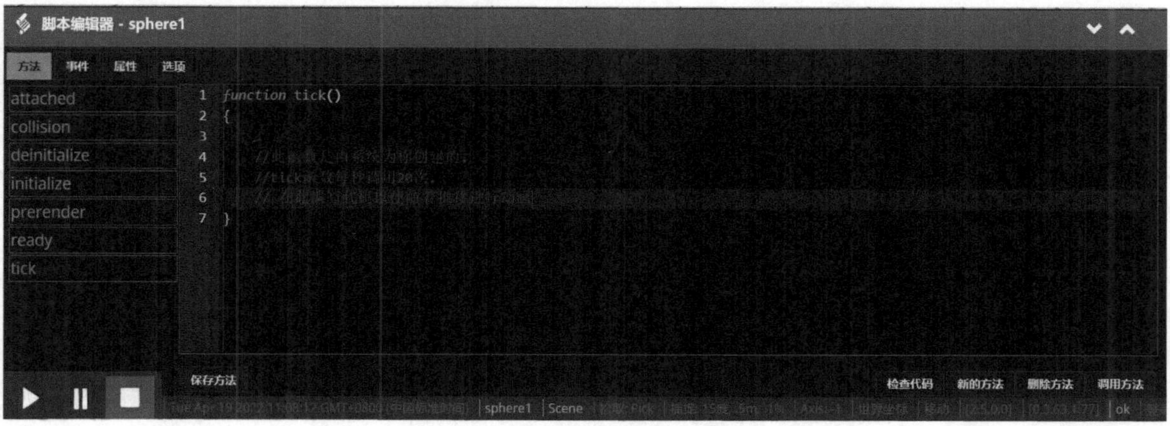

图4–33　脚本编辑器窗口

使用脚本编辑器编写的代码会立即作为选定对象的新属性、方法和事件注入3D开发系统的底层多人引擎中。创作者可以在顶部的蓝色标题窗口和底部的状态栏中查看脚本编辑器所关注的选定对象。

脚本编辑器顶部有四个选项卡：方法、事件、属性和选项。根据项目列表选择项目，项目列表垂直显示在左侧，选定项目的代码显示在右侧的主内容窗口中。在上面的屏幕截图中，方法选项卡被选中，在右侧则显示tick()方法的具体内容。

编辑器使用js_beautify格式化工具格式化所有输入的代码，在某些系统上，JavaScript引擎可能会插入“use strict”，显示这条语句是完全正常的。“脚本编辑器”的编辑窗口右上角有两个箭头是向上和向下箭头（），单击向上箭头将“脚本编辑器”窗口放大，单击向下箭头将“脚本编辑器”窗口缩小。

（十一）通过脚本查找对象

当通过脚本查找对象时，记住对象的层次结构视图很有帮助。层次根是场景对象，在任何对象上都可以通过调用this.scene访问场景，在脚本中可以使用不同的方法查找和访问对象。在下面的示例中，将介绍在tick方法中查找和访问对象。

1. children_by_name

基于场景查找和访问对象最简单、最直观的方法是使用children_by_name，假设sphere1是场景的子对象，则可以在tick方法中输入以下语句：

```
Var sphere = this.scene.children_by_name[ " sphere1 " ];
```

如果sphere2是sphere1的子级，则可以继续使用此方法找到并访问sphere2:

```
Var sphere2 = this.scene.children_by_name[ " sphere1 " ].children_by_name[ " sphere2 " ]
```

也可以不必通过场景来访问对象，通过直接引用选定对象的子对象。假设我们选中sphere1（sphere2的父对象），则可以执行以下操作：

```
var sphere2 = this.children_by_name["sphere2"];
```

2. findNode

场景提供了一个findNode方法，可以使用它来查找场景中的任何对象。这使得创作者可以在不知道层次结构的情况下从任何对象中找到sphere2。

```
var sphere2 = this.scene.findNode("sphere2");
```

3. children

如果要迭代某一对象的所有子对象，则需要使用children。

```
For(i=0;i<this.children.length;i++)
{
 console.log(this.children[i].DisplayName);
}
```

4. findNodeByID

运行时对象被赋予一个ID，该ID在多人网络环境中能够唯一地标识它们。如果知道对象的ID，使用findNodeByID方法来快速地访问对象。创作者可以通过选择对象后使用“工具→显示ID”菜单项来找到所选择对象的ID。

```
var sphere2 = this.scene.findNodeByID("sphere2-vwf-Nec9b207d");
```

5. parent

可以使用parent属性快速方便地引用对象，在本例中，子级sphere2的tick()方法中，可以访问父级（sphere1）。

```
var sphere1 = this.parent;
```

（十二）tick()方法

tick()方法由引擎每秒调用20次，tick()方法是多人引擎运行3D虚拟学习环境的核心。场景中的每个仿真对象都可以定义tick()方法。

（十三）使用变换来移动对象

场景中每个对象都可以拥有一个脚本API，可以通过this.object访问它。要移动对象，可以向tick方法添加逻辑以更改对象的当前位置或旋转方向或缩放。每隔1/20秒，引擎会自动调用tick方法。以下代码添加到对象的tick函数中，tick函数如图4-34所示，此段代码意思是运行时将沿其X轴移动0.1个单位。

```
this.transformAPI.move(.1,0,0);
```

图4-34 tick函数

默认情况下，“移动”方法使用全局坐标系。如果选择的对象已经旋转，可以通过指定移动的坐标系，使对象沿着其局部坐标系的X轴移动。

```
function tick()
{
   this.transformAPI.move(.1, 0, 0, this.transformAPI.COORDINATES.LOCAL);
}
```

transformAPI方法还提供了rorate(x,y,z,coordinates)方法，它将围绕给定的轴旋转对象。如果要像迪斯科球一样围绕Z轴旋转球体，可以在球体的tick方法中编写如下内容：

```
function tick()
{
   this.transformAPI.rotate(0,0,1);
}
```

每执行一次tick方法，球体将使用世界坐标系绕Z轴旋转1个单位，其中Z轴是gizmo移动工具的蓝色箭头指向上。

TransformAPI提供了许多其他方法来获取和设置位置和旋转，以及在不同坐标之间进行转换。

为了允许学习者使用传统的WSAD键盘控件控制对象，当分别按下和释放键时，引擎会触发按键和键控事件。在ready方法中用本地处理程序注册这些事件，在场景加载完成时会调用ready方法，同时每次新的客户机加入多人环境时也会调用ready方法。

以下Ready代码是用于绑定或取消绑定keyUP和keyDown事件处理程序方法的示例代码。它使用中间函数_ku和_kd来确保多个处理程序不被冗余绑定。

```
function ready()
{
   this.Scene.unbind("keyDown", this._kd);
```

```
        this.Scene.unbind("keyUp", this._ku);


         var self = this;

         this._kd = function(e, d)
         {
            self._keyDown(e, d)
         };

         this._ku = function(e, d)
         {
            self._keyUp(e, d)
         };

         this.Scene.bind("keyDown", this._kd);
         this.Scene.bind("keyUp", this._ku);
     }

```

如果它们被定义以确保它们被适当重置，ready方法首先解除中间函数的绑定。然后它将keyUp和keyDown事件绑定到中间函数，中间函数绑定的实际事件处理程序代码keyDown和keyUp。因此，有了这个ready函数，创作者需要定义_keyDown和_keyUp方法，单击“新建方法”以定义_keyDown和_keyUp方法。

_keyDown方法是可以编写代码来处理按钮的地方，在这里要注意的是，数组被定义为本地属性，因为可以同时按下多键，因此，将选项组切换到属性选项卡，并定义一个新的属性名为_key-Down的数组，值为[](空数组)。

```
function _keyDown(e, d)
{
   // if the key being pressed is not in the array

     if (this._keysDown.indexOf(e.key.char) == -1)
```

```
        {
            // add the key to the array

            this._keysDown.push(e.key.char);
        }
    }
```

_keyUp方法是可以编写代码来处理正在释放按键的地方。

```
function _keyUp(e, d)
{
    // if the key being released is in the array

    if (this._keysDown.indexOf(e.key.char) !== -1)
        {
            // then remove (splice) the key being released from the array

            this._keysDown.splice(this._keysDown.indexOf(e.key.char), 1);
        }
    }
```

在绑定的按键处理方法中可以根据用户按下的键编写逻辑。

二、JavaScript脚本参考

在3D开发系统的编辑器中进行更高级的逻辑互动开发，则需要使用JavaScript脚本编辑器开发脚本代码。3D开发系统提供了脚本API，为教师进行3D虚拟学习环境逻辑开发使用。进行JavaScript脚本开发，需要教师了解一些JavaScript语法的基础知识。

（一）音频API

音频API提供了几个控制音频逻辑的方法，如下表所示。

序号	方法	返回类型	简要说明
1	deleteSound(url)	void	完全删除给定URL的音频 确定声音不需要再播放时使用这个方法
2	pauseSound(url)	void	暂停给定URL的音频

续表

序号	方法	返回类型	简要说明
3	playSound(url,loop,volume)	void	播放给定URL的音频
4	stopSound(url)	void	停止给URL的音频

1. deleteSound(url)

完全删除给定URL地址的音频，注意只有当确定音频不需要再播放时使用这个方法。该方法的参数说明如下：

名称	类型	描述
url	String	音频文件的地址

2. pauseSound(url)

暂停给定URL的音频。该方法的参数说明如下：

名称	类型	描述
url	String	音频文件的地址

3. playSound(url,loop,volume)

播放给定URL的音频，该方法的参数说明如下：

名称	类型	描述
url	String	音频文件的地址
loop	Bolean	是否循环播放
volume	Number	音量

注：如果场景播放了声音，volume就不需要设置。如果一个对象播放了声音，则可以在该对象的位置调整音量。

4. stopSound(url)

停止给定URL的音频，该方法的参数说明如下：

名称	类型	描述
url	String	音频文件的地址

（二）客户端API

客户端API提供了几个访问客户端连接信息的方法，如下表所示。

序号	方法	返回类型	简要说明
1	getUserNameForConnectionID(id)	String	通过连接ID获取用户名称
2	getConnectionIDForUserName(id)	String	暂停给定通过用户名称获取连接ID
3	getAvatarForUserName(name)	node	通过用户名称获取虚拟形象
4	Focus(cid,nodeID)	无	聚焦
5	getCameraIDForClient(id)	String	通过客户端获取相机ID
6	getCameraForClient(id)	node	通过客户端获取相机

1. getUserNameForConnectionID(id)

通过连接ID获取用户名称，该方法的参数类型为：

名称	类型	描述
url	String	每个用户唯一的字符串标识

该方法的返回类型为：

名称	类型	描述
name	String	用户名称

2. getConnectionIDForUserName(id)

通过用户名称获取连接ID，该方法的参数类型为：

名称	类型	描述
name	String	用户名

该方法的返回类型为：

名称	类型	描述
id	String	每个用户唯一的字符串标识

3. getAvatarForUserName(name)

通过用户名称获取虚拟形象，该方法的参数类型为：

名称	类型	描述
name	String	用户名

该方法的返回类型为：

名称	类型	描述
avatar	node	用户的3D虚拟形象

4. Focus(cid,nodeID)

聚焦，该方法的参数类型为：

名称	类型	描述
cid	String	客户端ID
nodeID	String	节点ID

该方法返回类型为：

无。

5. getCameraIDForClient(id)

通过客户端获取相机ID，该方法的参数类型为：

名称	类型	描述
name	String	客户端ID

该方法的返回类型为：

名称	类型	描述
cameraID	String	相机ID

6. getCameraForClient(id)

通过客户端获取相机，该方法的参数类型为：

名称	类型	描述
id	String	客户端ID

该方法的返回类型为：

名称	类型	描述
camera	node	用户的第一人称视角相机

（三）通用API

一些通信属性和方法，主要用于聊天、语音通话、视频等。

序号	方法	返回类型	简要说明
1	PM(from_client_id,to_client_id)	无	私聊
2	Chat()	无	打开聊天窗口
3	VideoCall(from_client_id,to_client_id)	无	在两个用户之间建立视频通话
4	voiceCall(from_client_id,to_client_id)	无	在两个用户之间建立语音通话

1. PM(from_client_id,to_client_id)

私聊，该方法的参数类型为：

名称	类型	描述
from_client_id	String	发送端ID
to_client_id	String	接收端ID

该方法的返回类型为：

无。

2. Chat()

打开聊天窗口，该方法的参数类型及返回类型为：

无。

3. VideoCall(from_client_id,to_client_id)

在两个用户之间建立视频通话，该方法的参数类型为：

名称	类型	描述
from_client_id	String	发送端ID
to_client_id	String	接收端ID

该方法的返回类型为：

无。

4. voiceCall(from_client_id,to_client_id)

在两个用户之间建立语音通话，该方法的参数类型为：

名称	类型	描述
from_client_id	String	发送端ID
to_client_id	String	接收端ID

该方法的返回类型为：

无。

（四）三角面API

三角面是表示相交网格的多边形对象。

序号	方法	返回类型	简要说明
1	crossVec3(a,b)	Array[3]	返回向量a和向量b之间的叉积
2	distanceVec3(a,b)	Number	返回向量a和向量b之间的距离
3	dotVec3(a,b)	Array[3]	返回向量a和向量b之间的点积
4	lengthVec3(a)	Number	返回向量a的长度
5	subVec3(a,b)	Array[3]	返回向量b减去向量a的结果
6	toUnityVec3(a)	Array[3]	返回输入向量a的单位化版本

1. crossVec3(a,b)

返回向量a和向量b之间的叉积，该方法的参数类型为：

名称	类型	描述
a	Array[3]	第一个输入向量
b	Array[3]	第二个输入向量

该方法的返回类型为：

Array[3]——交叉积。

2. distanceVec3(a,b)

返回向量a和向量b之间的距离，该方法的参数类型为：

名称	类型	描述
a	Array[3]	第一个输入向量
b	Array[3]	第二个输入向量

该方法的返回类型为：

Number——两个给定向量之间的距离。

示例：

```
var distance=MATH.distanceVec3(position1,position2);
if (distance < safe_distance)
{
  //….
}
```

3. dotVec3(a,b)

返回向量a和向量b之间的点积，该方法的参数类型为：

名称	类型	描述
a	Array[3]	第一个输入向量
b	Array[3]	第二个输入向量

该方法的返回类型为：

Array[3]——得到的点积。

4. lengthVec3(a)

返回向量a的长度，该方法的参数类型为：

名称	类型	描述
a	Array[3]	请求其长度的向量Vector(x,y,z)

该方法的返回类型为：

Number——向量的长度。

示例：

```
var attackRange = 300;
var target = this.Scene.findNodeByID(this.aiTargetID);
var targetPos;
if (target)
  {
    targetPos = target.transformAPI.getWorldPosition();
    targetPos = this.transformAPI.globalToLocal(targetPos);
    if (MATH.lengthVec3(targetPos) < attackRange)
    {
      if (targetPos[0] < 0)
        this.doTurn('right')
      else
        this.doTurn('left');
    }
    else
    {
      this.aiActiveState = 'attack';
```

```
        }
    }

```

5. subVec3(a,b)

返回向量b减去向量a的结果，该方法的参数类型为：

名称	类型	描述
a	Array[3]	第一个输入向量
b	Array[3]	第二个输入向量

该方法的返回类型为：

Array[3]——得到向量b中减去向量a的结果。

示例：

var direction = MATH.subVec3(position1,position2);

6. toUnityVec3(a)

返回输入向量a的单位化版本，该方法的参数类型为：

名称	类型	描述
a	Array[3]	输入一个向量

该方法的返回类型为：

Array[3]——输入向量a的单位化版本。

（五）物理API参考

物理API提供了求对象应用力、转矩和速度的方法。3D开发系统实现了一些物理的方法，可以模拟出一些逼真的物理效果。

序号	方法	返回类型	简要说明
1	addForceAtCenter(x,y,z)	void	在对象质心处施力
2	addForceImpulse(x,y,z)	void	添加一个方向为x、y、z（在世界坐标系中）的加速度给对象，而不考虑其质量
3	addForceOffset (x,y,z,x1,y1,z1)	void	在世界坐标系中，从对象质心偏移位置x1、y1、z1处施加方向为x、y、z的力
4	addTorque(x,y,z)	void	在物体的质心上施加一个方向为x、y、z的旋转力
5	addTorqueImpusle(x,y,z)	void	添加一个方向为x、y、z（在世界坐标系中）的角加速度给对象，而不考虑其质量

续表

序号	方法	返回类型	简要说明
6	getAngularVelocity()	Array[3]	返回表示世界坐标系中旋转速率的向量x、y、z
7	getLinearVelocity()	Array[3]	返回表示世界坐标系中位置变化率的向量x、y、z
8	setAngularVelocity (x,y,z)	void	立即将对象的旋转速率设置为世界坐标系中的向量x、y、z
9	setLinearVelocity (x,y,z)	void	立即将对象的位置变化率设置为世界坐标系中的向量x、y、z
10	wake()	void	使对象从睡眠状态中醒来

1. addForceAtCenter(x,y,z)

在对象质心处施力，该方法的参数类型为：

名称	类型	描述
x	Number	沿X轴施加的力
y	Number	沿Y轴施加的力
z	Number	沿Z轴施加的力

该方法的返回类型为：

无。

2. addForceImpulse(x,y,z)

添加一个方向为x、y、z（在世界坐标系中）的加速度给对象，而不考虑其质量，该方法的参数类型为：

名称	类型	描述
x	Number	沿X轴施加的力
y	Number	沿Y轴施加的力
z	Number	沿Z轴施加的力

该方法的返回类型为：

无。

3. addForceOffset(x,y,z,x1,y1,z1)

在世界坐标系中，从对象质心偏移位置x1、y1、z1处施加方向为x、y、z的力，该方法的参数类型为：

名称	类型	描述
x	Number	沿X轴施加的力

续表

名称	类型	描述
y	Number	沿Y轴施加的力
z	Number	沿Z轴施加的力
x1	Number	X位置偏移量
x2	Number	Y位置偏移量
x3	Number	Z位置偏移量

该方法的返回类型为：

无。

4. addTorque (x,y,z)

在物体的质心上施加一个方向为x，y，z的旋转力，该方法的参数类型为：

名称	类型	描述
x	Number	沿X轴施加的扭矩
y	Number	沿Y轴施加的扭矩
z	Number	沿Z轴施加的扭矩

该方法的返回类型为：

无。

5. addTorqueImpusle(x,y,z)

添加一个方向为x、y、z（在世界坐标系中）的角加速度给对象，而不考虑其质量，该方法的参数类型为：

名称	类型	描述
x	Number	沿X轴施加的扭矩
y	Number	沿Y轴施加的扭矩
z	Number	沿Z轴施加的扭矩

该方法的返回类型为：

无。

6. getAngularVelocity ()

返回表示世界坐标系中旋转速率的向量x、y、z，该方法的参数类型为：

无。

该方法的返回类型为：

Array[3]——世界坐标系中的旋转速率。

7. getLinearVelocity ()

返回表示世界坐标系中位置变化率的向量x、y、z，该方法的参数类型为：

无

该方法的返回类型为：

Array[3]——对象在世界坐标系中位置的变化率。

8. setAngularVelocity (x,y,z)

立即将对象的旋转速率设置为世界坐标系中的向量x、y、z，该方法的参数类型为：

名称	类型	描述
x	Number	沿X轴旋转的速率
y	Number	沿Y轴旋转的速率
z	Number	沿Z轴旋转的速率

该方法的返回类型为：

无。

9. setLinearVelocity (x,y,z)

立即将对象的位置变化率设置为世界坐标系中的向量x、y、z，该方法的参数类型为：

名称	类型	描述
x	Number	沿X轴位置的变化率
y	Number	沿Y轴位置的变化率
z	Number	沿Z轴位置的变化率

该方法的返回类型为：

无。

10. wake ()

使对象从睡眠状态中醒来，该方法的参数类型为：

无。

该方法的返回类型为：

无。

（六）场景API参考

Scene场景提供了所有模拟对象都可以访问的特性和方法。

1. 属性

（1）SimTime。

返回仿真进行后的ticks总和。

（2）traceAPI。

返回场景的traceAPI端点。

2. 方法

序号	方法	返回类型	简要说明
1	findNode(displayName)	foundObject(object)	要查找仿真对象的显示名称
2	findNodeByID(ID)	foundObject(object)	通过提供的仿真对象ID搜索场景

（七）仿真对象API参考

每个仿真对象都提供操纵仿真对象的特性和方法。

1. 属性

对象定义的任何属性都将可用。此外，还提供了一些标准特性：

序号	属性	返回类型	简要说明
1	audioAPI	audioAPI	只读。模拟对象的AudioAPI端点
2	children	Array	只读。子对象数组
3	children_by_name	Object	只读。包含子对象的对象
4	client	String	只读。发送正在处理的消息的用户套接字标识符（GUID）。在tick()上为空，按钮的onClick()方法中this.client表示单击按钮的人
5	DisplayName	String	在编辑器的“属性”面板中显示的对象的名称
6	EditorData	Object	一个JSON对象，定义通过属性编辑器应该公开哪些属性以及应该提供哪些用户界面控件
7	moniker	String	只读。客户端的套接字标识符（GUID）
8	physicsAPI	physicsAPI	只读。仿真对象的PhysicsAPI端点
9	time	Number	只读。当前模拟时间戳。自服务器启动仿真后的持续时间
10	transformAPI	TransformAPI	只读。仿真对象的TransformAPI端点

（1）audioAPI。

只读。模拟对象的AudioAPI端点。

（2）children。

只读。子对象的数组。

```
for (i = 0; i < this.children.length; i++)
{
   console.log(this.children[i].DisplayName);
}

```

（3）children_by_name。

只读。包含子对象的对象。

var sphere2 =

this.scene.children_by_name[“sphere1”].children_by_name[“sphere2”];

（4）client。

只读。发送正在处理的消息的用户套接字标识符（GUID）。在tick()上为空。按钮的onClick()方法中this.client表示单击按钮的人。

```
function verifyCamera()
{
  if (!this.controllingCamera)
    return true;
   var cam = this.Scene.clientAPI.getCameraForClient(this.client);

   if (!cam || cam.id != this.controllingCamera) return false;
   return true;
 }
```

（5）DisplayName。

String——在编辑器的“属性”面板中显示的对象的名称。

（6）EditorData。

Object——一个JSON对象，定义通过属性编辑器应该公开哪些属性以及应用提供哪些用户界面控件。

```
{
  "aiTargetID": {
    "displayname": "Target Object",
    "property": "aiTargetID",
      "type": "nodeid"
    },
   "fuel": {
     "displayname": "Fuel",
     "max": 1000,
```

```
            "min": 1,
            "property": "fuel",
            "type": "slider"
        },
        "hostile": {
            "displayname": "Hostile",
            "property": "hostile",
            "type": "check"
        }
    }

```

（7）moniker。

String ——只读。客户端的套接字标识符（GUID）。

（8）physicsAPI。

PhysicsAPI ——只读。客户端的套接字标识符（GUID）。

（9）time。

Number ——只读。当前模拟时间戳。自服务器启动仿真后的持续时间。

（10）trasnformAPI。

TransformAPI ——只读。仿真对象的TransformAPI端点。

2. 方法

对象定义的任何方法都将可用。此外，还提供了一些标准方法。

序号	方法	返回类型	简要说明
1	bind(eventName,value)	void	将事件绑定到函数
2	broadcast(signal, data,range)	void	调用signal（信号）方法将data（数据）传递给range（范围）的任何对象
3	Random( )	Number	返回一个介于0（包括0）和1（排除）之间的随机数，保留复制的计数。类拟于JavaScript的Math.random( )，但对于复制计算是安全的

（1）bind(eventName,value)。

将事件绑定到函数。该函数的参数类型为：

名称	类型	描述
eventName	String	要绑定的事件
value	Function	定义的方法

示例：

```
function ready()
{
  this.Scene.unbind("keyDown", this._kd);
  this.Scene.unbind("keyUp", this._ku);

    var self = this;

    this._kd = function(e, d)
    {
      self._keyDown(e, d)
    };

    this._ku = function(e, d)
    {
      self._keyUp(e, d)
    };

    this.Scene.bind("keyDown", this._kd);
    this.Scene.bind("keyUp", this._ku);
}

```

（2）broadcast(signal,data,range)。

调用signal（信号）方法，将data（数据）传递给一定range（范围）内的任何对象。该函数的参数类型为：

名称	类型	描述
single	String	要对侦听对象调用的方法名
data	Array	要传递给侦听对象的数据数组

续表

名称	类型	描述
range	Number	监听对象接收广播信息的距离，以米为单位

（3）random ()。

返回一个介于0（包括0）和1（排除）之间的随机数，保留复制的计算。类似于JavaScript的Math.random (),但对于复制计算是安全的。

返回：

Number ——生成介于0和1之间的随机数。

（八）traceAPI参考

序号	方法	返回类型	简要说明
1	rayCast (origin,direction,options)	FaceIntersect	从原点沿给定方向投射光线，对与仿真对象的所有交点进行排序，并返回最近的交点。所有参数都是世界空间
2	sphereCast (origin,radius,options)	FaceIntersect	将光线从原点沿所有方向投射到给定半径，返回所有交点的数组。用于查看对象是否在球体半径内。所有参数都是世界空间

1. rayCast (origin,direction,options)

从原点沿给定方向投射光线，对与仿真对象的所有交点进行排序，并返回最近的交点。所有参数都是世界空间。

名称	类型	描述
origin	Array[3]	世界空间中表示光线原点的点
direction	Array[3]	光线在世界空间中的传播方向
options	Object	表示选项的JavaScript对象（见下文）

```
var offset = this.transformAPI.localToGlobalRotation(0, 0, 1);
  var center = this.transformAPI.getPosition();
  var hit = this.Scene.traceAPI.rayCast(center, offset,
  {
      ignore: [findviewnode(this.id)]
    });
    if (hit && hit.distance < 2)
    {
```

```
        this.explode();
        return;
    }

```

选项：options。

名称	类型	描述
filter	function	在交集测试过程中，用程序决定忽略给定对象的函数。函数接受一个表示threejs对象的参数，必须返回true或false
ignore	Array	要忽略的对象ID数组
OneHitPerMesh	Boolean	默认值为false。如果为true，则在找到每个网格对象的交集后停止查找其他交点

返回：

FaceIntersect ——光线投射的最近交点。

2. sphereCast(origin,radius,options)

名称	类型	描述
origin	Array[3]	世界空间中表示球原点的点
radius	Number	定义与相交的仿真对象的球体半径
options	Object	表示选项的JavaScript对象

将光线从原点沿所有方向投射到给定半径，返回所有交点的数组。用于查看对象是否在球体半径内。所有参数都是世界空间。

选项：options。

名称	类型	描述
filter	function	在交集测试过程中，用程序决定忽略给定对象的函数。函数接受一个表示threejs对象的参数，必须返回true或false
ignore	Array	要忽略的对象ID数组
OneHitPerMesh	Boolean	默认值为false。如果为true，则在找到每个网格对象的交集后停止查找其他交点

返回：

FaceIntersect ——光线投射的最近交点。

（九）TransformAPI参考

TransformAPI提供了访问和更改对象的位置和旋转的方法。TransformAPI还提供了在坐标系之间转换矢量的方法。

序号	方法	返回类型	简要说明
1	getPosition()	Array[3]	返回相对于其父对象的对象位置
2	getRotation()	Array[3]	返回相对于其父对象的对象旋转值（采用Euler XYZ格式）
3	getScale()	Array[3]	返回相对于其父对象的对象缩放值
4	getWorldPosition()	Array[3]	返回对象的全局位置（相对于场景）
5	globalToLocalRotation(x,y,z)	Array[3]	将全局旋转转换为局部旋转
6	globalToLocal(x,y,z)	Array[3]	将点从全局空间移动到局部空间
7	globalToLocalRotation(x,y,z)	Array[3]	将全局方向向量转换为局部坐标系
8	localToGlobal(x,y,z)	Array[3]	将点从局部空间移动到全局空间
9	localToGlobalRotation(x,y,z)	Array[3]	将局部方向向量转换为全局坐标系
10	lookAt (t,clamp,axis,up,fromOffset)	void	设置对象的旋转以将轴参数（“X”“Y”“Y”“Z”）对齐到t位置（Array[3]）。向上值“X”“Y”或“Z”）定义了围绕观察点的能在一个轴上强制旋转（默认为空）的向量vector.clamp (“X”“Y” or “Z”)。fromOffset (Array[3])是添加到对象当前位置的位置（默认为null）
11	Move (x,y,z,coordinateSystem)	void	以米为单位移动对象
12	Rotate (x,y,z,coordinateSystem)	void	以给定的值旋转对象（角度以度为单位）
13	rotateX (angle,coordinateSystem)	void	将对象以给定的角度（以度为单位）绕（局部或全局）X轴旋转
14	rotateY (angle,coordinateSystem)	void	将对象以给定的角度（以度为单位）绕（局部或全局）Y轴旋转
15	rotateZ (angle,coordinateSystem)	void	绕Z轴旋转对象
16	rotateAroundAxis (angle,axis,coordinateSystem)	void	以给定的角度围绕给定的轴旋转对象
17	setPosition(x,y,z)	void	设置对象相对于其父对象的位置

续表

序号	方法	返回类型	简要说明
18	setRotation(x,y,z)	void	设置对象相对于其父对象的给定角度（以度为单位）（按Euler XYZ顺序）进行旋转
19	setScale(x,y,z)	void	设置对象相对于其父对象的缩放

1. getPosition()

返回相对于其父对象的对象位置。

返回：

Array[3]——相对于父对象的对象位置[x,y,z]。

2. getRoration()

返回相对于其父对象的对象旋转值（采用Euler XYZ格式）。

返回：

Array[3]——相对于其父对象的旋转角度[x,y,z]。

3. getScale()

返回相对于其父对象的对象缩放值。

返回：

Array[3]——相对于其父对象的缩放值[x,y,z]。

4. getWorldPosition()

返回对象相对于场景的全局位置。

返回：

Array[3]——对象相对于场景的全局位置[x,y,z]。

5. globalRotationToLocalRotation(x,y,z)

将全局旋转转换为局部旋转。该方法的参数类型为：

名称	类型	描述
x	Number	绕X轴以米为单位的移动
y	Number	绕Y轴以米为单位的移动
z	Number	绕Z轴以米为单位的移动

返回：

Array[3]——包含局部旋转值[x,y,z]。

6. globalToLocal(x,y,z)

将点从全局空间移动局部空间。该方法的参数类型为：

名称	类型	描述
x	Number	在全局空间中沿X轴的位置
y	Number	在全局空间中沿Y轴的位置
z	Number	在全局空间中沿Z轴的位置

返回：

Array[3]——局部空间中的点[x,y,z]。

7. globalToLocalRotation(x,y,z)

将全局方向向量转换为局部坐标系。该方法的参数类型为：

名称	类型	描述
x	Number	全局方向的X分量
y	Number	全局方向的Y分量
z	Number	全局方向的Z分量

返回：

Array[3]——局部坐标系中的方向向量[x,y,z]。

8. localToGlobal(x,y,z)

将点从局部空间移动到全局空间。该方法的参数类型为：

名称	类型	描述
x	Number	在全局空间中沿X轴的位置
y	Number	在全局空间中沿Y轴的位置
z	Number	在全局空间中沿Z轴的位置

返回：

Array[3] – 全局空间中的一个点[x,y,z]。

9. localToGlobalRotation(x,y,z)

将局部方向向量转换为全局坐标系。该方法的参数类型为：

名称	类型	描述
x	Number	局部方向的X分量
y	Number	局部方向的Y分量
z	Number	局部方向的Z分量

返回：

Array[3]——全局坐标系中的方向向量[x,y,z]。

10. lookAt(t,clamp,axis,up,fromOffset)

设置对象的旋转以将轴参数（“X”“Y”“Z”）对齐到t位置（Array[3]）。向上值（“X”“Y”或“Z”）定义了围绕观察点的能在一个轴上强制旋转（默认为空）的向量vector. clamp（“X”“Y” or “Z”）。fromOffset (Array[3])是添加到对象当前位置的位置（默认为null）。该方法的参数类型为：

名称	类型	描述
t	Array[3]	要观察的位置
clamp	String	仅在“X”“Y”或“Z”上强制旋转。默认为空
axis	String	对象应与“X”“Y”或“Z”对齐
up	String	定义观察向量“X”“Y”或“Z”的上轴
fromOffset	Array[3]	添加到对象当前的位置。默认为空

返回：

无。

11. move(x,y,z,coordinateSystem)

以米为单位移动对象。该方法的参数类型为：

名称	类型	描述
x	Number	沿X轴以米为单位移动
y	Number	沿Y轴以米为单位移动
z	Number	沿Z轴以米为单位移动

coordinateSystem：Number输入的坐标系（“全局”或“本地”）。

返回：

无。

12. rotate(x,y,z,coordinateSystem)

以给定的值旋转对象（角度以度为单位），该方法的参数类型为：

名称	类型	描述
x	Number	X轴上要旋转的角度
y	Number	Y轴上要旋转的角度
z	Number	Z轴上要旋转的角度

coordinateSystem：Number输入的坐标系（“全局”或“本地”）。

返回：

无。

13. rotateX(angle,coordinateSystem)

将对象以给定的角度（以度为单位）绕（局部或全局）X轴旋转。该方法的参数类型为：

名称	类型	描述
angle	Number	X轴上要旋转的角度（度）
coordinateSystem	Number	输入的坐标系（“全局”或“本地”）

返回：

无

14. rotateY(angle,coordinateSystem)

将对象以给定的角度（以度为单位）绕（局部或全局）Y轴旋转。该方法的参数类型为：

名称	类型	描述
angle	Number	Y轴上要旋转的角度（度）
coordinateSystem	Number	输入的坐标系（“全局”或“本地”）

返回：

无。

15. rotateZ(angle,coordinateSystem)

将对象以给定的角度（以度为单位）绕（局部或全局）Z轴旋转。该方法的参数类型为：

名称	类型	描述
angle	Number	Z轴上要旋转的角度（度）
coordinateSystem	Number	输入的坐标系（“全局”或“本地”）

返回：

无。

16. rotateAroundAxis(angle,axis,coordinateSystem)

以给定的角度围绕给定的轴旋转对象。该方法的参数类型为：

名称	类型	描述
angle	Number	Y轴上要旋转的角度（度）
axis	String	旋转轴“X”“Y”或“Z”
coordinateSystem	Number	输入的坐标系（“全局”或“本地”）

返回：

无。

17. setPosition(x,y,z)

设置对象相对于其父对象的位置。该方法的参数类型为：

名称	类型	描述
x	Number	沿X轴相对于其父对象的位置
y	Number	沿Y轴相对于其父对象的位置
z	Number	沿Z轴相对于其父对象的位置

返回：

无。

18. setRotation（x,y,z）

设置对象相对于其父对象的给定角度（以度为单位）（按Euler XYZ顺序）进行旋转。该方法的参数类型为：

名称	类型	描述
x	Number	围绕X轴相对于其父轴的旋转角度（以度为单位）
y	Number	围绕Y轴相对于其父轴的旋转角度（以度为单位）
z	Number	围绕Z轴相对于其父轴的旋转角度（以度为单位）

返回：

无。

19. setScale(x,y,z)

设置对象相对于其父对象的缩放，该方法的参数类型为：

名称	类型	描述
x	Number	沿X轴相对于其父轴缩放
y	Number	沿Y轴相对于其父轴缩放
z	Number	沿Z轴相对于其父轴缩放

返回：

无。

三、物理学模块

3D开发系统的底层引擎支持物理特性，可以模拟日常生活中的一些物理现象，如碰撞、重力等，这些特性可以在3D开发系统的在线编辑器中进行设置。

（一）通过编辑器创建物理特性

3D开发系统针对虚拟对象提供了碰撞、重力、扭矩和力等物理效果的特性，可以通过在线编辑器的物理编辑模块和脚本API来设置任何模拟对象的物理属性，并可以在编辑器中运行测试模拟对象的物理效果。在线编辑器支持的物理特性编辑模块如图4-35所示。

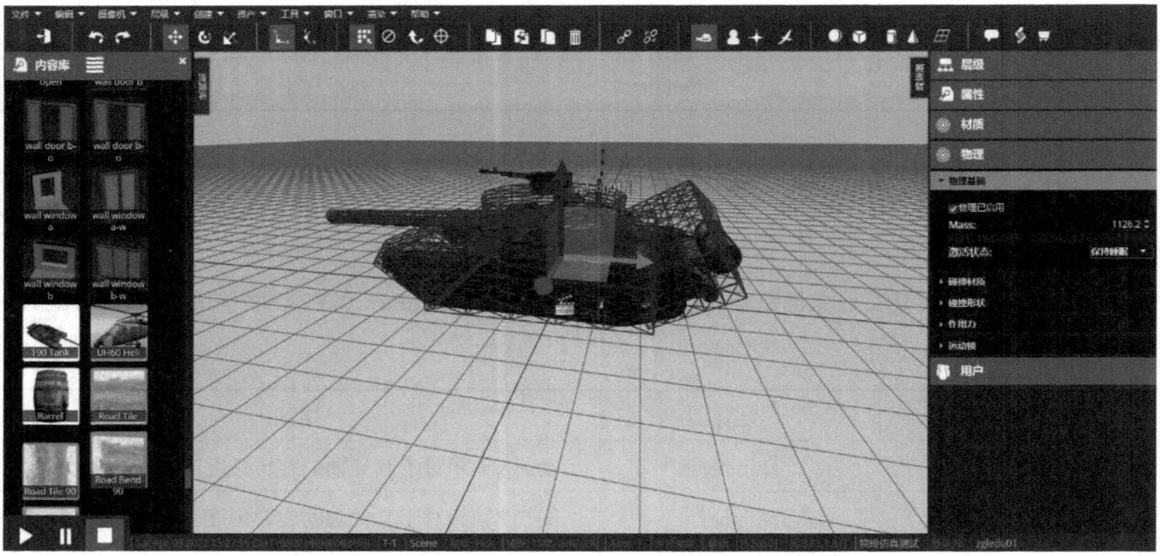

图4-35　在线编辑器支持的物理特性编辑模块

当在线编辑器中的物理编辑模块对虚拟对象启用物理特性后，虚拟对象上的所有物理设置都会以紫色高亮显示。在图4-35中，坦克有一个复合碰撞形状（由圆柱体和长方体组成），可以看到紫色高亮显示。使用“物理启用”复选框启用物理特性时，碰撞和重力等特性将应用于虚拟对象。

（二）碰撞

对象之间的碰撞要求对象启用物理功能，并通过一种支持碰撞类型直接在对象上定义碰撞形状，或通过子对象间接定义碰撞形状（在上面的坦克示例中，子对象通常不可见）。对象可以直接定义支持的碰撞类型包括：无形状、盒状、球状、圆柱状、圆锥状、平面形状、网格形状。

1. 基于基本元件对象形状的碰撞

对于基本元件对象类型，底层引擎已经默认使用了适当的碰撞形状。因此，在编辑器中看不到球体的碰撞类型选择器——底层引擎已经假定球体是基本的碰撞类型。

如果希望碰撞形状是由复合的碰撞类型对象组成（即由多个基本元件形状组成），则需要在“物理编辑器”下选中“已启用碰撞”复选框的子对象，如图4-35所示的坦克，其碰撞体是由多个基本元件形状拼接而成的。

2. 基于3D模型网格的碰撞

作为3D模型的虚拟对象也可以使用网格碰撞类型。但是，与基于基本元件形状的碰撞相比，使用网格形状进行碰撞的计算成本更高，因此建议使用基本元件形状进行碰撞体设置，除非特别需要网格形状。

（三）力

在脚本中通常需要应用力和转矩来控制场景中的对象。虽然可以从编辑器中设置线性速度和角度的初始值，但这通常不是必需的。在编辑器中设置速度值将会使虚拟对象以给定的速度或旋转角度值来进行模拟。

1. 重力

重力是在场景中定义的。从层级中选择场景并展开“物理编辑器”。在这里，你会看到重力被定义为沿Z轴的力，等于$-9.8\ m/s^2$（重力加速度）。默认情况下，在场景中定义启用物理的复选框处于选中状态。

2. 质量

每个模拟对象都可以在“基本物理”标题下定义用于物理计算的质量。质量将影响许多依赖于它的计算。

3. 扭矩

扭矩是一个力围绕轴、支点或枢轴旋转物体的倾向性操作。可以在X、Y或Z轴上应用恒定扭矩，以应用旋转对象的恒定扭矩力。要执行此操作，请选择对象，打开“物理编辑器”，然后展开“力”选项卡。就会看到恒定的扭矩设置。

4. 强制力

力可以作为恒力通过编辑器设置，以改变对象沿给定轴的运动。如果对象的质量为1，且沿Z轴的恒力设置为9.8，则该对象将悬停。任何未被另一种力对抗的力都会使物体朝着该力的方向移动。

5. 恒转矩恒力

这些力（如上所述）将在每次模拟时应用于对象。这有点像把一个马达连接到物体上，物体总是朝着给定的方向推动。

（四）约束条件

3D开发系统提供编辑器中的对象之间进行的各种约束。这些约束可以分为：可以创建的关节和可以在一个或多个轴上实施的运动和旋转锁定。

1. 关节

可以创建点约束和铰链约束，以在两个对象之间创建关节。使用“创建→物理→并选择所需的约束类型”。3D开发系统的物理编辑器提供四种类型的接头：点约束、铰链约束、滑块约束、固定约束。3D开发系统的物理编辑器提供的约束实现了子弹物理约束。

创建约束时，将在层次结构中看到一个条目，并根据约束类型在编辑器中看到该约束的图标。对于每个约束，需要选择约束操作的两个对象（A和B）。只需单击“选择节点”，然后单击场景或层次中的每个对象。对象A和对象B都必须已启用物理功能。

2. 点约束

点约束的作用类似于球窝，允许两个对象沿多个轴旋转。如果在一维中没有力推动物体，它的功能类似于铰链。它有一个粉红色的选择器图标，必须移动和/或旋转该图标，以允许两个对象以所需的方式移动。

3. 铰链约束

铰链约束的工作原理类似于铰链，允许两个对象在一个轴上旋转。选择“铰链约束”并展开“物理编辑器”后，需要使用gizmo工具旋转和/或移动粉色高光选择器，以便铰链沿所需的轴运行。

4. 滑块约束

滑块约束允许两个对象沿共享活塞移动和旋转。

5. 固定约束

固定约束的作用类似于将两个对象链接到父子关系中。然而，它与链接关系不同，因为在需要时更容易断开关系。

6. 运动和旋转锁

可以使用“物理编辑器”创建运动和旋转锁定。默认情况下，在X、Y和Z方向上启用运动和旋转。通过取消选中相应的方向，可以禁用或锁定一个或多个方向上的运动或旋转。在创建2D侧滚平台游戏时，运动和旋转锁非常有用。

（五）脚本编写

通常在脚本中应用扭矩和力来影响对象行为。例如，为了根据用户输入WASD引导船只的运动，在脚本中应用扭矩来转动，并强制向前移动。

```
function tick()
{
  if (this._keysDown.indexOf("W") !== -1)
  {
    var force = this.transformAPI.localToGlobal(-10 * mass, 0, 0);
    this.physicsAPI.addForceAtCenter(force[0], force[1], force[2]);
  }

  var vel = this.physicsAPI.getLinearVelocity();
  vel = this.transformAPI.globalToLocalRotation(vel);
  var speedTorqueFactor = (Math.abs(vel[0]));

  if (this._keysDown.indexOf("A") !== -1)
```

```
14        {
15            this.physicsAPI.addTorque(0, 0, speedTorqueFactor * mass);
16            var force = this.transformAPI.localToGlobal(speedTorqueFactor * mass, 0, 0);
17            this.physicsAPI.addTorque(force);
18        }
19
```

1. 用户输入示例

第3行和第13行是W键和A键的条件语句。其他的钥匙也会用同样的方法。

2. 转换示例

physicsAPI将方法默认为世界坐标。第5行、第10行和第16行在不同的坐标系之间转换坐标。具体来说，它将船对象的局部坐标转换为世界坐标系。

3. 速度、力和扭矩示例

最后，第6、9、11、15、17行使用physicsAPI来更改船的运动。第6行向对象的中心施加力，使其向前移动。在这种情况下，力等于对象在其X方向上的质量的-10倍（gizmo工具的红色箭头）。船的3D模型的前进方向是-X，所以一个负的力将其向前移动。

第9行获取船的当前线速度，第11行将速度除以3，以创建一个速度扭矩系数——因此当船行驶得更快时，转向扭矩将更大。第15行和第17行使用扭力使船转向。第15行通过在Z方向上施加扭矩将船向左转动，就像罗盘绕gizmo工具的蓝色箭头旋转一样。第17行通过将扭矩施加到其X方向（围绕gizmo工具的红色箭头旋转），使船在转弯处雕刻或倾斜。

四、脚本开发

脚本开发这一节将介绍如何利用脚本编辑器编写3D虚拟学习环境的逻辑应用。

（一）脚本编辑器

3D虚拟学习环境开发系统的在线编辑器中，提供了脚本编辑器，脚本编辑器如图4-36所示。

图4-36 脚本编辑器

使用脚本编辑器可以编写JavaScript代码，这些代码在执行时被立即作为选定对象的新属性、方法和事件注入3D开发系统的底层多人引擎。可以在顶部的蓝色标题窗口和底部的状态栏中看到脚本编辑器关注的选定对象。在屏幕截图中，脚本编辑器主要关注命名为sphere1的圆柱体。

脚本编辑器顶部有四个选项卡：方法、事件、属性和选项。根据所选择的不同选项卡，对应选项卡的所属项目列表将垂直显示在左侧，选定项目的代码显示在右侧的主内容窗口中。在上面的屏幕截图中，选择了“方法”选项卡，并打开了tick方法。

注意：脚本编辑器在显示所有输入代码之前使用js_beautify。在某些系统上，JavaScript引擎可能会插入“use strict”这是正常的。

脚本编辑器右上角的两个向上和向下箭头按钮可展开脚本编辑器窗口（向上）和最小化/隐藏脚本编辑器窗口（向下）。

（二）仿真对象

可以使用脚本编辑器为场景中的每个模拟对象编写脚本，以添加模拟逻辑。要执行此操作，请选择对象（直接或通过层次结构），然后单击脚本编辑器（工具栏脚本编辑器图标或通过窗口→脚本编辑器菜单项）。

（三）tick函数

模拟系统以同步方式播放，底层多人引擎将对每一个模拟客户端以1/20 s的间隔向前移动，这被称为“滴答声”的引擎将每隔1/20 s调用每个对象的tick方法。这个时间长度等于50 ms或0.05 s。滴答声是模拟的心跳，每个模拟对象都可以定义于tick方法中，这通常是模拟逻辑的起点。

脚本编辑器的加载，是依赖于所选定的具体对象，即只有选定某个具体的对象时才能打开脚本编辑器。编写模拟逻辑脚本通常从创建tick方法或函数开始。在图4–37中，我们将选定的坦克对象（名为T–1）每间隔0.05 s向前移动0.01 m，移动速度为0.2 m/s。

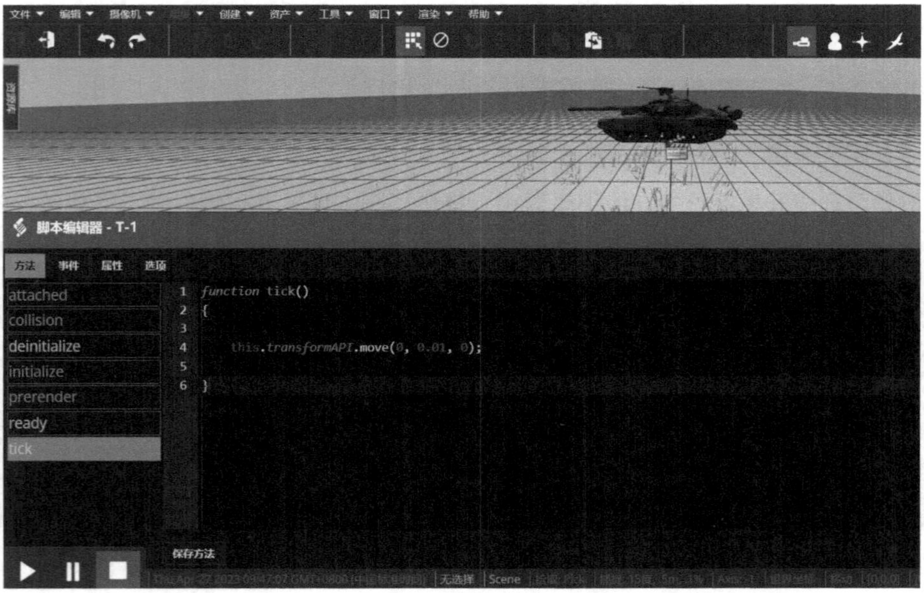

图4–37　选定的坦克对象

创作者能够在每个仿真对象上定义属性和方法，同时可通过this关键字访问底层多人引擎提供的属性和方法。假如创建一个用来跟踪燃油消耗量的新属性，则可以在脚本中引用该属性。脚本API提供了物理、转换、音频和通信的访问和API。例如图4-37中的transformAPI，该脚本API提供了对模拟对象进行变换操作的多个方法。

（四）事件

利用事件选项可以为底层多人引擎触发的事件编写相应的事件处理程序。底层多人引擎引发的事件包括：

1. keyDown——当按下键盘键时；
2. keyUp——当释放键盘键时；
3. pointerClick——当鼠标按钮被按下和释放时；
4. pointerDown——指针下降-按下鼠标按钮时；
5. pointerMove——指针移动-鼠标在对象上的每次移动；
6. pointerOut——指针输出-鼠标离开对象时；
7. pointerOver——指针移动-当鼠标移动到对象上时；
8. pointerUp——指针按下-当鼠标按钮被释放时；
9. pointerWheel——指针轮-当鼠标滚轮转动时。

（五）属性和方法

可以在脚本编辑器中编写自定义的属性和方法。所定义好的属性和方法将能够被模拟对象调用。

（六）场景

底层多人引擎通过调用Scene函数提供对场景对象的访问。Scene（场景）提供的常用方法包括查找和访问其他对象。

（七）变换

底层多人引擎提供的transformAPI可以用来获取和设置模拟对象的位置、旋转和比例。transformAPI还提供了在局部坐标系和全局坐标系之间进行转换的方法。

（八）物理学

见本章第四部分。

（九）音频

底层多人引擎提供AudioAPI，利用该脚本API提供的方法，可以用来播放、暂停、停止和删除音频文件。

下面的这个例子，当用户驾驶小船时，希望小船播放马达运行声音剪辑的场景。

```
1   function tick()
2   {
3      if (this._keysDown.indexOf("W") !== -1)
4      {
5          var force = this.transformAPI.localToGlobal(-10 * mass, 0, 0);
6          this.physicsAPI.addForceAtCenter(force[0], force[1], force[2]);
7      }
8
9      var vel = this.physicsAPI.getLinearVelocity();
10     vel = this.transformAPI.globalToLocalRotation(vel);
11     var speedTorqueFactor = (Math.abs(vel[0]));
12
13     if (this._keysDown.indexOf("A") !== -1)
14    {
15         this.physicsAPI.addTorque(0, 0, speedTorqueFactor * mass);
16         var force = this.transformAPI.localToGlobal(speedTorqueFactor * mass, 0, 0);
17         this.physicsAPI.addTorque(force);
18    }
```

在第3行中，我们检查用户是否按下了W键。如果用户按下W键，那么我们将通过其资源服务器标识符（/sas/assets/c253157d）获得对声音文件的引用。在第7行中，检查声音是否尚未定义或播放。在第9行中，调用AudioAPI的playSound方法传递资源服务器标识符，这是一个布尔值，指示创作者是否希望音频文件循环（在本例中为false）。

（十）向其他对象广播消息

有时，您会发现需要使用发布者-订阅者模型，基于接近度将信息从一个对象发送到其他对象。引擎提供了一种广播方法，其中发布者对象可以将数据（数组）广播到给定范围内的其他订户对象。

下面这个例子，考虑一个场景，在这个场景中，我们希望用户驾驶一艘船并在一定范围内拥有其他船只，以导航到用户驱动的船只前面的一个点。在用户驱动的船中，可以添加广播方法。

```
var leader_projection = this.transformAPI.localToGlobal(-150, 0, 0);

this.broadcast("facLeaderInput", [leader_projection], 500);

```

在上面的广播中，第1行使用transformAPI以世界坐标获得一个位置，即用户驾驶的船只前方150 m处，并将该位置存储为leader_projection。然后，第3行使用广播方法将leader_投影数据作为数据数组中的唯一值发送到500 m范围内定义facLeaderInput方法的任何订户对象，然后，在订户对象中，我们可以定义facLeaderInput方法，将位置存储为候选位置，以引导订户对象的移动。

```
function facLeaderInput(args)
{
  this.facLeaderMovementCandidate = args;
}
```

（十一）光线投射以查找模拟对象交点

在许多情况下，需要从场景的给定方向的原点投射不可见光线，以找到最近的相交模拟对象。traceAPI的rayCast（ ）方法提供了实现这一点的方法。请参见下面的示例，其中使用光线投射查看从枪管发射的子弹是否击中场景中的另一个模拟对象。

```
1   var origin = this.children_by_name["Barrel"].transformAPI.getWorldPosition();
2
3   var dir = this.children_by_name["Barrel"].transformAPI.localToGlobalRotation([0, 0, 1]);
4
5    var hit = this.Scene.traceAPI.rayCast(origin, dir,
6    {
7       ignore: [findviewnode(this.id)]
8    });
9
10   if (hit)
11   {
12      if (hit.node && hit.node.hit)
13      {
14         hit.node.hit([hit.point, 5]);
15      }
16   }
```

在第1行，光线投射的原点是通过获取枪管的全局位置来定义的光线投射参数都直接作用于场景的虚拟空间中，因此我们需要使用transformAPI来获取对象在世界空间中的位置。在第3行，光线投射的方向是通过获取枪管外的方向来定义的，该方向是局部坐标[0,0,1]中枪对象的Z轴。transform API再次用于将该方向从局部坐标转换为全局世界坐标。

第5行调用光线投射，可以看到它是场景提供的traceAPI的一部分。它将光线的原点和方向分别作为前两个参数。然后，它将一个选项对象作为第三个参数传递，该对象只有一个在第7行定义的选项ignore。此忽略选项指定在搜索最近的交点时，光线投射应忽略哪些对象（使用阵列）。我们不希望枪的光线投射与枪相交，因此我们获取枪的ID findviewnode（this.id），并将该ID指定为忽略选项数组中的唯一项。

然后，第10行测试是否发现了交叉点。如果找到了一个由hit变量表示的交点，那么我们想对hit做些什么。第12行检查以确保我们可以找到被命中的对象（hit.node），以及该对象是否定义了命中方法。如果被击中的对象存在并且具有命中方法，则第14行调用该对象的命中方法，并将包含世界空间中交点和对象命中方法使用的数字5的数组作为参数传递。

（十二）向量函数

该底层多人引擎提供计算距离或方向所需的公共向量函数。为附加到每个模拟对象的数学库提供了有用的向量函数。

五、3D开发系统下的游戏开发实例

（一）概述

本节将利用3D开发系统的在线编辑器开发一个完整的简单游戏。涵盖了从开始到结束的整个过程，包括设置场景、创建对象，编写游戏脚本到最后发布。整个过程不需要任何特殊的先决条件，只需要创作者对Web浏览器和计算机有一些基本的了解。完成本节后，创作者就可以轻松创建一个可用的游戏，并能够很好地理解应用程序是如何在3D开发系统中运行的。

（二）登录

要进入3D开发系统，并利用在线编辑器进行创作，首先需要登录到3D开发系统中，登录后就会进入场景列表页面。所有场景主页如图4–38所示。

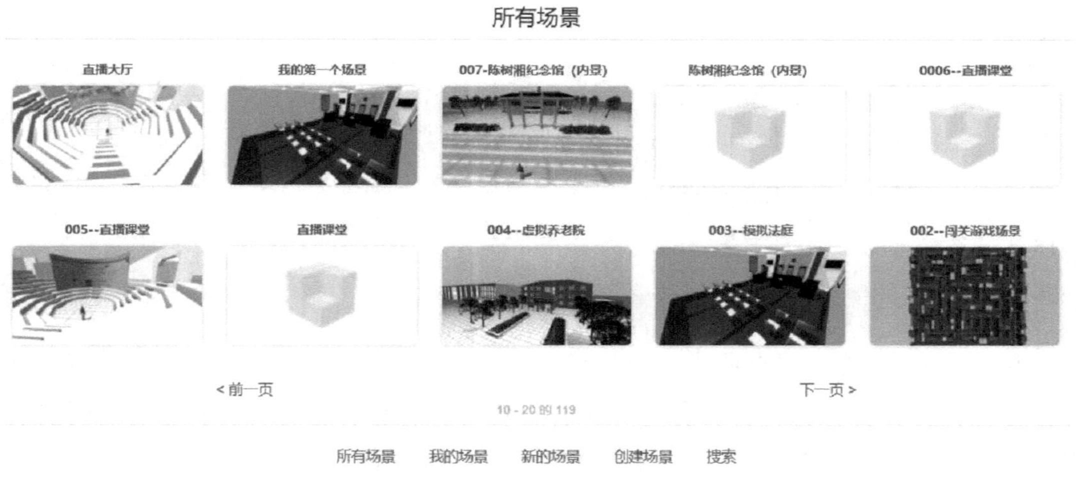

图4–38　所有场景主页

点击图4-38中的创建场景按钮，就会打开创建场面页面，在第一个输入框中输入场景的名称，第二个输入框中输入场景描述，然后点击创建按钮。此时会看到下一页，此页面提供了许多选项或操作3D虚拟学习环境配置。当前新创建的场景是一个空白场景，单击进入按钮后就会进入3D开发系统的在线编辑器。3D开发系统使用了最新的HTML5的功能，因此建议浏览器使用最新版本的Chrome、FireFox、Microsoft Edge等。

如果一切运行正常，就会看到新场景的加载过程，由于该场景是新创建的，因此默认是在编辑模式下，进入编辑器后，会看到很多按钮和图形出现在浏览器的顶部、底部和侧面的条形图中，同时也会看到屏幕中心一块大的灰色网格，并有一个虚拟化身，虚拟化身实际上就是创作者本人，各类工具的使用方法将在创作的过程中进行介绍。

进入编辑器后，可以尝试操纵一下这个空白场景。单击并按住鼠标右键，然后拖动鼠标，此时视图是根据鼠标移动的方向旋转的。也可以滚动鼠标滚轮进行场景的放大与缩小，或使用鼠标中键按住并拖动（有时滚轮本身就是按钮，除了滚动之外还可以按下），以平移视图，鼠标左键，主要是用于选择操作。

（三）游戏设计规划

本次设计的游戏是一个单人走迷宫的游戏，玩家（黄色球体）在迷宫中移动，在移动的过程中碰到食物（蓝色正方体方块）后会把食物吃掉，在玩家把所有的食物吃完之后，会出现一个吃了多少块食物的提示。当玩家碰到Ghost对象后，游戏会重新开始。如表4-1所示。

表4-1　游戏对象

序号	游戏对象	形状	颜色
1	player（玩家）	球体	黄色
2	ghost （幽灵）	球体	红色
3	food （食物）	盒状	蓝色

（四）设计场景

编辑器为我们提供了一个创作的空间，所有的对象均在此处创建，这些对象（内容）是游戏的组成部分。这些对象有些是单个对象，有些是复合对象，复合对象是由创作者利用创建、移动、修改、选择、复制和粘贴等操作构建。现在开始进行游戏的创作，在创作的过程中也将详细地介绍基本工具并了解它们是如何工作的。

首先，需要建造一些墙来创建游戏板。通过旋转相机，以俯视网格的方式进行操作，采用这种方式更能看清楚场景的全貌，选择和移动对象也相对容易，同时也可以利用鼠标滚轮随时进行放大与缩小，便于从整体进行查看，也可以按住鼠标右键对相机进行旋转操作。设置俯视视图如图4-39所示。

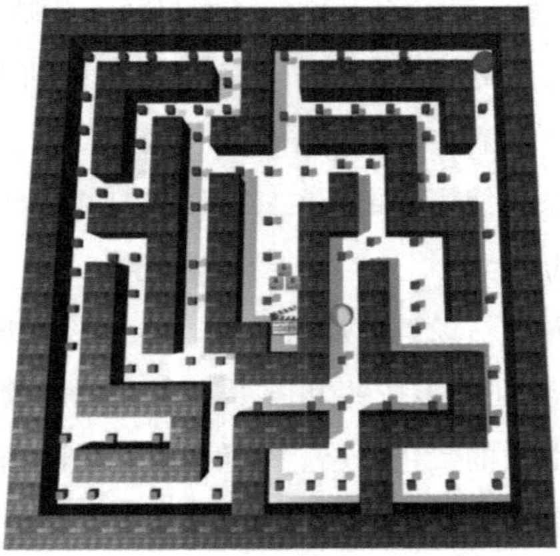

图4-39　以俯视视图方式进行操作

接下来，需要激活绘制工具来绘制墙体。通过在顶部菜单栏中找到工具菜单中的“区块绘制”菜单项，点击打开后，在右边的层级目录的“侧面板”区域中会出现“绘制工具”。利用“绘制工具”能够快速简单地创建大量的几何体，“绘制工具”由激活、创建、删除、拾取纹理等四项功能，其中激活按钮单击一次为激活状态，再单击一次为取消激活状态。在编辑器进行区块绘制时，“激活”按钮需要处于激活状态，然后单击拾取纹理按钮可以为墙体选择不同的纹理，当单击该按钮时，图库浏览器页面将会弹出。在选择纹理贴图时，图库浏览器会被多次使用。单击图库浏览器文件夹中的文件作为纹理，也可以使用“+”图标按钮，通过URL输入纹理。本实例中选用砖的纹理图作为墙体贴图。

当选择砖的纹理贴图后，在“绘制工具”中会显示当前选定的纹理，而“贴图浏览器”窗口将消失。此时需要激活绘制工具，同时设置绘制工具模式为构建模式。操作方式是单击工具面板内的“激活”按钮，然后单击构建，“激活”按钮应保持高亮。如下图4-40所示。

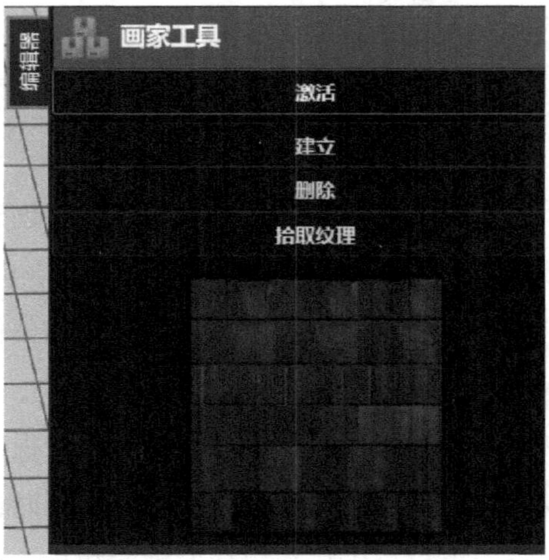

图4-40　画家工具

此时把鼠标移动到3D编辑窗口中，在网格上就会出现一个模糊的透明砖盒子。该盒子表示放置下一个长方体的位置。

在利用绘制工具绘制场景模型时，在绘制错误时也可以使用绘制工具中的删除功能，对绘制错误的模型进行删除。具体操作是单击绘制工具体的删除按钮，此时绘制工具的模式置于删除模式，此时当点击并拖动鼠标时，模型会被销毁而不是被创建。单击“构建”按钮后重新开始创建。

本实例要创建如图4–39所示的场景。该场景是一个迷宫，绘制时要确保迷宫中每一条通路都是一块立方体的厚度，虽然这个厚度不是非常必要，但它会让游戏更好地运行。

在利用绘制工具将游戏面板绘制好后，需要将绘制工具停用，以便进行后续的创作工作，停用绘制工具的方法是再次单击，将激活按钮的高亮状态取消即为停用绘制工具。然后单击该工具标题栏中的关闭按钮将绘制工具关闭。注意，在关闭绘制工具之前将它停用是非常重要的，否则该工具是处于活动状态，关闭绘制工具窗口只是将其隐藏起来。

游戏面板创建好后，接下来需要创建游戏中的角色。在本实例中，将创建一个球体作为角色，然后对该球体添加脚本代码，将这个角色模拟为玩家。创建球体的方法是点击工具栏中的球体图标，此时在视图网格正中央会出现一个球体。该球体为网格，默认情况下球体被选中，在球体周围会出现一个蓝色轮廓和一个色彩鲜明的坐标轴图形。如果在创建好球体后，不小心点击其他物体，就需要重新选择球体，具体操作是单击工具栏上的“单击选择”按钮，按钮显示为蓝色代表选择模式是激活的，确保编辑器处于选择模式后，再次单击球体即可将球体选中。

创作者在利用工具栏中的创建球体功能创建球体时，默认情况下会在视图的中心创建，但有时由于一些移动、放置和缩放等操作，导致不清楚球体的确切位置、方向和大小，此时可以通过对球体进行位置重置，恢复到第一次创建的位置。具体操作是在菜单栏上找到编辑菜单，然后打开子菜单变换选项，最后选择重置变换功能，这次重置球体的位置、放置和缩放。

在球体创建完成后，需要为球体设置一个合适的名称，以便稍后能够找到该球体。在编辑器编辑物体对象时，所有的对象都有一组属性，可以在属性编辑器的窗口中进行编辑。找到该球体的属性编辑器后，更改球体的显示名称，在这里将其设置为Player。具体操作是球体处于选中状态时，通过在屏幕右侧找到编辑器选项卡打开编辑器侧面板，单击后打开属性面板，找到显示名称属性，这是该页面上的第一个文本框，然后通过单击输入框后将值更改为Player。

刚创建的球体形状过大，需要将其缩小。基本元件对象（如球体和盒子等）生成后的参数将位于基本元件类别下，单击基本体：Sphere1下找到半径设置栏，在输入框中键入值或使用滑块将半径更改为.5即可。

当前，球体的中心（0，0，0）仍为默认创建的位置，为了使球体不与地面相交，因此需要把它向上移动。向上移动可以通过修改Z轴的数值来进行精确的设置。操作方法为在属性编辑器中，打开变换面板，然后在转换标签下从左侧找到第三个文本框，该值是球体位置的Z轴坐标，单击输入框键入.6后，可以看到球体轻微地向上进行了移动。

接下来，为球体设置颜色，本实例中将球体设置成黄色，以区别于墙体。具体操作为在右侧编辑器中，点击材质标签，找到漫反射颜色，然后单击旁边的白色小正方形，在颜色预览中单击并拖动将漫反射颜色设置为黄色，确定后将立即改变球体的颜色。

将球体变成黄色之后，球体还带有默认材质（棋盘格），需要将其删除。“材质编辑器”允许将多个不同的图像链接到曲面的不同属性，如颜色贴图或凹凸贴图。默认材质具有漫反射贴图的棋盘格纹理，要删除该纹理，可在“材质编辑器”的底部选项卡上单击“纹理层0”选项卡打开该层的设置，然后找到“删除纹理层”按钮，此时球体变成了纯黄色。

接下来，需要创建一个长宽高为0.25 m的立方体，将该立方体设置为蓝色并删除立方体默认的棋盘格纹理，最后需要将该立方体放置于路径的中心，将Z坐标的高度设置为0.5 m，创建好该立方体好，将其命名为Food1。

接下来这一步非常重要。在这里需要标记这个对象，便于在以后的代码中识别它。因为在游戏中有很多的food对象，要一一记住这些对象非常困难。相反，设置一个名为gametype的对象自定义属性，通过将该属性设置为food让其变得有用。具体操作是选择刚创建的food对象，单击菜单栏上的脚本按钮，打开脚本编辑器，然后找到属性选项卡并单击。在脚本编辑器的右下角找到新属性按钮，并单击，此时会弹出一个要求输入属性名的输入框，在输入框中输入gametype，这将是新属性的名称，继续单击确定按钮。编辑器会要求继续属性的值，在输入框中输入food，单击确定按钮，此时，在脚本编辑器中会出现“food”字符串。

现在可以关闭脚本编辑器，点击脚本编辑器右上角的向下箭头按钮即可。

在该游戏中，food对象比较多，可以通过复制的方法生成大量的food对象。但在复制之前需要设置一下food对象的“可通过”标记，这个标记允许玩家穿过food而不会发生碰撞，当设置好后，即可大量地进行复制，复制出来的food对象也带有“可通过”标记。

现在将复制food1对象放置在游戏路径的中间，每次单击一次复制按钮，food后面的数字便增加1个。复制好的food可沿X轴或Y轴移动。直到把所有的food按照图2所示摆好。在复制的过程中，可以一次选择多个对象，并移动或复制整行food。单击鼠标左键按住不放并拖动可在屏幕上绘制一个矩形，此时矩形中的所有对象都将被选中。也可以按住“Ctrl”键添加或按住“Alt”键从所选内容中减去。

玩家对象Player也需要再复制一份，并将其颜色改为红色，同时将其移动到面板的一角，命名为Ghost。

接下来需要将灰色的网格删除，这个方法是通过编辑场景对象的材质来更改默认的地面栅格的纹理。具体的操作方法是依次单击编辑→选择→选择场景即可打开场景编辑页面。点击材质标题，取消选中线框复选框，同时打开纹理层0面板并单击删除层按钮。

（五）脚本开发

在整个游戏场景准备好后，要想让游戏运行起来，需要对相关对象添加一些行为。添加行为的主要过程就是编写JavaScript代码。下面介绍具体的开发过程。

1. player对象的ready方法

选择player对象，然后打开脚本编辑器。在函数或方法选项卡上，向下滚动左侧的列表，直到看到ready，然后点击它。屏幕上将出现一个弹出窗口，访问是否要创建一个名为ready的新方法，点击确定。Ready方法的代码如下：

```
function ready()
{
    "use strict";
    //场景已加载完成。当客户端加入时，会在每个客户端触发该方法，因此不建议在此方法中创建
    //对象。

    //在对象设置时调用，尽管在虚拟世界框架状态中不会包括此信息，但这是可以这么使用的，会在每个客户
    // 端上调用，即使是后面晚些加入进来的客户端也会被调用

    //这里，将函数绑定到场景中的keydown方法.
    //在开发过程中，可能会多次调用该函数,
    //因此可以先解除绑定,
    //以免被现有函数的多个副本影响
    this.Scene.unbind("keyDown", this.keydown);
    this.Scene.unbind("keyUp", this.keyup);

    var self = this;
    console.log("this is ready");
    //使用一个按键堆栈，此时用户可以得到最近一个按钮,
    //如果只使用最后一个键，当按下几个键时，会变得奇怪.
    this.keydown = function(eventData)
    {
    console.log("got keyDown");

    if (eventData.keysDown.uparrow)
    {
```

```
self.motionVec = [0, -0.5, 0];
self.movestate = 'up';
}
if (eventData.keysDown.downarrow)
{
self.motionVec = [0, 0.5, 0];
self.movestate = 'down';
}
if (eventData.keysDown.leftarrow)
{
self.motionVec = [0.5, 0, 0];
self.movestate = 'left';
}
if (eventData.keysDown.rightarrow)
{
self.motionVec = [-0.5, 0, 0];
self.movestate = 'right';
}
console.log(self.movestate);
}
this.keyup = function(eventData)
{
 //self.keyUp(event);

console.log("got keyUp");

if (eventData.keysUp.uparrow && this.movestate == 'up')
{
self.motionVec = null;
}
```

```
            if (eventData.keysUp.downarrow && this.movestate == 'down')
            {
            self.motionVec = null;
            }
            if (eventData.keysUp.leftarrow && this.movestate == 'left')
            {
            self.motionVec = null;
            }
            if (eventData.keysUp.rightarrow && this.movestate == 'right')
            {
            self.motionVec = null;
            }
            }
            //解除了现有函数的绑定，并绑定了新的函数.
            this.Scene.bind("keyDown", this.keydown);
            this.Scene.bind("keyUp", this.keyup);

            }
```

在上述代码中，用户输入事件是由引擎调用脚本编辑器中插入的事件代码来通知对象的。由于是在player（玩家）对象上创建了脚本，因此代码中的“this”表示为player，因此可以看到player运动的值如何依赖于motionVec变量值，并且motionVec的值由keyDown事件控制。this.movestate状态表示当前按下的键的状态。这些信息也包含在motionVec变量中，motionVec变量的命名，主要是为了做到可读性好。代码中提到的按键是指向左、向右、向上、向下按键，代码相对容易。

2. player对象的tick方法

再次选择player对象，在函数或方法选项卡上，向下滚动左侧的列表，直到看到tick，然后点击它。系统会弹出对话框访问是否要创建一个名为tick的新方法，单击确定按钮，引擎在动画中的第一帧上将调用tick方法用于更新对象。在本游戏实例中，tick方法的代码如下：

```
function tick(){
   if (!this.pacman) this.pacman = this.Scene.children_by_name.Player;
   if (!this.piplist)
```

```
    {
        this.piplist = [];
        for (var i = 0; i < this.Scene.children.length; i++)
        {
            if (this.Scene.children[i].gametype == 'food')
            {
                this.piplist.push(
                {
                    pip: this.Scene.children[i],
                    pos: this.Scene.children[i].transformAPI.getPosition()
                });
                this.Scene.children[i].visible = true;
            }
        }
        console.log(this.piplist);
    }
    var playerpos = this.pacman.transformAPI.getPosition();
    var activecount = this.piplist.length;
    for (var i = 0; i < this.piplist.length; i++)
    {
        var pip = this.piplist[i].pip;
        if (pip.visible == true)
        {
            var pos = this.piplist[i].pos;
            if (Vec3.distanceSquared(playerpos, pos) < 0.25)
            {
                pip.visible = false;
            }
        }
        else
```

```
            {
                activecount--;
            }
        }
        if (activecount == 30)
        {
            alertify.alert('你赢了!');
            this.reset();
        }
    }
```

点击保存方法，将对象上的代码另存为tick方法。此时取消选择player对象，然后在主3D窗口中单击播放按钮，使用键盘的箭头键上下左右移动，你将看到黄色的球体在移动。到目前为止，播放游戏时按键进行了移动，移动方向可能出现错误，在后面的部分中，通过制作一个方向正确的相机，可以解决这个问题。

下面来详细解释上述代码。

代码段1：

```
function tick()
{...
}
```

在代码段1中，函数的名称为“tick”，该函数是3D开发系统中的一个特殊名称。Tick函数会在所属对象上每秒钟调用20次，在该函数中可以随时间的变化值来创建运动或其他动画。

代码段2：

```
...if(this.motionVec)
  {
    var oldpos = this.transformAPI.getPosition();
    this.transformAPI.move(this.motionVec, 'parent');...
```

在代码段2中，代码的意思是，如果这个对象（指的是player）有一个motionVec变量，那么就获取当前对象的位置并将其存储在一个名为oldpos的变量中，然后按照运动矢量方向移动该对象。也就是说，如果player初始坐标位置是[1,0,0]，motionVec变量的值是[1,0,0]，那么将player的新位置设为[2,0,0]。从此段代码可以看出，通过tick方法每次执行此代码，player位置的X坐标值是如何随时间增加的，这是移动player的基本机制。this.motionVec变量的值由KeyDown和KeyUp事件控制。

代码段3：

```
...var hit = _SceneManager.SphereCast(this.transformAPI.getPosition(), 0.35,
  {
    ignore: [_Editor.findviewnode(this.id).children[0].children[0], _Editor.GetMoveGizmo()],
    filter: function(n)
    {
      if (n.passable) return false;
      return true;
    }
  });...

```

在代码段3中，这段代码表现得非常有趣，它可以防止玩家与墙体相交。_SceneManager.SphereCast函数允许查询虚拟世界中的几何体，以确定是否有对象与球体（玩家）相交。第一个参数是球体的中心点，主要用于检查是否相交，第二个参数，在本例中为0.35，是球体的半径。该函数的意思为“现在我们要移动player, 那么在它的新位置上半径为0.35的球体是否与虚拟世界中的几何体相交？”

代码段4：

```
if (hit && hit.length)
  {
    this.transformAPI.setPosition(oldpos);
  }
```

在代码段4中，这段代码的大致意思为：如果真的撞到了什么东西，就把player放回原处。这就是防止相交的方法。

3. Ghost对象代码

Ghost对象是一个非常简单的人工智能例子。该对象只在场景中随机移动，当它靠近player时，它会检测到。下面是一Ghost对象的tick方法完整代码。

```
function tick(){
  if (window.paused) return;
  if (!this.pacman) this.pacman = this.Scene.children_by_name.Player;
  if (!this.pacman) return;
```

```
var random = Math.random() * 2000;
if (random > 0 && random < 10)
{
  this.motionVec = [0, 0.5, 0];
}
if (random > 10 && random < 20)
{
  this.motionVec = [0, -0.5, 0];
}
if (random > 20 && random < 30)
{
  this.motionVec = [0.5, 0, 0];
}
if (random > 30 && random < 40)
{
  this.motionVec = [-0.5, 0, 0];
}
var oldpos = this.transformAPI.getPosition();
oldpos[0] = Math.floor(oldpos[0] * 2) / 2;
oldpos[1] = Math.floor(oldpos[1] * 2) / 2;
oldpos[2] = Math.floor(oldpos[2] * 2) / 2;
this.transformAPI.setPosition(oldpos);
if (Vec3.distance(oldpos, this.pacman.transformAPI.getPosition()) < 1.3)
{
  alertify.log('Got you!');
  this.pacman.transformAPI.setPosition(0, 0, 0.6);
}
if (this.motionVec)
{
 this.transformAPI.move(this.motionVec, 'parent');
 var hit = _SceneManager.SphereCast(this.transformAPI.getPosition(), 0.35,
 {
```

```
            ignore: [_Editor.findviewnode(this.id).children[0].children[0], _Editor.GetMoveGizmo()],
            filter: function(n)
            {
                if (n.passable) return false;
                return true;
            }
        });
        if (hit && hit.length)
        {
            this.transformAPI.setPosition(oldpos);
            var random = Math.random() * 40;
            if (random > 0 && random < 10)
            {
                this.motionVec = [0, 0.5, 0];
            }
            if (random > 10 && random < 20)
            {
                this.motionVec = [0, -0.5, 0];
            }
            if (random > 20 && random < 30)
            {
                this.motionVec = [0.5, 0, 0];
            }
            if (random > 30 && random < 40)
            {
                this.motionVec = [-0.5, 0, 0];
            }
        }
    }
}
```

下面来详细解释相关代码的意义。

代码段1：

```
if (window.paused) return;
if (!this.pacman) this.pacman = this.Scene.children_by_name.Player;
if (!this.pacman) return;...
```

在代码段1中，通过尝试查找对象的方法对player对象进行引用，并将该对象的引用保存到this.pcman变量中，如果因某种原因无法获取该对象的引用，可以通过调用return来结束代码。在代码的运行过程中，如果每次按对象的名称来查找对象是比较消耗性能的，因此，在找到该对象的引用后将其保存在变量中，以方便需要的时候使用，不需要每次去查找它，这会更有意义。

代码段2：

```
var random = Math.random() * 2000;
  if (random > 0 && random < 10)
  {
     this.motionVec = [0, 0.5, 0];
  }
  if (random > 10 && random < 20)
  {
     this.motionVec = [0, -0.5, 0];
  }
  if (random > 20 && random < 30)
  {
     this.motionVec = [0.5, 0, 0];
  }
  if (random > 30 && random < 40)
  {
     this.motionVec = [-0.5, 0, 0];
  }

```

在代码段2中，ghost代码的工作原理与player代码非常相似。在每一帧中，都会通过更改一些值来移动对象。因为ghost不接受键盘输入，所以它使用一个随机数来代替键盘的输入。在这里，通过随机选择一个移动方向，本例中使用2 000以内随机数，随机数40以内可以更改方向，几率不到2%，从而没有什么能阻止Ghost。

代码段3：

```
var oldpos = this.transformAPI.getPosition();
 oldpos[0] = Math.floor(oldpos[0] * 2) / 2;
 oldpos[1] = Math.floor(oldpos[1] * 2) / 2;
 oldpos[2] = Math.floor(oldpos[2] * 2) / 2;
 this.transformAPI.setPosition(oldpos);
```

在代码段3中，这段代码只是做了一些范围控制处理。在这个游戏中，很重要的一点是，物体在直线上移动，并且它们永远不会以浮点数位置结束。如果Ghost对象的X位置是1.343 243 43或类似的值，它可能会卡在墙上。解决这问题的方法是读取位置时使用 Math.floor方法向下取整数。

代码段4：

```
if (Vec3.distance(oldpos, this.pacman.transformAPI.getPosition()) < 1.3)
{
   alertify.log('抓住你了!');
   this.pacman.transformAPI.setPosition(0, 0, 0.6);
}
```

在代码段4中，用来检查玩家离Ghost太近的代码。可以使用之前提到的SphereCast。但这段代码中的这种方法更简单，效果也一样好。当玩家离太近时，我们会把玩家放回起始位置，然后弹出一个小窗口，上面写着“抓住你了!”请注意，setPosition中的值将取决于布局的层级。

代码段5：

```
if (this.motionVec)
{
  this.transformAPI.move(this.motionVec, 'parent');
  var hit = _SceneManager.SphereCast(this.transformAPI.getPosition(), 0.35,
  {
    ignore: [_Editor.findviewnode(this.id).children[0].children[0], _Editor.GetMoveGizmo()],
    filter: function(n)
    {
      if (n.passable) return false;
      return true;
    }
  });
```

```
}
```

这段代码的作用是移动ghost对象，就像移动player对象一样。ghost对象移动了他的motionVec变量。这段代码中使用了与移动playe对象中完全相同的碰撞检测代码，过滤掉ghost对象本身的多边形，以及任何可通过对象的多边形。

代码段6：

```
if (hit && hit.length)
  {
    var random = Math.random() * 40;
    if (random > 0 && random < 10)
    {
      this.motionVec = [0, 0.5, 0];
    }
    if (random > 10 && random < 20)
    {
      this.motionVec = [0, -0.5, 0];
    }
    if (random > 20 && random < 30)
    {
      this.motionVec = [0.5, 0, 0];
    }
    if (random > 30 && random < 40)
    {
      this.motionVec = [-0.5, 0, 0];
    }
```

最后一段代码非常类似于第一块的随机更改motionVec。不同的是，这段代码在if（hit）的代码块中。这意味着代码只在对象碰撞时执行。请注意如何更改值提高碰撞概率。如果ghost对象碰到了一个物体，它必须要改变方向！

4. 游戏管理代码

现在，需要创建一个对象来保存一些额外的逻辑。这个对象将检查玩家和食物的交互，并使食物消失，同时还会监控游戏何时完成。首先，利用创建功能创建一个盒子，并将这个盒子移出迷宫区域，将盒子对象命名为GameManager，为该对象添加脚本，并在该对象的tick方法添加如下代码：

```
function tick()
{
"use strict";
if (this.motionVec)
{
    var oldpos = this.transformAPI.getPosition();
    this.transformAPI.move(this.motionVec, 'parent');
    var hit = _SceneManager.SphereCast(this.transformAPI.getPosition(), 0.35,
    {
     ignore: [_Editor.findviewnode(this.id).children[0].children[0], _Editor.GetMoveGizmo()],
     filter: function(n)
        {
          if (n.passable) return false;
            return true;
        }
     });
     if (hit && hit.length)
     {
        this.transformAPI.setPosition(oldpos);
     }
   }
}

```

现在，当穿过一个食物对象时，食物就会消失，通过移动来收取食物。

接下来还需要添加一个方法来重置游戏。选择GameManager对象后，单击脚本编辑器上的事件选项卡，并在右下角找到新建事件按钮，单击确定，当提示出现时，输入reset事件名称，并在代码编辑区中添加以下代码。

```
function reset(){
   delete this.piplist;
   activecount = -10; //除零以外的任何值
```

```
    this.Scene.children_by_name.Ghost.transformAPI.setPosition(7, 5, 0.6);
    this.pacman.transformAPI.setPosition(0, 0, 0.6);
    console.log("reset Ghost and Player");
}
```

点击保存事件按钮来保存事件代码。

最后，需要添加代码可以使Ghost正常工作。选择Ghost对象，打开脚本编辑器，创建tick方法，tick方法的代码如下：

```
function tick(){
    if (window.paused) return;
    if (!this.pacman) this.pacman = this.Scene.children_by_name.Player;
    if (!this.pacman) return;
    var random = Math.random() * 2000;
    if (random > 0 && random < 10)
    {
        this.motionVec = [0, 0.5, 0];
    }
    if (random > 10 && random < 20)
    {
        this.motionVec = [0, -0.5, 0];
    }
    if (random > 20 && random < 30)
    {
        this.motionVec = [0.5, 0, 0];
    }
    if (random > 30 && random < 40)
    {
        this.motionVec = [-0.5, 0, 0];
    }
    var oldpos = this.transformAPI.getPosition();
    oldpos[0] = Math.floor(oldpos[0] * 2) / 2;
    oldpos[1] = Math.floor(oldpos[1] * 2) / 2;
```

```
    oldpos[2] = Math.floor(oldpos[2] * 2) / 2;
    this.transformAPI.setPosition(oldpos);
    if (Vec3.distance(oldpos, this.pacman.transformAPI.getPosition()) < 1.3)
    {
      alertify.log('抓住你了!');
      this.pacman.transformAPI.setPosition(0, 0, 0.6);
    }
    if (this.motionVec)
    {
      this.transformAPI.move(this.motionVec, 'parent');
      var hit = _SceneManager.SphereCast(this.transformAPI.getPosition(), 0.35,
      {
          ignore: [_Editor.findviewnode(this.id).children[0].children[0], _Editor.GetMoveGizmo()],
        filter: function(n)
        {
          if (n.passable) return false;
          return true;
        }
      });
      if (hit && hit.length)
      {
        this.transformAPI.setPosition(oldpos);
        var random = Math.random() * 40;
        if (random > 0 && random < 10)
        {
          this.motionVec = [0, 0.5, 0];
        }
        if (random > 10 && random < 20)
        {
          this.motionVec = [0, -0.5, 0];
        }
```

```
            if (random > 20 && random < 30)
            {
                this.motionVec = [0.5, 0, 0];
            }
            if (random > 30 && random < 40)
            {
                this.motionVec = [-0.5, 0, 0];
            }
        }
    }
}

```

至此，游戏可以正常工作了，只需要做些完善工作就可以完成开发了。

（五）收尾工作

目前游戏已基本可以运行，需要做的最后一件事情就是制造一个相机并发布3D虚拟环境。这些操作过程都是非常简单的。

首先，需要创建一个camera对象，通过菜单，依次单击创建→相机→透视菜单项后，系统将在视图中心创建相机对象。此时会有一个摄像机图标出现，如果看不到摄像机图标，请放大，并确保处于选择模式，摄像机图标如4-41所示。

图4-41　摄像机图标

此图标可以帮助选择和放置相机。点击相机选择它，将看到一个预览出现在主窗口的左下角，显示相机看到的内容。移动摄像头，使其指向游戏板下方。也可以使用摄像机的属性面板，当前相机的Z变换值设置为22，X旋转值更改为90。

接下来进入摄像机看看到底能看到什么，在下拉菜单中依次单击摄像机→激活摄像机，当你点击时会看到这样的提示，选择camera1，然后点击确定按钮。此时使用方向键移动player，是否朝着正确的方向移动。如果没有，则可能需要返回摄像机编辑器，重新定位摄像机对象。如果对相机的视角满意，那么所有工作就在编辑器完成了，可以进行游戏发布操作了。

最后，在离开编辑器之前，可以利用菜单栏中的工具为场景主页设置该场景的缩略图。操作步骤为依次单击文件→设置3D虚拟环境缩略图，此时主窗口会有轻微的闪烁后，系统会自动捕捉当前屏幕截图并放置场景主页中对应的缩略图位置。

在完成游戏编辑后，可以做当前场景进行保存，操作步骤为依次单击文件→立即保存菜单项保存整个场景。此时可以点击屏幕左上角的注销按钮退出场景，当单击注销按钮时，会弹出一个窗口提醒是否要离开页面，并提醒是否要保存这个场景，如果已经保存，可以点击离开页面按钮。

现在需要对场景做一些设置。首先要仔细检查用户名是否出现在屏幕的右上角，否则需要再次登录。接下来跳转到全部场景页面，使用搜索框搜索刚刚创建的场景或者单击我的场景选项。当找到刚刚创建的场景后，点击该场景，就会出现对该场景进行设置的选项。

由于该游戏是单人游戏，请选中单人游戏复选框，同时确保3D虚拟环境在关闭状态、为每个用户创建虚拟化身、允许编辑器工具的复选项未被选中，在选择摄像机输入框中，选择Camer1的选项，然后点击保存按钮。

至此，已完成该游戏的开发以及设置工作。要运行该游戏，只需要找到该游戏，点击进入按钮即可加载该游戏并运行。

第五章

常用微课制作技术

第一节　微课制作环境准备

制作微课时，前期的素材准备、处理，后期的微课制作与发布，都需要一定的硬件环境和软件环境作支撑。不同的制作方式，需要的硬件制作环境也不同，良好的硬件和软件环境可以大大提高制作效率。

一、硬件环境

微课所需的文本、图像、声音、视频等素材的采集和处理需要硬件支持，常用的硬件包括计算机、数码相机、摄像机、扫描仪、U盘和移动硬盘、麦克风等设备。

（一）前期制作硬件准备

微课制作前期素材的采集需要一定的硬件支持，特别是视频、声音素材的采集需特定的设备来完成(如数码摄像机、数码相机、话筒、耳机、扫描仪等)。

1. 数码摄像机

数码摄像机是制作拍摄微课必不可少的设备。用数码摄像机录制教学视频，导入计算机后就可以用软件进行编辑。常见的数码摄像机如图5–1所示。

图5–1　数码摄像机

2. 数码相机

当微课需要一些实景图片时，可以用数码相机拍摄下来，然后导入计算机中，等待后期加工处理。常见的数码相机如图5–2所示。

图5-2　数码相机

3. 耳机和麦克风

教师精彩的讲解需要通过麦克风传输到计算机中。常见的耳机和麦克风如图5-3所示。

图5-3　耳机和麦克风

4. 扫描仪

用扫描仪可以获取照片、课文的插图、报刊图片、手绘图画、邮票、杂志封面、实物图像、课文中的文字等，然后输入到课件中。常见的扫描仪如图5-4所示。

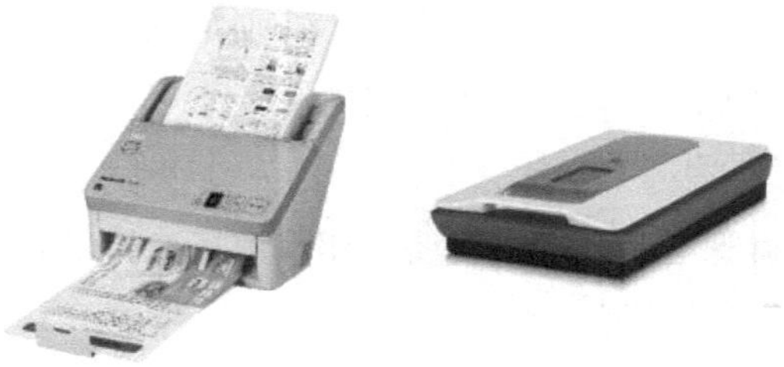

图5-4　扫描仪

5. 移动硬盘和U盘

在微课制作过程中，用U盘或者移动硬盘可以很方便地携带素材资料。移动硬盘和U盘（如图5-5所示）都是一种移动存储产品，一般通过USB接口与计算机连接，实现即插即用，具有容量大传输速度快、使用方便、存储可靠性高等特点。

图5-5　移动硬盘和U盘

6. 绿幕（根据制作需要准备）

绿幕是拍摄镜头的背景幕布，在绿幕前演示或讲解，由摄影机拍摄下来，画面在电脑中处理，抠掉背景的绿色，换上其他背景或与其他视频组合。

（1）简易绿幕。由背景支架和绿色抠像布组成，优点是可更换抠像布颜色，搭设和移动方便，拍摄场地灵活。缺点是拍摄范围有限。简易绿幕如图5-6所示

图5-6 简易绿幕

（2）专业绿幕影棚。摄影棚内整面墙或所有墙面地面都以绿色装饰，优点是颜色均匀，成像较好。缺点是颜色固定不能更换。专业绿幕影棚如图5-7所示。

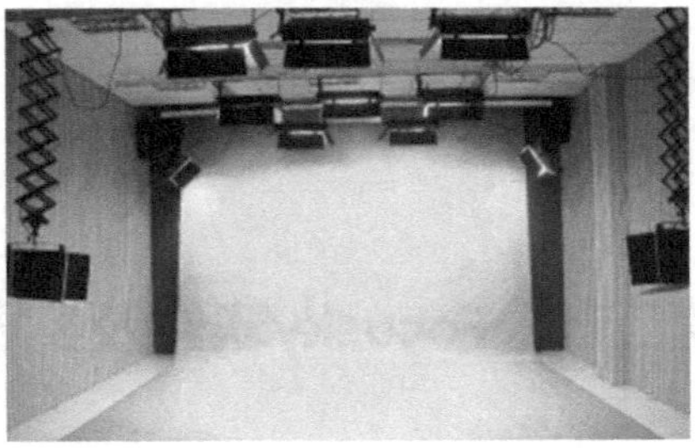

图5-7 专业绿幕影棚

（二）后期制作硬件

微课的后期制作主要使用计算机（如图5-8所示）来进行文本、图像、声音、视频素材的加工和处理。计算机是微课制作中最基础的设备，其性能的优劣，将直接影响到微课课件和微课制作的效率，特别是微课后期进行视频处理时，视频处理的速度依赖计算机的性能。所以进行微课制作使用的计算机一般应该安装有独立显卡。

图5-8 常见计算机

二、软件环境

通过硬件设备采集文字、图片、声音、视频等素材后，需要相应的文字处理、图像处理、声音处理、视频处理、课件制作等软件来加工处理、合成。微课制作过程中涉及的常用软件如表5-1所示。

表5-1　微课制作常用软件

软件名称	软件主要功能
Word；WPS	文字处理软件
Photoshop；光影魔术手	图像处理软件
GoldWave；Cool Edit	声音处理软件
Camtasia Studio	视频处理软件
Flash；3D Max；Authorware	动画制作软件
Focusky；PowerPoint；几何画板	课件制作软件
格式工厂	格式转换工具
维棠；硕鼠	视频下载工具

第二节　Focusky软件及实例

Focusky是一款新型的3D多媒体幻灯片制作软件，是教师创作微课的利器。教师可通过它对设计好的画布内容进行3D任意缩放、旋转和移动演示，且图像不失真。它以逻辑为引导，在无限的画布中填充教学内容，从而设计出具有强视觉冲击力的微课。

一、Focusky软件介绍

Focusky 软件主要通过添加镜头、进入镜头、缩放、旋转角度、移动动作使演示动起来。软件中自由的路径编辑功能可以让操作者轻易创建出思维导图式的演示文稿，根据逻辑思维组织路线，制作幻灯片，引领观众根据自己设计的思维路线进行观看。与PPT相比较，它改变了PPT线性播放的方式，打破静态展示的限制，采用从整体到局部、按照设定线路依次呈现的方式。它模仿电影视频转场特效，加入生动酷炫的3D镜头缩放、旋转和平移特效，让幻灯片演示像一部3D电影般播放，给观众带来震撼的视觉冲击。

Focusky 操作界面简洁，易上手，所有操作通过点击相应的功能就可以产生。在漫无边际的背景上，拖拽移动非常方便，操作者可以在短时间内学会基本操作。Focusky 不只是能够在特定的软件上进行操作、浏览，还支持多种输出格式，比如HTML网页、EXE格式、MP4格式的视频等，并且可以将成品上传网络分享，在线浏览，或者终端上线下浏览。

二、Focusky 基本操作

（一）操作界面简介

1. 开始界面

打开 Focusky 动画演示大师时，会看到软件自带的在线模板。这些模板是分类好的，使用者可以根据自己的需要进行选择使用，也可以通过文件菜单中新建工程文件，如图5–9 所示。

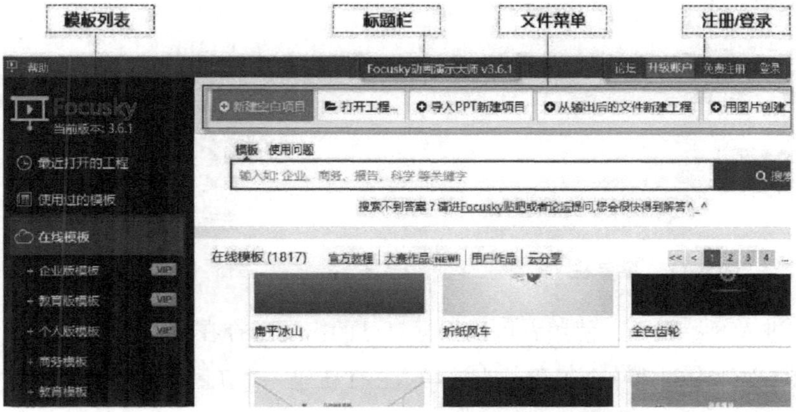

图5–9　Focusky 开始界面

2. 编辑操作界面

Focusky 的编辑操作界面主要由菜单栏、添加帧/窗口、路径编辑区域、画布编辑区域、工具栏、设计工具栏、快捷工具栏等部分组成。编辑操作界面如图5–10所示。

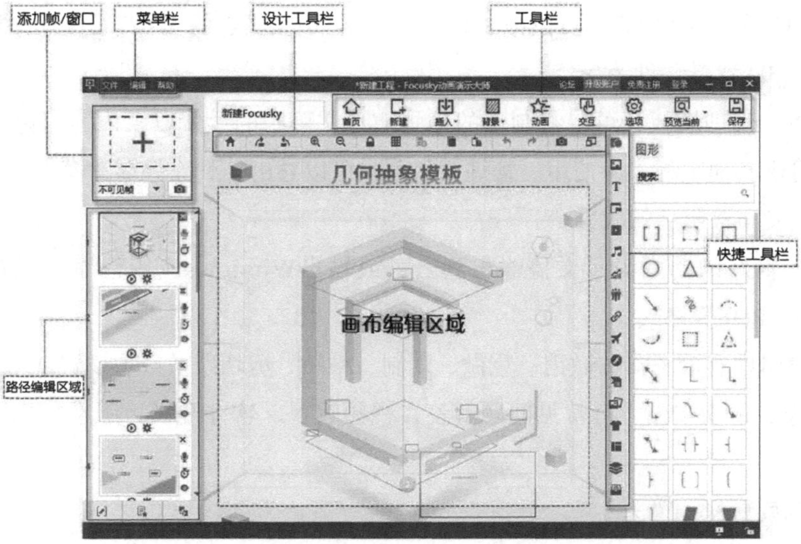

图5–10　Focusky 编辑操作界面

（1）菜单栏。Focusky软件编辑操作界面中的菜单栏非常简洁，包括文件、编辑、帮助三部分内容。如图5-11所示。

①文件。包含比较简单的文件操作内容，如图5-12所示。

图5-11　菜单栏

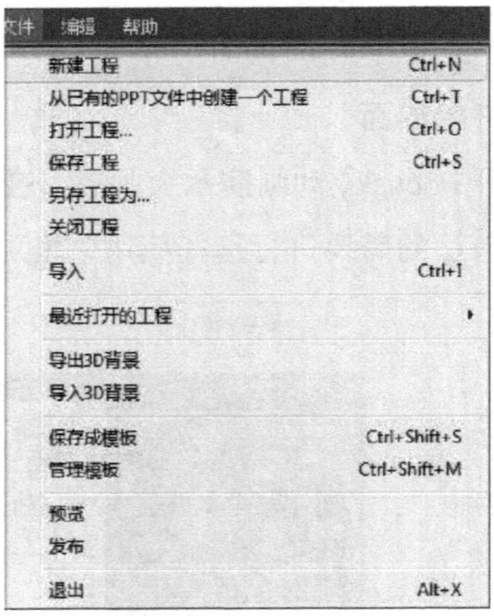

图5-12　文件中包含内容

新建工程：进入开始界面，使用者可以根据自己的需要选择在线模板使用。

从已有的PPT文件中创建一个工程：直接导入PPT新建一个工程。

打开工程、保存工程、另存工程为：打开/保存源文件（可以保存为源文件，但是这个源文件必须用这个软件才能打开）

导入：在制作一个幻灯片演示文稿时，如果想要插入PowerPoint的某个或者几个页面，可以使用“导入”，选择自己想要导入的PPT，然后在软件右边，会展示您导入的PPT的所有页面，然后您想要插入哪些页面，可以直接把那个页面拖到Focusky幻灯片演示文稿里面去。

导出 3D 背景/导入 3D 背景：可以把 3D 背景编辑器中编辑过的 3D 背景保存并导出到本地；也可以导入已有的 3D 背景文件。

保存成模板、管理模板：可以将制作的动画演示文稿中的设置以及内容保持为模板，便于再次利用编辑，可供其他工程参考使用。管理模板则是可以导出、删除保存的模板。

预览：预览发布输出后的效果。

发布：将编辑好的动画演示文稿输出到云，或输出Windows应用程序、视频、网页、Mac App、压缩文件、PDF等格式。

②编辑。编辑中有最基本的撤销、重做、复制、粘贴、剪切以及选项设置。

③帮助。查看帮助文档，有常见问题解答，视频教程，软件升级，版本信息以及显示语言选项等。

（2）添加帧或窗口（镜头）。

通过点击或拖动快速添加矩形窗口、方括号帧、圆形窗口和不可见帧，添加每一个帧或窗口就是一页，一张幻灯片，类似于一个电影镜头。如图 5–13所示。

（3）路径编辑区域。

路径编辑区域包含帧的预览窗格、编辑路径、添加动画效果、调整帧的顺序四部分，如图5–14所示。

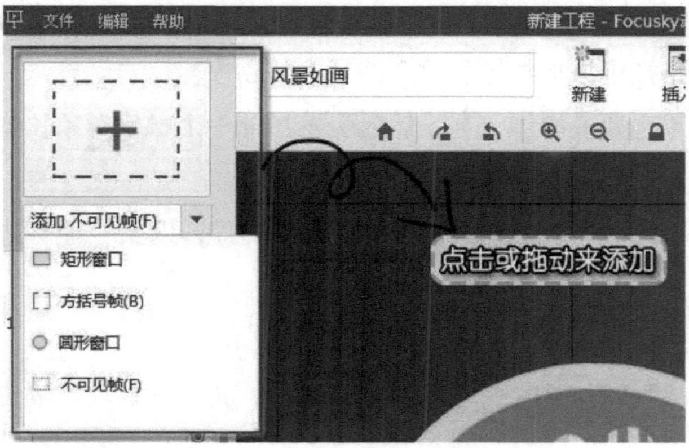

图5–13　添加帧或窗口（镜头帧）

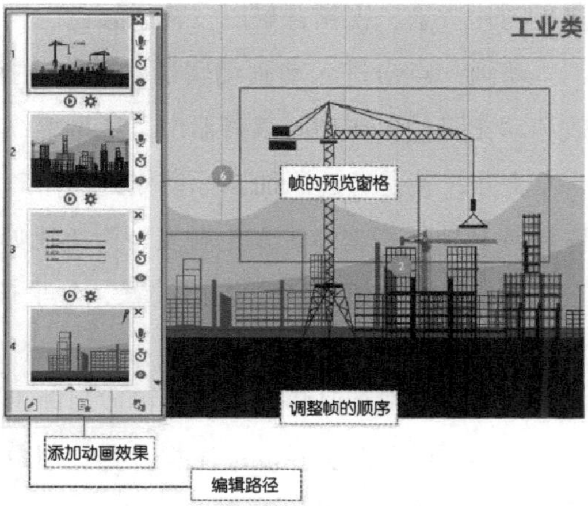

图5–14　路径编辑区域

帧（路径或镜头）预览窗格：跟PPT一样，这里可以预览每一张幻灯片，也可以拖动幻灯片来改变幻灯片的播放顺序。

编辑路径：选定编辑路径，点击元素可以加入路径，通过拖动路径节点以改变顺序，插入、删除、替换路径。

添加动画效果：可以对镜头内的物体添加、删除，改变动画效果。首先选择路径内的任意物体然后进行编辑设置动画，如进入特效、退出特效、强调特效。进行动画编辑的时候可以预览动画效果，定义动画播放时间，也可以清除动画。

调整帧的顺序：可以在预览窗格中拖动幻灯片修改路径的顺序。也可拖动缩略图自定义路径顺序跟路径播放时间。如果时间小于或等于0，路径将采用默认的播放时间4 s。

（4）画布编辑区域。画布也是工作区域，可以滚动鼠标进行缩放、旋转画面、添加元素、设置画面主题，进行路径的编辑等。

（5）工具栏。制作中常用的工具，如图5–15所示。

图5–15　工具栏

新建：新建空白工程文件。

插入：可插入图形、文本、图片、超链接、视频、音乐、SWF、艺术图形、特殊符号以及公式。除插入公式外（参考编辑插入数理化公式），其他均可在快捷工具栏中找到。

背景：提供 3 种背景（3D 背景、图片背景、视频背景）以及背景颜色。可编辑 3D 背景，自定义图片背景、视频背景以及背景颜色。

动画：点击进入动画编辑器，单击选择路径的任意物体以添加进入特效、强调特效、退出特效和动作路径。在动画编辑器中，还可继续在路径中添加物体和改变路径播放顺序。

交互：就是通过添加鼠标动作到操作对象（比如说物体 A），然后引发另外一个触发对象（物体 A 或其他任意物体）发生触发行为（比如属性、动画等）改变。

选项：可自定义关于按钮设置、分享按钮设置，预加载按钮设置、展示设置，以及企业标志设置（logo）等。

预览：点击预览整个演示文稿或当前页面。

保存：保存源文件。（注意：有些用户会认为跟 PPT 一样保存就可以了，其实是要输出输出后才是最终给别人看的格式。）

（6）设计工具栏。包含显示全部、放大缩小、旋转画布等工具，如图5–16所示。

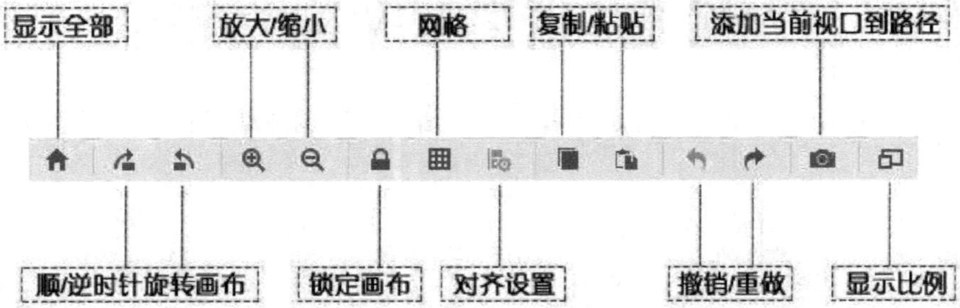

图5–16　设计工具栏

（7）快捷工具栏。设有各种常用工具图标，能方便快捷地进行添加图形、图片、文字、音乐、视频、艺术图形、特殊符号等操作，如图5–17所示。

添加图形、图片、文字/艺术字：快速添加图形、图片、文字/艺术字等素材。

本地/网络视频：快速添加本地视频和网络视频、支持屏幕录制。（网络视频暂时只支持You-Tube 跟 Vimeo 网站的在线视频）

添加音乐、图表、动画角色：快速添加音乐、图表、动画角色等素材。

超链接：在画布编辑区添加链接。

艺术图形：可插入一些组合图形、流程图形、柱状图、饼形图等，插入艺术图形后，需将它解组方可继续编辑。

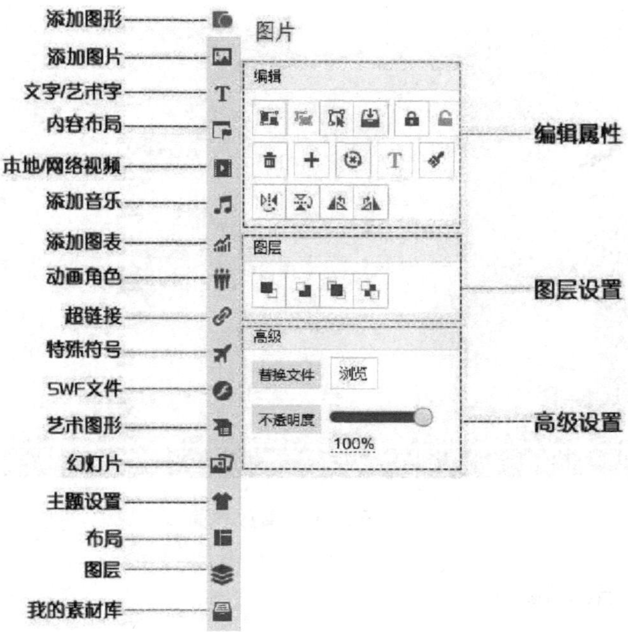

图5-17　快捷工具栏

幻灯片：可添加多张图片，然后用幻灯片效果将图片展示出来。

主题设置：可以设置整个幻灯片的整体效果，如果想统一设置所有线条、文字、背景颜色等效果，可以使用这个功能。

布局：其实就是一些布局模板，可插入当前幻灯片里面，如果要编辑的话首先要取消组合，然后才可以输入内容。

编辑属性：可将多个物体组合在一起，锁定物体、删除物体、把物体加入路径、清除旋转效果及水平/垂直翻转物体等。

高级设置：插入不同的物体，高级设置的内容也会相应地不同。

（8）其他

预览按钮。点击预览按钮可预览已经设定好的工程效果，如图5-18所示。

解锁所有物体。当演示文稿的多个物体被锁定时，一个个的解锁会比较烦琐，可通过“解锁所有物体”键来解锁，如图 5-18所示。

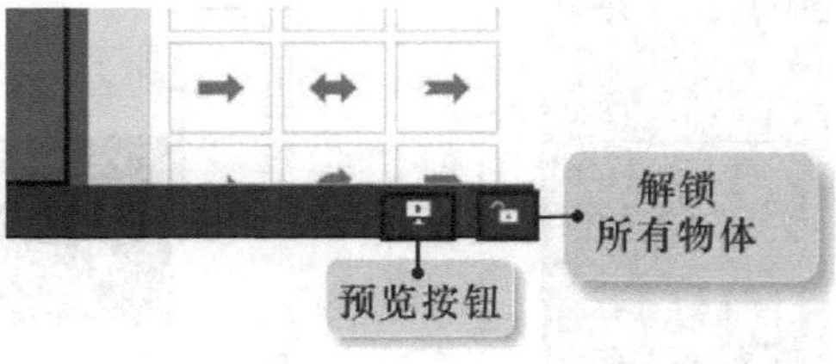

图5-18

3. **播放界面介绍**

在Focusky编辑操作界面点击预览按钮就会进入Focusky的播放界面，如图5-19所示。播放菜单中的■，返回第一帧；缩略图■，显示动画演示文档中的所有页面，一边更快地到达所需页面；自动播放■，开始或暂定自动播放动画演示文稿；上一页■，下一页■；播放进度条，显示当前已播放跟未播放的进度以及页面的缩略图，点击缩略图可跳到相应的页面。

图5-19　播放界面

（二）新建动画演示文稿

1. 选择模板创建新项目

Focusky 软件开始界面拥有许多在线模板，模板列表里已将各种模板进行分类。使用者可根据需要，直接套用模板然后填充内容，如图5-20所示。

选择一个模板点击下载模板开始编辑演示文档。

2. 新建空白项目

Focusky 软件中如果想摆脱在线模板，自己制作一个PPT，可以打开Focusky 动画演示大师，然后点击“新建空白项目”，（可先选择模板布局和背景颜色）；也可以通过点击菜单栏里“文件”再进行“新建工程”，如图5-21所示。

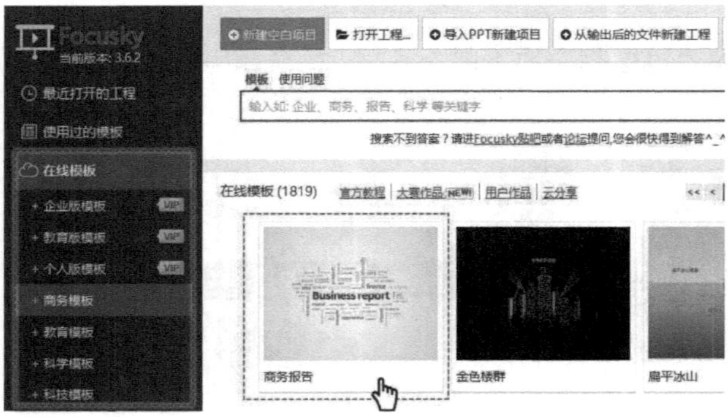

图5-20　选择模板创建新项目

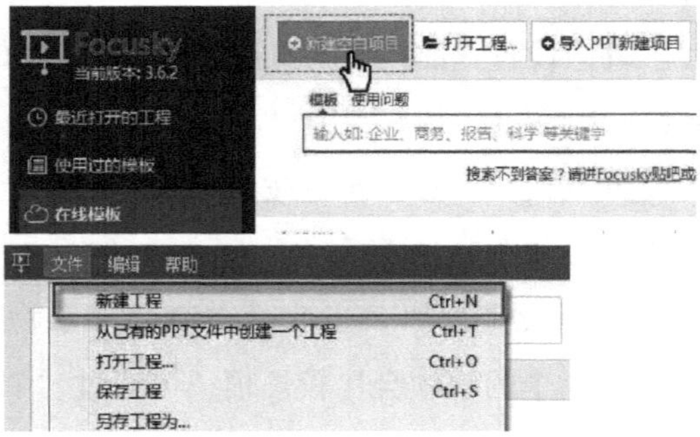

图5-21　新建空白项目

3. 导入PPT新建项目

Focusky 软件中也可以在已有的PPT文件上新建项目，如图5-22所示。

点击“导入PPT新建项目”导入一个PPT→选择页面→选择布局方式→选择模板“开始创建项目”→继续编辑。

图5–22　导入PPT新建项目

4. 保存文件

当我们要保存未做完的Focusky工程文件时，首先要重命名该工程文件，如图5–23所示。重命名后，点击右上角的“保存”，选择你需要保存的文件，再点击窗口上的“保存”，即可保存该工程文件。当我们下一次打开工程文件时，点击左上角的“文件”，打开“另存工程为……”，出现一个窗口，在里面即可找到重命名的多媒体。

图5–23　保存文件

（三）路径（镜头）操作

Focusky可以让我们自由添加、编辑和调整路径的顺序，通过设置路径的大小和角度实现3D无限缩放、旋转、移动的切换效果，让多媒体幻灯片按照我们的想法来播放，具有前所未有的视觉冲击力。下面，我们将具体介绍一下如何进行路径操作。

1. 添加路径

在Focusky软件中添加路径的方法主要有三种：

方法一，进入界面，点击左下角的“编辑路径”键。然后进入编辑路径模式，点击任何一个物体都可轻松地加入路径列表，完成后点击“完成”，如图5–24所示。

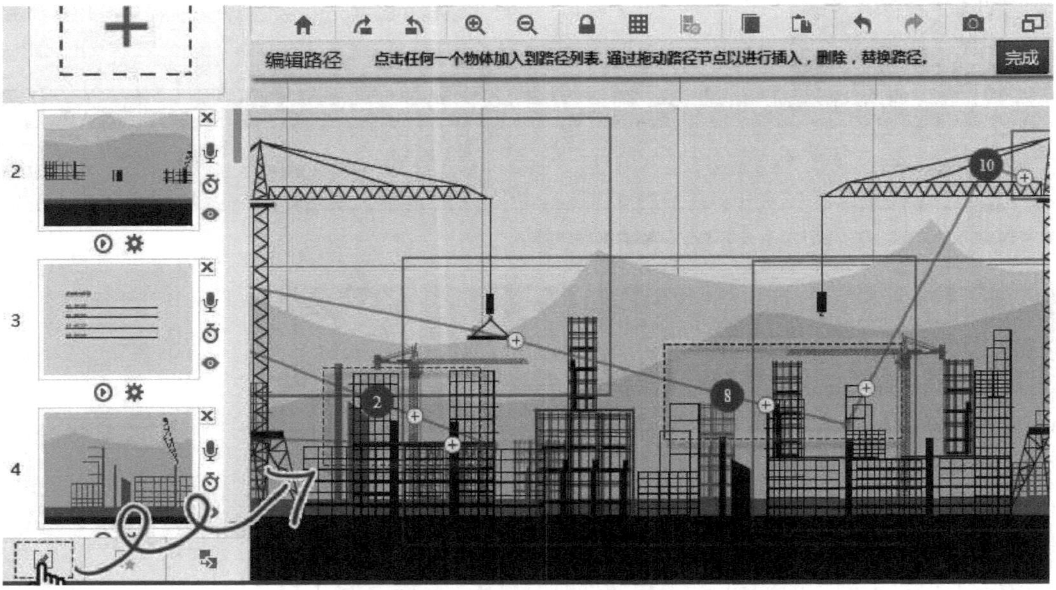

图5–24　利用“编辑路径”键添加路径

方法二，选中所需添加路径的物体，点击“添加到路径”键，即可添加成为一个新的路径，如图5–25所示。

方法三，选中所需添加路径的物体，点击右边编辑栏的+键，即可将此物体变成一个新的路径，如图5–26所示。

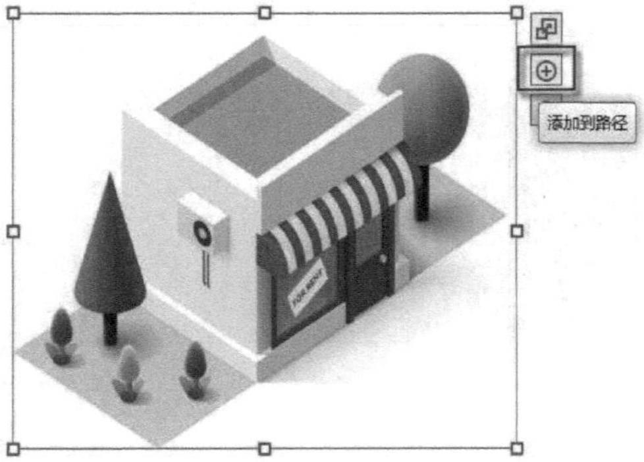

图5–25　添加路径方法二

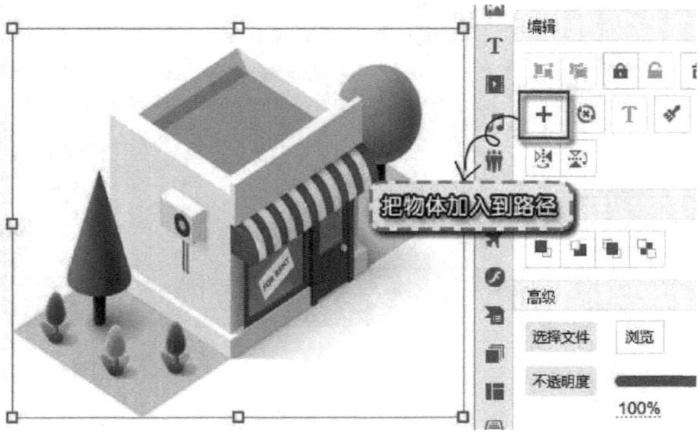

图5–26　添加路径方法三

2. 编辑路径/调整页面顺序

（1）编辑路径。在Focusky的编辑界面中，点击左下角的“编辑路径”，然后点击画布中任何一个物体加入到路径列表。通过拖动路径节点可以进行插入、删除、替换路径（镜头）如图5–27

所示。也可以直接在左边预览窗格删除或拖动幻灯片改变路径（镜头）顺序。具体操作如下：在左侧幻灯片预览窗格中，点击需要删除的路径，然后点击删除键“×”，如图5-28所示。

图5-27　编辑路径方法一

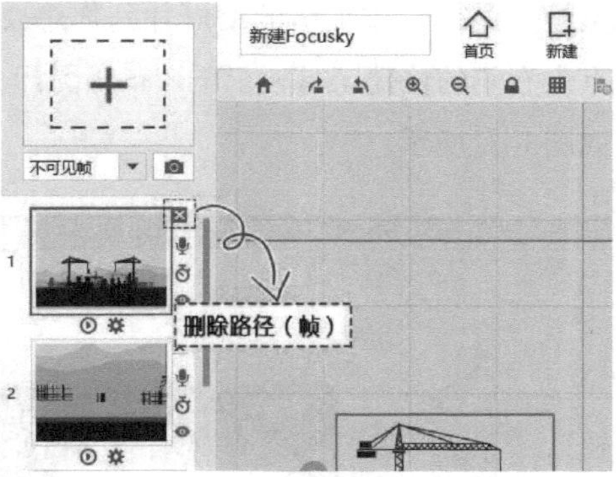

图5-28　编辑路径方法二

（2）调整页面顺序。通过“调整路径顺序，设置路径播放时间”这个按键来移动路径顺序。也可以点击幻灯片预览窗格底部的▣，进入“自定义路径”。再通过拖动幻灯片，可以达到调整幻灯片顺序的效果，最后点击“保存”，保存路径设置，如图5-29所示。

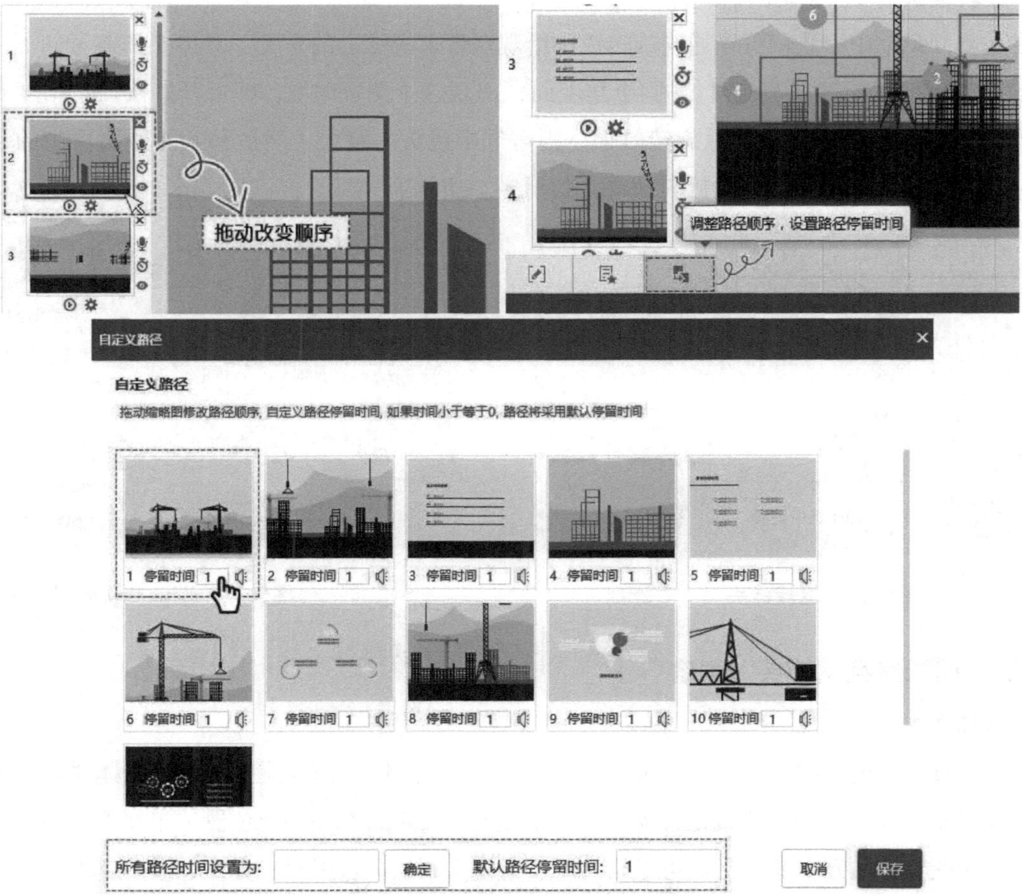

图5-29　调整页面顺序

3. 修改场景布局

如果我们想修改动画演示文稿的场景布局或添加场景，可以点击并拖动左上角的“添加不可见帧”图标，添加新的幻灯片到你想要的位置，如图5-30所示。也可以点击进入新的幻灯片，再点击右侧的快捷工具栏上的布局图标，选择布局模板，取消分组后即可在里面添加文本和图片，如图5-31所示。

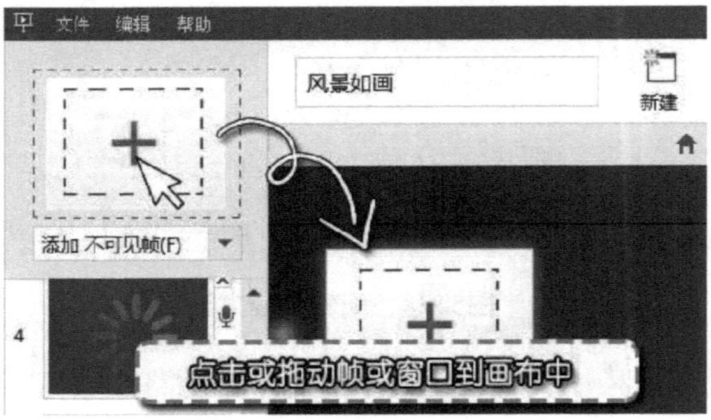

图5-30

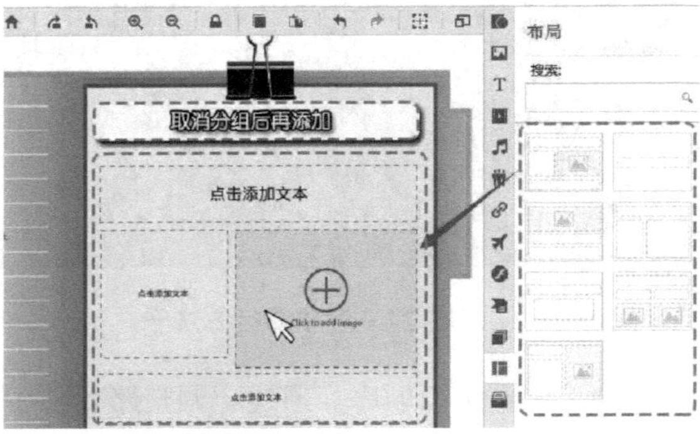

图5-31

4. 旋转镜头

在 Focusky 中，我们可以通过旋转镜头给观众带来视觉上的享受。具体操作参考如下：点击任意的镜头，把鼠标移到帧或窗口的4个角上面，出现这个图标时，即可开始按任意角度旋转镜头，如图5-32所示。如果要清除旋转效果。则需选中镜头（路径）然后移到物体属性中的编辑设置，选择图标，便可一键清除旋转效果，如图5-33所示。

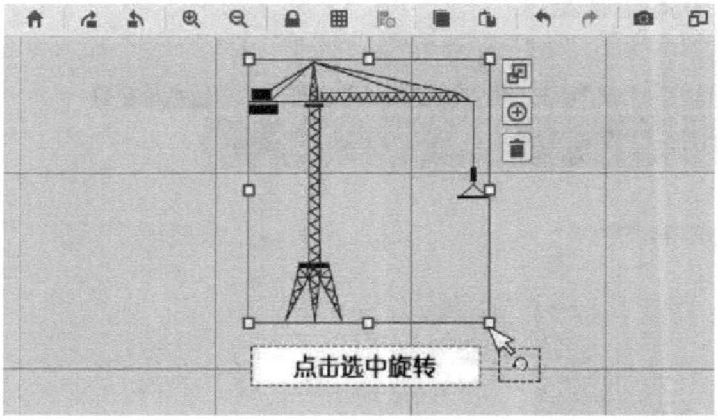

图5-32　旋转镜头

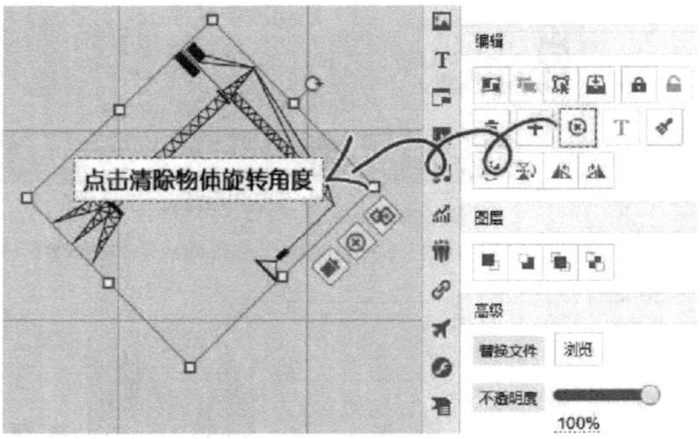

图5-33　清除旋转效果

（四）编辑路径（镜头）内容

1. 添加文本

单击工具栏上的“插入”选择“文本”，或者单击右侧快捷工具栏的“T”选择“添加文本”如图5-34所示。还有一个方法就是移动光标到路径的画布中，选中一个位置单击便可在输入框中输入文字，如图5-35所示。添加后便可编辑文本、自定义图层、选择对齐方式、添加艺术字以及自定义高级设置等。

图5-34

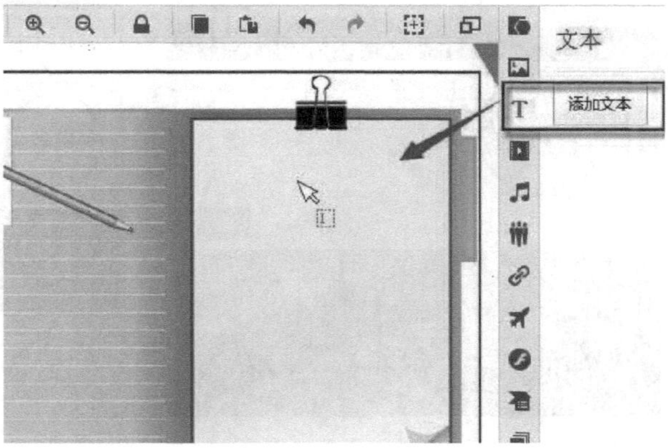

图5-35

2. 使用主题

在Focusky中，每个模板都提供了多个主题，而每个主题有着不同的风格，不同的背景颜色、字体格式、边框格式，在此演示制作软件中，您可以轻松转换主题，也可以自定义主题。

（1）选择主题。选择工具栏上的“主题”，然后在右侧工具栏中选择适合的主题，如图5-36所示。我们也可以根据自己的要求去自定义主题，点击右下角的“设置”，在“自定义主题”中进行操作。在此窗口中，可以设置整个工程的字体格式、图形格式等。设置完成后点击“确定”。如图5-37所示。

图5-36　主题模板

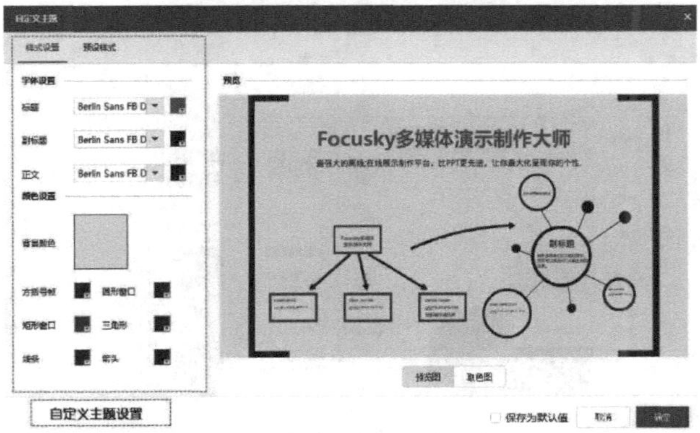

图5-37　自定义主题

（2）保存主题。如果我们点击右下角的“保存”，然后，在“保存成主题”窗口中进行主题描述。再点击“保存”。那么，属于自己的专属主题就产生了。最后点击“确定”，如图5-38所示。

（3）删除或导出主题。在右侧主题栏中，可以浏览自定义主题，并且可以删除或者导出主题，如图5-39所示。

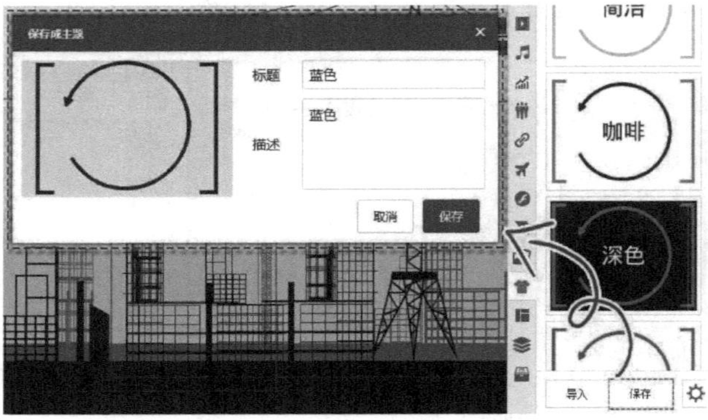

图5-38　保存主题

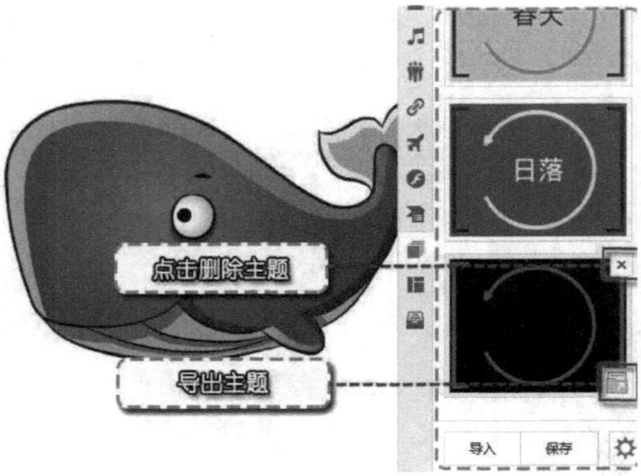

图5-39　删除或导出主题

3. 插入艺术图形

在Focusky中，有至少70种的艺术图形可供选择，艺术图形的多选择性可以让我们最短时间内做出精美的动画演示文稿。具体操作如下：首先单击工具栏上的“插入”选择“艺术图形”，或者单击右侧快捷工具栏上“添加艺术图形”图标，如图5-40所示。再在列表中，选中一个图形，单击或直接拖动到画布中即可。如果要对艺术图形进行文字和图片编辑，就要将光标移动到图形的右上角，取消组合，如图5-41所示。

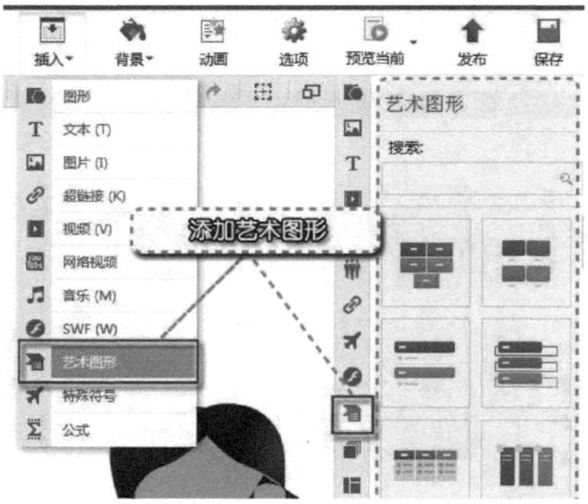

图5-40　插入艺术图形

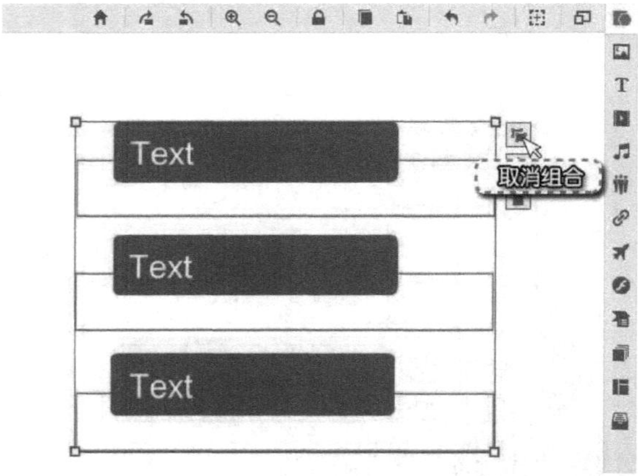

图5-41　取消组合

4. 设置动画效果

Focusky 的制作功能多种多样，我们可以添加动画效果（进入特效、退出特效、强调特效和动作路径）来满足制作动画演示文稿的各种需要。具体操作如下：

（1）点击左下角的图标，或点击菜单栏中的“动画”进入动画编辑器，如图5-42所示。

（2）选择一个路径中的任何一个物体，再点击右边栏中的“添加动画”进入动画效果选择窗口。再为所选路径中的物体添加进入特效、强调特效、退出特效和动作路径（注意：把鼠标放在动画图标上面便可预览动画效果）选择一个路径，点击右边“添加动画”，进入动画效果窗口，为路径选择动画效果，如图5-43所示。

（3）添加特效后，便可自定义特效设置。比如说点击播放特效还是上一个一起播放特效，预览、更改动画效果，以及动画设置，如图5–44所示。

（4）可拖动列表中的动画效果来改变动画播放顺序，或选中一个动画效果，点击底部的上下按钮来改变动画顺序，如图5–45所示。为了便于编辑动画效果，可隐藏物体图层。在动画编辑器中，也可继续添加物体然后再添加动画效果。

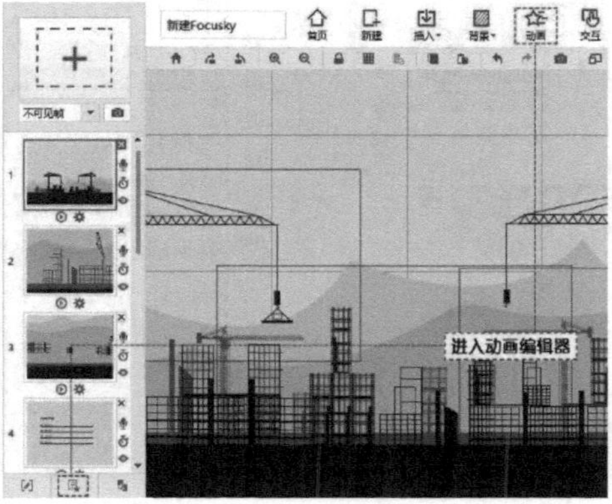

图5–42

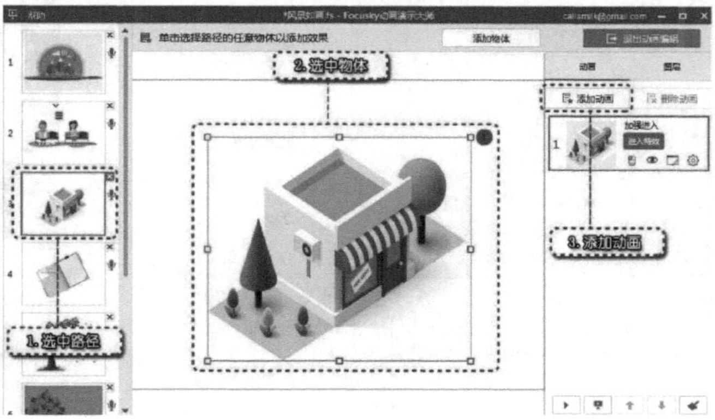

图5–43

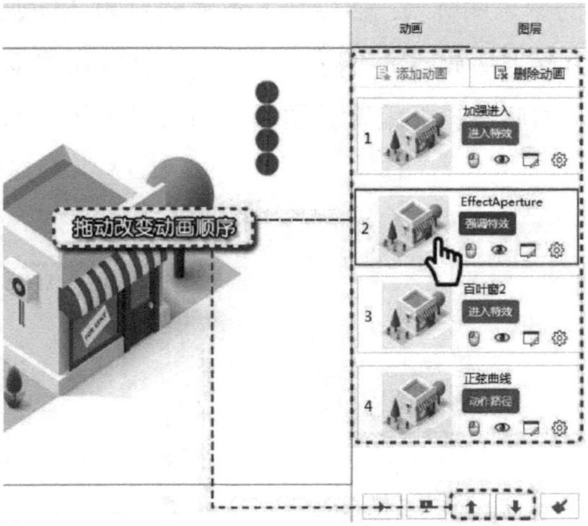

图5–44

图5–45

5. 插入本地视频、网络视频、录制屏幕

Focusky动画演示大师可以插入本地视频、网络视频和录制屏幕，让我们的动画演示文稿更“有声有色”。目前网络视频暂时只支持YouTube与Vimeo视频。如何插入视频素材具体操作如下：

（1）点击菜单栏中的“插入”，从下拉菜单中选择视频/网络视频/屏幕录制。或者从快捷菜单栏中找到图标▣，选择“添加本地视频”或是复制粘贴网络视频链接到框中再点击“添加”，如图5–46所示。

（2）然后便可调整插入的视频大小以及位置。也可以设置视频的播放动作、停止动作、透明度等，如图5-47所示。

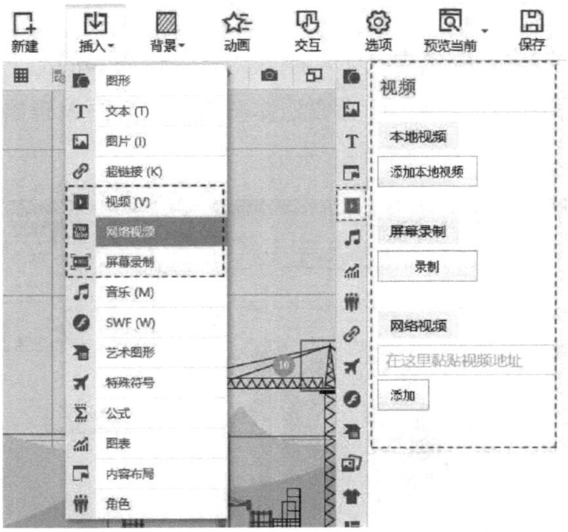

图5-46

图5-47

6. 插入音乐

在Focusky中插入音乐，需点击右侧快捷工具栏中的音乐图标♬，然后导入本地的音频文件或直接添加软件自带音乐。添加之后会在画布中出现一个音乐播放器的图标，接着便可继续调整播放器的位置与大小，如图5-48所示。也可以自定义音乐的属性，如编辑、图层、高级设置等，如图5-49所示。

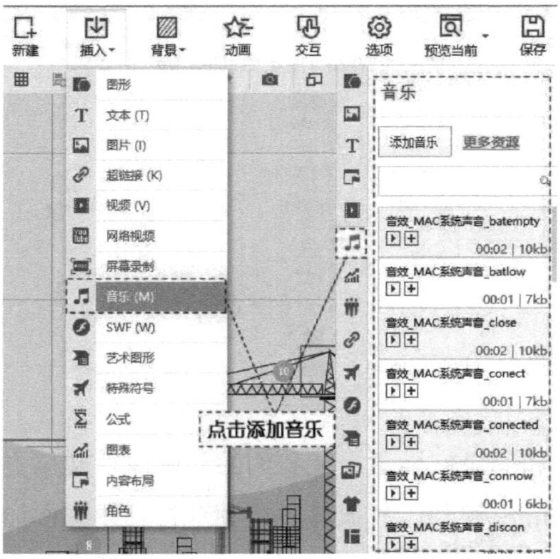

图5-48　添加音乐

图5-49　自定义音乐播放器设置

7. 添加Flash动画

Focusky不仅能插入图片，还能添加Flash动画，让我们的动画演示变得更加生动有趣，吸引观众的注意力。但是如果希望自己的演示文稿能更顺畅地展示的话，建议是少用大文件的Flash动画。添加Flash动画的具体操作如下：首先点击右边快捷工具栏上的SWF图标，在弹出的窗口里选择要插入的Flash动画，如图5-50所示。然后插入SWF素材后，便可继续设置Flash动画的透明度、大小、旋转、图层以及其他高级设置等，如图5-51所示。

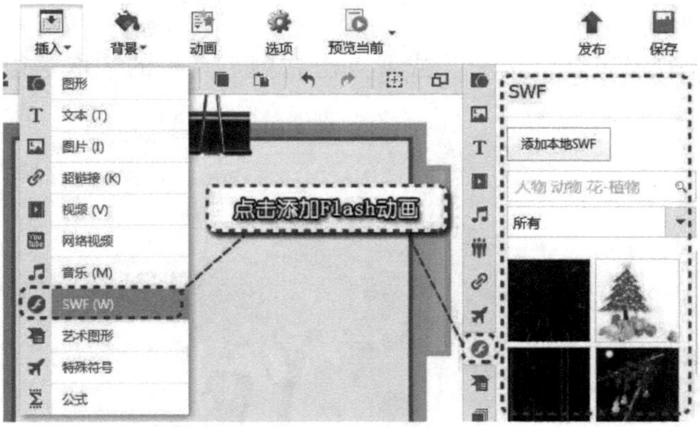

图5-50　添加Flash 动画

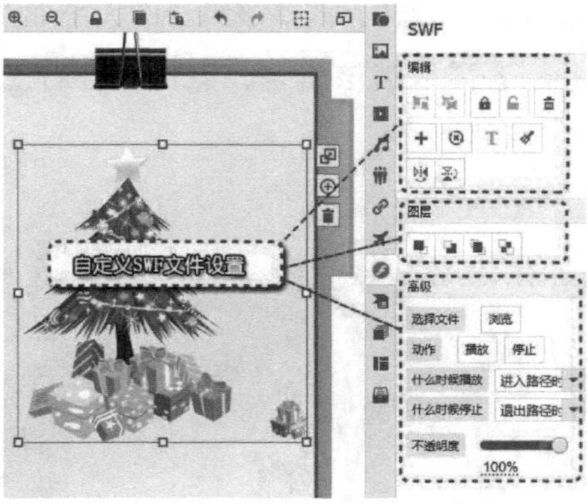

图5-51　Flash 文件设置

8. 添加*.FLV 或*.MP4视频背景

Focusky动画演示大师可以自由添加flash video或MP4视频背景，让幻灯片演示更加栩栩如生。首先从菜单栏中找到“背景”，选择图片背景，再点击“选择文件”导入视频背景。如果不再需要这个视频背景，直接点击“删除物体”即可，如图5-52所示。

9. 添加背景音乐

当编辑完动画演示文稿时，点击菜单栏中的选项，选择“展示设置”，再看到“背景音乐”设置，如图5-53所示。我们可以通过点击“添加音乐”添加一个或多个背景音乐，然后选择是否循环播放背景音乐，当媒体播放时，是否调小背景音乐。还可自定义背景音乐的音量，最后点击“保存”即可。

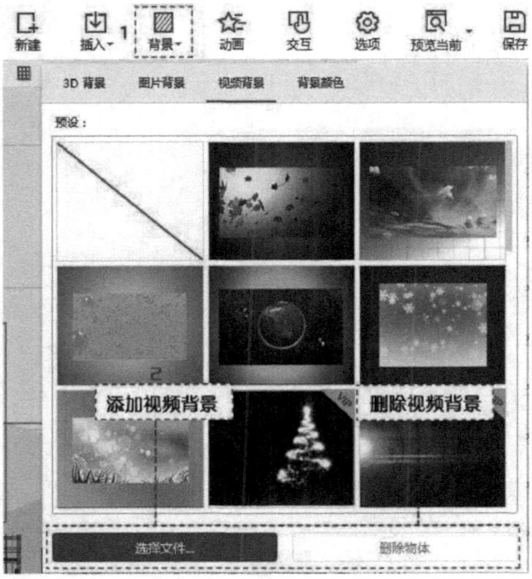

图5-52　添加视频背景

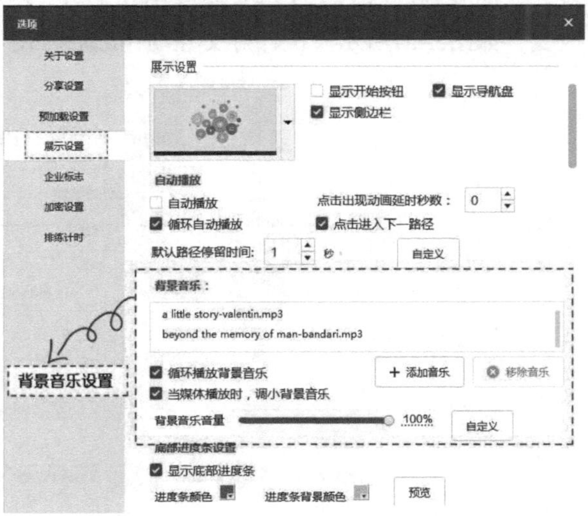

图5-53　背景音乐设置

10. 物体组合

Focusky动画演示大师中，可以对多个不同的物体进行组合或者取消组合。具体操作如下：按住“Shift”键，在画布中选中或框选多个物体，点击进行组合如图5–54所示。组合完成后便可任意拖动、旋转，调整该组合的大小如图5–55所示。

若需取消该组合，点击组合右上角的“取消组合”按钮。或者点击右侧工具栏的“取消组合”按钮。

图5–54　物体组合

图5–55　拖动、旋转组合

11. 交互效果

Focusky动画演示大师中，交互就是通过添加鼠标动作到操作对象（比如说物体A），然后引发另外一个触发对象（物体 A 或其他任意物体）发生触发行为（比如属性，动画等）改变。

进入交互模式，选择一帧，然后选中任一物体，比如文本文字“添加标题1”，接着再点击“增加交互”如图5–56所示；接着就可以自定义鼠标操作，触发对象以及触发行为。简单说起来就是：你希望通过鼠标单击还是双击等（鼠标操作）来让树（触发对象）发生相应的改变（触发行为）。然后我们的例子中是：通过鼠标单击“添加标题1”，让树的属性（即是大小与位置）发生改变，如图5–57所示。设计好交互动作之后，便可预览交互效果。

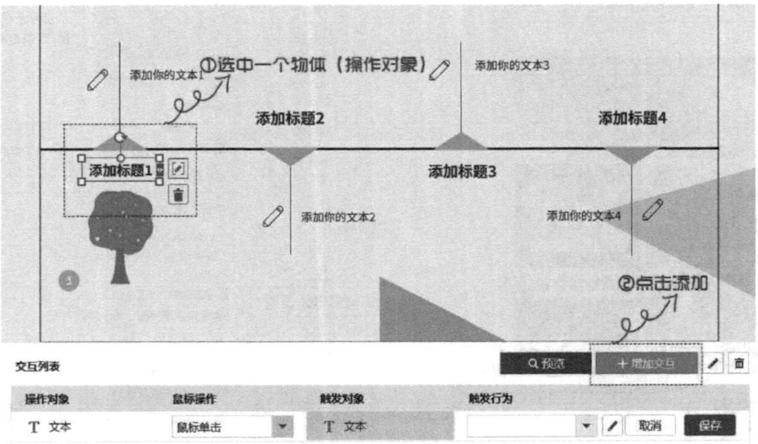

图5–56　增加交互

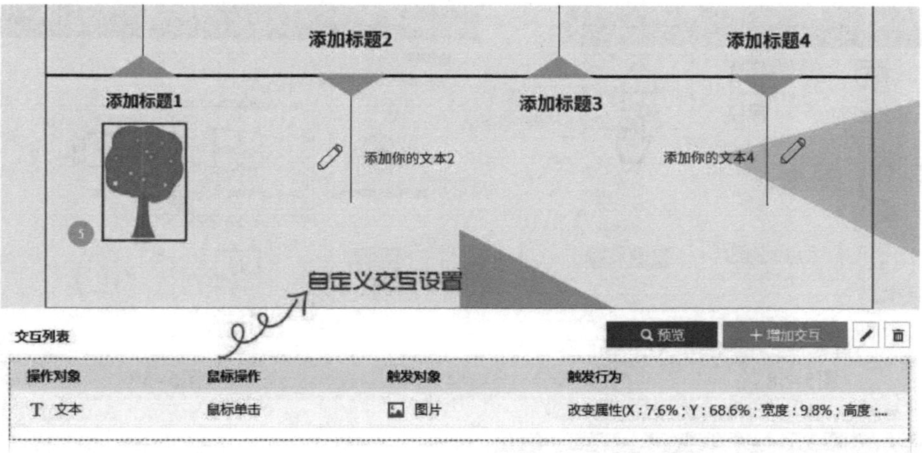

图5–57　交互设置

（五）发布输出文件

Focusky动画演示大师能满足用户输出多种格式的动画演示文件的需求，包括网页、视频、应用程序，以及压缩文件。

输出云：直接上传到云服务器，生成在线链接直接分享；

EXE 格式：用于 Windows 电脑本地浏览；

MP4 格式：用于本地浏览以及上传到视频网站；

Flash 网页格式：用于上传或潜入网页；

HTML5 网页：用于移动设备上浏览时有最佳的展示效果；

App 格式：用于苹果电脑本地浏览；

压缩文件 ZIP 格式：用于邮件发送；

输出 PDF 文件：便于打印以及邮件分享。

接下来，我们就详细介绍如何输出HTML / MP4 / EXE / App/ ZIP 等动画演示文件格式。首先，当编辑完动画演示文稿后，点击菜单栏中的“输出”后就会跳到输出类型窗口，如图5–58所示。到输出类型窗口之后，有 8种输出类型供选择，选择其中一种，然后点击“下一步”，如图5–59所示。选择输出文件的保存路径，自定义输出文件标题，还可以自定义分享设置，关于设置、展示设置等，如图5–60所示。最后点击“输出”，便可输出你所选的相应的格式，如图5–61所示。

图5-58

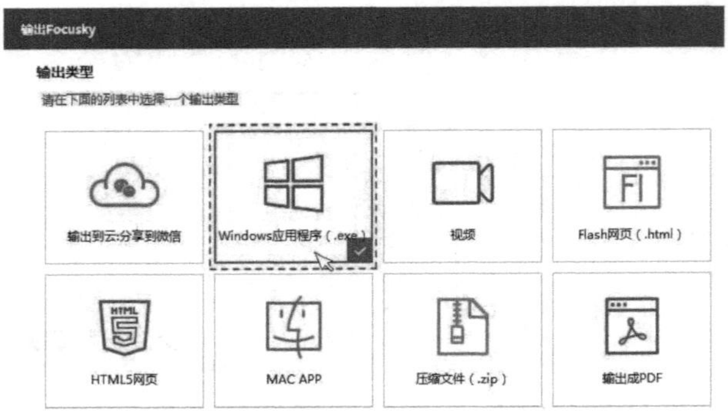

图5-59

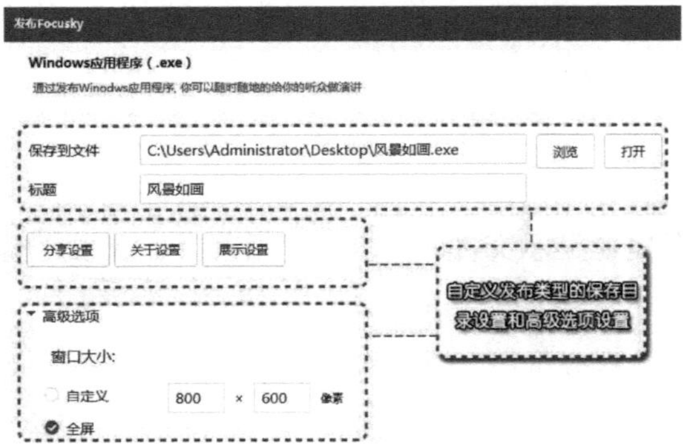

图5-60

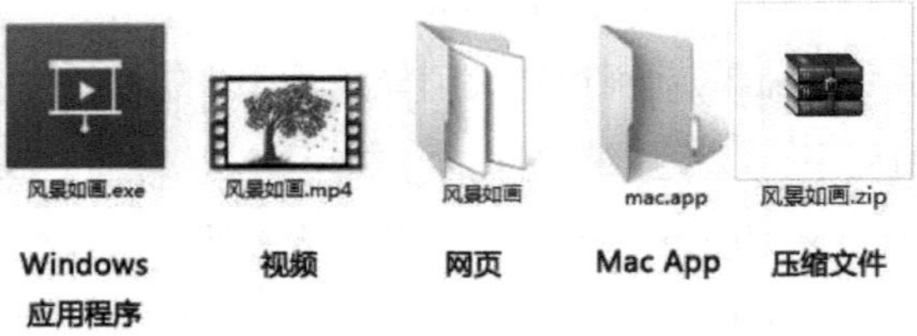

图5-61

三、Focusky微课制作实例

微课是基于教学设计思想，使用多媒体技术在五分钟以内就一个知识点进行针对性讲解的一段视音频。微课是课堂教学的有效补充形式，它不仅适合于移动学习时代知识的传播，也适合学习者个性化、深度学习的需求。课件的制作是整个微课制作过程中非常重要的一部分。下面我们将从制作人的角度，以微课作品《隐于无形——解构家居动线设计》为例，结合Focusky的一些特色功能来介绍微课制作的有关技巧，多角度地应用Focusky功能所带来的视觉效果，从而让微课视频更具有观赏性，实现教学意义。

（一）微课设计的原则

微课教学设计的三个通用原则是价值性原则、激发性原则和由浅入深原则。

1. 价值性原则

微课设计首先满足的第一个条件就是要有用，值得去学。如果制作的微课毫无用处，学与不学根本没有区别，学了反倒浪费时间。只有微课视频有用，才值得学生花时间去看。所以我们制作微课时，主要针对此次课的重点、难点、疑点、易错点等来讲解，做到解答疑惑，真正地实现价值所在。

2. **激发性原则**

只有足够吸引人的微课才能使学生反复观看。我们在微课制作时，可以从表达方式风趣幽默、创设教学情境、提出思考性问题这几个方面进行考虑。诙谐幽默的语气可以让学习更加轻松，会让说教更舒服；情境，会唤起人的共鸣；问题，能抓住人的注意力。很多情况是将这3种方式结合使用。

3. **由浅入深原则**

微课是区别于传统课堂的一种教学资源，同学们在学习微课的时候，通常是在没有老师指导的情况下进行的。因此，微课要容易学才会发挥其效果。教师可花费心思将微课内容设计得由浅入深，有助于解决好易学这一问题。

（二）微课设计的实例

1. **微课选题及前期构思**

微课的选题是微课制作最关键的一环，在上一章节已经提及微课选题的注意事项，在此就不在复述。《隐于无形——解构家居动线设计》（如图5-62所示）是《家居空间设计》这门专业核心课程中必须掌握的内容，微课选题及前期构思如下表所示。

微课名称	隐于无形——解构家居动线设计
课程类别	公共基础，专业技能
主要制作软件	Focusky软件
微课来源	学科：建筑室内设计　　课程：《家居空间设计》（专业核心课）
微课描述	教学目标：让学生通过微视频的学习，能够清楚什么是动线，动线的分类及设计原则，并能在家居设计项目实践中，根据项目的实际情况，运用动线知识组织与划分空间，设计出合理的平面布局方案 教学内容：家居动线设计 1. 动线的概念 2. 家居动线的分类 3. 家居动线的布置原则 技能点：动线设计的知识点如何在家居设计中合理运用 难　点：家居动线的布置原则及运用 考　点：在室内设计项目任务的设计应用中，能根据项目的实际情况，运用动线知识，合理组织与划分空间
适用对象	建筑室内设计、美术、艺术设计等相关专业的高职学生

续表

设计思路	本次教学内容选取理论基础篇·室内空间划分与组织模块中平面布局之动线设计。它是室内设计最基础最精髓的一步，也是对于初学者而言最难的一步，一般需要对理论知识进行系统学习，掌握平面布局的一般规律后通过项目案例实践，锻炼学生对空间的组织与划分能力 本次微课内容“动线设计”知识始终贯穿这一教学模块，是该模块教学重点之一。本微课从高职学生的学习特点出发，将教材中关于动线设计的内容进行了归纳梳理，并收集和自主制作了与内容密切相关的图像，主要采取图像、案例对比的手法，使相对难以理解的文字视觉化、形象化。通过直观的项目案例讲解，将理论知识点与实际应用紧密结合，有效提升学生对知识点的学习兴趣和理解能力。最后自创设计思路“顺口溜”，突出人文性，达到最佳教学效果

图5–62

2. **教学过程设计**

通过前期教学目标制定、学习者分析、内容需求分析、教学媒体选择等方面构思后，我们将进行具体的教学过程设计。《隐于无形——解构家居动线设计》教学过程设计紧紧围绕“在最短的时间内讲清楚、讲透彻‘动线’这个知识点，让学生按自己的学习进度在最短的时间里掌握这个知识点”的微课设计制作理念，以教学目标为切入点，选择精炼、科学、严谨的教学内容，从而有效地提高微课教学效率。具体教学过程见下表：

教学过程设计
一、引入 用小动画引出动线，意在引起学生对本次微课的重视和激发学习兴趣。 **二、提问** 何为动线? 动线，是建筑与室内设计的用语之一，是指人在室内因为不同目的移动而产生的位移点，连在一起就形成了不同的动线。简而言之，就是人在家里行动做事所常走的路线。 **三、动线知识点** 1. 动线的重要性 2. 家居动线的分类 3. 家居动线的布置原则 **四、知识点深入讲解** 在详细讲解知识要点的过程中，主要采取将色彩图像、案例图片进行对比的手法，使相对难以理解的文字视觉化、形象化。由于授课对象为建筑室内设计专业的学生，本微课选取室内设计项目案例进行知识点拓展，将理论知识点与实际应用紧密结合，有利于学生理解和加深对知识点的印象。 用打比方的方式说出动线设计的重要性，利用项目实例和3D漫游空间实景来讲解动线“三条家居动线避免交叉”的原则，通过一个小练习来启发学生理解动线与功能布局的关系。 **五、总结拓展** 1. 通过顺口溜的形式对本次微课进行总结： 动线设计要简洁，顺字如天是秘诀，堵是大忌不能学，动静分区规划好，避免交叉最妥帖。 2. 拓展提升 学生进行具体项目实践，培养学生能合理运用动线进行空间组织与划分的能力。

3. **脚本设计**

微课脚本的语言和表达方式必须基于课程。想要设计一个好的微课脚本可以参考以下流程：片头→导入→过程→总结→片尾。大家也可根据实际情况进行适当的增减。《隐于无形——解构家居动线设计》微课脚本设计见下表：

案例微课脚本设计			
结构	内容	画面	时间
片头	微课相关信息：（学校、主题 、主讲人）	选择与微课匹配的主题背景；播出微课名称、主讲教师姓名、单位等信息（合适的背景音乐）	5～10秒
导入	**情景导入：** 早上买菜回家，推开家门就能把湿哒哒的鱼袋子搁到厨房，完全不会把水滴在地板上，周末清洗衣物，拉开洗衣机的门就能直接晾晒，不用再端盆提桶穿过整个客厅…… 听起来是不是特别美好？其实只要动线设计得合理，一切皆有可能。本期家居微课堂就来讲讲家居动线设计	**动画场景导入：** 家庭主妇角色买菜入厨房场景、日常洗衣、晾衣服场景等； 教师角色展示“动线设计”主题	20～40秒
过程	**什么是动线？** 动线，是建筑与室内设计的用语之一，是指人在室内因为不同目的移动而产生的位移点，连在一起就形成了不同的动线。简而言之，就是人在家里行动做事所常走的路线！ 我们买菜回家，从入户换鞋后到厨房把菜放下。这一连串的动作位移就是一条动线。晚上十点，我们走进卧室，洗漱完毕后躺在床上睡觉，这一连串动作的位移也是一条动线	教师角色讲述动线设计的概念（概念出字幕） 3D家居鸟瞰图，用动态线条演示：入户换鞋→厨房的动线；走进卧室洗漱→床上的动线	40秒
	动线的重要性 我们在空间中的这些行为，看似随意，却因为目的不同，被这根“无形的绳索”在影响着。有人打这么一个比方：如果将房子比作一个人，那么动线则是体内的血管，每处都必须保持通畅。这可见动线设计非常重要	反思人物的角色，房子图片、人体内血管图等图展示	20秒
	动线的分类及原则 那我们在设计中如何合理布置动线？ 动线，有主动线和次动线之分。主动线连接所有功能区。次动线则是各功能区内部活动的路线。这张平面图中，红色的就是主动线，蓝色的是次动线。 一般住宅的动线可以分为访客动线、起居动线、家务动线三种。这三条线不能交叉，这是住宅动线关系的基本原则。如果三条线交叉，会使户型空间功能混乱，动静不分，有限的空间会被零散分割。不仅住宅面积会被浪费，家居的布置也会受到极大的限制。所以，三种动线在涉及区域和设计要点方面都有所不同	**提问，那我们如何合理布置动线？** 思维导图演示主动性和次动线之分，并用图片示意。在3D家居鸟瞰图中标识访客动线、起居动线、家务动线。 字幕：避免三条线交叉的原则	1分钟

续表

结构	内容	画面	时间
过程	**具体讲解访客、起居、家务三种动线：** 访客动线就是客人在家中的主要活动路线，应与私密空间保持距离。访客动线主要涉及领域有客厅、餐厅、公共卫生间。设计上要考虑公共领域动线的流畅性以及不影响家人休息。应注意考虑的一点是，要避免客人与家人之间的休息空间产生冲突，保证访客动线与家人私密空间之间保持一定的距离。 客厅周边的门是保证流线合理的关键，客厅里的门不应超过3扇，再以动线作为功能分区的分隔线划分出主人的接待区和休息区。 家人动线又称起居动线，是家庭成员日常生活在住宅中走动的路线，应保证私密性。它涉及的领域有客厅、卧室、餐厅、书房、卫生间等，这条户型动线串联的居室空间是更具有独立性，应保证他们的私密性。 舒适的卧室应该是自由且不凌乱的，而安置好床和衣柜这两样卧室大件，房间的动线及空间立刻就会有焕然一新的感觉。 家务动线就是在住宅中进行家务活动时的活动线路，应尽量简单化、人性化。主要是做饭、打扫卫生、洗衣服、晾衣服等日常家务涉及的区域。因此家务动线是三条动线中最短的。为了能提高生活效率和便利性，应根据个人做家务的习惯和家务本身特点合理安排家务动线，尽可能保证动线的简单化。因此家务动线是三条动线中最短的	利用动画画布移动突出访客动线设计要领应与私密空间保持距离（字幕：访客动线主要涉及领域有客厅、餐厅、公共卫生间），访客空间720全景展示。 利用动画场景突出家人动线设计要领，保证私密性（字幕：该领域有客厅、卧室、餐厅、书房、卫生间等），家人动线720全景展示。 利用动画画布移动分别突出家务动线设计要领简单化、人性化（字幕：主要是做饭、打扫卫生、洗衣服、晾衣服等日常家务涉及的区域）	1分30秒
	举例说动线与功能布局的关系 接下来，我们看看这张小户型平面图，思考一下空间里的动线是否合理? 通过观察我们发现这个小户型的家务动线太长，和餐厅之间离得较远，使得家务活动不方便。出现这种情况时，我们可以改变门的位置，缩短家务动线，来达到优化动线的效果。 动线是空间规划的依据，我们在安排动线时：一是要满足视觉心理；二是要满足实用性	平面布置图展示，思考空间里的动线是否合理，绘制原动线及修改以后的动线。 3D家居图（一是要满足视觉心理；二是要满足实用性），出字幕	30秒
总结	**回顾总结** 好了，住宅空间动线设计的知识就讲到这里，最后用一段顺口溜来总结动线设计的要点：动线设计要简洁，顺字如天是秘诀，堵是大忌不能学，动静分区规划好，避免交叉最妥帖！ 希望同学们能牢记这段顺口溜，在今后的设计中，能合理运用动线进行空间组织与规划	**教师角色黑板上展示“动线设计顺口溜”：** 动线设计要简洁， 顺字如天是秘诀， 堵是大忌不能学， 动静分区规划好， 避免交叉最妥帖！	40秒
片尾	单位信息，致谢	单位信息，版权标注	5秒

4. 准备素材

设计好脚本后，我们就可以开始准备微课素材。素材的类型一般有图片、音频、视频、文字等，我们可以通过网络下载也可以自己拍照、拍摄后制作加工。在 Focusky 中，有着非常多的微课素材供我们选择使用。

5. 视频制作

《隐于无形——解构家居动线设计》为讲授类型的微课。这里采用演示软件+录屏软件的方式制作，利用Focusky软件进行课程内容动画展示，Camtasia Studio记录展示过程。

主要具体操作如下：

（1）制作课件。

①打开 Focusky 动画演示大师选择空白项目进行教学课件自行创作。

②进入Focusky 的编辑操作界面，根据脚本思路添加路径，如图5-63所示。

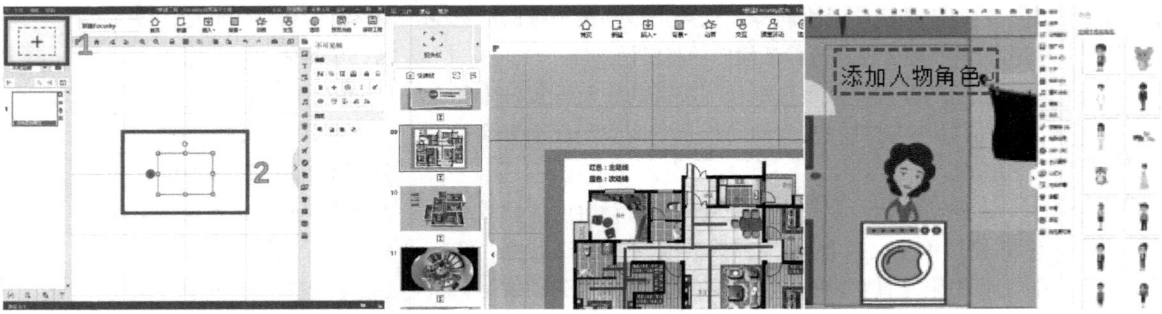

图5-63　添加路径

③路径的画布里，添加要表达的素材内容，并编辑修改，如图5-64所示。

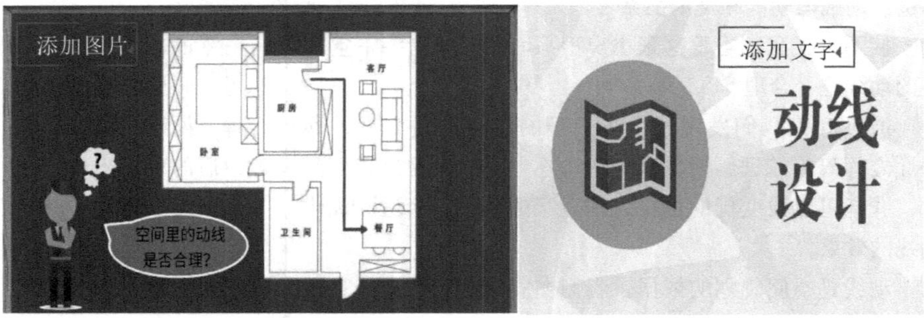

图5-64　添加、编辑各种素材

④教学内容制作完毕以后，可以调节路径的隐藏与否、窗口的停留时间，以及对备注的设置等，在微课视频内容的基本编辑中，必须记得保存。如图5-65所示。

图5-65　调节路径与时间设置

⑤如果所制作的路径动画时间都预设完毕，可直接输出成视频文件，如图5-66所示。由于《隐于无形——解构家居动线设计》动画演示文稿内容丰富，路径帧多，每一帧都预设时间，会增加工作量。在此选择录屏时手动控制动画播放。

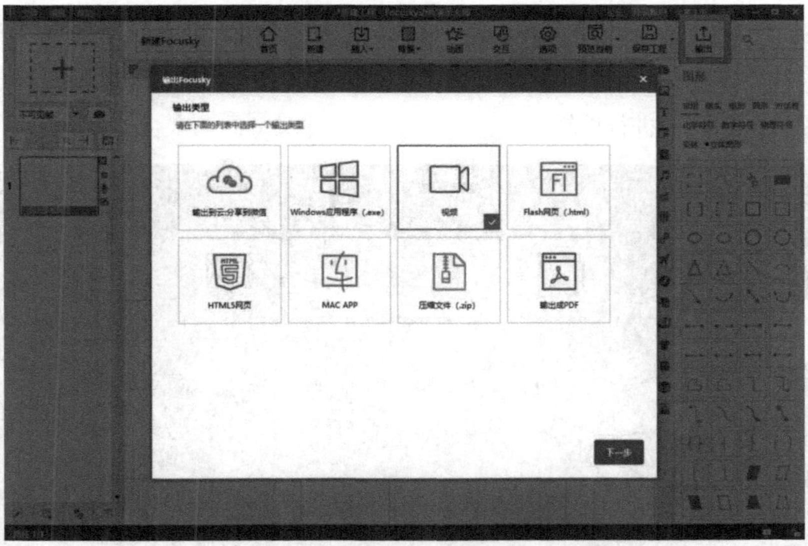

图5-66　输出其他类型文件选择

（2）录制课件。

录制课件利用Camtasia Studio对Focusky动画演示文稿进行录制。制作完成课件之后，将课件插入“Camtasia Studio”中，设置好录音功能，边演示课件，边根据详细脚本设计表进行录制并配音。具体操作在上一章节的案例中已提及，在此不再重复。

录制时应把握节奏，语速不用刻意放慢，使用标准普通话，语言清晰流畅。如图5-67所示。展示的是在“Camtasia Studio”中录制课件的场景。

图5-67　Camtasia Studio中录屏

（3）剪辑视频。

在录制视频的过程中，免不了会多录制一些不需要的画面，也会出现些小差错。为了使微课视频更加完美，我们需要在后期对录制的视频源文件进行剪辑和优化。图5-68是对《隐于无形——解构家居动线设计》的视频进行剪辑。

图5-68　Camtasia Studio视频剪辑

（4）生成视频。

视频制作完成后，最后将视频导出，生成MP4格式的视频文件。图5-69、5-70显示的是在“Camtasia Studio”中导出微课视频的画面。制作过程中，我们可按“Ctrl + S”键，保存项目源文件，方便修改视频时使用。

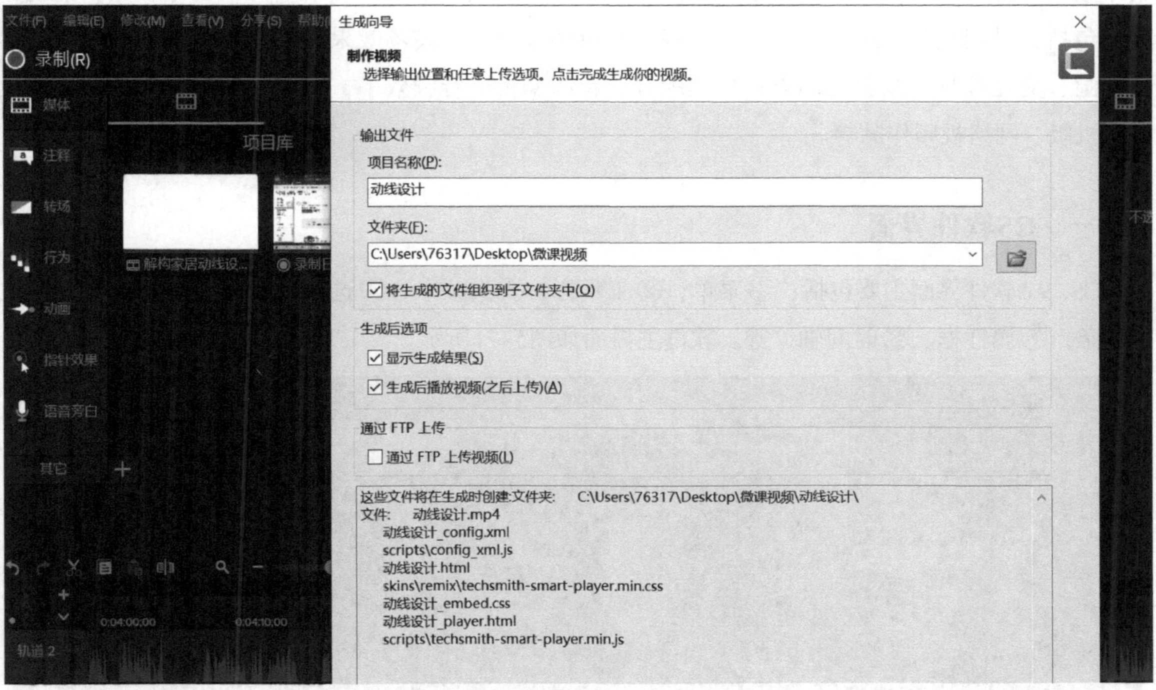

图5-69　输出视频文件

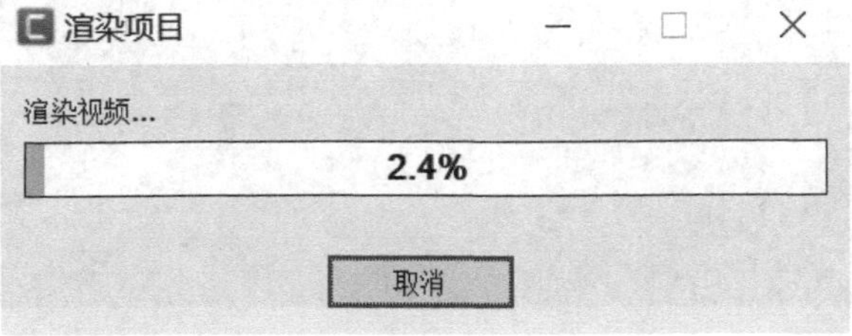

图5-70　渲染视频文件

（5）播放视频。

渲染完成后，便可利用视频播放器观看生成的微课视频。

第三节 Camtasia Studio使用与实例

当前，微课开发软件层出不穷，功能各异。Camtasia Studio(汉化版，下文简称CS) 9.1是一款制作微课非常好的软件，它功能强大、操作简单，广泛应用于教学、培训、销售等领域。其主要功能包括：录制视频、编辑视频素材；视频素材特效处理、转场效果、注释、指针效果等；制作画中画、交互视频、测验与调查；视频配音、音频编辑、音频效果，以及音、画、字幕同步；生成单机版、网络视频作品等。

一、CS软件界面

CS 9.1软件界面主要包括：①菜单，②工具栏，③选项卡，④选项卡列表，⑤画布，⑥播放控制条，⑦属性框，⑧时间轴，等。软件主界面如图5-71所示。

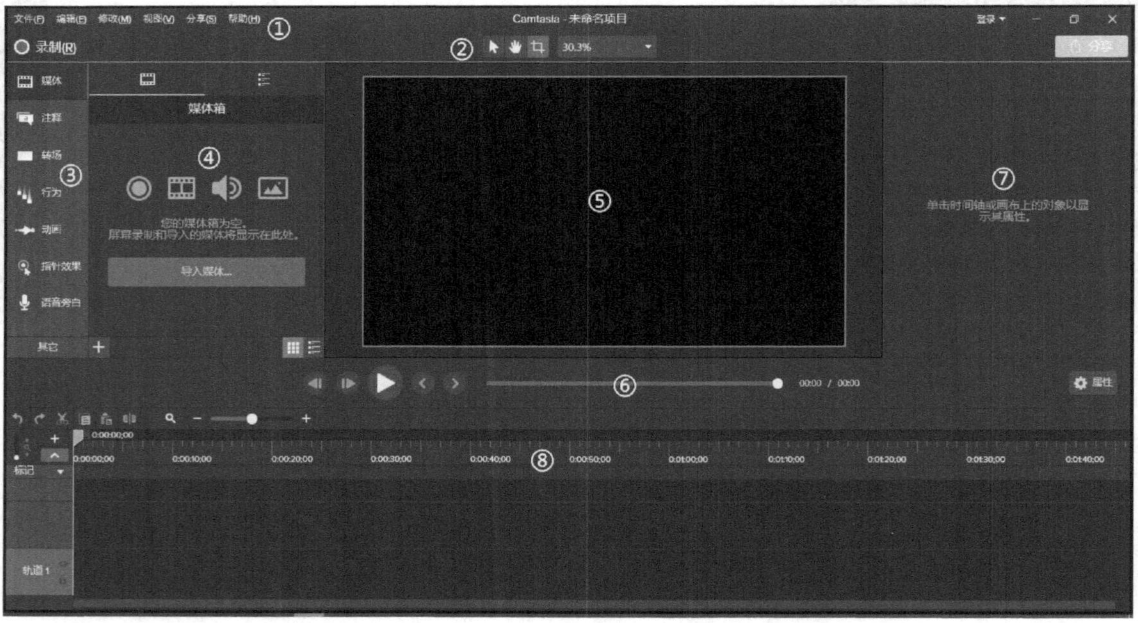

图5-71 CS 9.1 软件主界面

（一）菜单

菜单包括文件、编辑、修改、视图、分享和帮助6个菜单项。

文件菜单包括的命令主要是对项目管理、项目保存、项目设置、登录官网、新建录制、导入媒体、库资源的导入导出项目等进行操作，如图5-72所示。

（二）工具栏

工具栏为图5-71所标出的②条形区域，工具栏包括的按钮有录制、编辑、平移、裁剪、画布选项和分享。单击“录制”按钮，将打开CS软件的录像机；单击“编辑”按钮，把鼠标移动到画布上可对选定的对象进行编辑；单击“裁剪”按钮，可对视频画幅进行裁剪；单击“画布选项”右侧的下拉按钮，打开下拉列表框选项，可选择的项目包括适合窗口、25%、70%、100%、200%、300%、分离画布、项目设置等单击“分享”按钮会打开“分享”菜单，菜单包含本地文件、Screencast.com、Vimeo、YouTube、Google Drive、自定义生成（新建自定义生成、添加/编辑预设）菜单项。

（三）选项卡

选项卡为图5-71所标出的③竖条形区域，如图5-73所示。选项卡包含媒体、注释、转场、行为、动画、指针效果、语音旁白、音频效果、视觉效果、交互式功能和字幕。

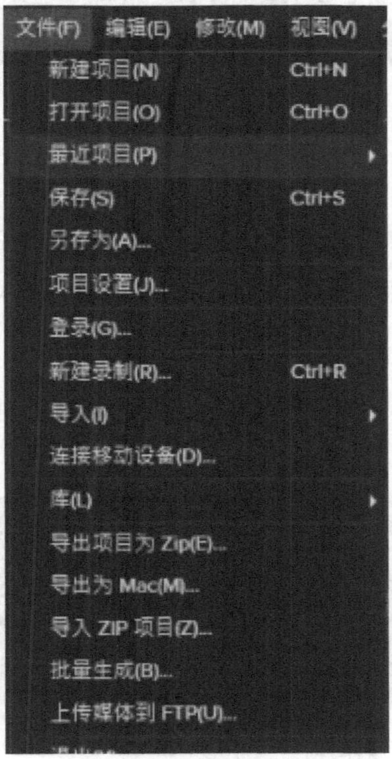

图5-72 文件菜单

图5-73 选项卡

（四）选项卡列表

选项卡列表为图5-71所标出的④矩形区域。不同选项卡所包含的内容不同，单击某一选项卡，则在选项卡的右侧显示相应的选项卡列表。例如：单击“转场”选项卡，其选项卡如图5-74所示。

（五）画布与播放控制条

画布与播放控制条为图5-71所标出的⑤矩形，⑥条形区域。画布用来摆放各种媒体对象、编辑对象，播放控制条上有上一帧、下一帧、播放、上一个媒体、下一个媒体、播放条和属性按钮，通过这些按钮可以控制媒体的播放，如图5-75所示。

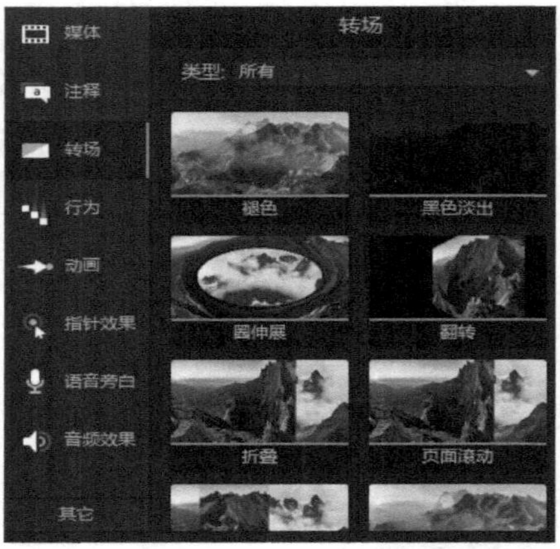

图5-74　选项卡列表

图5-75　画布与播放控制条

（六）属性框

属性框为图5-71所标出的⑦矩形区域。属性框用来设置选定对象的属性，选择不同的对象，属性框中的内容不同。单击播放控制条上的“属性”按钮可切换属性框的打开或关闭状态。

（七）时间轴

时间轴为图5-71所标出的⑧矩形区域。时间轴包含工具栏、标尺、轨道等内容，它们相互配合使用，可实现所有媒体对象的编辑功能，如图5-76所示。

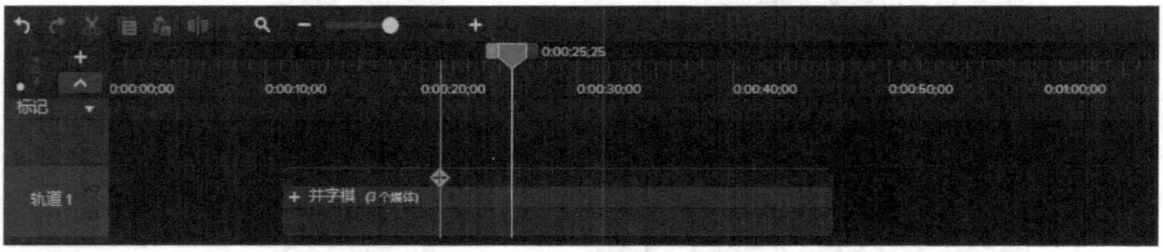

图5-76　时间轴

二、录制视频

录制视频是CS软件的重要功能之一，主要包括录制屏幕、摄像头录制视频和录制PPT 3部分功能。录制屏幕和摄像头录制视频均使用CS软件自带的录像机完成。使用录像机之前需要对录像机的选择区域、录制输入区和录制按钮3部分进行设置。录制PPT使用的是CS软件所带的录制插件，在安装CS软件时会自动安装此插件，当PPT处于启动状态时，在 PowerPoint加载项选项卡中，可以设置CS录制插件的相关参数。

（一）录制视频基本常识

1. 录制前的准备

录制视频之前，至少要做好三方面的准备工作：一是硬件方面的准备工作，包括摄像头、麦克风的安装、调试等；二是软件的安装，主要是CS软件的安装；三是录制脚本的设计与撰写。首先要对录制的内容、过程以及运用的素材进行充分的设计与准备，其次是撰写录制脚本与讲解提纲。录制时依据提纲进行录制，会使整个录制过程变得更加流畅，出错率比较低，这样会大大减少录制完成后编辑的工作量。

2. 录制注意事项

（1）录制视频时，尽可能选择比较安静的环境。安静环境下录制的视频噪声少且轻，可保证视频整体质量较高。如果在较嘈杂的环境下录制视频，虽然后期可通过降噪的方式对音频降噪，也不可能全部去除噪声，因而影响视频的整体质量。

（2）录制视频时，要充分考虑视频的应用环境。例如视频若需在网络上传播，则要考虑使视频文件尽量小。录制时尽量选择一些图案比较简单或者是颜色比较单一的画面进行录制，这样会使后期生成的视频文件比较小，易于网络传播；如果录制画面不需要操作鼠标，就尽量保持画面的静止状态，从而可以少生成关键帧，关键帧数越少，后期发布的视频文件越小。

（3）录制视频时，要正确处理错误的操作。录制视频过程中，常常会出现一些错误的操作，此时如果停止操作而重新录制，会使工作量变大，一般不用停止录制，而是通过后期编辑将这些错误操作删除，有大纲前提的录制过程出现的错误较少，因而后期剪辑工作量也较小。

（二）录像机

录像机是CS软件录制视频的重要工具，本节将对录像机窗口进行详细介绍。

软件启动状态下，在工具栏最左侧有一个红色的“录制”按钮，将鼠标悬停于该按钮之上，悬停提示内容为“录制屏幕（Ctrl+R），录制应用程序、幻灯片、网站、音频、指针移动等，录制全屏或选择自定义录制区域”。单击“录制”按钮，会打开“录像机”窗口，如图5-77所示。“录像机”窗口包括菜单、选择区域、录制输入、录制按钮部分内容。

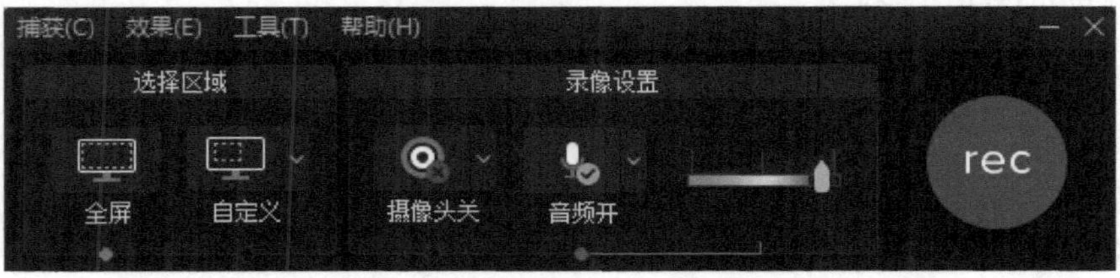

图5-77 “录像机”窗口

（1）菜单。

菜单包括捕获、效果、工具和帮助4个菜单项。

“捕获”菜单包括录制、停止、删除、选择要录制的区域、锁定应用程序、录制音频、录制摄像头等命令。有些命令后面标有快捷键，当使用录像机录制视频时，按下相应的快捷键即可完成相应的操作，例如：F9键为开始录制，F10键为停止录制。单击“捕获”菜单的“选择要录制的区域”命令，软件立即进入录制区域选择状态，鼠标指针变为十字线状，在屏幕上按住鼠标左键进行拖动，形成一个矩形区域，则该区域被设置为录制区域。单击“捕获”菜单的“锁定应用程序”命令，鼠标指针变为十字线状，同时被录制的应用程序窗口周围呈现黄色的矩形框，单击红色的rec按钮即开始对该应用程序窗口进行录制。如果要进行音频录制或运用摄像头录制视频，则分别单击“录制音频”和“录制摄像头”命令。

“效果”菜单包括注释、使用鼠标单击声音、选项3个命令。注释命令包括“添加系统戳记”和“添加字幕”两个勾选项。当勾选“添加系统戳记”选项后，可通过“效果选项”窗口，为录制的视频预设系统戳记；当勾选“添加字幕”选项后，可通过“效果选项”窗口，为录制的视频预设字幕。若勾选“使用鼠标单击声音”选项，则在录制视频时鼠标单击的声音将被一同录入视频中。

“工具”菜单包括Camtasia(C)、Screencast.com、选项、录制工具栏4个命令，前两个命令分别为登录到指定的官网，单击“选项”命令打开“工具选项”对话框，单击“录制工具栏”命令打开“录制工具栏”对话框。

“帮助”菜单包括Camtasia Recorder帮助、教程/使用方法、技术支持、发送反馈、TechSmith网站、关于Camtasia等命令。

（2）选择区域。

“录像机”窗口中的选择区域包含两个按钮，分别是“全屏”按钮和“自定义”按钮。

录制全屏是指录制计算机整个屏幕，也就是计算机的桌面。打开CS的录像机，单击“全屏”按钮，然后再单击rec按钮，则开始录制计算机桌面。

自定义区域是指用户可以根据录制的需要，自行设定录制屏幕的区域，录制区域有锁定宽高比与非锁定宽高比两种状态。当单击“自定义”按钮后，其后面显示出宽度、高度文本框和“锁头”按钮，单击“锁头”按钮来切换锁定非锁定状态。当处于锁定状态时，改变宽度(高度)文本框中的数值，则高度(宽度)的数值等比例缩放。当处于非锁定状态时，改变宽度(高度)文本框中的数值，则高度(宽度)的数值不变。

单击“自定义”右侧的下拉按钮，会打开尺寸选择下拉列表框，其中包括宽屏（1080pHD、720pHD、480pHD）、标准（1024×76、64×480）、最近录制的区域、锁定应用程序、选择要录制的区域等选项，用户依据需要选择录制屏幕的尺寸即可。

（3）录制按钮。

录像机窗口中的rec红色按钮为录制按钮，完成录制区域、摄像头、音频等设置后，点击此按钮即开始视频的录制，此时的录像机窗口如图5-78所示。窗口中的录制按钮变为删除、暂停和停止3个按钮，用户可根据需要单击相应的按钮。单击“删除”按钮，则把刚录制的视频删除；单击“暂停”按钮，则视频录制暂时停止；单击“停止”按钮，则视频录制停止，此时录制的视频自动加载到CS软件的媒体箱和轨道中。

图5-78 录制视频中的录像机窗口

（三）录制屏幕

CS软件最主要的作用就是录制计算机的屏幕，在CS软件主界面中单击“工具栏”上的“录制”按钮，打开“录像机”窗口。录制屏幕的基本流程简述如下。

通过“录像机”窗口设置录制区域，在选择区域中选择“全屏”或“自定义”录制区域。录制全屏需要选择“全屏”按钮，然后单击“rec”按钮开始录制；录制某个区域或程序窗口需要选择“自定义”按钮并设置相关参数然后单击“rec”按钮开始录制。

开始录制后，屏幕上会出现按F10键停止录制和数字3、2、1进行倒计时，倒计时到1时表示正式开始录制。

录制过程中可以进行删除、暂停和停止操作。单击屏幕下方任务栏中“CS录像机图标”，此时弹出“录制工具栏”对话框，其中包含了设置打开的统计工具栏、计时工具栏、效果工具栏等，还包含删除、暂停、停止按钮。单击“停止”按钮或按下”F10”键，即停止视频的录制。

完成录制后，依据用户在“文件选项”对话框中的设置来决定文件的保存方式。例如，用户在“文件选项”对话框中选择的是“输出时指定文件名”单选项，此时系统会打开“保存文件”对话框，用户需要设置保存文件的名称然后进行文件的保存，同时生成的视频自动加载到媒体箱和轨道上。

三、媒体管理

用户依据需要对“媒体箱”中的媒体资源进行管理。媒体管理的操作主要有添加到时间轴播放头位置、添加到库、预览、更新媒体、删除、添加到时间轴播放头位置删除未使用的媒体、打开文件位置、详情和排序方式。媒体的操作可使用快捷菜单，在“媒体箱”的媒体列表中任一媒体文件上右击，在弹出的快捷菜单中选择相应命令，即可完成对媒体的相应操作，快捷菜单如图5-79所示。

（一）添加到时间轴播放头位置

用户对“媒体箱”中的媒体文件预览后，如果认为其可用或需要进一步编辑，首先要把它加载到时间轴的轨道上。因此，添加到时间轴播放头位置就是指把媒体置于时间轴的轨道上，操作方法有鼠标拖曳和快捷菜单两种。

鼠标拖曳的方法是在“媒体箱”中选定某一媒体文件，按住鼠标左键把媒体文件拖曳到时间轴的轨道上，这样就把该媒体文件加载到轨道上；若选中多个媒体文件，则把它们拖曳到时间轴的轨道上，它们在同一轨道的排列顺序取决于媒体箱中媒体文件的选择顺序。

快捷菜单的方法是在“媒体箱”中选定一个或多个媒体文件并右击，在弹出的快捷菜单中选择“添加到时间轴播放头位置”命令所选定的媒体文件就添加到了时间轴的轨道上。

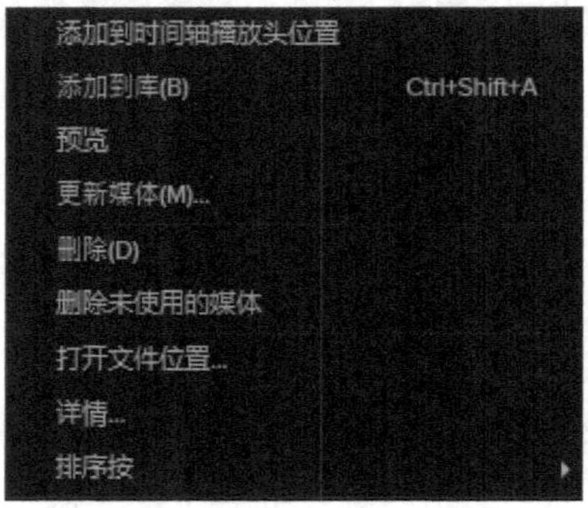

图5-79　媒体箱中媒体操作快捷菜单

（二）预览

添加到“媒体箱”中的媒体素材，用户在使用前往往需要先预览一下其内容，然后再添加到时间轴的轨道和画布上使用或编辑。预览媒体的方法有两种：其一是在“媒体箱”的媒体列表中双击某一媒体文件，就会打开单独的“媒体预览”窗口；其二是在“媒体箱”的媒体列表中选定某一媒体文件并在其上右击，在弹出的快捷菜单中选择“预览”命令，同样会打开单独的“媒体预览”窗口。

（三）更新媒体

添加到“媒体箱”中的媒体文件，用户如果需要对某一个或多个进行更换，则选定某一个文件并在其上右击，在弹出的快捷菜单中选择“更新媒体”命令，并在弹出的“打开文件”对话框中选择新的文件，单击“打开”按钮完成媒体文件的更换。

（四）删除媒体

“媒体箱”中的媒体文件的删除包括删除未使用的媒体和删除媒体。

删除未使用的媒体是指，虽然媒体文件已添加到“媒体箱”中，但其并没有应用于时间轴的轨道上，对于这类媒体文件，如果用户想从媒体箱中删除，则在“媒体箱”的任何位置右击，在弹出的快捷菜单中选择“删除未使用的媒体命令，则媒体箱中的此类媒体文件将被全部一次性删除。

删除媒体是指删除“媒体箱”中选定的媒体文件，在“媒体箱”中选定一个或多个媒体文件并右击，在弹出的快捷菜单中选择“删除”命令，此时如果媒体文件没有被应用于时间轴上，则被删除，如果媒体文件被应用于时间轴上了，则提示必须在时间轴上删除媒体后，才可从“媒体箱”中删除该媒体文件。

（五）打开文件位置

用户如果想知道“媒体箱”中的媒体文件在磁盘上的存储位置，则需要选定某一媒体文件并在其上右击，在弹出的快捷菜单中选择“打开文件位置”命令，弹出“Windows资源管理器”窗口，窗口的地址栏中显示出该文件在磁盘的存储路径。

四、预览窗口与画布

预览窗口与画布是CS软件的重要窗口之一，窗口的主要功能是预览画布上所摆放的媒体元素及其效果、编辑元素、给元素添加视觉效果、设置视频画布尺寸和背景等。

预览窗口包含①工具栏、②画布、③播放控制条。如图5-80所示。

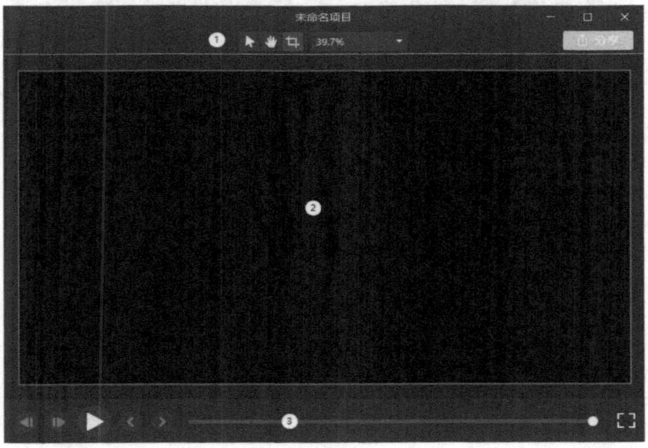

图5-80　预览窗口

（一）工具栏

预览窗口工具栏位于预览窗口顶部，包括①编辑模式、②平移模式、③裁剪模式、④画布选项、⑤生成和分享5个按钮，如图5-81所示。“编辑模式”下可以在画布上对媒体元素进行移动、调整大小和旋转等操作。“平移模式”下能够拖动画布，以获得更好的视图效果，画布上的媒体在平移时保留原始位置和大小，需要注意的是平移模式下禁用画布编辑，也就是“平移模式”下画布上的媒体元素不可编辑。“裁剪模式”下能够把媒体中不需要的区域剪掉。“画布选项”用于调整画布缩放级别显示，而不影响最终视频大小，选择“项目设置”命令可设置视频编辑尺寸和颜色，可在固定画布与分离画布两种模式之间切换。“生成和分享”用于生成和分享视频。

1. 编辑尺寸

媒体元素从“媒体箱”或“库”中添加到画布上（同时也添加到时间轴的轨道上），通过预览窗口可进行预览，但最终生成视频的画面尺寸则需要进行设置。预览窗口中设置画面尺寸，通过工具栏的“画布选项”命令或在画布上右击，在弹出的快捷菜单命令中进行设置，同时还可改变画面背景颜色。

画面尺寸的设置方法有两种，单击预览窗口工具栏中的画布选项，或在画布空白处右击，在弹出的快捷菜单中选择“项目设置”命令，均会打开“项目设置”对话框，对话框中包括画布尺寸、宽度、高度、锁定纵横比、颜色5个部分，如图5-82所示。

图5-81　预览窗口工具栏

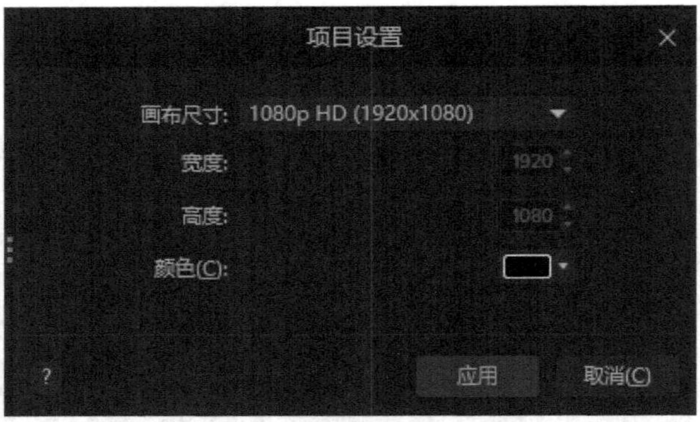

图5-82　“项目设置”对话框

2. 画布缩放

在预览窗口中预览媒体时，为方便用户观看到媒体的整体或细节部分，CS软件提供了画布的缩放以及设置缩放级别。

画布缩放方法有两种：一是在预览窗口的工具栏上单击“画布选项”右侧的下拉箭头，在弹出的下拉菜单中选择缩放级别，缩放级别是适合窗口、25%、50%、75%、100%、200%、300%等几种，用户依据需要勾选其中之一；二是在画布空白处右击，在弹出的快捷菜单中直接选择“缩放到合适”命令，CS软件则根据当前整体窗口大小调整比例。CS软件提供的画面缩放只是方便用户观看媒体，不影响最终视频生成时的尺寸。

3. 分离画布或固定画布

为了让用户更好地通过预览窗口观看画布上媒体元素的效果，可把预览窗口从CS软件主窗口中分离出来，以独立的窗口显示，称作分离画布，把独立的“预览窗口”再合并到CS软件的主窗口中，称作固定画布。单击“画布选项”右侧的下拉箭头，在弹出的下拉菜单中选择“分离画布”命令，预览窗口即可与主窗口分离，分离后的预览窗口可以像其他Windows窗口一样进行操作。单击分离状态的预览窗口中的“画布选项”右侧的下拉箭头，在弹出的下拉菜单中，选择“固定画布”命令，预览窗口又会合并到CS软件的主窗口中。

4. 模式切换

对画布上摆放的媒体元素进行编辑时，预览窗口中有3种编辑模式，分别是编辑模式、平移模式、裁剪模式。模式之间的切换，通过单击工具栏上相应的模式按钮完成，默认情况下为编辑模式。

编辑模式。此模式是在画布上编辑媒体元素的模式，对媒体元素可以进行移动、调整大小、旋转、调整叠放顺序、添加视觉效果等。但此模式下画布是固定的，不可以挪动其位置，也不能对画布上的媒体元素进行裁剪，模式下可以用鼠标滚轮对画布进行缩放。平移模式。编辑模式下画布是固定的，不能用鼠标拖动的方式改变画布在预览窗口中的位置。但为了获得更好、更全的视图效果，往往需要对画布在窗口中的位置进行移动，因此，需要切换到平移模式，才可移动画布在窗口中的位置。在画布上按住鼠标左键进行上、下、左、右拖动，改变画布在窗口中的位置。此模式下，直接滑动鼠标滚轮，实现画布放大和缩小。另外在编辑模式和裁剪模式下，下空格键加上、下、左、右方向键同样可以改变画布在预览窗口中的位置。

（二）画布

画布如同画纸，是编辑媒体元素的工作区。画布的操作包括对画布自身的操作和画布上媒体元素的操作，画布自身的操作包括项目设置、画布缩放、分离(固定)画布，媒体元素的操作主要是对媒体元素的编辑，包括位置、大小、旋转、排列、组合、属性、效果等的设置。

1. 画布操作

除使用预览窗口工具栏上的“画布选项”命令外，还可以在画布上右击，使用弹出的快捷菜单中的相关命令实现画布的缩放，快捷菜单如图5-83所示。例如，执行快捷菜单中的“放大”命令，画布会按照一定比例进行放大，每执行一次分别以10%、15%的比例重复放大。

2. 编辑媒体元素

添加到画布上的媒体元素（同时添加到时间轴的轨道上），用户可对其进行编辑。媒体元素编辑包括媒体元素的位置、大小、旋转、排列、组合、属性、效果等，需要配合使用画布上媒体元素编辑快捷菜单与媒体属性面板中的各类面板，从而完成媒体元素的编辑工作。

五、时间轴

时间轴是CS软件编辑视频的重要窗口，把它同预览窗口、画布、属性面板、各类面板结合使用，能够简单、快速地进行视频的编辑。

时间轴窗口包括：①工具栏、②刻度尺、③播放头、④垂直缩放条、⑤视图切换按钮、⑥轨道、⑦媒体，如图5-84所示。

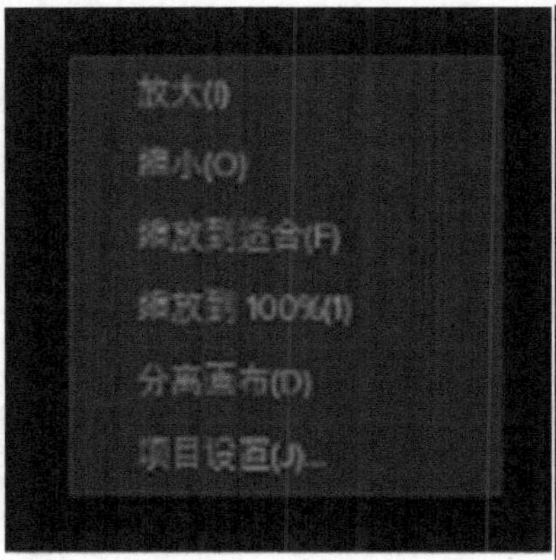

图5-83　画布快捷菜单

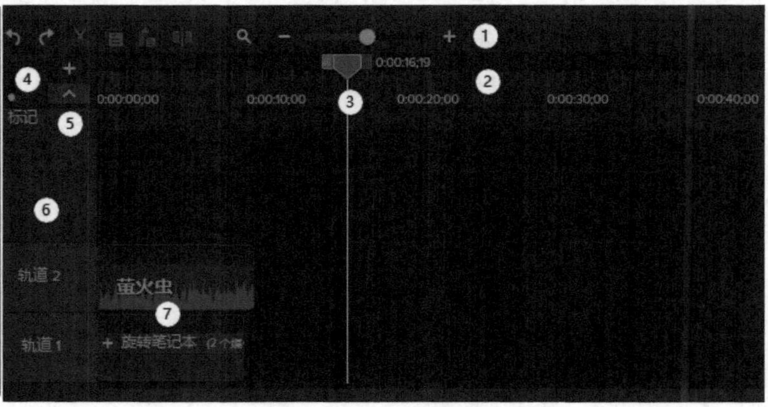

图5-84　时间轴窗口

（一）工具栏

工具栏有两部分功能，一是对媒体的简单编辑，二是对轨道的水平缩放。添加到轨道上的媒体元素，运用时间轴工具栏能够进行简单的编辑，编辑功能包括撤销、重做、剪切、复制、粘贴、分割等。运用时间轴工具栏的缩放条，能够调整时间轴水平方向上的缩放。

1. 缩放条

缩放条包括："将所有媒体置于时间轴上查看"按钮、"缩小时间轴"按钮、缩放滑块和"放大时间轴"按钮4部分，因此，使用缩放条可完成时间轴水平方向的缩放。另外，缩放条上的快捷菜单，同样可完成时间轴的缩放，快捷菜单包括放大、缩小、缩放到适合、缩放到选择、缩放到最大等菜单项。

（1）缩放条功能。

工具栏上的缩放条的功能是水平方向上缩放时间轴，其可以使轨道上的图片、视频、音频等媒体元素在轨道放大或缩小状态下显示，便于用户更精准地选择编辑媒体元素，将所有媒体置于时间轴上查看。单击缩放条上的"将所有媒体置于时间轴上查看"按钮，此时时间轴的刻度尺上每15帧显示时间数值，如0:00:00;00、0:00:00;15，用户是以帧为单位来查看、编辑轨道上的媒体元素。

缩小时间轴。单击缩放条上的"缩小时间轴"按钮，缩放滑块向缩放条左侧移动，表示轨道上的媒体元素缩小一定比例。放大时间轴，单击缩放条上的"放大时间轴"按钮，缩放滑块向缩放条右侧移动，表示轨道上的媒体元素放大一定比例。缩放滑块，在"缩放滑块"上按下鼠标左键，向左或向右拖动缩放滑块，同样可以缩小或放大轨道上媒体元素的比例。

（2）快捷菜单。

右击缩放条，在弹出的快捷菜单中选择相应的命令，同样可以完成时间轴的缩放，放大、缩小的用法不再重述。"缩放到适合"是指根据时间轴上添加的媒体元素的时长，自动缩放到以帧为显示单位编辑媒体元素的状态，此时刻度尺上的每一个小格即为1帧，每一个大格为15帧；"缩放到选择"是指把播放头定位于某个位置，此时单击"缩放到选择"命令，则媒体元素缩放到该位置；"缩放到最大"是指把时间轴缩放到最大状态来编辑媒体元素。

2. 媒体元素简单编辑

添加到轨道上的媒体元素，如同生活中搭积木用的元件，用户可在轨道上用鼠标拖动的方法，随意改变其在轨道上的位置。运用工具栏上简单的编辑命令，配合鼠标拖动的操作，就能简单而快速地进行媒体元素的编辑，完成视频的制作。

（1）轨道上拖动媒体元素。

单击选定轨道上的某一媒体元素，然后在其上按下鼠标左键进行拖动，到新的位置（可在同一轨道的不同位置，也可在不同轨道的某一位置）处松开鼠标左键，此时媒体元素就改变了其在时间轴上的具体位置。

（2）剪切、复制、粘贴。

添加在轨道上的媒体元素，用户根据需要能够对其进行剪切、复制、粘贴等操作。选定某一轨道上的某一媒体元素，单击工具栏上的“剪切”按钮，此时该媒体元素被放入剪贴板中，再选择某一轨道并把播放头移动到某一个位置，单击工具栏中的“粘贴”按钮，完成媒体元素的位置移动。在轨道上选择某一媒体元素，单击工具栏上的“复制”按钮，再选择某一轨道并把播放头移动到某一个位置，单击工具栏中的“粘贴”按钮，完成媒体元素一个副本的制作。剪切、复制、粘贴等操作同样可运用Windows操作系统通用的快捷键，剪切操作的快捷键为“Ctrl+ X”，复制操作的快捷键为“Ctrl+ C”，粘贴操作的快捷键为“Ctrl+ V”。

（3）分割。

编辑视频时，经常需要把添加于轨道上的某一媒体元素分成若干段，运用媒体元素的不同段来进行视频的编辑，而媒体元素的每一段其开始、结束、播放时长均可调整为用户需要的状况。把媒体元素分为若干段的操作称为分割，CS软件对媒体元素的分割是理论上的分割，而非实际的分割。也就是说当对某一媒体元素进行分割后，前一段媒体元素只是从分割点处隐藏了后一段媒体元素的内容，而后一段媒体元素只是从分割点处隐藏了前一段媒体元素的内容，对每一段媒体元素，用户需要时可以拖动其播放开始或播放结束分割选中的媒体元素。在某一轨道上选定要分割的媒体元素，用鼠标拖动的方法调整位置，从而显示出隐藏的内容。

播放头定位在需要分割的位置，单击工具栏中的“分割”按钮，或单击“编辑”菜单中的“分割”命令，此时媒体元素被分割为两部分。

分割所有轨道上的媒体元素。用户编辑视频时，如果需要把多个轨道上的媒体元素在同一时间点（或帧）上一次实现分割，则需要把这些轨道设置为解锁状态（轨道的锁定、解锁内容随后讲述），用鼠标拖动的方法将播放头定位在需要分割的位置，单击“编辑”菜单中的“分割所有”命令，此时所有未锁定的轨道上的媒体元素均被分割为两部分。分段媒体元素的调整。被分割后的两段媒体元素，轨道上会显示分割线。把鼠标移动到前一段媒体元素结束的分割线上，此时鼠标变为双向箭头，按住鼠标左键向左拖动调整该媒体元素的结束位置，把鼠标移动到该段媒体元素的开始位置，鼠标变为双向箭头，按住鼠标左键向右拖动调整该媒体元素的开始位置。用同样的方法可以调整后一段媒体元素的开始位置、结束位置。在后一段媒体元素上按住鼠标左键，然后向右侧拖动，使该媒体元素在轨道上的位置与前一段媒体元素间有一定间距，此时用鼠标拖动的方式把其他媒体元素插入二者中间。

（4）撤销与重做。

编辑视频时，经常会出现误操作，为恢复到操作前的状态，单击工具栏上的“撤销”按钮，每单击此按钮一次则撤销一次操作，撤销操作没有次数限制，可以撤销多次操作，撤销操作的快捷键为“Ctrl+ Z”。重做是撤销的相反操作，其快捷键为“Ctrl+ Y”。

（二）刻度尺与播放头

1. 刻度尺

刻度尺是时间轴上选取视频的重要参考依据。刻度尺上的时间表示时、分、秒、帧，其格式为0:00:00;00。因为视频在时间轴上的顺序是从左向右播放，所以刻度尺上某一点的时间代表视频的时间。

刻度尺上显示的时间随着视频比例的缩放而变化。当视频缩放到合适（或最大）的状态时，刻度尺上的时间刻度线每15帧处有数值显示，例如00:00:00;15、00:00:01;00、00:00:01;15，每一小格代表1帧；当视频缩放到最小状态时，刻度尺上的时间刻度线每2分处有数值显示。（秒与毫秒之间的换算为：1秒=1 000毫秒，但该软件以1秒为30帧来编辑视频。）

因此，刻度尺上面刻度线的规模变化，与时间轴的缩放级别密切相关。当通过缩放条改变时间轴的缩放时，刻度尺也随之进行缩放。

把缩放条、刻度尺、播放头三者配合使用，可以很方便地选取片段视频。

2. 播放头

播放头由选择起点、播放头、选择终点3个滑块组成。选择起点滑块为绿色，在播放头的左侧；选择终点滑块为红色，在播放头的右侧；播放头滑块在中间，为灰色。在时间轴刻度尺的某一个位置上单击，播放头就会定位在该位置，同时3个滑块聚在一起。把鼠标移至播放头选择终点滑块，按住鼠标左键向右拖动，则选择终点滑块与播放头分离；把鼠标移至播放头选择起点滑块，按住鼠标左键向右拖动，则选择起点滑块与播放头分离，此时所有轨道的两个滑块之间表现为反蓝显示，表示选择了所有轨道此区域的媒体剪辑。如果此时单击预览窗口的“播放”按钮，则只播放该区域的媒体元素。在3个滑块任意一个上双击，则3个滑块自动聚在一起。

播放头所在位置就是选定的帧的视频位置，在预览窗口中就会显示当前选定帧的视频内容。

（三）轨道

时间轴是编辑视频的重要窗口，轨道是时间轴上的重要组成部分。轨道可以有若干条，用户根据需要随时增减轨道的数量。每条轨道上均可以加载视频、音频、图片、动画等媒体。

1. 轨道简述

轨道垂直方向的排列顺序，决定着最终生成视频画面媒体元素的前后叠放顺序，排列于时间轴上部轨道的媒体元素画面在视觉上距离人最近，排列于时间轴下部轨道的媒体元素画面在视觉上距离人远。垂直方向所有轨道同一帧的画面会同时播放。同一轨道水平方向上媒体元素的排列顺序，决定着最终生成视频画面媒体元素的播放先后顺序。排列在轨道左侧的媒体元素先播放，排列在轨道右侧的媒体元素后播放。因此，轨道水平方向实质就是视频播放的时间线，当轨道数量比较多时，轨道窗口右侧会出现垂直滚动条，用户可用鼠标上下拖动垂直滚动条，查看不同的轨道内容；当某一轨道媒体元素时间较长时，轨道窗口下部会出现水平滚动条，用户可用鼠标左右拖动水平滚动条，在水平方向上查看轨道上的内容。

2. 轨道操作

轨道的操作主要包括插入轨道、删除轨道、重命名轨道、选择轨道上所有媒体、打开关闭轨道、锁定/解锁轨道、缩放轨道等，轨道不可用拖动的方法改变上下排列顺序，轨道的操作一般使用快捷菜单完成，轨道窗口如图5-85所示，①轨道名、②轨道操作快捷菜单、③轨道上的媒体元素。

（1）增加、删除轨道。

轨道的数量依据用户需要可以随时增加、删除，轨道的增加包括插入轨道（上面）、插入轨道（下面），轨道的删除包括删除轨道、删除所有空白轨道。

插入轨道指添加一条新轨道，方法通常有三种。一是在刻度尺左侧有个“+”号按钮，此按钮为添加轨道按钮，单击该按钮即可在所有轨道的上方添加一条新轨道；二是在轨道窗口中选定某一轨道，然后在该轨道上的空白位置右击，在弹出的快捷菜单中选择“插入轨道（上面或下面）”命令，即可在所选轨道的最上方或最下方插入一条新轨道；三是从“媒体箱”或“库”中把媒体元素拖曳到时间轴上会自动创建一条新轨道。

轨道窗口中往往有许多无用轨道，这些轨道的存在不利于用户编辑视频，因此可以把它们删除。删除轨道分为删除轨道和删除所有空白轨道。在轨道窗口中选定某一轨道并在其上右击，在弹出的快捷菜单中选择“删除轨道”命令，如果该轨道上没有添加任何媒体元素（空白轨道），则该轨道被删除，如果该轨道上添加有媒体元素，则弹出询问对话框，如图5-86所示，单击“是”按钮则该轨道被删除。在轨道窗口空白位置处右击，在弹出的快捷菜单中选择“删除所有空白轨道”命令，则所有空白轨道一次性全部被删除。

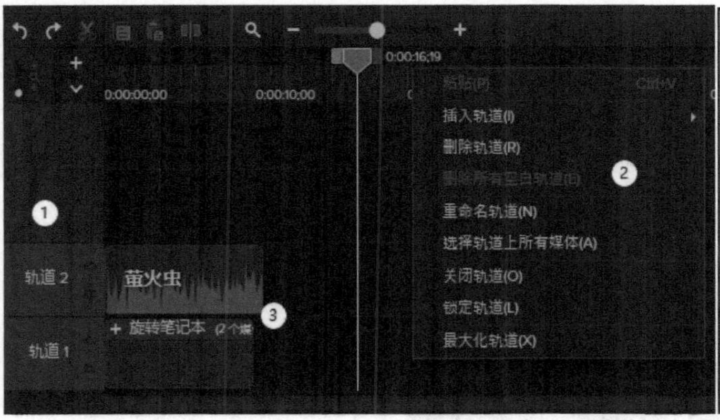

图5-85　轨道窗口

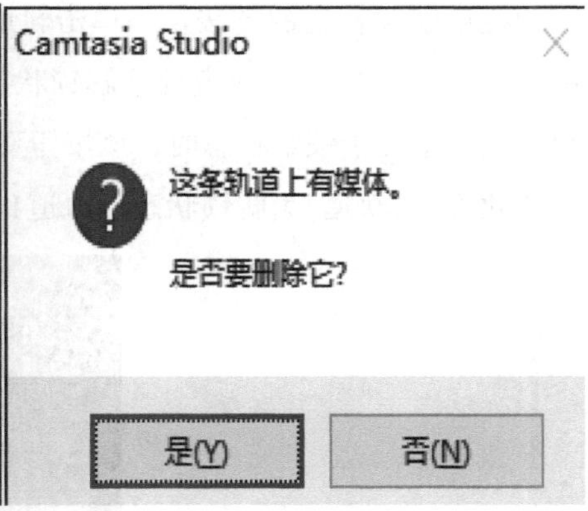

图5-86　删除轨道询问对话框

（2）轨道命名。

在轨道窗口中添加新的轨道后，轨道的默认名称分别是轨道1、轨道2、轨道3等。实际操作中轨道的名称应能够体现出轨道上所添加的媒体内容。轨道重命名的方法为：选定某一轨道并在其上右击，在弹出快捷菜单中选择“重命名轨道”命令；或在轨道名称上双击，此时轨道名称文本框处于可编辑状态，在其中输入新轨道名称即可。

（3）打开或关闭轨道。

轨道窗口中的所有轨道在默认情况下均为打开状态（显示状态）。在实际编辑过程中，用户根据需要可控制某个（多个）轨道的打开或关闭。

打开（显示）轨道是为了编辑该轨道，而关闭（隐藏）轨道出于几种考虑。其一是用户编辑视频时，暂时不希望该轨道上的媒体元素出现在画布上，从而不影响编辑其他轨道上媒体元素在视觉上的感受；其二是最终生成的视频中不包含此轨道的媒体元素；其三是暂时不允许编辑此轨道上的媒体元素；等。

例如，有时需要使用一个轨道录制讲解声音，此时就需要打开该轨道，而把其他添加有音频的轨道关闭，这样录音时其他轨道的声音就不会一同被录入。

打开与关闭轨道的方法：其一是在选定轨道上右击，在弹出的快捷菜单中选择“关闭轨道/开启轨道”命令；其二是选定轨道并在轨道名称后的“禁用轨道/启用轨道”按钮上单击，以切换轨道显示与隐藏的状态。当轨道处于打开状态时，此按钮为黑色圆圈，轨道上的媒体呈现为深蓝色；当轨道处于关闭状态时，此按钮变成蓝色，轨道上的媒体变为暗灰色。如图5-87所示，轨道1、轨道3为打开轨道，轨道2为关闭轨道。

（4）锁定或解锁轨道。

轨道窗口中的所有轨道均有锁定和解锁两种状态。在轨道上编辑媒体元素时，为避免影响非当前编辑轨道的内容，往往把非编辑轨道锁定，只使当前编辑轨道处于解锁状态。锁定的轨道上的媒体元素不能执行剪切、复制、删除、粘贴、分割等任何操作，但锁定轨道上的媒体元素同样显示在画布上并能够进行预览，也会出现在最后生成的视频中。

锁定或解锁轨道的方法是，单击轨道名称右侧的“解锁轨道/锁定轨道”按钮，在锁定轨道与解锁轨道之间切换。当轨道处于解锁状态时，该按钮为灰色打开的锁头，轨道上的媒体呈现为深蓝色；当轨道处于锁定状态时，该按钮变成蓝色锁定的锁头，轨道上的媒体变为暗灰色。如图5-87所示，轨道2、轨道3为解锁状态，轨道1为锁定状态。

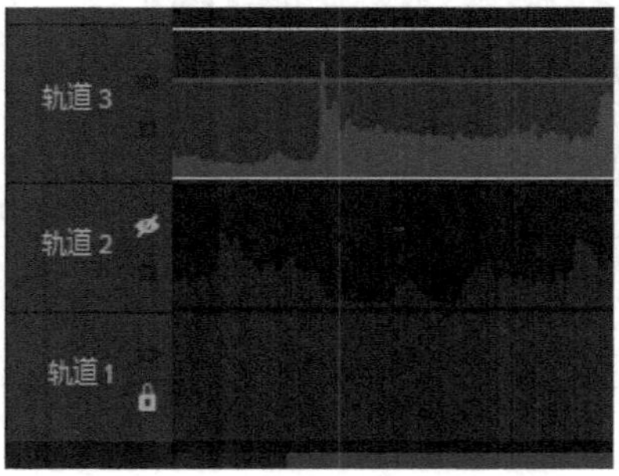

图5-87　轨道状态

六、音频

视频编辑工作中，音频的处理是重要的内容之一。CS软件对音频的处理主要包括录制音频、音频音量的调节、音频效果，以及噪音去除等，恰当的音频处理是保障视频质量的重要方面。

（一）语音旁白

录制语音旁白功能，能够给视频添加语音。进行视频编辑时，经常需要对视频的部分内容进行讲解，有时前期录制的视频中存在一些讲解性的错误，需要对此部分语音进行重新录制，以达到修正的目的，这就是录制旁白。

在CS软件主窗口的左侧选项卡中，选择“语音旁白”，打开“语音旁白”选项卡。该选项卡中包括①输入设备选择与音量调节区，②脚本文本编辑区。输入设备选择与音量调节区包括输入设备选择下拉列表框、自动调节开关、音量显示条、音量调节条、录制过程中静音时间轴，窗口下部有“开始从麦克风录制”按钮，如图5-88所示。

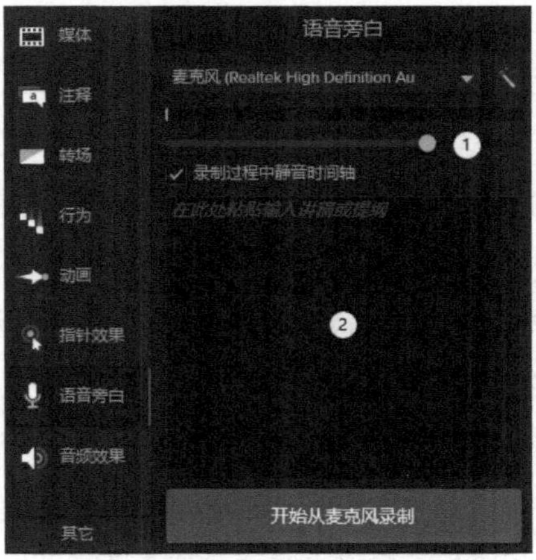

图5-88　“语音旁白”窗口

1. 前期准备

开始录制语音旁白前，应做好以下几方面工作。一是撰写好录制语音旁白的文本脚本；二是将剪辑的视频拖到时间轴上；三是选择需要录制语音旁白的片段视频，同时将播放头定位于片段视频的起始位置；四是选择加载语音旁白的轨道，同时将其他轨道锁定。将运用语音旁白功能录制的音频添加到轨道、媒体箱的同时，可以保存为文件存储于磁盘中，存储的音频文件为*.m4a文件格式。

2. 音量调节

（1）录制音量的调节。

开始录制语音旁白前，必须调节好输入设备录制音频的音量。设置录制时的音量有两种方法：一是CS软件的自动调节功能，单击“语音旁白”选项卡输入设备选择与音量调节区的“自动调节”按钮，此按钮是一个状态开关，当它被按下时(为绿色)，表示CS软件启动了自动调节录制音量的功能，此时录制音频会根据录制者声音和环境音量来录制声音；当它没有被按下时，表示未启动录制音量自动调节功能。二是在选项卡中用鼠标左右拖动“音量条”上的滑块，自主设置录制音量的大小。无论通过哪种方式调节音量，当录音者讲话时，选项卡中的“音量显示条”均会有绿色的音量线波动，音量线越长表示音量越大。

（2）录制过程中静音时间轴。

编辑视频时，时间轴上同一时间段往往有多个音频、视频媒体元素，如果录制语音旁白时，对这些音频、视频媒体元素不采取管理措施，则这些媒体中的声音会被同时录制。为了不录制这些媒体中的声音，可以把这些音频、视频媒体所在的轨道锁定，也可以在“语音旁白”选项卡中勾选“录制过程中静音时间轴”选项，这样录制语音旁白时，其他轨道上的声音元素就不会被录制。

但有时往往需要制作配乐解说、配乐朗诵等音频，则需要解锁添加有背景音乐的轨道，同时取消对“录制过程中静音时间轴”选项的勾选。

（二）音频编辑

轨道上的音频，同样可以运用CS软件对其进一步编辑，编辑包括音量、效果、降噪等。

1. 音频属性

录制视频时，有时出现讲解语音音量比较大，有时出现讲解语音音量又比较小的情况，这就需要对不同音频片段的音量进行调节。另外，有时需要把几段不在同一时间录制的视频拼接起来，生成新的视频，视频中同样存在音频片段之间音量调节的问题。CS软件提供了极其方便的音频片段音量的调节方法。音量的调节范围为0～500%。

选定轨道上的音频，此时在“属性”面板中会自动打开“音频属性”面板，如图5-89所示。面板中“增益”后面有一个水平滑块，用来调节音频音量大小，在其右侧的比例文本框中可输入具体的比例数值，用来改变音量的大小。若用户需要把声音混合为单声道音频，则可勾选“混合到单声道”选项。

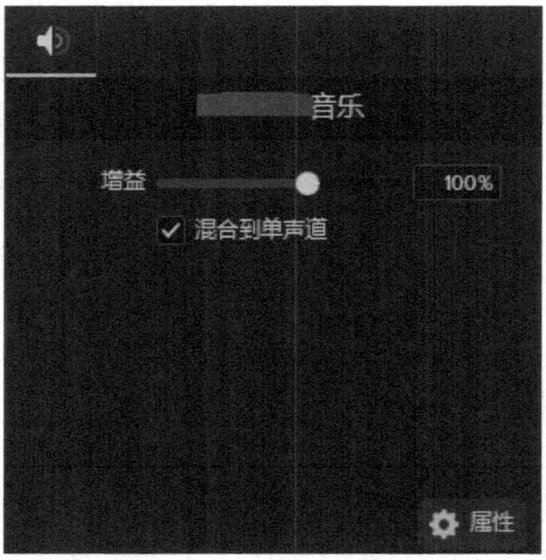

图5-89　“音频属性“面板

2. 音频效果

轨道上的音频能够添加几种效果，添加效果的途径是在“音频效果”选项卡中进行设置。选项卡中包括降噪、音量调整、淡入、淡出、剪辑速度5种效果，如图5-90所示。

添加效果的方法是在“音频效果”选项卡中选定某一效果并按住鼠标左键，把该效果拖至轨道上某一音频媒体元素上，此时音频所在的轨道上会增加一个蓝色的“效果条”，同时在“属性”面板中该效果面板也会打开。

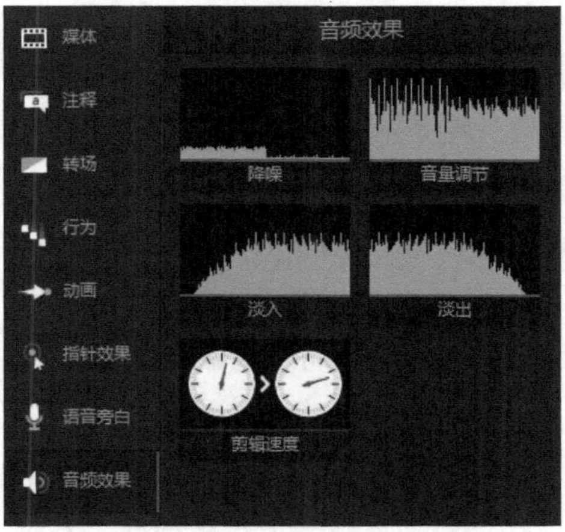

图5-90　“音频效果”选项卡

（1）降噪。

在视频或音频中录制讲解声音的同时，也会将环境的声音（如计算机电流声音、风扇声音等）一同录入，这里把环境的声音叫噪声。含有比较大噪声的视频，观众观看时，噪声对讲解的声音干扰较大。因此，需要将视频中的噪声去除。CS软件提供音频降噪的功能，音频降噪主要通过“灵敏度”和“量”两个参数值的调整，然后依据参数值对所选音频进行分析后自动降噪。

首先选定轨道上的音频，然后从“音频效果”选项卡中把“降噪”效果拖动到该轨道上，此时轨道上增加了降噪效果条，最后在“属性”面板中打开“降噪”面板，如图5-91所示。

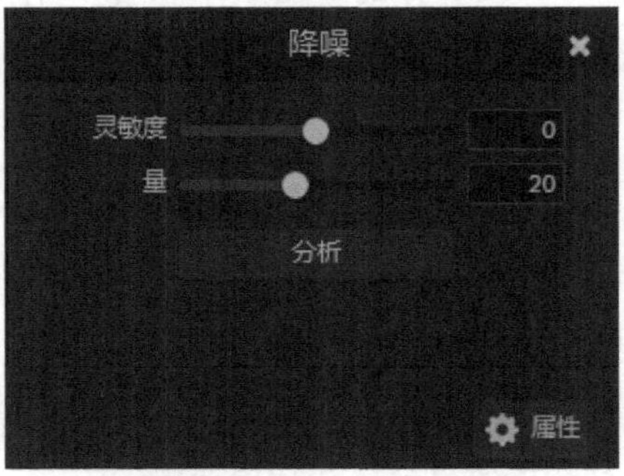

图5-91　“降噪”面板

“降噪”面板包括“灵敏度”和“量”两个参数设置和一个分析按钮。“灵敏度”的取值范围为0～100，当该值越小时，去除的噪声越少；当该值越大时，去除的噪声越多。该值应设置适当，设置过大同样会将讲解的声音去除，从而破坏了整个音频的音质。“量”的取值范围为0～48，当该值越小时，去除的噪声量越少；当该值越大时，去除的噪声量越多。该值同样应设置适当，否则会把许多有用、有效的声音去除。

事实上，CS软件对于噪声的去除功能并不是很理想。因此，录制音频、视频的过程中，应尽量保持环境安静，避免产生背景噪声。若想对噪声进行更有效的消除，提升视频中音频的质量，运用 Cool edit软件是较为理想的选择。

（2）淡入、淡出。

音频的淡入效果是指音频开始播放时，声音由小逐渐变大的效果，淡出效果是指音频结束播放时，声音由大逐渐变小的效果。从“音频效果”选项卡中把淡入（或淡出）效果拖到轨道上的某一段音频上，则该段音频具有淡入（或淡出）效果。默认情况下，淡入（或淡出）的持续时间是3秒，音量从0%（或100%）变为100%（或0%）。

（3）剪辑速度。

轨道上的音频通过“音频效果”选项卡，可为其添加剪辑速度效果。

七、转场与动画

CS软件能够为各类媒体元素添加效果，如前面提到的视觉效果、音频效果等，还能够在片段媒体间添加过渡效果(也叫转场)，为媒体元素添加特效镜头效果、动画效果等。本章将介绍片段媒体间的转场效果和媒体元素的特效镜头效果、动画效果等内容。

（一）转场

观众在电视或电影中经常看到在一个镜头结束与下一镜头开始之间有一个过渡效果，如慢慢地变黑后又慢慢地变亮，这就是镜头与镜头之间的过渡效果。CS软件编辑视频时，同样可以实现视频剪辑之间的过渡效果，也叫转场。

1. 转场介绍

转场效果实质上是设置了前一片段媒体的退出效果和后一片段媒体的进入效果。这里介绍的转场功能适用于视频、图片、动画等。

（1）转场种类。

CS软件提供了褪色、运动、对象、格式化、擦拭5类共30种转场效果。褪色包括黑色淡出、褪色2种；运动包括圈伸展、翻转、折叠、页面滚动、翻页、波纹、向左滑动、向右滑动、螺旋、伸展10种，对象只有立方体旋转1种；格式化包括溶解、发光、像素化、径向模糊、随机溶解5种；擦拭包括开门状态、百叶窗、棋盘格、圈显示、梯度擦拭、插页、光圈、径向擦拭、随机条、条状、滚轮、之字形12种。5类30种转场效果全部在转场选项卡中。

（2）转场选项卡。

在CS软件主窗口的选项卡中单击“转场”，打开“转场”选项卡，选项卡中包括类型、转场列表区两部分，如图5–92所示。“类型”右侧有一个下拉列表框，下拉列表框中包含立方体旋转、褪色、运动、对象、格式化、擦拭选项；转场列表区中列出了当前类型的所有转场效果。默认情况下，“类型”列表框中为“所有”类型，则转场列表区中列出30种转场效果。

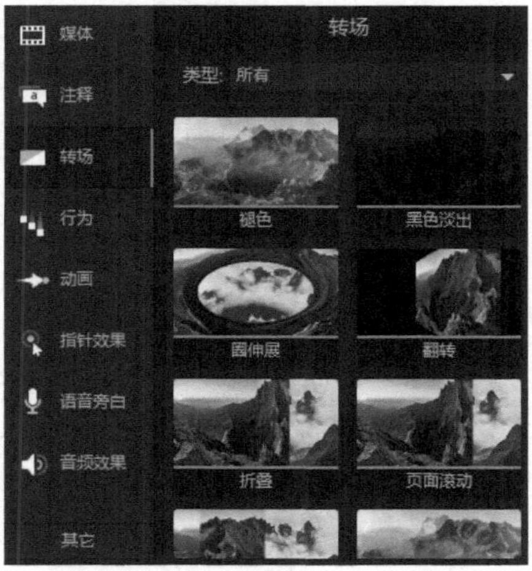

图5-92 “转场”选项卡

（3）转场查看。

在使用某种转场效果前，用户并不知道该转场的视觉效果，因此往往需要先进行预览。如果用户想看某种转场的实际效果，可以把鼠标悬停于某一种转场效果上，则此转场效果上呈现黄色边框线并且自动预览效果。

（4）转场面板。

当把某一种转场效果添加到轨道上两个片段媒体之间后，“属性”面板中会打开“转场”面板。“转场”面板用于轨道上选定转场的种类改变。单击“转场”面板中“类型”右侧的下拉列表框，弹出转场类型菜单，菜单中每一个类型选项的子菜单为该类型下的所有转场效果，选择某一种，则替换轨道上选定的转场效果。

2. 转场编辑

（1）添加转场。

无论是视频、动画，还是图片，只要需要在两个片段媒体之间添加转场，都可以运用上述30种转场效果来完成。两个片段媒体之间的转场可以设置为同一转场效果、同长度的转场时间，也可以分别设置前一段媒体结束和后一段媒体开始的转场效果、转场时间。添加转场的方法是在“转场”选项卡中选择所需的转场效果，并用鼠标拖曳的方式把该转场效果拖到轨道上的两个片段媒体之间。此时，前一个片段媒体结束位置和后一个片段媒体开始位置同时添加了同一时间长度的转场效果。将鼠标悬停于该转场效果上会提示转场名称、开始时间、持续时间、媒体类型信息，如图5-93所示。

图5-93 片段媒体间相同转场效果

（2）调整转场时间。

片段媒体之间添加转场后，用户可根据需要自行调整转场的时间。当片段媒体之间为相同转场时，可将鼠标移到转场效果的边线左、右拖动，即可调整转场播放的时间长度；当片段媒体之间为不同转场时，可将鼠标移到某一转场效果的边线左、右拖动，即可调整该转场播放的时间长度。用鼠标拖动时，鼠标指针下方有时间长度提示。

（3）更换转场。

加载到轨道媒体上的转场，如果用户不满意，可进行转场的更换。更换转场的方法有两种途径：一是在轨道上选择某一转场，此时选定的转场变为黄色；再从“转场”选项卡中选择所需转场，以鼠标拖曳的方式将该转场拖到轨道媒体元素需要替换的转场上，此时该转场变为红色，松开鼠标左键，完成转场的替换。二是在轨道媒体上选择某一转场，此时“属性”面板中“转场”面板打开，再从“转场”面板中选择某一转场，则该转场自动替换轨道上所选转场。

（4）删除转场。

编辑过程中，如果视频剪辑之间的转场不需要了，可以将其删除。删除转场的操作是在轨道上选择某一转场，此时选定的转场变为黄色，点击鼠标右键，在弹出的快捷菜单中选择“删除”命令，或按键盘上的“Delete”键，即可删除所选转场。

（二）动画

CS软件提供了一些已经设计好的动画，用户把这些动画直接应用于轨道的媒体元素上，可快速制作带有动画效果的视频。

1. 动画应用

（1）动画介绍。

CS软件主窗口中的“动画”选项卡，包含“缩放和平移”“动画”两个子选项卡。单击选项卡中的“动画”选项卡，选项卡中包含CS软件已经设计的自定义、还原、完全透明、完全不透明、向左倾斜、向右倾斜、按比例放大、按比例缩小、缩放到适合、智能聚焦10个动画效果，如图5-94所示。

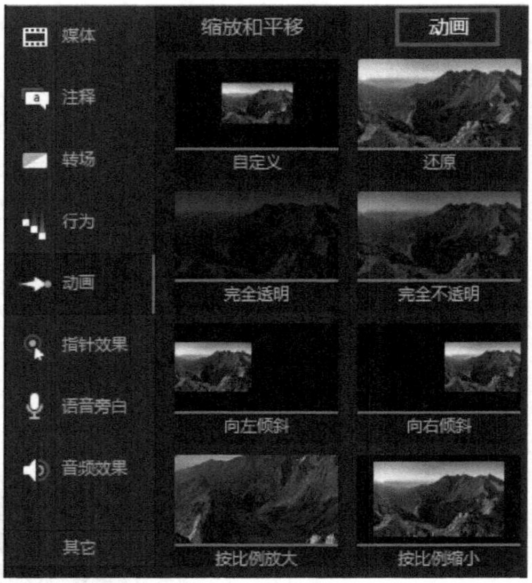

图5-94 “动画”窗口

（2）动画预览。

“动画”选项卡中有10种动画效果，用户在使用前往往需要对某种动画的实际效果进行预览，然后根据需要选择某种动画效果。动画效果预览的方法是在“动画”窗口中将鼠标移动到某种动画上，此时该动画周围的边框线变为黄色，同时该动画自动呈现效果预览。

（3）添加动画。

选择需要添加到动画轨道上的媒体元素（将其他轨道锁定），将播放头定位于要创建动画的位置，从“动画”选项卡中选择某一动画效果并用鼠标拖动的方式把该动画拖动到轨道的媒体元素上，此时轨道的媒体元素上出现一个动画的图标，表示完成了动画的添加。

2. 动画编辑

轨道上的媒体元素添加动画后，会显示动画图标，图标由动画开始控制句柄、动画时长线、动画结束控制句柄3部分组成。未选定的动画其动画开始控制句柄、动画结束控制句柄为白色，动画时长线为绿色；选定的动画其动画开始控制句柄为白色，动画结束控制句柄为红色，动画时长线为黄色。动画的编辑有两种途径，一是使用动画面板，二是使用动画的快捷菜单。动画编辑的内容包括动画效果、动画播放控制等。

八、注释

注释是指在媒体中添加注释、指向、特效或强调重点内容的文字或图形，其主要作用是吸引观众的注意力，或者对某些内容做进一步解释。另外，注释、标记以及超级链接等的综合运用，还可以实现视频的简单交互。

（一）注释概述

1. 注释选项卡

CS软件主界面中，选择选项卡中的“注释”，打开“注释”选项卡，如图5–95所示。“注释”选项卡中包括标注、箭头&线条、形状、特效、草图运动和按键注释6个子选项卡，也就是说CS软件把注释分为6类。每个子选项卡基本包括样式、注释列表区两部分。“样式”右侧有下拉列表框，列表框中的列表项是该类注释中所包含注释的样式种类；注释列表区列出了某种样式所有的注释。

图5–95　“注释”选项卡

注释的使用需要注释窗口、轨道、画布和注释面板四者结合完成，“注释”窗口主要用于注释的选择、添加，轨道与画布用于对注释的操作，“注释”面板用于对注释属性参数的设置。

2. **注释类型**

CS软件提供了类型丰富的注释，用户运用这些注释能够丰富视频的内容，创造良好的视觉效果。注释主要分6大类，分别是标注、箭头线条、形状、特效、草图运动和按键注释，每一类下面又基本包含抽象、基础、粗体、城市、传统等样式种类，每个样式种类包含若干个注释。注释的选择可通过“注释”窗口来完成。另外，把以上6类注释与热点结合运用，还可以制作热点注释。

（1）静态注释。

静态注释主要起注释、提示、指示等作用，静态注释包括标注、箭头&线条两类，如图5–96所示，①注释、②箭头&线条。

标注由图形和文本组成，CS软件提供了抽象、基础、粗体、城市、传统5种样式的标注。标注包括箭头、纯文本、讲话和思想气泡标注的图形部分，不可对其边框、填充等进行设置，但可在画布上改变其大小、位置、旋转角度，标注的文本部分使用注释面板可设置其字体、字号、对齐、颜色、样式等。

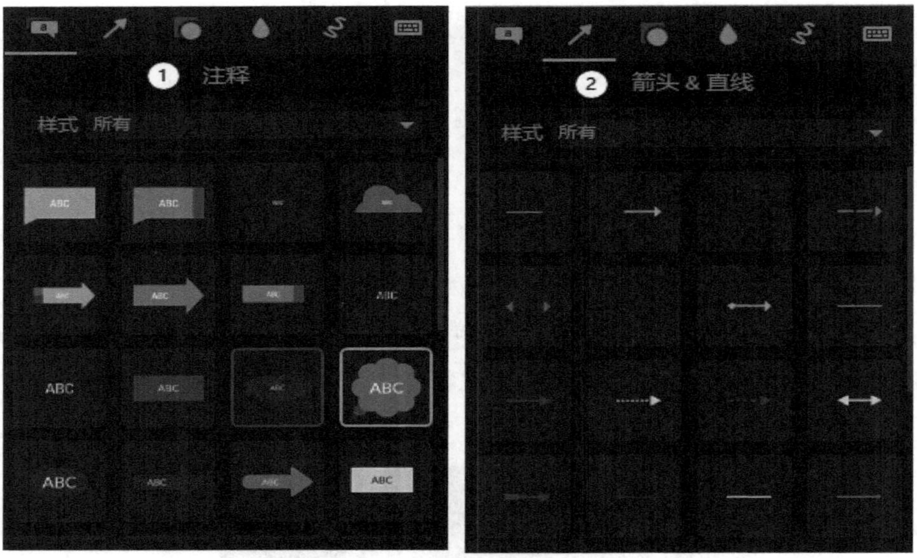

图5–96 注释、箭头&线条

箭头&线条同样包括抽象、基础、粗体、城市、传统5种样式。箭头&线条包括双箭头、虚线、实线。箭头&.线条上不可添加文本，但可使用注释面板设置其颜色、线条样式厚度、不透明度等，画布上也可改变其大小、位置、旋转等。

（2）形状注释。

形状注释主要起指示作用，只是一个图形不包含文本。形状注释包括抽象、基础、粗体、城市4种样式，如图5–97所示。编辑视频过程中，可运用各种各样的形状进行组合、裁剪等操作，形成一种新形状的外观。形状注释可以设置其边框、填充、效果等，如果需要配合上文本，则需要使用静态注释里面的文本注释，然后对二者进行组合。

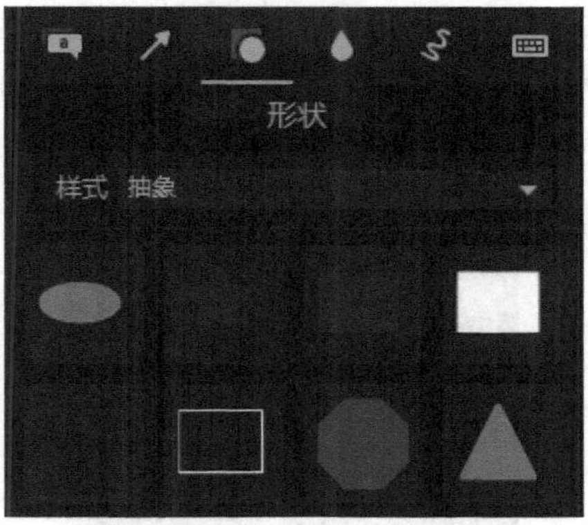

图5-97 形状注释

（3）特效注释。

特效注释主要是对视频部分区域进行特殊效果的处理，其中的交互功能/热点注释与标记与超级链接配合使用，能够制作简单的交互视频。特效注释主要包括模糊注释、聚光灯注释、高亮注释、交互功能/热点注释、像素化注释。编辑视频时往往有些信息是属于机密、敏感内容或个人隐私，如电子邮件地址、登录信息、电话号码、信用卡号码等，生成后，视频中这些信息就不需要清晰显示。运用模糊注释、像素化注释就可以实现部分信息的模糊化或像素化效果。编辑视频时如果需要对媒体的某个区域进行突出显示以提高观众的注意力，可以运用聚光灯注释，使该区域突出显示而其他区域变暗，也可以通过高亮注释突显该区域，使其他区域不变，如图5-98所示。

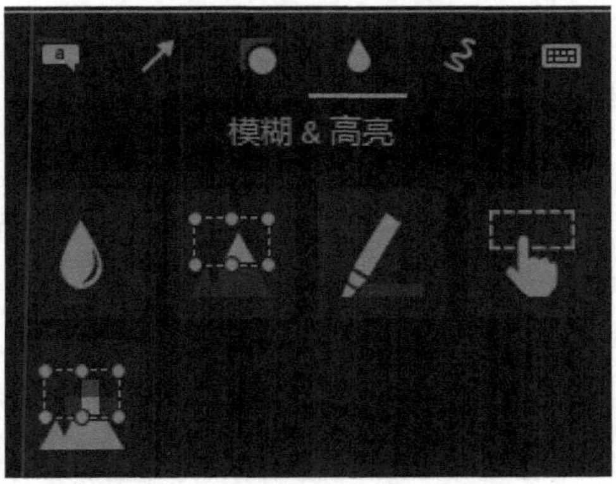

5-98 特效注释

交互功能/热点注释同静态注释、形状注释、动态注释、特效注释等结合使用，同样能够为这些注释设置热点，实现视频的交互或网站链接。

当以上注释添加到时间轴的轨道上后，会在轨道上添加一个阴影效果条，也就是说可以设置该注释的阴影效果。但模糊注释、聚光灯注释、高亮注释、像素化注释4个注释不可添加阴影效果条，而交互功能/热点注释则可添加交互功能/热点效果条。

（4）动态注释。

动态注释（草图运动注释）主要起到动态提示、指示作用，吸引观众的注意力，以达到对重点内容的强调效果。该类注释会在特定时间内实现绘制效果，可设置绘制的时间、颜色、厚度、水平翻转、垂直翻转等效果。动态注释包括素描运动椭圆、运动椭圆、素描运动矩形、运动矩形、素描运动箭头、素描运动叉、素描运动勾、素描运动角星、运动直线、示意图等，如图5-99所示。

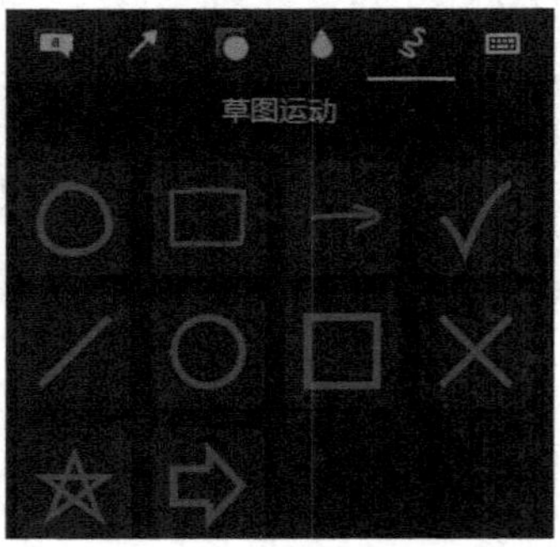

图5-99　动态注释

（二）注释的基本操作

在注释的操作中，首先是注释的添加。在CS软件主界面中打开“注释”选项卡。在“注释”选项卡中选择某一类注释及该注释的样式，并在注释列表区中列出的所有注释中双击选择所需要的注释，则其添加到轨道上（布上）。一般而言，是将注释添加到播放头所在的位置。

注释的基本操作还包括注释的选择、删除、复制、粘贴、移动、调整大小、旋转等。例如，删除注释的方法有两种：一是选择轨道上的某一个注释并右击，在弹出的快捷菜单中选择“删除”命令；二是选择轨道上的某一个注释，直接按“ Delete”键。

1. 画布上注释的操作

添加注释以后，在画布上对于注释的一些操作可运用鼠标与键盘配合完成，包括改变注释大小，改变移动、旋转、叠放顺序，等。

（1）改变注释大小。

在画布上选择某一个注释，该注释四周上有8个空心圆句柄，将鼠标移动到其中任意一个圆句柄上，该圆句柄变为白色，此时用鼠标拖动圆句柄改变注释的大小（或高度、宽度、对角线方向）。另外还有一个指向圆句柄（鼠标移至其上会变为黄色），拖动该圆句柄改变指向的位置、方向等，如图5-100所示。

（2）移动与旋转。

在画布上选择某一个注释后，该注释内部有两个空心圆句柄。一个是注释的中心圆句柄，将鼠标移至其上会变为白色实心圆句柄，它是用来改变注释在画布上的位置；另一个是注释中心圆句柄右侧的旋转圆句柄，将鼠标移至其上会变为绿色实心圆句柄且鼠标指针变为旋转箭头，该句柄用来旋转注释。

图5-100　改变注释的大小

（3）叠放顺序。

注释在画布上的前后叠放顺序决定着视频中注释的相互遮挡关系。位于画布同一区域的注释，前面的会对后面的进行遮挡，在轨道上体现为上面轨道的注释在前，下面轨道的注释在后。因此，调整注释的叠放顺序可从两个方面进行。

一是在画布上调整注释的叠放顺序。在画布上单击选择某个注释，然后右击，并在弹出的快捷菜单中选择“移至顶部”“上移一层”“下移一层”“移至底部”4个命令之一，就会改变注释的叠放顺序。

二是在轨道上调整注释的叠放顺序。用鼠标选择某一轨道上的某一个注释，按住鼠标左键将其拖动至另外轨道上，即用鼠标在轨道间拖动注释的方式来实现注释叠放顺序的调整。

（4）文本添加。

标注类的注释其本身带有文本框，标注添加到轨道（画布）上后，默认文本为ABC，用户如果需要更改文本内容，只需要在画布的标注上双击，此时即可输入新的文本内容。其他类型的注释需要运用文本标注配合来完成文本的添加。文本相关属性的设置需要通过“标注”面板完成。

三、案例制作

以国赛获奖作品《白血癌——白血病》为例，基于Windows10系统演示此微课制作流程。

一节完整的微课制作环节应该包括微课选题、教学设计、脚本设计、准备素材、微课制作、后期处理和微课发布等环节。

（一）微课选题

一节微课能否设计得好、教学效果是否佳，知识点的选择和分析处理是非常重要的。因此，在设计微课时，要慎重选择知识点并对相关的知识点进行科学的分析和处理，使它们更符合教学的认知规律，学习起来能够达到事半功倍的效果。

1. 微课选题的注意事项

（1）知识点尽量选择热门的考点，教学的重点、难点，学生的疑点问题。

（2）知识点的选择要细，10分钟内能够讲解透彻。

（3）知识点要准确无误，不允许有文字、语言、图片上的知识性错误或误导性的描述。

（4）要将知识点按照一定的逻辑分割成多个小知识点。必要时教师可对教学内容进行适当的加工、修改和重组。

2. 微课选题及前期构思

如下表所示，在大专的内科护理学中，选择白血病的重点内容作为知识点设计一节微课，让学生通过动画、图片和视频，深入了解发病机制，熟知白血病患者身体状况，突破课本章节教学中的重难点。

（二）教学设计

微课虽小但也有教学设计，通过确定微课教学目标，明确教学策略、教学顺序，利用教学资源合理设计，能起到事半功倍的作用。如图5-101所示。

1. 确定教学目标

对于短短几分钟的微课，课程一开始直接告知学生学习目标是非常重要的。学习目标不仅让学生的学习有了方向感和归宿感，更可以让教师的整个教学过程不偏离教学目标。在微课的实际制作过程中，可以用一句简单明了的话告诉学生学习目标。

案例学习目标：熟悉白血病发病机制，掌握白血病患者身体状况。

2. 确定教学策略

根据所选知识点确定如何组织教学内容，如何用最短的时间配合最佳的教学内容从而获得最好的教学效果，考虑运用何种微课的表现形式更好地传递教学信息。例如，录屏微课表现形式比较适合演示操作、推理性较强的知识点，而录像形式较适合演讲、解释陈述性比较强的知识点。

案例属于讲授类微课，主要呈现文字和图片、视频素材，选择录屏形式呈现知识点。

3. 确定教学顺序

微课的时间短、效率高，教学顺序是指微课整个教学过程的安排，在有限的时间内教师先讲什么，后讲什么，如何结尾是教学顺序主要解决的问题。对于一个具体的微课而言，表现为微课的几个环节，一般包括引起注意（导入）→告知目标（呈现学习目标）→讲授新课→提供指导（课堂检测提供帮助）→结语。如图5-102所示。

（三）脚本设计

在选定教学内容的基础上，继而要对其进行微处理。根据微课时长短、知识粒度小的特点，在内容分割上，把课程分割为不同的教学过程。如下表所示，设计脚本的目的就是为了理清教学思路，为制作提供依据，最终要以微课视频的方式呈现出来。因此，应适当考虑制作的实际需要，也就是能否在设备上实现，毕竟计算机虚拟和现实有一定的差距，制作人员的水平及应用的软件也有很大的差异。

案例微课脚本设计		
微课结构	教学环节	设计思路
片头 （5～10 s）	呈现微课 信息	展示微课主题；主讲讲师姓名、单位等信息；提供适宜的背景音乐，营造轻松的学习氛围

微课名称	“白血癌”——白血病
课程类别	☐公共基础类　☑专业技能类
制作类型	☐录屏软件录制　☐数码设备拍摄　☐多媒体软件制作　☑混合方式制作
微课来源	学科：<u>内科护理学</u>　年级：<u>大专二年级</u>　教材版本：<u>人民卫生出版社第 3 版</u>
微课描述	本微课围绕白血病进行讲解，主要通过形象生动的动画让学生熟悉白血病的概念和发病机制，掌握白血病患者的身体状况，了解白血病的治疗方法。
适用对象	具备人体解剖和生理基础医学知识的护理专业学生
设计思路	白血病病人护理的教学重点是白血病病人的身体状况、化疗药物毒副作用及处理，难点是白血病的发病机制。本微课以学生自主探究为主，教师提出问题，引导学生进行思考讨论，使学生对知识点加深理解和巩固。

图5-101　教学设计

导入 → 呈现学习目标 → 讲授新课 → 课堂检测 提供指导 → 结语

图5-102　确定教学顺序

微课结构	教学环节	设计思路
导入 （10～30 s）	温故导入	复习拓宽有关于白细胞的基础知识，激发学生对新知识的探究欲望。
正文讲解 （4 min）	围绕目标 提出问题 逐一讲述	一、什么是白血病？ 讲述癌细胞的由来，解析白血病的概念。 二、白血病会传染吗？ 引导学生关爱白血病患者。 三、白血病患者会是什么样？ 讲述并展示白血病的主要表现。 四、白血病能治好吗？ 讲述白血病的治疗方法。 五、拓展白血病治疗发展新知识
小结 （1 min）	教学回顾 提出问题 引发思考	一、问答题回顾内容 二、提问：化疗药物外渗如何处理？

（四）准备素材

脚本旁白，图片、视频，音乐、音效是微课的要素，设计好脚本后，确定了所需要的媒体，就要开始准备制作所需的文字、声音、动画、录像等。素材的准备可以从以下几方面着手。

1. 文本的准备

文本可以在文本处理软件中输入，如微软公司的Word、金山公司的WPS等；大部分多媒体制作软件都支持文本的录入。图5–103为使用记事本录入文本。

2. 声音的采集

声音素材可以在网上直接搜索下载，配音可以采用计算机、手机话筒录制声音，但需用专门的软件去除噪声和合成。图5–104为使用手机录音机录入的声音。

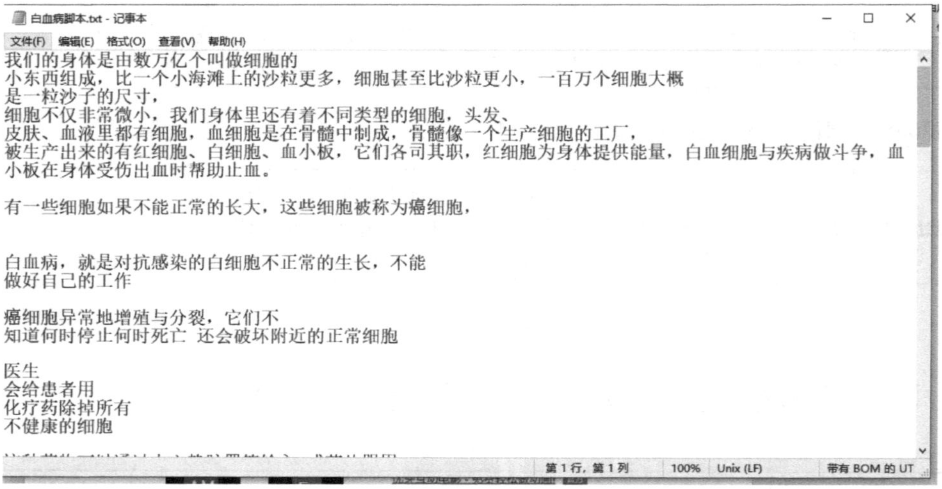

图5–103 文本的准备

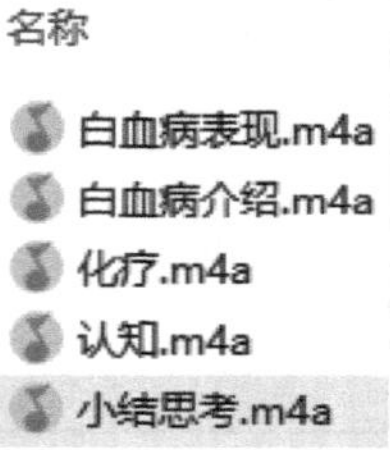

图5–104 声音的采集

3. 动画的制作与采集

运用简单易学的动画制作软件或网址制作动画，如万彩动画大师、Focusky动画演示大师、优芽网等（均可直接在网页搜索下载或进入网址）。如图5–105所示。

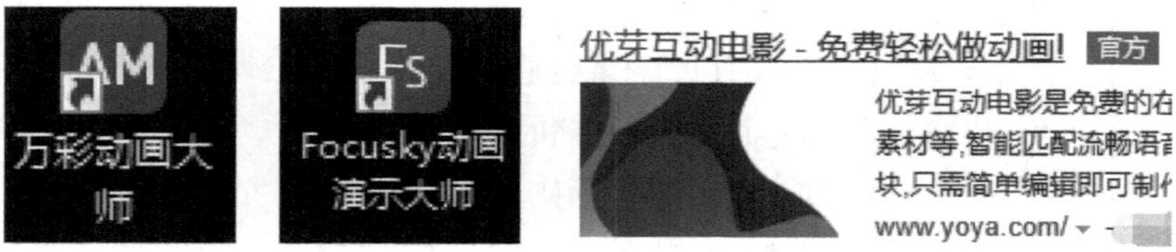

图5–105 动画制作软件或网址

4. 影像的采集

可以使用Camtasia studio、会声会影、快剪辑、QQ影音等多种软件剪辑影像，具体根据自己的熟悉程度和使用喜好选择。

（五）微课制作

微课根据选择的技术、手段不同，微课视频的媒体呈现形式也不一样，分别有摄制型微课、录屏型微课、软件合成式微课及混合式微课。例如，录屏型微课，借助CS屏幕录制软件，可以完整地录制多媒体课件的内容（包括教师的同步讲解、操作过程、背景音乐等），教师准备精心设计的课件，设置好音频和摄像头、屏幕像素、灯光设计、环境调适，以及熟悉讲稿、理清思路后，只需按一下“录制键”就可以完成微课视频的自动录制。对部分细节，若间隔太长，时间太短，有字幕标题、声音处理、画面镜头变化等问题，可以在该软件中编辑修改，最后合成教学视频。

案例微课是以PPT为录制基础，用CS软件录制，插入图片和视频素材进行剪辑合成的混合式微课，具体操作见后期处理。

（六）后期处理

对已经录制好的视频进行编辑、美化及保存，包括把视频片头和片尾的空白部分分割移除，并为视频的片头和片尾配上背景音乐等。最后导出为MP4或FLV高清视频格式，确保视频画面导出后不变形。

具体操作如下：

1. 调试录制环境

使用Camtasia Studio软件进行录制之前，需要先选择录制环境，准备麦克风等录音设备，设置声音属性。

（1）测试麦克风。

将麦克风连接到计算机，右击桌面右下角的图标，选择“打开声音设置”选项，在图示界面中以正常说话音量进行测试。如图5-106所示。

（2）设置麦克风。

若麦克风测试的效果不佳，如图5-106、图5-107步骤所示操作，进行设置。设置完后继续进行测试。

①单击“设置属性”，如图5-107所示。

②拖动麦克风音量调节点至音量最大，如图5-108所示。

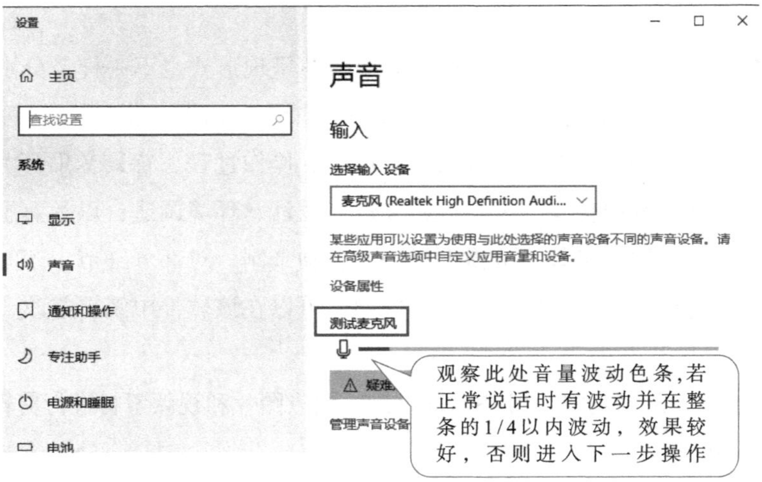

图5-106　测试麦克风

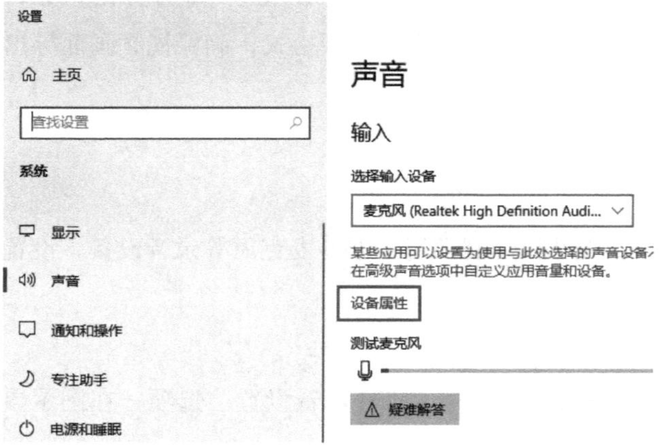

图5-107　单击“设置属性”

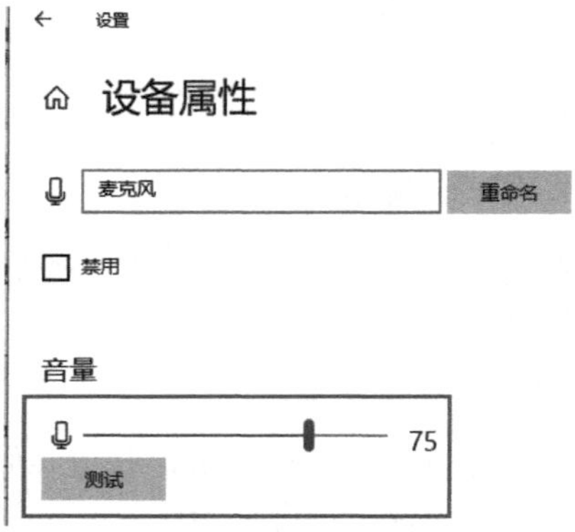

图5-108　麦克风音量调节

2. 录制视频

首先安装好Camtasia Studio软件，按照编写好的微课脚本，录制演示PowerPoint课件过程，再进一步剪辑录制好的视频，从而完成微课的主体视频部分。

（1）打开PowerPoint课件。

打开PowerPoint软件，选择“加载项”→“录制”命令。如图5-109所示。

图5-109

（2）开始录制。

单击“点击开始录制”，开始进行录制。如图5–110所示。

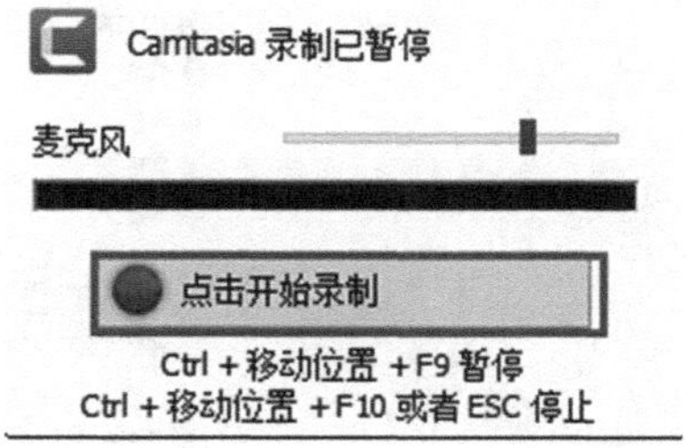

图5–110

（3）停止录制并保存。

教师从课件第一张幻灯片开始边演示边讲解。当最后一张幻灯片播放完后，按图5–111和图5–112所示操作，停止录制并保存视频。

①单击 “停止录制”，如图5–111所示。

②选择保存位置，修改录屏文件名，单击“保存”。如图5–112所示。

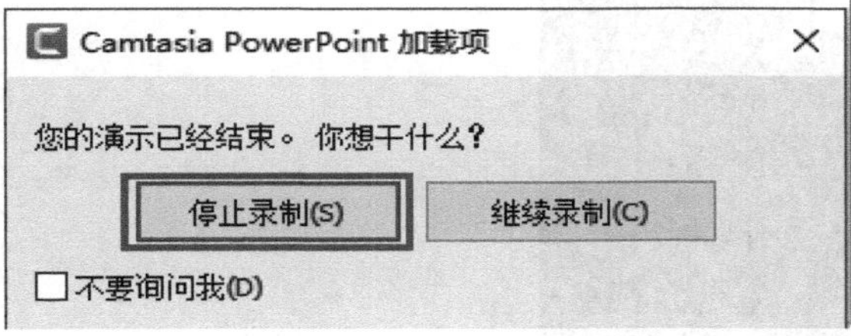

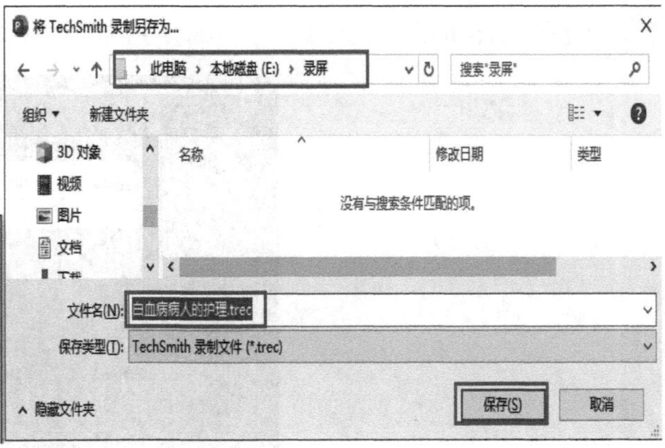

图5–111　　　　图5–112

（4）准备编辑视频。

选择“编辑录制”，点击“确定”。如图5–113所示。

（5）保存项目。

点击CS软件主界面菜单中“文件”→“保存”，选择保存位置，修改Camtasia项目文件名，点击“保存”。如图5–114所示。

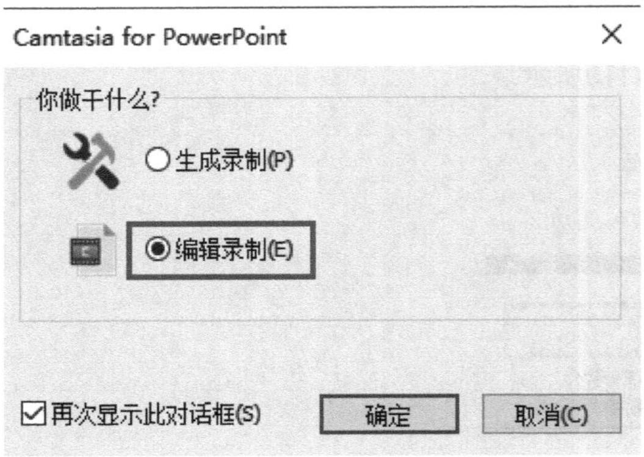

图5-113

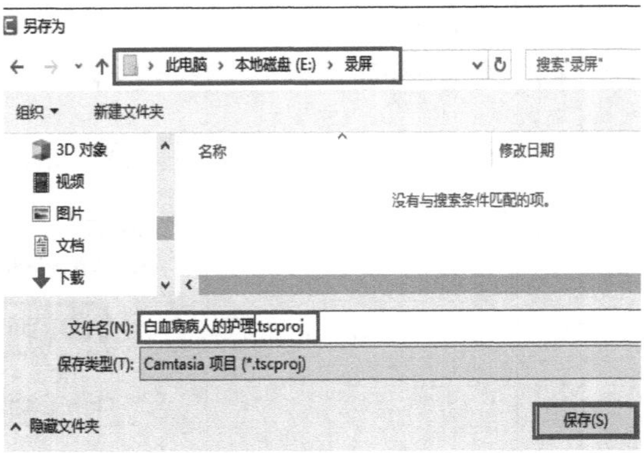

图5-114

3. **剪辑视频**

通过浏览视频过程，找到有问题的位置，进行视频分割，再将分割出的不需要的视频片段删除。

（1）浏览录制的视频。

双击媒体箱内录屏文件，在预览框中浏览所录制的视频，了解所录制视频需要剪辑的时间位置。如图5-115所示。

图5-115

（2）分割视频。

拖动滑块定位时间点，在需要剪辑处点击分割视频。如图5-116所示。

图5-116

（3）删除视频片段。

选中需要删除的视频片段，按下“Backspace”退格键即可删除。如图5–117所示。

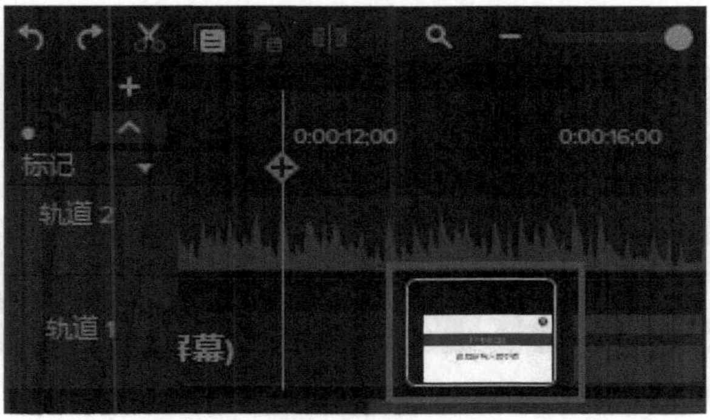

图5–117

（4）保存视频。

选择菜单“文件”→“保存”命令，将剪辑后的结果保存到项目文件中。

4. 添加注释

CS软件中提供了注释功能，可以使屏幕上的重点内容突出显示，从而帮助学习者理解微课中讲述的知识点。

（1）添加草图运动注释。

①将时间轴滑块拖动至需要添加注释处，点击“注释”→（草图运动）。如图5–118所示。

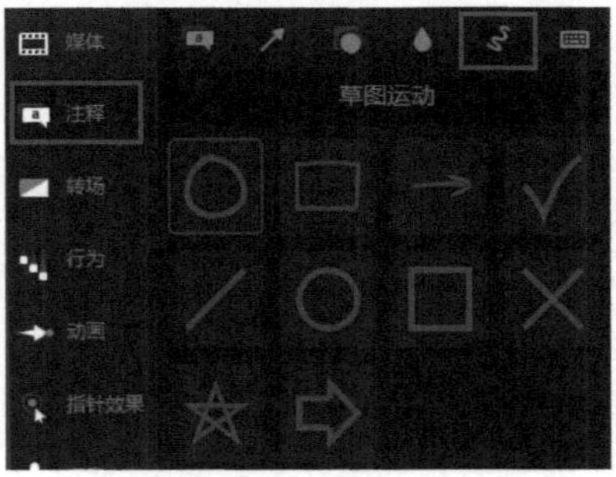

图5–118

②选择想要添加的注释样式，拖动放入画布内。

③选中注释，拖动注释中间移动区域框位置，拖动四周控点调整注释的大小。如图5–119所示。

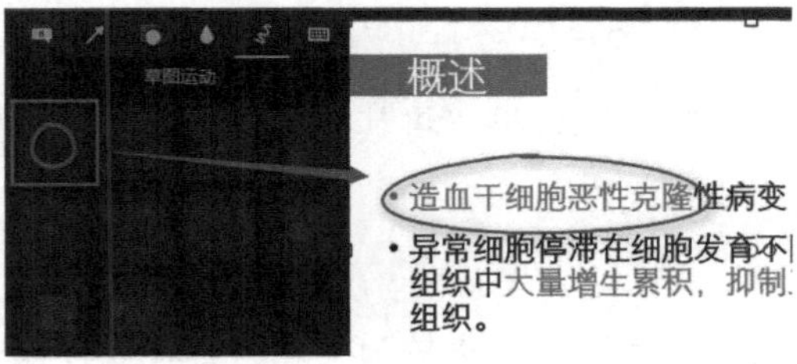

图5–119

（2）添加聚光灯效果注释。

①将时间轴滑块拖动至需要添加注释处，点击“注释”→（模糊和高亮）。如图5-120所示。

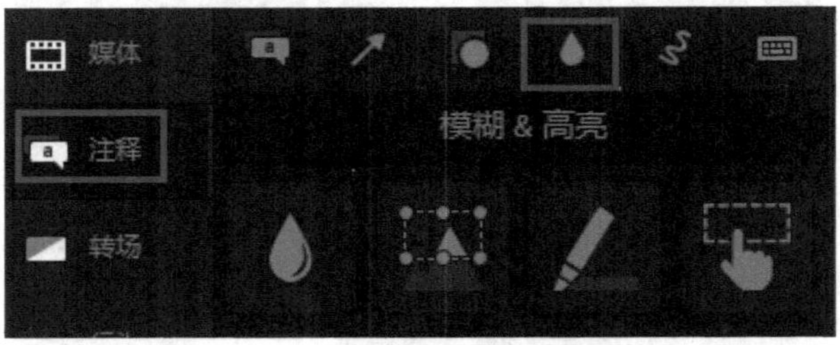

图5-120

②选择聚光灯效果注释，拖动放入画布内。

③选中注释，拖动注释中间移动区域框位置，拖动四周控点调整注释的大小。如图5-121所示。

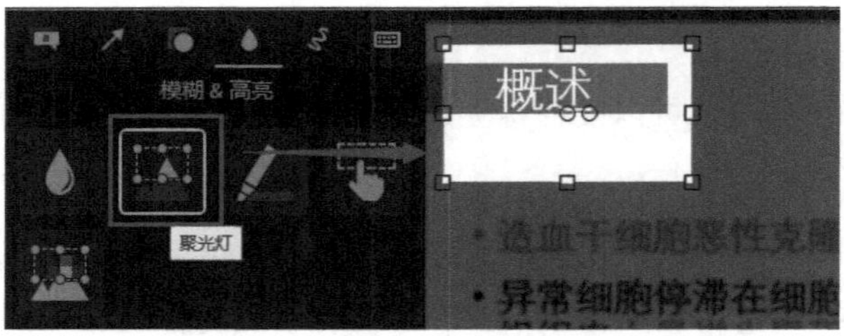

图5-121

（3）设置注释延时。

在时间轴上拖动注释起始边框位置，设置注释的起始和结束时间。

（4）保存项目。

按“Ctrl + S”键，保存项目。

5. 处理微课声音

通常，在刚刚录制好的微课视频中，教师通过麦克风录制的声音会有一些瑕疵，如环境的噪声、麦克风的电流声、咳嗽声等，这就需要对录制好的微课视频中的音频部分进行单独处理，先进行降低噪声处理，再适当提高音量，以保证学习者在观看微课时能更清楚地听到教师的讲解，更好地理解微课的内容。

（1）开启降噪功能。

选择“音频效果”，选中“降噪”效果，将其拖动至时间轴中需要进行降噪处理的媒体上。如图5-122所示。

（2）调整敏感度。

预览播放试听降噪后的效果，若感觉人声较为失真，则在属性框内调整敏感度。用此方式反复试听与调整，直至满意。如图5-123所示。

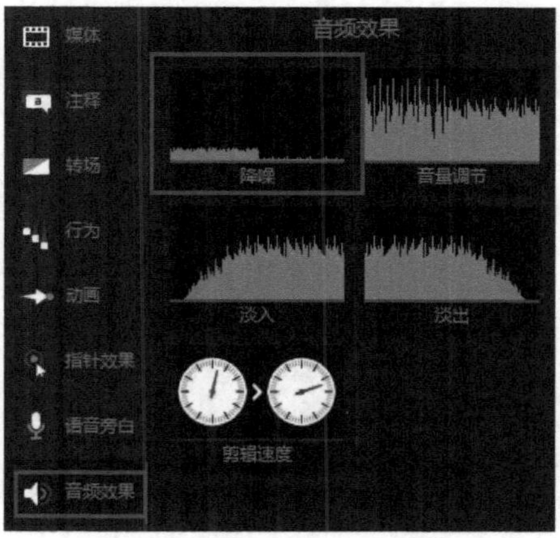

图5-122

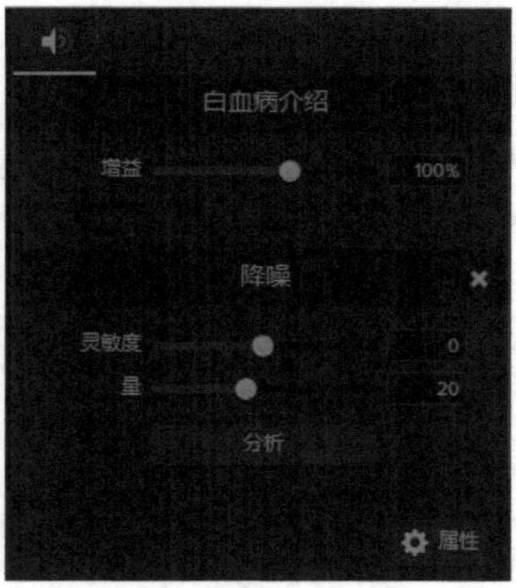

图5-123

（3）保存项目。

按“Ctrl + S”键，保存项目。

6. **生成微课视频**

经过视频剪辑和音频处理后，应当仔细播放一遍视频，查看还有哪些需要修改的地方，确认无误后即可将编辑后的视频生成为一个独立的微课视频成品，提供给学习者观看。

对于已有课件首页作为片头的微课，可以添加片尾部分，使微课更完整，选择合适的视频格式和质量，导出视频。

（1）打开生成向导。

选择“分享”→“本地文件”命令，单击“下一步”。如图5-124所示。

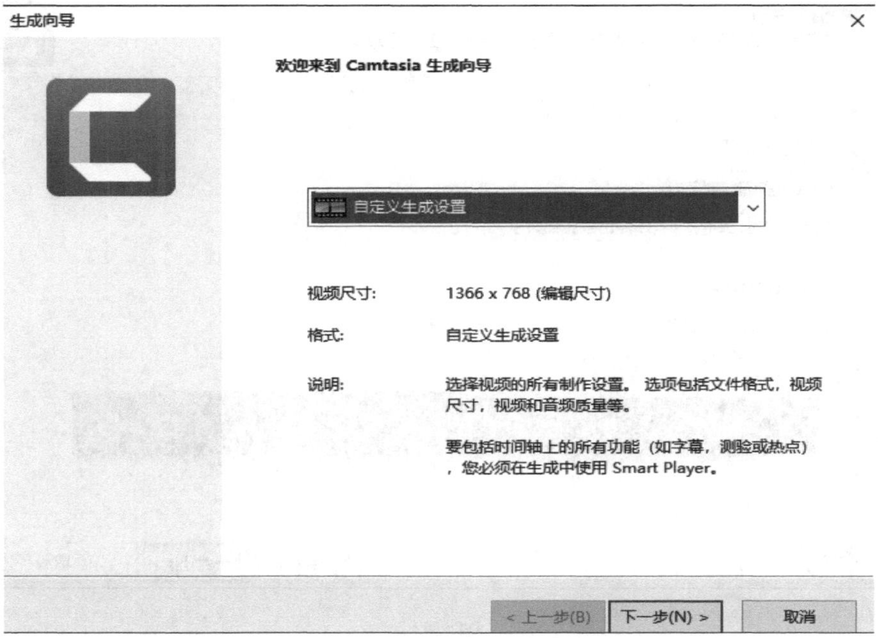

图5-124

（2）选择视频格式。

选择推荐的MP4格式，单击“下一步”。如图5-125所示。

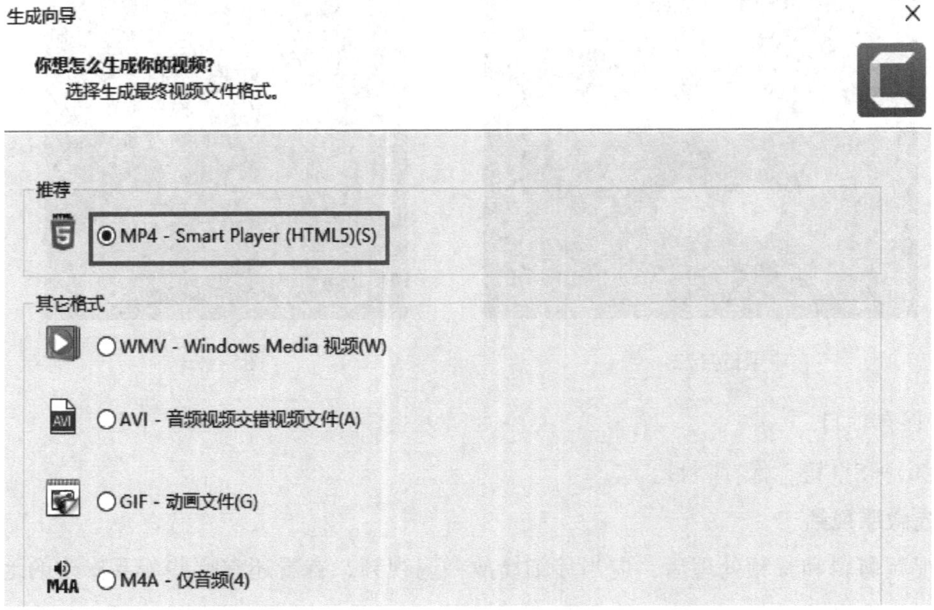

图5-125

（3）去除播放控制器。

取消勾选“生成控制条”，单击“下一步”。如图5-126所示

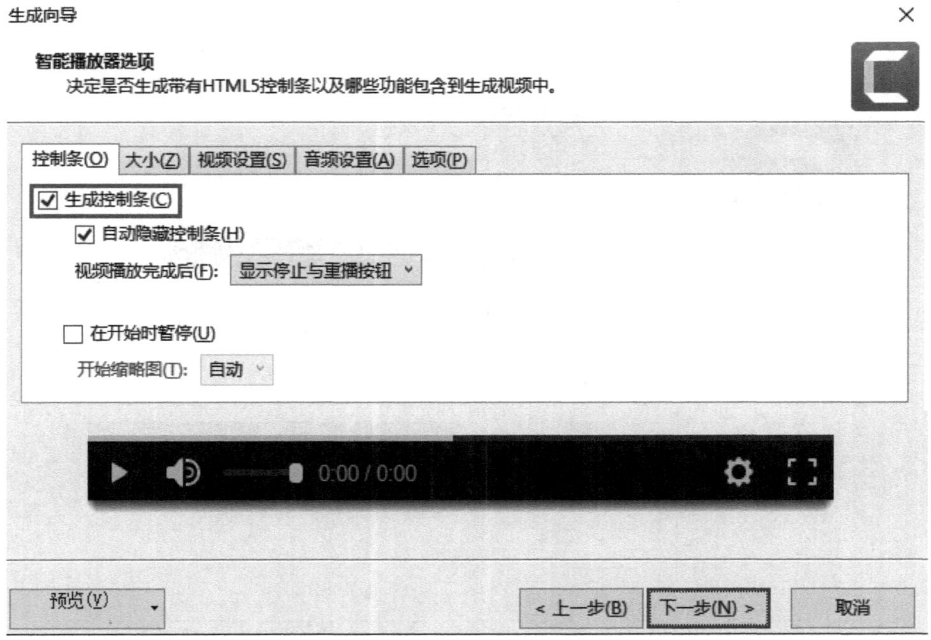

图5-126

（4）生成视频。

输入项目名称，选择文件夹，单击“完成”。如图5-127所示。

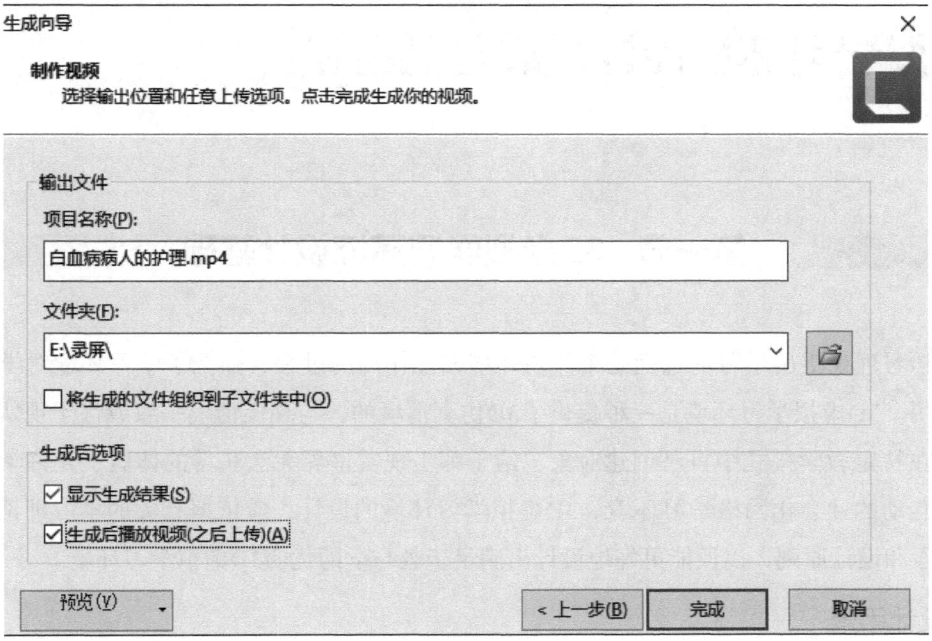

图5-127

（5）播放视频。

渲染完成后，观看生成的微课视频。

第六章

3D虚拟学习环境设计基础与活动设计

第一节　3D虚拟学习环境设计基础

现代学习理论提出学习的过程是个体与环境相互作用的过程，强调了学习环境对学习的重要意义和作用。3D虚拟学习环境是一种提供了3D仿真情境的，与现实情境一致或优于现实情境的，支持师生在特定教学模式中自己创建对象、给予师生现实世界无法获得的体验、允许学习者间以多种形式互动的社会化网络学习环境。3D虚拟学习环境的设计，应依据有关的学习理论、遵循相应设计因素和设计原则，以便能更好地设计出满足于教与学的优质3D虚拟学习环境。

一、设计因素

虚拟化身、学习场景、视角、界面、智能体和交互是3D虚拟学习环境的重要组成部分，合理有效的设计能够增强学习者对学习环境的认同感，促进学习共同体成员间的互动、交流，即协作学习，驱动学习者自主学习，从而达到主动构建知识意义的目的。

（一）虚拟化身

虚拟化身是学习者在3D数字世界中形象化的呈现，是一个数字虚拟人，它的定义可以分为狭义和广义之分。狭义定义是指学习者在虚拟世界中的虚拟自我身份或角色模型，它能够运动、做出各种动作、改变自身形象，例如行走、跳跃、跑动等，通过穿戴不同的虚拟服饰、发型等改变自身样式；广义定义是指在虚拟世界中生成的、用于代表现实世界中某些主体的数字化形象。学习者在3D虚拟学习环境中拥有虚拟化身非常重要，在具身认知学习理论指导下，虚拟化身在学习者的操控下，在3D虚拟学习环境中与其他学习者进行交流、协作，共同学习，完成各种学习任务，能够让学习者更加沉浸到3D虚拟学习环境中学习，让学习更专注、更有效。

根据定义，3D虚拟学习环境中的虚拟化身代表了实际的人或物，用于表征现实世界中的生命体，通常表现为人的形象，此时身份也称为虚拟人。虚拟化身可以展示出某些行为或动作，其特点集中体现在两个方面：一是能够响应其所代表人物的动作，与环境（或他人）进行交互；二是虚拟化身的形象可以设置和变化。例如，当学习者停止操作时，虚拟化身处于站立状态，此时的动作可以是左右观看，向人打招呼的动作；当学习者移动时，虚拟化身能够匹配并执行走、跑、跳等相应的动作和行为；学习者可以改变和设置虚拟化身的外在样式和形象，转换其服饰、发型、肤色等。

在3D虚拟学习环境中，虚拟化身可以设计成学习者、教师等多种人物形象，能够引起学习者强烈的沉浸感知。研究表明，虚拟化身之间的交流能够增强学习者的临场感和对自身及他人身份的认同感，促进交互行为发生。在虚拟化身的帮助下，学习者专注于对虚拟化身的控制，身临其境地参与到场景的交互，学习者比较容易适应陌生的学习环境，克服孤独感，获得学习指导和帮助，减轻学习障碍和认知负荷。虚拟化身能够在一定程序上慰藉学习者情感，提升学习环境的生动性和亲和力，促进积极体验的生成。学习者的虚拟化身可以根据年龄、专业的不同设计出不同形象的虚拟化身供学习者选择，同样，教师的虚拟化身也能够根据年龄、职业的不同进行不同类别的虚拟化身设计。按照归属分类，3D虚拟学习环境中的虚拟化身可以分为学习者自身和他人两类，不同的虚拟化身对学习过程都有各自作用，具体如表6-1所示。

表6-1　虚拟化身分类、作用及含义

分类	作用	含义
自身虚拟化身	身份认同	学习者认可自身虚拟形象，并在心理和行为上产生相应的影响
	环境认同	认可环境真实性，增加心理沉浸感知，促进环境探索
他人虚拟化身	促进交流	以虚拟化身为中介，实现面对面交流，增加人际直接交流机会
	提供学习帮助	作为学习帮助者，提供语音、文字等帮助信息

虚拟化身形象应当尽可能符合学习者自身的特点，例如性别、年龄阶段、行为举止等，促进其从心理上愿意接受该形象。在设计时需要为学习者提供形象良好的虚拟化身，增加对虚拟身份的认同感，提高学习和环境探索的积极性和主动性。由于3D虚拟学习环境面向不同的学习者，为便于其根据自身状态选择和设置虚拟化身形象，可分别将服饰、发型、外貌、体态等设计成不同的样式，并形成可供学习者自由选择和组合的功能模块。在支持多用户的虚拟学习环境下，学习者除了能看到自身虚拟化身外，还能看到他人虚拟化身，虚拟化身之间还能协作互动。协作和对话是发挥虚拟化身作用的关键点，也是环境设计应当关注的核心，虚拟化身设计需要围绕此功能展开，可以采取以下措施：

（1）虚拟化身之间的沟通可运用动作、表情、声音和文字相结合的方式，全面展示交流信息；

（2）在虚拟化身静止状态下，可为其赋予点头、身体微动、抬手等动作，以便虚拟化身在没有被学习者操作的情况下也能够呈现生动的形象，吸引学习者的注意力；

（3）为虚拟化身设计不同的观察视角，方便学习者观察环境；

（4）为虚拟化身设计走路、奔跑等动态行为以及面部表情，在学习者操作下完成学习环境的探索和漫游。

（二）学习场景

学习场景是一种能带来全新学习体验的学习空间和学习方式，重构了人与时间、空间、学习内容、学习平台的相互关系，以及人与人的连接与交互方式。同时，互联网、大数据、智能化等技术的快速发展，为场景化学习提供了新的支撑。沉浸式教学的学习场景，主要有以实况、实地、实物等物理环境为参考依据，以认知工具、技术资料等资源环境为支持内容，以学习氛围、人际关系等情感心理环境为指引，以学习习惯、思维模式、价值观等社会文化环境为贯穿全过程等多要素组成。在学习场景中，不同环境的不同要素之间相互作用、相互影响，共同促进教学活动的顺利进行。针对不同学习人群，场景的构建就要进行对应的设计。如针对职业教育场景，就需要考虑职业教育中的教室、实验室、实习工厂车间、企业工作岗位等场景因素的构成，职业教育以能力导向为本，旨在培养具有熟练技能的劳动者，能够快速胜任岗位工作。基于此目的，职业教育教学中推行以工学一体化的课程及活动设计理念，力图将工作场景与学校学习场景进行统整。

学习场景的设计主要从三个维度着手，即资源沉浸、人本服务、技术适宜。

（1）资源沉浸。场景资源相较于其他资源形式的最大区别，在于资源集成所带来的沉浸性，研究者可以通过对实际时空的设计与信息内容的编排，从而实现用户资源内容的沉浸效应。具体而言，场景所带来的沉浸感不止于视听感受，感官上的全在场可加深用户沉浸深度，则实际时空提供的嗅、触、味等感觉上的设计也十分重要；而在信息内容上，则需要重新编排内容结构，增加资源的易理解性与吸引力。

（2）人本服务。归根结底，场景设计提供的是以人为本的服务，需要考虑用户体验。场景中的各类因素是否符合人的主观感受十分重要。例如，空间尺寸需要符合人情工程学。在体验过程中，也要收集学习者各方面的体验数据，以优化下一轮体验。

（3）技术适宜。技术为内容服务，技术追求适宜适度。新一轮技术革命正在影响场景化设计，使得场景化效果可呈现的技术日趋增多。稳定成熟的技术是场景设计的基本要求，且技术的选择需要根据资源内容进行合理匹配，才能做到因“场”制宜。

场景一般由建筑物模型、实物模型、人物模型、动画等组成，为让学习者更容易适应学习环境，这些模型一般采用1∶1比例构建，通常是将这些模型构建好后镜像到3D虚拟学习环境中，以便于学习者能够更快地适应，能够轻松愉快地进行各类学习体验。

学习场景聚焦教学应用，是支持特定空间、针对具体的教学活动开展的直接条件。学习场景的设计以学习者为中心，以学习任务为分类标准，整合各种学习资源、学习过程和学习方式，将技术与学习活动整合，形成相对完整的学习情境和学习体系。场景创建依赖学校的信息化教学环境，在真实学习环境、虚拟学习环境、虚实融合的学习环境中，针对特定的学习主题、项目，根据学习内容的特点，在特定的学习时间和空间开展不同类型的学习活动，支持个体之间或个体与社群的交流互动，每个学习场景的构建既要体现场景的基本要素，也要满足学习复杂性的特征。

（三）视角

3D虚拟学习环境中的视角可分为第一人称视角和第三人称视角，两种视角具有不同的观察角度和视野范围，因此能够产生不同的学习体验。视角可以与虚拟化身配合使用，通过为虚拟化身设置两种不同的视角，实现观察角度的切换，能够让学习者从多种角度了解虚拟世界。视角的分类及各自特点如表6-2所示。虚拟化身的视角具有各自的特点，在环境设计时应灵活选用。

表6-2　视角的分类及各自特点

视角	特点
第一人称视角	1. 学习环境代入感强
	2. 只能看到虚拟化身的部分肢体，如手、脚等
	3. 重在学习者自己情感参与，与虚拟化身合二为一
	4. 视野范围狭窄，只能观察到自己前面的视野
	5. 摄像机绑定在虚拟化身的眼睛处，容易产生眩晕感
第三人称视角	1. 相较第一人称视角，学习环境代入感稍差
	2. 从“上帝”的角度观察环境，即摄像机在虚拟化身的后上方
	3. 能看到虚拟化身的全部及其周围环境，视觉信息丰富
	4. 重在感受虚拟化身情绪和体验，学习者与虚拟化身通常相分离
	5. 不容易产生眩晕感

第一人称视角通常适用于虚拟化身位置固定不变的情况。虚拟化身在3D虚拟学习环境中的位置可以分为固定不变和自由移动两种类型，这两种情况下虚拟化身的活动能力和灵活性有很大差别，所采用的视角也不相同。虚拟化身的位置固定时一般采用第一人称视角，此时虚拟化身所看到的视野就是学习者的视野。由于位置不发生变化，学习者只能通过操作虚拟化身实现俯视、仰视、左右转动头部来观察环境，不能自由走动，观察有一定的局限性。由于不能够自由移动，学习者会产生被束缚的感觉，自然度受到影响，沉浸感会下降。在自由移动情况下，虚拟化身既可以采用第一人称视角，也可以采用第三人称视角。前者具有强烈的沉浸感，学习者的走动、跳跃、俯身等动作被完整地映射到3D虚拟学习环境中，产生极强的代入感，感觉自己进入3D虚拟学习环境中一样。学习者的位置移动也会引起虚拟化身向3D虚拟学习环境中的位置移动，甚至在动作捕捉等数字化穿戴设备的辅助下，学习者的每个动作都可以精准地映射到虚拟化身上，增强其形象性、生动性。通常学习者往往能看到虚拟化身的手部、道具，如同本人真正参与到虚拟世界中一样。

采用第三人称视角时，学习者通过手柄等设备操作和移动虚拟化身位置，视野（实际上是摄像机）将会一直追随着虚拟化身，不管虚拟化身是向前、向后、向左还是向右，都是如此，视野中能够观察到虚拟化身的全部形象以及周围的部分环境，在这种情况下，沉浸感也会有所下降。视角决定了学习者的观察视野，能够影响学习体验，因此，在进行3D虚拟学习环境设计时，应尽可能利用视角提升学习者的沉浸感，体现出环境的代入感。视角的运用应当根据虚拟化身位置而定：即当虚拟化身的位置固定不变时，采用第一人称视角，能够带来较好的观察体验；当虚拟化身的位置可以发生变化时，可为其设置第一人称和第三人称两种视角，学习者能够根据自身的学习状况自由切换观察角度，发挥两种视角的优势，促进其深入探索学习环境。

（四）界面

3D虚拟学习环境由各种各样的设计元素构成，如模型、图片、操作界面等，其中界面的友好性是增强学习者学习兴趣和提升学习积极性的关键。界面一般以2D图形形式呈现在3D虚拟学习环境中，并与3D虚拟学习环境融为一体，承载多项功能，如内容组织、交互等。由于没有固定边界，呈现给学习者的不再是司空见惯的屏幕，而是没有边界的弧形球面，原来适用于固定屏幕的所有界面和功能在虚拟空间中都需要被重塑。合理的界面设计能够给学习者带来良好的感受，也能在一定程度上减少不必要的认知负荷，有助于学习者集中精力操作和学习。界面设计时通常可以借鉴隐喻方式，即将界面设计成一定的事物，使其看起来不那么突兀，尽量与所在的3D虚拟学习环境有机融合，增进环境的整体感和沉浸感。隐喻方式目前主要包括基于生活用品的隐喻、基于自然生物的隐喻、拟人化隐喻。例如，可以将界面设计成物品形式，提升界面在3D虚拟学习环境中的融入程度，加强其学习环境的协调感和整体感。界面形式分为两种：其一为系统界面；其二为自然式操作界面。在3D虚拟学习环境设计时应根据设计需求而加以选择。

系统界面是指悬浮在学习者视域内并为其提供有关3D虚拟学习环境基本信息的界面，用于展示系统功能、参数设置、操作说明、帮助信息等，通过调用系统界面，学习者可以随时改变学习环境的系统设置、查看操作说明和帮助信息。默认状态下，系统界面处于隐藏状态，学习者可以使用功能键、手势、手柄射线等激活并调出。它通常将展示信息集中在某一区域内，排版布局方式包括宫格式、列表式等，不同排版方式都有其信息组织特点和外在审美特性，在使用过程中会给学习者带来不同的感受，例如宫格式界面布局，组织结构稳定，便于学习者查找信息等。系统界面不要超过学习者的视域，过宽将会迫使学习者转头去看，易产生疲劳，降低体验效果。由于系统界面叠加在3D虚拟学习环境中，靠近学习者的眼睛，容易引起双眼聚焦疲劳感，导致晕动症的发生。系统界面设计时需要注意的事项如表6-3所示。

表6-3　系统界面设计需注意事项及要求

序号	事项	要求
1	视觉元素	力求简洁，避免烦琐和复杂的设计
2	深度	位置合理，通常设置于距离眼睛位置2～3 m的范围
3	频次	使用的频次应当尽量减少
4	宽度	系统界面不宜过宽，不要超过视域

自然式界面是一种信息分散的设计方式，其主要用来响应学习者与3D虚拟学习环境交互时所对应的操作，并给予一定的反馈信息，排版和布局比较灵活，常常结合学习环境展示内容而决定界面样式及放置位置，视觉效果如同真实世界一般。例如，需要查看时间时，时钟就会出现在场景中。自然式界面是尽可能给学习者营造一种强烈的视觉冲击，让其感到场景更加真实可信，体验感更好。自然式界面的设计目的是形象而直观地还原现实世界的场景和体验，允许学习者将现实世界中形成的经验快速地迁移到虚拟空间中，其优点在于适应学习环境的过程短，操作简单，

符合学习者体验，3D虚拟学习环境给予的反馈跟现实环境一致，从而会大大激发学习者进一步交互的兴趣。

（五）智能体

学习者的虚拟化身进入3D虚拟学习环境后也会看到其他虚拟人物，这个（些）虚拟角色不是其他学习者，而是根据教学设计需要存在于场景中的虚拟角色，例如虚拟导师、虚拟导游、智能学伴等。智能体是在虚拟环境中存在的一种具有智能性的虚拟人物或动物，是场景的一部分。在复杂多变的虚拟环境中，智能体角色能够自行通过自己的行为机制，在虚拟环境中进行自己的一系列操作。要想逼真地模拟出一个虚拟学习场景，除了需要构建3D场景外，还需要一个完善的智能体角色模型的参与，智能体要达到比较真实且有较高的效率，就需要对智能体角色模型进行设计。

为了达到智能体的拟人化，对智能体的行为进行一些规划。智能体主要还是依赖底层引擎的支持，智能体角色动画自动生成在本质上是对具有自主智能行为的生命体的仿真，在常见的游戏中指的是非玩家角色。要构建逼真的智能体，通常需要对智能体内在的行为模式和决策进行仿真建模，也需要对智能体的外在行为进行真实呈现，从而使得智能体能够与外部环境进行自主和逼真的互动。目前实现智能体的常用技术有寻路技术、有限状态机、决策树等等。智能体能够根据环境的变化而做出相应的决策和行为，目前对于在3D虚拟学习环境下的智能体研究还有待更深一步的研究，随着智能技术的发展，智能体的研究有望实现新的突破。在3D虚拟学习环境中智能体可以实现的功能包括与学习者开展协作和对话、引导注意力、建议学习路径、提供及时的帮助信息等。

（六）交互

基于虚拟现实的3D虚拟学习环境通常有三种呈现方式：沉浸式、半沉浸式、桌面级。沉浸式虚拟学习环境交互需要硬件设备支持，常见的交互设备包括空间定位器、头戴式显示器、VR手柄等。交互方式包括目光凝视、手柄射线、空间定位与位置追踪、语音交互等。目光凝视是最基本的交互方式，目光凝视也被称为定时锚点。学习者戴上头盔后，眼睛的正前方会有一个锚点，能够跟随其头部同步移动；当目光停留在可交互的区域时，经过设定的时间后，则激发点击操作，这种交互操作不需要动手。目光凝视适应于轻量交互场合，人机交互效率不高，体验效果一般，通常作为辅助交互的形式。手柄射线交互过程较为轻松自然，手柄控制器中含有加速计、陀螺仪和地磁传感器等电子器件，能够实现精准操作。通过手柄射线可以远距离选择物体，激发交互功能，也可以在虚拟空间中实现位置的瞬间移动，从而提升环境漫游的效率。空间定位和位置追踪交互方式一般用于“计算机主机+VR设备”的情况下，除了有控制手柄外，还需要配备定位基站、位置追踪系统，学习者可以在一定的空间范围内自由活动。这种交互方式非常自然，与日常行为模式接近，提高了学习者的积极性，有助于产生良好的沉浸感和体验。

半沉浸式的虚拟学习环境交互，常见的有体感交互，通常依赖的设备是Leap Motion和Kinect。Leap Motion设备主要是基于手势来进行交互，检测范围是在Leap Motion控制器上方25 mm～600 mm之间，可以追踪全部十根手指，精度达到百分之一毫米，呈现出倒四棱锥体的形状，可以单独使用Leap Motion操作虚拟学习环境中的物体，实现半沉浸感，通常Leap Motion与HTC vive或Oculus也配套使用，实现在沉浸式虚拟现实环境中使用手势进行操控，使得用户沉浸感更强。Kinect借助于红外线收发装置以及图像捕捉处理技术，能够完成对人体动作的识别、追踪和捕捉。Kinect的人体姿势识别技术分为以下几部分：通过动作捕捉获得大量的不同姿态的人体深度图像，将这些深度图像中的人体各个部位标记出来；建立随机决策树，使用标记过的深度图像对决策树进行训练，让Kinect学习计算出人体各个部位的特征值；使用算法对人体各部位中的关节点的空间位置进行定位。经过以上几步，Kinect就可以做到在实时采集到的环境深度图像中分离出人体图像，在人体图像上划分出各个部位，并在各个部位上确定关节点位置。在虚拟学习环境中需要用到的人体姿势有以下几种：选择、抓取、旋转、移动、释放，以及在自由漫游模式下身体的倾斜移动控制虚拟角色行走。

桌面级虚拟现实是利用个人计算机和低级工作站进行仿真，计算机的屏幕用来作为用户观察虚拟世界的一个窗口，各种外部设备一般用来驾驭虚拟境界，并且有助于操纵虚拟情景中的各种物体。桌面级虚拟现实技术是一种纯软件解决方案，三维虚拟学习环境运行在PC的软硬件环境中，因此，桌面级虚拟现实技术有着较低的运作门槛。同时随着计算机软件和硬件技术的进步，尤其是三维图形实时渲染技术的快速发展，桌面级虚拟现实系统已经可以实现相当高质量的视觉虚拟环境了。利用虚拟现实技术对传统课堂进行变革，桌面级虚拟现实技术是一种可行的解决方案，随着5G技术以及平板电脑的普及，在传统课堂教学的基础上，利用桌面级虚拟现实技术延伸课堂教学空间，开展线上线下混合式教学。沉浸式、半沉浸式的虚拟现实技术则更适合应用于实验室进行虚拟实验操作。

语音交互是一种更加自然的人机互动形式，学习者与学习环境或虚拟人物采用语音方式交互非常自然和便捷，能够极大地促使沉浸感的产生，增强学习者对环境的亲切感，还可以提高交互效率。在3D虚拟学习环境的设计中，可以采用的交互技术包括语音提示和导航、动作捕捉、眼球跟踪、位置跟踪等。不同交互方式具有不同的特点，所带来的交互体验和效果也是不同的。因此，在进行3D虚拟学习环境设计时，应综合考虑学习需求和环境设计要求，运用各种交互技术因素，尽可能提升学习者的积极体验。基于体验的学习方式和学习活动，可以增强学习者的真切感受和深刻理解。3D虚拟学习环境以体验为设计的核心要点，设计过程要始终围绕着有利于体验而开展，设计结果要能够满足体验式学习的需求。3D虚拟学习环境设计应遵循相应的原则，注意情境、交互和学习活动三个方面，促进积极体验的生成。

二、3D虚拟学习环境的设计原则

库伯的体验式学习模型可为3D虚拟学习环境设计提供总体指导思想，因此学习环境应当满足学习者体验需求，为其提供具体的经验，促进学习者的学习思维和概念的形成，还要能够提供一定的检测手段，在虚拟学习环境中提供对概念进行检验和应用的机会。在借鉴库伯体验式学习理论的基础上，根据3D虚拟学习环境的特点，以学习体验作为研究视角，提出如下设计原则。

1. 真实性原则

真实性是影响学习者深度沉浸和良好体验的重要因素，通过构建与现实环境相同或相近的虚拟学习环境能够让学习更有效。学习情境设计要选取现实中真实问题情境，而且问题也必须是来源于现实生活，最好构建的虚拟学习环境是对现实的真实场景采取1∶1还原。通过从鲜活的现实生活中提取真实的问题，通过在这样的问题情境下开展学习，学生才能够真正明白所学知识的应用价值，才能够更加深刻地理解知识的内涵与外延，促进知识的迁移并提升解决问题的能力。如果在3D虚拟学习环境中对虚拟对象的设计不够真实，虚拟学习场景中对象比例不协调、色彩搭配不一致、纹理贴图不合理等，都会影响学习者对环境的认同，令其从主观上无法接受，难以产生较强的沉浸感，进而影响学习者的学习效果和学习兴趣。

因此，真实性不仅仅是指创设的3D虚拟学习环境以及其中的各种对象具有高度的真实感，也意味着3D虚拟学习环境所蕴含的学习内容和学习问题来源于真实的世界，能够让学习者所理解，问题情境具有真实的意义。而且展示的对象不能违背自然规律和客观事实。例如3D虚拟学习环境中的虚拟人物要与现实的人物形象相同，身高、胖瘦也要具有代表意义；设计骨骼模型时，不能随意更改骨骼的位置和大小，应当按照真实的人体骨骼建模；小球运动设计时，应当考虑重力对球体的影响，等等。真实性原则有利于提高环境的拟真性、操控可信度和学习者的体验度。

2. 易于导航原则

3D虚拟学习环境为学习者提供了一个虚拟沉浸式的视听空间，无边界性是其一大特点。第一次进入虚拟环境时，难免会产生陌生感，因此在3D虚拟学习环境中提供适当的导航机制能让学习者更容易适应环境，能更有效地引导学习者进入学习状态，通过提供相应的信息让其尽快地进入探究状态，加快学习进程。在虚拟世界中如果导航设计不合理，将会给学习者带来很大的困扰，容易失去方向感、空间感，迷失在虚拟空间中。

易于导航原则的目的是让学习者方便地操控3D虚拟学习环境，便于学习者在3D虚拟学习环境中快速定位所学知识内容，参与学习体验，尽量减少导航障碍和不必要的认知负荷。为方便学习者导航，可以使用多样化的导航方式和有效的视线引导，例如采用指示箭头、语音提示、菜单等，让导航方式更加灵活方便。视线引导有利于将学习者的注意力吸引到特定学习内容上。

在多用户的3D虚拟学习环境中，教师的虚拟化身和多个学习者的虚拟化身共同进入同一场景，通过文字、语音、视频等方式进行交流、互动，也会为初次进入该场景的学习者提供学习帮助，可以起到一定的导航作用。

3.学习内容适合原则

3D虚拟学习环境擅长表现3D情境、形象化场景、对象和学习内容，能够满足学习者从多种角度观察和操作的要求，例如表现生物学的生物结构、地理学的地貌、化学的分子结构等。在进行3D虚拟学习环境设计时，应该结合教学目标、教学内容、教学进度和教学要求，选择合适的学习内容以及形象化的表达方法。设计合理的学习难度，如果难度过低会让学习者产生傲慢情绪，进而产生无聊的学习情绪，难度过高容易导致焦虑感以及消极情绪的发生，因此难度应控制在合理区间，让学习者既不会感到内容过于简单而无聊，也不会因为内容过于复杂难以理解而感到焦虑。

4. 注重反思性和反馈性原则

学习反思是学习的重要环节，是学习内容在头脑中加工的过程，有利于深化对知识和技能的理解，有利于对学习内容的意义建构，对知识的内化和迁移至关重要。从信息加工论来说，反思能够对进入人脑的短时信息进行加工处理，然后将信息贮存在长时记忆之中。

3D虚拟学习环境是一个信息非常丰富的学习环境，学习资源富集。如果学习者不能够对所学知识及时反思，很容易造成认知负荷过重。来不及对某些知识进行加工，会影响到知识的获取和学习兴趣的提高，容易形成走马观花的肤浅印象。如果操作缺乏及时的信息反馈，会使得学习者无法确定操作的正确性，影响进一步的学习行为。及时和有效的反馈机制能够让学习者始终保持积极的操作心态，友好的反馈形式有利于学习者和学习环境之间形成一种良性的互动，为学习活动的顺利开展起到支持作用。

多用户的3D虚拟学习环境，提供了有效的实时反馈机制，师生的虚拟化身在同一时间进入同一3D虚拟学习环境，学习者在学习的过程中遇到问题，可以通过聊天面板向场景中所有的参与人员咨询，某一人进行回复后，所有的人员都可以及时看到，反馈及时。也可以与场景中的某一位学习者或教师私发信息，或者通过点对点语音、视频等途径获得及时的反馈。

5. 激发学习动机的原则

学习动机是引发学习并能够维持的心理源动力和心理倾向，能够监督和调节学习者的学习行为，指向一定的学业目标，为学习活动的开展提供行动的力量，直接促进学习行为的发生。在3D虚拟学习环境设计中，尤其是所创作出的支持多人协同的逼真学习环境，具备激发学习者学习动机的天然条件，即多人进入同一虚拟环境，构建出学习共同体，同时通过一定的设计策略和手段将学习动机激发和提升到一个合适的水平，使得学习活动能够持续和深入下去。学习动机理论主要包括需要层次理论、成就动机理论、自我效能理论等。

在3D虚拟学习环境中，应合理设计提升学习动机的环节。例如，通过设置一定的问答机制、竞争机制、惩罚和奖励机制，能在很大程度上激发学习动机，提升学习者的成就感，使其明确学习的意义，增加积极的体验。

6、舒适性原则

舒适是保证学习者在3D虚拟学习环境中持续开展学习、产生深度沉浸感的重要条件。如果设计不合理、舒适性受到影响，学习者则很难持续并深入地开展学习，精力也难以集中。学习者会因为虚拟学习环境的不适而受到干扰，导致学习体验大打折扣。学习者在3D虚拟学习环境中通过第三人称控制虚拟化身，主要以平视观察为主，仰视和俯视的频率小于平视，平视的舒适度为水平视线上下30度，学习内容应放置于平视区域内，学习过程无须频繁地转动眼睛和脖子，能够节省体力，有利于积极体验的形成。

第二节 3D虚拟学习环境的设计要素

3D虚拟学习环境一般由学习情境、学习资源、支持工具、学习共同体和学习活动五个要素组成。3D虚拟学习环境设计出发点是以学习者自主学习为中心，强调学习者的自主意义建构。

一、学习情境设计

学习情境设计是构建体验式、具身化的3D虚拟学习环境设计的关键，学习者能否获得良好的体验与情境有着直接的关系，因此应当在遵循情境认知、沉浸式等相关学习理论指导下开展情境设计，为学习者创造适合学习的情境。

（一）情境与场景

情境是3D虚拟学习环境的基本组成单元，真实可感的情境可提升学习者体验，为情境化学习开展提供坚实的物质保障，传统课堂由于难以构建情境化的学习环境而导致在教学过程中无法开展一些教学活动。利用本研究的在线3D编辑器，可以让教师根据不同的学习目标和学习内容，从沉浸式、情境认知、具身认知等学习理论出发，设计学习情境、创造出真实、生动、动态、三维的强交互性的全景画面。

在3D虚拟学习环境下开展的探究式、体验式等相关的学习活动，非常重视学习者的主动性、参与性，以及直观感受和体验，通过具体的探究、体验和反思活动来掌握知识和技能。在当前的教育教学中，普遍存在着所学知识和技能要么过于肤浅、要么过于落后，与解决真实世界中问题所需的知识和技能脱节，在传统课堂教学时使用的情境化教学都是采用表述的方式进行简单描述，或者甚至是去情境化教学。3D虚拟学习环境尤其是多用户的3D虚拟学习环境则为解决情境化教学提供了重要条件。由于体验式学习过程具有情节记忆、情绪记忆、语义记忆等优势，非常有利于记忆的保持和检索，从而有利于学习的发生。

情境认知学习理论认为所有的知识和学习从根本上说都是情境化的，知与行是交互而不可分割的，不能离开情境而谈知识，情境性是知识和学习的特性和组成部分。有效的学习必须将学习的内容和过程与真实情境联系起来，让学习者在情境中建构知识并发展能力。

具身认知学习理论认为学习是大脑、身体与环境交互作用的产物，认知过程中身体起着重要的作用，强调了学习者身心合一的意义。在情境设计中，应该强调学习者的动作和身体感知的重要性，在相应环节上要体现出操作的意义和动作的价值。设计专门的情境，诱发学习者的操作和行为序列，发挥多感官的作用，例如触觉、力感、空间感等。

每种情境可以具体化为不同场景，场景是组成情境和学习环境的基本单元。场景是指以视觉化的方式展示给学习者的各种3D全景画面，是3D虚拟学习环境的重要组成部分。不同的场景组成同一个情境，而不同情境形成了学习环境。

场景是环境和情境的具体表现，起到载体作用，能够将各种功能要素包含在内，如交互功能、导航功能、界面等，最终以视觉化的形式呈现给学习者，场景质量直接关系到学习者的审美感受，与学习者的学习动机、兴趣、体验有直接的关系。场景分类标准及类型如表6-4所示。

表6-4　场景分类标准及类型

标准	类型
风格	写实：将现实世界场景1∶1还原
	卡通：以简单、夸张和漫画风格表现世界
	超现实：展示想象的环境和不存在的空间，如科幻场景
表现内容	室内场景：展示教室、房间、实验室、礼堂等室内环境
	户外场景：展示森林、草场、高山、平原等自然场景
复杂度	简约型：突出主要的场景特征，忽略次要的因素
	复杂型：场景事物繁多，结构复杂，表现内容详细

从技术角度来说，场景的创设可以通过天空盒子、3D模型以及两者相结合的方式。每种方法都有其各自的优缺点及适用场合。场景创设方法及类型如表6-5所示。

表6-5　场景创设方法及类型

类型	优缺点	适用场合
天空盒子	1. 开发速度快	制作背景画面和效果
	2. 场景图像无锯齿	
	3. 计算资源消耗小	
	4. 3D效果差	
	5. 不适合角色移动	
3D模型	1. 空间感强烈	建立3D模型，制作前景和中景
	2. 画面畸变小	
	3. 支持角色移动	
	4. 计算资源消耗大	

天空盒子+3D模型结合两者特点，实现优势互补。创设3D环境，背景用天空盒子，前景和中景用3D模型。

场景创设要真实合理，场景越真实，学习者的沉浸感和代入感越强烈。在场景设计中要注意3D虚拟模型间的大小比例关系，应符合现实中的比例。此外，3D虚拟学习环境中视角的设置要合理，视角就是学习者的眼睛观察范围，观察高度要和正常人的高度保持一致，一般设置在1.75 m左右，否则，学习者所看到的3D虚拟学习环境不自然，会影响认知。如图6-1所示。

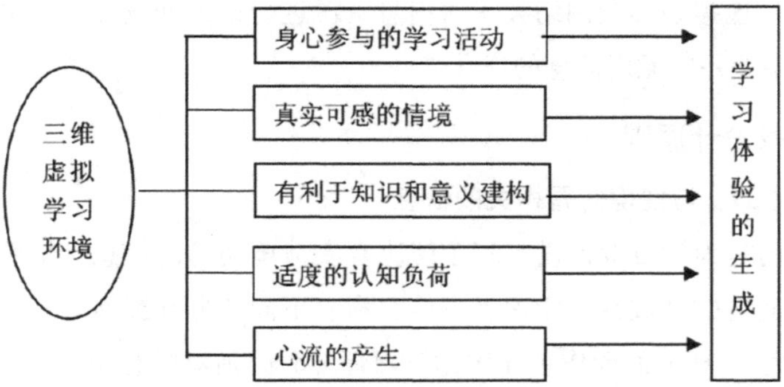

图6-1 3D虚拟学习环境的特点

总而言之，应根据教学和学习需要，设计不同特色的情景和场景。例如，在课堂导入时，利用3D虚拟学习环境为教学的顺利开展提供情境支持，教师根据所教内容创作的特定教学情境，可在融入教学内容后，还可以进行相应的拓展，将所教内容与特定的应用场景结合起来，做到学以致用。特定的学习情境能够引起学习者一定的情绪反应，情境设计应该使其快速地生成与情境相匹配的内心状态。通过具体场景来表现一定的情境，情境应当满足学习者的身心参与，具有真实可感的环境，提供适度的认知负荷，有利于意义建构和心流体验的产生，促进学习者的积极体验。

（二）问题情境的创设与应用

1. 问题的导入

问题的导入首先应确定学习者的“真实角色”，学习者以“真实的角色”参与场景的互动，能够更加以全身心的状态投入学习中。导入情境可以是生活中的真实场景，也可以是某些问题的背景信息。在本研究的3D虚拟学习环境编辑系统中，可以利用专业的建模工具构建出真实的学习场景，或利用其本身提供的外部链接功能将外部多媒体接入场景来提供真实问题的背景。问题导入有多种方式，例如故事化的情境、现实生活中的问题或现象、设置好的真实的任务等。

2. 问题情境的呈现

呈现问题时要把生活的原生态呈现出来，除运用文本、视觉图像及音频等呈现方式外，还要充分利用虚拟现实技术来尽量呈现能让学习者身临其境的问题情境。对问题的呈现及描述要客观、全面，不能进行抽象简化，也不能带有指向性。这样定义出的问题是开放的，有益于学生从总体上把握问题的概貌和本质，从多方面思考问题的解决方式。另外，还要包括一些提示线索，在必要的时候提供给学生，引导他们的思维活动。

二、学习资源设计

学习资源是指支持教学活动，实现一定教学目标的各种客观存在形态。学习资源是个非常庞杂的概念，它通常包括物质资源（如媒体、器材、工具等）、人力资源（如教师、教辅人员等）和信息资源（如课本、电子阅览室、Internet、CD-ROM等）。本研究利用3D编辑系统进行学习资源设计，主要是运用虚拟现实及网络技术对信息资源进行组织和设计，有助于学习者解决问题、完成学习任务，而不是一些无用信息的集合。

（一）学习资源设计原则

1. 提供尽量丰富的、与情境问题相关的信息

学习材料的作用是为学习者提供有利于解决真实情境问题的信息，辅助学习者进行问题探究过程的开展。由于问题的开放性，学习者可能会沿着不同的方案探索问题，他们对信息的需求也可能不同。3D虚拟学习环境的创作者在构建学习环境时必须对所有相关学生学习的需要做出充分的估计，以便能满足每一个学习者进行学习。在利用3D开发系统进行3D虚拟学习环境的设计时，所提供的信息可以包括文本、图片、声音资源、视频、动画和3D立体模型等多种形式，只要有助于学习者理解研究的内容，有益于学习者解决问题的信息，都可以提供给学习者使用。

2. 阐释材料的多角度和多方位

针对某一个特定的概念或观点，需要有多角度、多方位的阐释材料。单一角度的材料，容易限制学生的思维，学生很难进行深入理解和总体把握。多角度、多方位地呈现同一概念或观点，使学生达到对知识尽可能完整的理解，获得具有足够弹性与灵活性的知识，可适应多变的真实情境。在3D虚拟学习环境的设计时，可针对某一具体的学习问题，提供多条途径、多种方法，以及多人参与协作的方式进行问题的解决，这样可以提高学习者解决问题的能力，增强对3D虚拟学习环境的黏度。

3. 要有支持性和指向性

在3D虚拟学习环境中，学习资源的设计应有助于使学习者成为问题的发现者和探究者、问题的解决者和知识的意义建构者，在选择和设计学习资源时一定要明确资源的使用方式和使用途径，为学习者开展问题的探究和问题的解决提供隐性内容。

4. 关注学习资源的组织性

在3D虚拟学习环境中，学习资源不仅能作为传递知识信息的素材，同时还扮演了指导者的角色，通过充分利用箭头、动画、虚拟人物等特定的信息传递，辅助学习者开展深度学习，可部分取代教师的功能，所以在组织或筛选学习资源时，应有针对性地收集、整理，以减少学习者的学习难度。同时，学习资源的组织必须符合学习者的认知和信息加工的规律。

5. 适时使用案例

在3D虚拟学习环境中，案例是重要而典型的资源，案例可以是使用3D虚拟学习环境过程中录制的视频或事先编好的动画。案例可以为学习者提供解决问题和心智模式构建的经验，支持学习者回忆相关知识，可以为学习者提供一系列的经验，有效弥补学习者在解决问题过程中经验上的欠缺；有利于学习者与时下要解决的问题加以比照、模仿和移植。通过展示问题的多元视点和解决问题的多元方法，相关案例能有效地描述问题的复杂性。

（二）学习资源的设计步骤

1. 学习资源设计前期分析

学习资源设计前期分析。在进行3D虚拟学习环境创作时，其中学习资源的设计首先应对学习者的知识结构、能力水平以及通过学习所要达到的水平进行分析，从而有针对性地设计出有助于提高学习绩效的学习内容。

2. 学习策略的设计

选择适当的学习策略以支持具体的学习。在利用3D开发系统创作3D虚拟学习环境时，可采用支架式、抛锚式、探究式等学习策略。支架式教学策略主要是为学习者建构对知识的理解提供的一种概念框架。这种概念框架的概念是为发展学习者对问题的进一步理解所需要的，因此，支架式教学策略首先是把复杂的学习任务分解为更小更易学习且容易完成的子任务，以便于将学习者的理解逐步引向深入。抛锚式教学策略要求建立在有感染力的真实事件或真实问题的基础上。确定这类真实事件或真实问题被形象地比喻为“抛锚”，引出问题，因为一旦这类事件或问题被确定了，整个教学内容和教学进程也就被确定了。探究式学习策略最早由美国著名教育心理学家布鲁纳提出，后来美国学者萨奇曼将其进一步发展。萨奇曼认为在教学中可以模拟科学家解决问题的过程，使学生模拟科学家解决问题的方法以获得在真实生活情境中发现问题、解决问题的能力，在3D虚拟学习环境中，可以更容易构建探究式的学习环境。

3. 学习内容的具体安排

在内容设计的步骤中，在3D虚拟学习环境中安排选择哪些内容是内容设计的核心。在利用3D开发系统开发的3D虚拟学习环境中，应植入更多与学科知识内容紧密联系的图片、标签等提示性内容，同时设计者可结合外部链接有关媒体、内部上传3D模型搭建场或内部建模组件构建3D场景等形式将学习资料组合在这个3D虚拟学习环境中，以构建学习内容丰富、逼真的3D虚拟学习环境。

4. 内容设计的评价

在3D虚拟学习环境中，学习者在学习的过程中，可以根据学习者的学习变化进行评价，通过收集、分析学习者的反馈信息，对内容设计的方案策略做出相应的调整，使学习能顺利进行。

（三）支持工具设计

学习环境中的支持工具对学习者学习过程起着重要作用，包括效能工具、信息工具、情境工具、协作交流工具、认知工具和学习支架。这些支持工具可以支持学习者的知识建构、在建构中学习、在交流中学习和在反思中学习等多种有意义的学习方式。3D开发系统所开发的3D虚拟学习环境支持的工具主要包括协作交流工具、认知工具和学习支架。

1. 协作交流工具

协作交流工具指的是在3D虚拟学习环境中师生之间/学生之间交流、协商、对话的工具，除了传递信息还有支持情感学习目标的意义。在3D虚拟学习环境中可利用同步和异步交流工具。同步交流主要是点对点语音、点对点视频交流模块。师生可利用点对点语言工具实现双向语音实时交流互动，点对点视频交流实现点对点双向视频实时交流互动。异步交流主要是利用文本对话框显示聊天记录来实现。在3D虚拟学习环境开发系统中，协作交流工具是与新创建的场景集成的，即新创建的3D虚拟学习环境本身带有协作交流工具。

2. 认知工具

认知工具指的是发展批判性思维、创造性思维能力的学习工具，其在帮助和促进认知过程，培养学生批判性思维、创造性思维过程中起着重要作用，可作为个人认知能力的脚手架发挥作用。认知工具是学习者学习的一种辅助手段，“博客”就是一个很好的认知工具，可以反映学习者的进步过程，激发更高层次的反思和思维活动，帮助和促进学习者的认知。在3D虚拟学习环境中可以通过外部链接功能将“博客”等认知工具融入，也可以运用概念图等。

3. 学习支架

（1）学习支架及其作用。

学习支架是指根据学习者的需要为他们提供帮助，并在他们能力增长时撤去帮助。维果斯基将学生的实际发展水平与潜在发展水平相交叠的区域称为“最近发展区”，学习支架的作用就在于帮助学生顺利穿越“最近发展区”以获得更进一步的发展。通过支架（教师或有能力的同伴）的帮助，管理学习的任务逐渐由教师转移给学生自己（学习过程被内化），最后撤去支架。学习支架保留了学生情境复杂性和真实性的形态，帮助学生经历一些更为有经验的学习者（教师）所经历的思维过程，有助于学生对于知识，特别是隐性知识的体悟与理解。能帮助学生认识他们潜在的发展空间，提高能力水平。

（2）学习支架工具的设计。

学习支架工具的设计有两大步骤：分析学生的需要和确定支架的表现形式。

①分析学生需要，选取支架类型。

进行学习支架工具的设计，必须先分析学生的需要。学生需要类型的不同，选用的支架也不同。具体来说：第一，当学生从各种学习资源中收集必要的信息时，需要使用一种“接受支架”；第二，当学生阅读他们获取的信息后，反思并发现它们的意义时，需要一种“转换支架”；第三，当学生准备制造某项作品，或者表达他们学习的结果时，需要一种“产品支架”。一般说来，学习支架是他人提供给学习者的，但在学习过程中也允许学习者对它进行合理的修改，独立学习的学习者还可以自己创设支架。

②确定学习支架的具体形式。

在3D虚拟学习环境中，学习支架可以在3D场景中适当的位置安放三维面板，并在其上插入范例、问题、建议、向导、图表等，学习者的虚拟化身走近三维面板，即可查看相关信息。范例是符合学习目标要求的学习成果（或阶段性成果），往往含纳了特定主题的学习中最重要的探究步骤或最典型的成果形式。问题是学习过程中最为常见的支架，相对“框架问题”而言，作为支架的问题的系统性较弱，同时更加关注细节与可操作性。当把设问语句改成陈述语句时，“问题”支架就成为了“建议”架。与“问题”支架的启发性相比，“建议”支架的表现方式更为直接。

向导（也可称为指南）是问题、建议等片段性支架根据某个主题的汇总和集合，相对问题支架而言，向导更关注整体性的绩效。图表可以采用知识可视化相关图解工具，如概念图等。

（四）学习共同体设计

3D开发系统是原生支持多用户的开发环境，利用在线3D编辑器，无需一行代码即可构建出多人协同的3D虚拟学习环境，多人参与同一3D虚拟学习环境开展学习活动，形成学习共同体。学习共同体是指一个由学习者及其助学者（包括教师、辅导者等）构成的团队，他们彼此之间经常在学习过程中进行沟通、交流，分享各种资源，共同完成一定的学习任务，因而在成员之间形成了相互影响的人际联系。它强调共同信念和愿望，强调学习者分享各自的见解与信息，鼓励学习者探究以达到对学习内容的深层理解。

1. 学习共同体四大构成要素

（1）归属感。指学习成员之间的精神共同体，成员关系，对共同体的认同感、归属感。它表示共同体成员之间的接纳感，以及有助于个人发展的成员友谊、凝聚力和满意度。

（2）信任感。指共同体中成员之间可以相互信任、相互影响，有序、有规章的制约。它是一种共同体值得信任，能自由表达建设性意见和反馈的感觉。一旦人们被认可作为学习共同体的一份子时，他们将产生安全感，并信任共同体，成员之间能畅所欲言。

（3）互惠感。指共同体中成员之间可以相互收益、强化和共享价值观念。它是一种从与其他人进行交互而来的相互利益的感觉。

（4）分享感。指超越时空和心理藩篱，分享学习的体验和结果，达到情感的沟通和分享。学习者在共同体中建构知识和意义的过程达到情感的沟通和分享。学习者在共同体中建构知识和意义的过程中，共同体促进了知识和理解的获得，促进了知识和情感的分享。作为一种学习方式，学习共同体所具有的意义是多方面的。如提高解决真实问题的能力，增进学习者之间的信息流，增大支持性和提高获取支持的效力，投入群体学习目标，增进成员之间的协作，提高群体努力的满意度，使个体从共同体成员的互动中获益并培养自己与他人的有效协作能力。

2. 学习共同体设计原则

（1）确定一个集体的和真实的共同体目标，以促进共同体成员的协作和投入。从某种形式上说，学习共同体是个人在团体中从不同的角度为了一个共同的目标而心甘情愿地协作。当成员具有共同的目标时，他们才有更大的参与愿望，并且为该目标作出自己的贡献。

（2）运用合作小组的方式提供社会性协商，激励多种观点的产生。

（3）个人选择学习材料，小组决策，鼓励学习中的自主意识和主人翁感。

（4）选择一系列相关的技术工具，作为共同体的活动平台，如储存记忆和支持交流。技术的应用要有助于学习者通过建构和操作信息，参与建构知识的学习活动。为达到支持学习共同体知识建构的目的，技术工具必须有效支持共同体成员之间的交流和信息共享。

3. 学习共同体的组织构建

学习共同体的组织构建包括在成员间建立紧密的人际关系，确立共同体成员共同遵守的目标、规则和学习文化等。

（1）在共同体成员间建立紧密关系。

共同体成员间应建立起互相依赖、互相信任的紧密关系。这种关系在3D虚拟学习环境中主要通过两种方式实现：第一，编辑虚拟替身的档案，对自己现实生活及虚拟世界中的生活进行简要介绍，包括兴趣、专长等，还可以上传自己现实生活中的照片；第二，要求每个成员都加入一个项目小组，在小组中与其他成员协作完成项目，与该项目有关的成员活动是一种预备性的活动，是为了实现成员间的相互依赖而采用的一种合作依存训练方式。

（2）确立学习共同体的认知目标体系。

学习共同体的核心任务是开展学习活动，其目标体系是指导认知活动的目标集合，它被共同体中的所有成员共享。要结合知识和认知过程两方面来制定认知目标。

（3）确定共同体规则和学习文化。

共同体规则是指所有共同体成员都要遵循的行为规范，它是保持共同体统一性和独特性的必要条件，也是成员间进行有效交流的前提，是通过交流内化在成员头脑中的一种心理表征。共同体成员培养起紧密关系后，通过多对多交流，会产生不言而喻的行为规范、学习传统等。在共同体中，规则是由全体共同体成员协商决定的，每个成员应自觉地遵循这些规则。

学习文化是学习者与他人交互作用下的结果，包括无形的学习价值观与有形的学习活动，具体来说包涵学习理念、学习习惯、学习方式、学习形态、学习内容、学习制度和学习态度的内容。学习文化以默会的方式影响着共同体内的每一个成员。

（五）学习活动设计

学习活动是指学习者以及与之相关的学习群体（包括学习伙伴和教师等）为了完成特定的学习目标而进行的操作总和。学习活动设计是在确定学习目标及分析学习者前提下，对学习过程的任务、基本流程和步骤、评价进行设计。学习活动设计过程模式如图6-2所示。

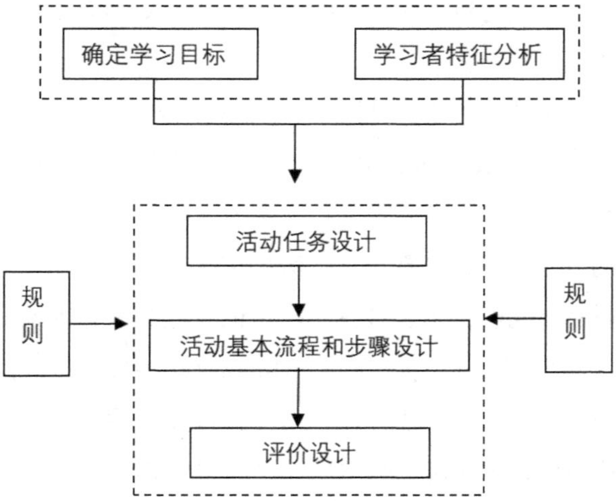

图6-2　学习活动的设计

1. 确定学习目标

学习活动是以目标为导向的，即学习活动是为了达到特定的学习目标而设计的。在设计学习活动之前，教师必须明确学习目标，新的认知目标分类采用了知识纬度和认知过程纬度。就知识纬度而言，将知识从具体到抽象分为事实性的、概念性的、程序性的和元认知的四类知识。认知过程纬度依据认知复杂程度主要分为记忆、理解、应用、分析、评价和创造六个认知过程。认知目标分类理论在学习活动设计中的应用过程可以总结如下：

（1）确定知识类型。

教师分析教学内容，确定教学内容属于哪一类知识。

（2）确定教学目标。

确定在这个学习活动过程中应该达到的教学目标。

（3）选择学习活动类型。

根据确定的教学目标，选择最佳的学习活动类型。

2. 学习者特征分析

教学目标能否得以实现，最关键的是要在学习者自己的认识和发展的学习活动中体现出来，而作为学习活动主体的学习者在学习过程中又是以自己的特点来进行学习的。因此，必须重视对学习者的分析。对学习者的分析主要从四个方面进行：

（1）了解学习者的一般特征，主要是了解学生的心理、生理和社会特点；

（2）了解学生的学习起始能力，主要是了解学生对学科内容已经具备了哪些知识与技能，以及学生的信息技术能力和对学科的学习态度；

（3）了解学生的学习风格，主要了解对学生感知不同刺激，并对不同刺激做出反应这两个方面产生影响的所有心理特征；

（4）了解学生的学习动机。值得注意的是，在3D虚拟学习环境中开展学习活动的前提是学习者能够熟练使用这个平台。所以在开展学习活动之前必须分析学习者对平台的熟悉程度。通过了解学生的一般特征、学习起始能力、学习风格和学习动机，教师就可以据此设计适合学生学习水平的学习任务，并为学生的自主学习提供相应的学习资源。

3. 学习活动的设计

（1）活动任务设计。

活动的任务或主题不是活动的目标，而是为达到既定的教学目标需要完成的训练内容。具体的活动任务设计与学科内容相关。高质量的活动任务不但要将新知识和技能与学习者原有的知识技能联系起来，而且要在新的知识技能与学习者生活经验、实践领域，以及学习者的兴趣点之间建立联系，以此促进学习者高级思维能力的训练。

（2）活动基本流程和步骤的设计。

活动的基本流程和步骤设计是一种对活动的宏观控制。它的设计通常包括：

①确定活动所包含的子活动或操作及其顺序。通常情况下，一个完整的活动应包含启动阶段

（明确目的和任务、激发活动动机等），准备阶段（回忆先决技能、学习需要的方法、明确评价指标、准备学习材料等），完成特定任务所需要的子活动和操作的阶段，活动的总结、评价、成败归因等四个阶段。而完成特定任务所需要的子活动和操作阶段的设计是关键。根据认知信息加工模型，这一阶段的学习活动的外部形式通常可以划分为收集信息、加工信息和发布成果三类。每种学习活动都有很多具体的形式，比如，收集信息的活动包括阅读、观察、记笔记等；加工信息的活动包括画概念图、论证、列表格等；发布成果的活动包括演讲、演示、写作、答辩等。

②每个子活动或操作中，师生间的任务分工，如教师演示、学生观察，或学生操作、教师辅导，等等。

③各子活动或操作的成果形式，比如规定观察的结果是填写观察表、设计的结果是提供设计方案等等。

（3）学习评价设计。

评价是对知识建构过程的一种反馈和反思。评价在学习过程中起着非常重要的作用，是自主学习的动力支持。从教师的角度看，评价能够使他们更清楚地了解学生的学习效果；从学生角度看，评价能使他们了解自己的学习情况。因此，在活动设计过程中，评价是一个非常关键的环节。

①学习评价设计原则

a. 重视自我参照。根据学习者自身的目标、意图和过去的成绩来评定学习进步情况，以学习者本人为参照，评价的重心是学习者的问题求解过程。

b. 多种评价方式相结合。可以采用自我评价和他人评价相结合、过程评价和结果评价相结合等方式。

c. 具有持续性和实时性。评价是学习者活动过程的一个必然组成部分而不是教学后的评价，它是一个持续性和实时性的镶嵌过程。

②3D虚拟学习环境中的评价方式

3D虚拟学习环境中可以设计多种评价方式，用以评价不同活动任务的学习，且学习评价过程与学习过程是一体化的。

a. 形成性评价和总结性评价相结合的评价方式

在3D虚拟学习环境中，设计形成性评价和总结性评价相结合的评价方式，一般就是将学习者在活动参与过程中的表现情况与最后任务的完成情况结合起来考查。通过对学习者的学习表现进行跟踪，记录他们的活动情况，对他们的讨论发言内容进行分析（3D虚拟学习环境支持xAPI标准，能够将学习过程学习活动过程记录到学习记录系统），以及对学习者任务的完成情况进行考查（如学习报告、创作成果等），可以有效地做出评价。

b. 自我评价、他人评价相结合的评价方式

在3D虚拟学习环境中，学习者在学习的过程中不断对学习的反思就是自我评价的过程；成员之间互相交流的过程不仅是学习的过程，也是相互评价的过程。通过交流，成员互相提供学习帮助，彼此质疑和解释各自的结论，从而产生高质量的决策，使成员对所讨论的问题有更深入的了

解。当某个成员将自己的创作成果公布时，其他成员会对该成果做出评价，这个成员根据他人反馈来的意见进行修改，在修改的过程中其知识和技能水平得到提高，3D虚拟学习环境设计要素总结如表6–6所示。

表6–6　3D虚拟学习环境设计要素总结

学习环境要素		设计步骤	实现方式	注意问题
学习情境		1. 明确学习内容核心 2. 围绕核心收集信息 3. 选定问题情境	用虚拟现实模拟，或图片、视频、动画等多媒体形式呈现	尽量选取真实问题
学习资源		1. 学习资源设计前期分析 2. 学习策略的设计 3. 收集、整理与组织学习材料 4. 学习内容设计评价与修改	1.从Internet中获取材料，必要时，根据具体要求进行加工 2. 用3D开发系统的3D建模系统及脚本语言制作	对材料要仔细检查、修改，必要时加以补充
支持工具	信息工具	1. 确定是否需要使用信息工具 2. 合理选用信息工具	1. 由3D开发系统搜索模块提供内部搜索 2. 外部链接引用搜索引擎	给予有关的提示
	协作交流工具	根据学习需要，选择是否采用其他外部链接的异步交流工具	1. 3D虚拟学习环境文字交流面板 2. 3D虚拟学习环境语音、视频交流功能	尽量减轻交流障碍
	认知工具	1. 确定需要内化的某种能力 2. 选择适合的认工具	各种图表工具、专用学习软件、博客等	根据情况合理选择
	学习支架	1. 分析学生需要，选择支架类型 2. 确定学习支架的具体形式 3. 选取提供和撤除支架的时机	用范例、问题、建议、向导等方式呈现	支架的搭建、使用和撤除具有灵活性，要依据学生的学习情况定
学习共同体	共同体目标	1. 制定学习共同体的认知目标 2.对认知目标进行描述	以二维图表的形式表示	主要指认知目标
	共同体规则	1. 通过合作依存训练，培养成员间的紧密关系 2. 在成员间的多对多交流中，形成行为规范、学习传统等	通过交流内化在成员头脑中的一种心理表征	由成员协商制定，自发遵守
学习活动	合作依存训练	1. 学习者编辑虚拟替身档案，对自己现实生活及虚拟世界中的生活进行简要介绍，包括兴趣、专长等 2. 组织学习前的预备活动，增强学习共同体凝聚力	不是正式的学习活动	学习活动把学习环境中的其他要素动态化组织

续表

学习环境要素		设计步骤	实现方式	注意问题
学习活动	自主学习	1. 明确共同体和个体认知目标 2. 借助支持工具和学习资源开展认知活动	认知主体借助工具进行积极思维，通过努力使自身能力得以提升	
	学习评价	1. 成员发表观点或提交学习成果 2. 其他成员讨论给予意见和建议或学习评价系统给予评价 3.成员根据反馈进行反思及再学习	形成性评价、总结性评价、自我评价、他人评价等多种评价形式相结合	

第三节　3D虚拟学习环境中学习活动设计及实例

情境的创设为学习者营造出逼真的3D虚拟学习场景，为高效学习的开展提供丰富的资源、工具和环境。活动类型和活动要素的探索能够为各类学习活动设计提供坚实的理论基础。适宜3D虚拟学习环境中开展的学习活动主要包括探究式、体验式、任务驱动式、游戏式等类型，每种学习活动既有其自身特点，也有一定的共性。因此，本节主要介绍体验式学习活动和游戏式学习活动两种。

一、体验式学习活动设计

探索3D虚拟学习环境中的学习活动类型和要素能够更好地提升学习者的活动体验，寻找合适的学习方式。体验式学习活动应当以相关学习理论为依据，充分考虑目标、任务等要素，为不同阶段的学习提供支持。体验式学习一般分为具体经验、观察与反思、形成抽象的概念、在新情境中体验概念的意义并检验四个阶段，相应的学习活动也可以分解成对应的四个类型，即具体经验的活动、观察与反思活动、抽象活动、检测活动。按照学习者体验的抽象程度，由具体到抽象的顺序排列，形成不同的活动阶段。针对每个活动阶段设计具体的任务和目标，构成体验式学习活动的总体设计方案。

（一）具体经验的活动

在具体经验活动中，学习者依托“体验的情境”，开展观察、操作、浏览等学习活动。在该阶段，学习者亲自参与某项虚拟的活动过程，通过感官、身体等实际体验，获得真实具体的经验和感受。能够开展的活动和执行的任务包括观看模拟实验、演示过程、虚拟的实地考察、操作虚拟实验等。该阶段要为学习者设计具体而细致的学习任务，采用第一人称视角，尽可能多观察、多操作和多浏览，从而获得深刻的印象和体验，为反思提供素材，为概念形成提供感性材料。

（二）观察与反思活动

在反思活动中，学习者通过个人反思、小组讨论等活动形式进行思考，可以设置多项反思任务，并将反思结果以显性的方式呈现在3D虚拟学习环境中；也可以通过与他人分享反思成果，加深反思的深刻性。为促进个人的反思，可以为学习者增加虚拟伙伴和教师虚拟化身，通过与他们的互动，学习者能够感觉到同伴或教师的存在，可促进积极的交流，逐步引导思维过程。

（三）抽象活动

在抽象和概念化活动中，要让学习者积极归纳个人的经历和体验，总结反思结果，尽可能用清晰、明了的语音或图式进行表达，以促进概念的形成。在该阶段，要设计多种促进学习者抽象思维的任务，例如，使用3D虚拟学习环境中的界面设计多种问题任务，让学习者与界面开展交互，促进抽象和概念化的形成。

（四）检测活动

检测活动可以设计成虚拟实验、测验、应用操作等，学习者能够根据学习过程和体验结果，将获得的知识、技能等加以应用，例如，运用知识和理论做出决策、解决虚拟场景中的问题，形成新的概念和理论，促进体验的升华。在每个学习活动阶段，体验式学习的任务、目标、学习行为及所需的情境都不相同。体验式学习活动设计方法如表6-7所示。

表6-7　体验式学习活动设计方法

序号	活动阶段	典型的任务	目标	行为	情境
1	具体经验	具体细致的任务，参与性任务	获取生动具体的经验	参与过程、观察、操作、浏览等	体验的情境
2	反思	多种促进反思的问题	引起思考、反思	反思、思考、讨论等	反思的情境
3	抽象与概念化	问题任务、人机交互任务	形成相关的概念	归纳、总结、表达、分享	形成概念的情境
4	检测	测验、问题模块	检测概念，验证理论	实验、应用、决策	验证的情境

在3D虚拟学习环境中，体验式活动设计应当提供一定的指导和帮助，辅助学习者顺利完成学习活动。学习指导能够为学习者提供必要的帮助信息，有利于提供其体验，尤其在探索类的学习活动中，学习指导具有重要的作用。指导类型包括各种任务信息提示、路径指引、操作说明等，可以设计成语音、文字或闪烁的图形等。

指导信息采用语音的优点是学习者与环境交互更加自然。当学习者完成某项学习任务后，系统使用语音给出下一步的操作指导，仿佛有教师始终在学习者身边，能够给学习者带来良好的体验，增进其存在感。指导信息也可以采用动画形式，例如在虚拟空间探索中，学习者到达某个位置，完成观察或操作任务后，需要到另外一个目的地执行任务，可以在环境中使用闪烁箭头标识，有利于空间探索和定位。

根据相关的指导和帮助，学习者能够按照设计步骤去探索环境、考察事物的结构、掌握操作规范等，有利于学习任务的圆满完成，提升学习动机和学习成效。例如，学习者在掌握虚拟加工机床的操作方法时，通过语音、指示箭头和文字相结合的方法给予其指导，可以清楚地了解设备的结构组成和操作方法。按照指导去操作虚拟的加工机床，完成某项操作后，给出相应的反馈结果以及下一步的指导信息，直到学习者圆满完成操作任务，获得积极的体验。

（五）体验式学习活动实例

以高职《现场导游》课程中的岳阳楼景点为例，使用3D虚拟学习环境编辑系统构建出3D虚拟学习环境，开展体验式教学。

1. 教师根据课程内容设计教学课件并设计3D虚拟学习环境中要开展体验式教学活动的脚本。

2. 3D场景建模人员根据岳阳楼景点的相关图片、视频等资料，利用3dmax和Photoshop等软件将岳阳楼的各个单体进行建模，根据实景内容，采用1:1比例构建模型，做一个单体模型设计一张贴图。模型采用低面建模方式，贴图大小一般为512×512或256×256像素，模型建好后将各个单体模型分别以DAE或FBX文件格式导出。

3. 教师在拿到岳阳楼景点的相关模型和贴图后，将模型和贴图上传到3D虚拟学习环境编辑系统的资源库后，在3D可视化虚拟学习环境编辑器中，根据实景要求，将模型通过拖拽、复制等方式构建岳阳楼3D虚拟学习环境，图6-3所示为构建好的岳阳楼部分景点场景。

图6-3　构建好的岳阳楼部分景点场景

4. 在场景搭建好后，根据设计脚本，利用系统自带的行为组件和JavaScript语言编写互动操作。完成交互开发后，即可将3D虚拟学习环境发布。教师可借助文本、语音、视频等工具与学生交流互动，多个用户可同时登录到同一场景中，每个用户可以控制自己的虚拟化身。图6-4所示为教师带领学生在岳阳楼景点开展体验式教学。

图6-4　教师带领学生在岳阳楼景点开展体验式教学

5. 应用评价。使用3D虚拟学习环境编辑系统，教师根据教学内容可快速构建适合自己教学的3D虚拟学习环境，创建优质教育教学资源，丰富网络学习空间教学资源的形态；3D虚拟学习环境的设计，基于建构主义学习理论，学习者可以身临其境地进入3D虚拟学习环境中进行学习，在情境化的学习环境中建构知识，达到现场学习相同的效果，同时也减少了到现场学习的成本和外出学习的风险，使用实时聊天、语音、视频等交流工具，多人进入同一场景协同学习，激发了学习者的学习兴趣和学习参与度，网络学习空间的活跃度得到极大提高。

二、游戏化学习活动

教育游戏除具有普通游戏所具备的高参与性、竞争性、技术性、互动性等特点外，还具有在场景中开展虚拟应用等特性，这有效弥补了传统教育内容模式脱离“知识场景”的缺点。随着科技的飞速进步，虚拟现实、语音图像识别等技术的运用为游戏化教育的发展奠定了相应的技术基础。可以预见，伴随“屏幕一代”的成长，游戏化教育产品潜在的用户规模也将不断扩大。未来，游戏化教育必将成为教育行业的一种新趋势。

游戏化学习在提高学习者沉浸感、参与度和忠诚度等方面具有重要作用，游戏化学习在动机激发、知识学习、能力提升、情感态度与价值观培养等方面具有独特的教育价值。可以从广义和狭义的角度来理解。广义上是指将教育游戏融入课堂教学和自主学习活动中，把游戏作为师生沟通平台，从传统单向说教模式转化为互动交流模式，让学生在轻松愉悦的学习体验中获得知识、技能，培养正确的情感态度的过程；狭义上是指将游戏尤其是电子游戏应用到学习中。

3D虚拟学习环境为游戏化学习开辟了新的时空维度，其强烈的沉浸性可以增加学习者的代入感。游戏化的方式将学习内容设计成环环相扣的环节和关卡，在每个环节中，设置一定的奖励和惩罚机制，能够极大地激发学习者的动机。游戏化学习允许学习者边玩边学，以寓教于乐的形式强化对知识和概念的理解，其关键因素在于增强游戏的趣味性，当前主流的游戏化学习方式有以下几种。

（一）桌面游戏化学习环境

桌面游戏化学习环境主要有三种方式：

1. 教师利用现有市场上的视频游戏或电脑游戏开展教学

这类游戏并不是针对教学而开发，只是游戏中某些功能正好可用于一些学科知识点的教学。此类游戏拿来即可使用，成本低，但适合教学的功能相对有限，不能全面地满足某学科的教学需要。如“大航海时代”游戏以16—17世纪航海大发现为背景，汇集了16世纪整个世界的航海地图，包括各个港口和许多大洋上的岛屿，游戏者可了解每个港口的文化氛围和特产商品，发现不同地区的历史遗迹和人文景观，通过买卖来增加收入，以提高游戏者的经济能力等，可以用于历史、经济学等课程部分知识点的教学；再如邹有君在地理教学中，将“模拟城市”游戏引入“城市化对地理环境的影响”一课的教学中，让学生经营城市，思考构建生态城市应如何遏制污染、实现环保，并有效解决头痛的交通问题，最终达到城市景观与自然景观的协调发展。

2. 教师与软件企业联合研制的教育游戏

这类教育游戏教学目的明确、操作简单、功能强大，同时具有制作精美、娱乐性强等优点，能够很好地将教学内容融入游戏化学习环境中，但此类教育游戏制作成本较高，开发难度大，教师在进行教育游戏的设计与开发时，通常由软件企业参与开发。如李伟等联合企业应用Flash设计并开发了“谁动了我的金蛋”物理教育游戏，将知识点融入游戏本身，让学生在游戏任务的驱动下，潜移默化地掌握知识，以培养学习兴趣；李海峰等联合企业利用Unity 3D引擎技术设计并开发了“环卫斗士”教育游戏，主要是针对小学四年级的英语单词学习。通过实践，教师和学生对游戏软件及其学习效果作出了较好的评价。

3. 教师自主设计教育游戏

随着RPGMaker、Construct等无需编程的游戏引擎推出后，越来越多的教师加入教育类游戏的创作中。教师是教学活动的实施者，对所教内容和学生有更直接的了解，因此教师自主设计的教育游戏，能够更好地将教学环节、教学设计融入，学生也更容易接受所授课教师所设计的游戏。但此类教育游戏开发对教师综合能力要求较高，也需要教师投入更多的时间和精力才能达到目标。如吴舒琴根据初中语文课程中的“岳阳楼记”教学内容，且不限于课本知识、民间传说和社会现状，基于体验式教学理论，利用RPGMaker软件设计并开发“岳阳楼记”教育游戏，让学生主动探索学习，培养学生分析与解决问题、交流与合作等方面的能力；张仁智以人教版小学三年级数学上册的内容为案例，以抛锚式教学模式为指导，利用Construct构建了小学数学教育游戏，通过设置游戏任务和关卡，以激发学习者的学习兴趣，提高学习者的学习参与度。从受众目标、游戏内容、制作成本、制作难度、教育性和娱乐性等几个方面，使用现有游戏、教师与软件企业联合研制的教育游戏以及教师自主设计教育游戏三者的比较，如表6-8所示。

表6-8　使用现有游戏、教师与软件企业联合研制的教育游戏、教师自主设计教育游戏三者比较

类别	使用现有游戏	教师与软件企业研制的教育游戏	教师自主设计教育游戏
受众目标	受众过于宽泛，缺乏针对性	针对性强	针对性强
游戏内容	游戏内容与学习内容融合生硬	游戏内容与学习内容融合较好	游戏内容与学习内容融合较好
制作成本	拿来即用	高	中等
制作难度	拿来即用	大	大
教育性	弱	强	强
娱乐性	强	强	强

（二）与MOOC结合的游戏化学习环境

2012年以来，大规模开放在线课程（Massive Open Online Course，MOOC）在全球得到了快速发展，成为了教育史上一场史无前例的“数字海啸”。MOOC在各类教育教学中广泛应用，取得许多很好的应用成果。结合大数据、人工智能、虚拟现实、学习分析等技术，或可实现教育流程再造，有效推动教育的变革。因当前主流的MOOC平台不支持在线游戏化学习环境开发，在MOOC平台中采用游戏化教学的方式主要有三种。

1. MOOC系统自带游戏化元素和游戏机制

游戏元素是指游戏化设计中用到的点数、徽章（勋章）、排行榜等各种基本构成要素；游戏机制是指各游戏化要素之间的结构关系和运行方式(如奖惩机制、反馈机制、竞争机制等)。如贾寿迪等在开放勋章项目的基础上，以Moodle平台为例分析勋章的具体操作及应用，并探讨其在在线教学中的应用价值。

2. 游戏引擎的应用

利用游戏引擎（如Virtools、Unity3D等）开发教育类的游戏，然后使用游戏引擎提供的浏览器插件，通过安装插件方式将教育游戏运行在浏览器中；或者利用游戏引擎将所开发的教育游戏输出为HTML5的格式，通过浏览器直接运行。如王娜等针对传统计算机网络实验教学中存在实验设备成本高、维护难度大等问题，利用Unity3D构建了计算机网络虚拟实验室空间，并将其发布为Web网页形式，同时使用Apache服务器，对虚拟实验室进行管理，学习者在安装好Unity3D Player插件的浏览器中运行虚拟实验室。

3. 旧有微课视频改造

将微课视频进行游戏化改造，即采用游戏设计中的一些元素，采用叙事方式对游戏元素与在线课程视频整合，以达到提升学习者学习兴趣和参与度的目的。如朱云等以《游戏化教学法》课程为例，提出将游戏元素与MOOC视频整合的有效途径并验证了该途径的有效性，为以后游戏元素与网络学习空间的整合提供了可行性指导。

在上述三种游戏化教学方式中。第一种方式可以为学生带来新鲜感，但形式单一，不能带来情节起伏，不能满足学生对情节反馈的需求；第二种方式对教育游戏制作者要求比较高，除了需要精通课程知识以外，还需要了解美术、策划、程序设计等方面知识，一般由专业的制作团队制作，采用此种方法构建的教育游戏虽能够运行在浏览器中，但兼容性差，不能很好地支持跨平台使用，目前大部分游戏引擎均支持输出HTML5格式的游戏内容，但存在输出文件容量过大，导致运行速度慢的问题；第三种方式结合教学视频，对视频进行加工处理，以叙事的形式增强学习者的兴趣，但本质上还是基于内容管理系统进行的。

（三）游戏化学习活动实例

本研究以褚建立主编的《计算机组装与维护情境实训》教材的第一章单元2《选购计算机硬件》为例，以过程为导向，以任务为驱动，将真实的情境、真实的任务融入虚拟学习环境中，以构建3D游戏化学习环境。

1. 游戏化学习环境设计

本案例根据课程内容，以学生去电脑城选购计算机的相关配件及其周边设备，组装1台台式办公用计算机，并能实现打印这一具体情节来设计情境。

根据教学需要，将场景划分为3个虚拟学习空间，即主机内部配件选购区、主机外部配件选购区、计算机外设备选购区，每个虚拟学习空间放置相应的计算机配件或外设；角色主要包括学生虚拟化身、虚拟导购员，游戏中的情节主要是学生虚拟化身与虚拟导购员的对话过程。在对话过程中，将各个配件的知识融入到对话中，让学生身临其境地体验到与真实环境中购买计算机配件一样的过程。3D游戏化学习环境的设计如表6-9所示。

表6-9　3D游戏化学习环境设计

序号	学习空间	角色与物件	情节
1	主机内部配件选购区	学生、虚拟导购员；桌椅、主板、CPU、内存、硬盘、显示卡、光驱、光盘、机箱、电源	虚拟导购员介绍主板、CPU、内存、硬盘、显示卡、光驱、光盘、机箱、电源等知识，学生能根据需求选购主板、CPU、内存、硬盘、显示卡、光驱、光盘、机箱、电源等配件
2	主机外部配件选购区	学生、虚拟导购员；桌椅、键盘、鼠标、音箱	虚拟导购员介绍键盘、鼠标、音箱等知识，学生能根据需求选购键盘、鼠标、音箱等配件
3	计算机外设备选购区	学生、虚拟导购员；桌椅、打印机、扫描仪	虚拟导购员介绍打印机、扫描仪等知识，学生能根据需求选购打印机、扫描仪等外部设备

2. 3D模型及场景搭建

本案例的3D模型主要包括房间模型、虚拟人物模型（虚拟学生、虚拟导购员）、房间内桌椅以及计算机配件模型，为了能够更好地仿真现实，模型根据实际物体的尺寸按1:1的比例建模。

虚拟学生是学习者的虚拟化身，是由学习者操控的人物，在创建用户时选择一个合适的模型，由系统提供，不需要专门创建；房间、桌子模型相对比较简单，可以使用3D可视化教学场景编辑与发布系统自带的建模工具构建；椅子、虚拟导购员、计算机配件模型相对比较复杂，需要使用3Dmax和Photoshop等软件完成建模，然后导出为FBX或DAE格式的文件。对于虚拟导购员，还需要为其添加骨骼，设定动作（等待、对话）等，导出时将模型与动作一起导出。随着3D技术的广泛应用，在互联网上有越来越多价美物廉的3D模型可供选用，如Unity3D资源商店中的模型。本案例的计算机配件模型，因制作要求高、制作难度大，而在Unity3D资源商店中能够找到计算机配件模型资源包，大概在100元左右，为节省制作时间，此类模型采用购买的方式取得。将模型购买回来后，利用Unity3D的FBX导出插件，将各个计算机配件模型导出。

在完成相关的3D模型后，以教师帐号登录网络学习空间云平台的教师中心，打开3D可视化教学场景编辑与发布系统。在资源管理窗口中，将虚拟导购员、椅子、计算机配件模型上传。在模型上传完成后，可通过拖拽的方式将模型放置在相应的位置即可完成场景搭建。搭建好的3D游戏化学习环境的场景——计算机配件选购场景，如图6-5所示。

图6-5　计算机配件选购场景

3. 游戏化学习环境交互设计

根据真实的情境构建游戏化学习环境，让学生以角色扮演的方式参与到情境中，通过完成一个个的任务来实现学习目标。根据表6-9所示的3D游戏化学习环境的设计内容，完成场景搭建后，需要对场景进行交互设计。交互设计内容主要有：

（1）虚拟学生与虚拟导购员对话。

学习者控制的虚拟学生进入某一配件选购区后，与虚拟导购员设定的碰撞体发生碰撞后，将触发虚拟导购员介绍相关计算机配件的动画及对话窗口，对话窗口中显示虚拟导购员介绍的配件的相应知识点。

（2）计算机配件的选取与放置。

当学习者决定选择某一配件时，用鼠标点击某配件，并将该配件拖动到配件放置区对应的位置。如选择主板配件，则需要将主板拖动到配件放置区中“主板”下面的方框中，否则选择无效。

（3）第二、三选购区的门根据条件自动打开。

学习者需要进入三个区域完成3大任务，当学习者的虚拟化身进入此场景后，即主机内部配件选购区（即1区）的门默认是打开的，学习者可自由进入1区。在1区，学习者控制的虚拟化身在与虚拟导购员交互，完成主机内相关配件的知识学习后，需要进行计算机配件的选购任务。只有正确完成主机内部配件的选取后，进入主机外部配件选购区（即2区）的门会自动打开，否则2区的门无法打开。当学习者进入2区后，必须完成相应的任务才能进入计算机外部设备选购区（即3区），以此类推。当学习者进入所有的学习空间并完成相应的任务后，游戏完成。如图6–6所示为学习者在1区正确完成配件选择后，去往2区的门自动打开。

图6–6　学习者完成主机内部配件选购

4. 教师发布3D游戏化学习环境

在完成3D场景搭建以及交互设计后，教师即可将场景发布，发布场景方法很简单，只需要打开该场景的设置窗口，将创作工具选项功能关闭，然后将该3D游戏化学习环境的场景链接复制并粘贴到课程相应的目录中即完成发布。3D游戏化学习环境的发布设置窗口如图6–7所示。

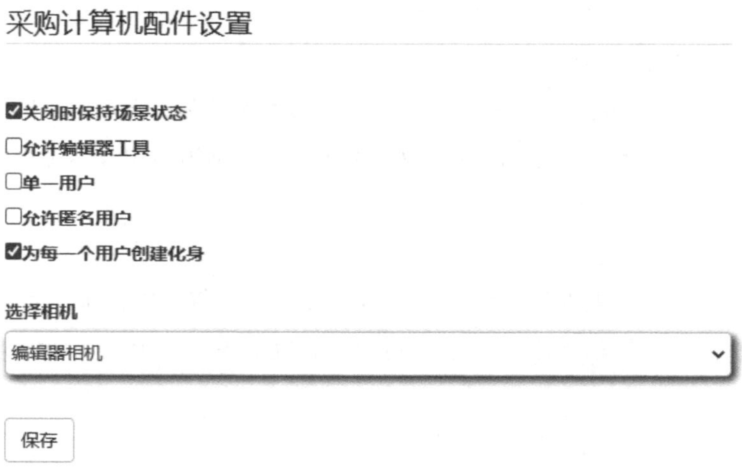

图6-7　采购计算机配件场景发布设置窗口

5. 学生进入3D游戏化学习环境操作演练

学习者以学生帐号登录网络学习空间，打开所学课程，从目录中找到相应的3D游戏化学习环境的链接，点击后就可以直接在浏览器中运行，学习者可以控制自己的虚拟化身，在3D虚拟学习环境中进行实际演练。

第七章

智慧型3D网络学习空间建设与应用案例

第一节　智慧型3D网络学习空间建设方法

网络学习空间是我国本土化创新概念，是包含MOOC在内的，由教育主管部门或学校认定的，融资源、服务、数据为一体，支持共享、交互、创新的实名制网络学习场所。国内网络学习空间的研究受政府提出的建设“三通两平台”政策的推动而日趋活跃，并成为研究的热点，通过走“政府主导、企业建设、学校应用”的路线，网络学习空间从“建设导向”转变为“应用导向”，网络学习空间已经发展到融合创新阶段。虽然网络学习空间正逐步与教育教学深度融合，成为师生学习的重要虚拟学习空间，但在具体的建设中仍然存在着对网络学习空间内涵的认识不统一、网络学习空间以离身型空间为主、对学生的情感参与支持不够等诸多问题。当前的网络学习空间中学习资源形态大多以视频、文档的方式存在，难以激发学习者的学习兴趣和学习参与度，虽然支持上传如Unity3D、Virtools、Quest3D等第三方工具开发的3D虚拟仿真系统，但利用浏览器运行3D虚拟仿真应用时一般都需要安装相应的插件，很难实现多人协作学习以及泛在学习。

人工智能技术的转段升级为网络学习空间的智慧发展提供了重要契机，智能时代背景下重构网络学习空间对持续推动教育教学生态革新具有重要意义。重构网络学习空间，就需要新一代的信息技术做支撑。在学校教学的环境下，开展情境化教学最大的难处就是创设学习环境，囿于学校环境和课堂教学条件的限制，很难创设各种情境化的学习环境，这为情境化教学制造了巨大的障碍。本研究针对这一问题，基于云计算、大数据、虚拟现实、学习分析等技术，提出一种融合2D和3D技术的网络学习空间云平台，以支持构建3D网络学习空间，通过提供在线3D虚拟学习环境编辑系统，由教学者创设一个个符合教学需要的3D虚拟学习环境，学习者能够很容易的进入一个数字化的虚拟世界，通过自身感知以及与环境的交互活动，能够尽情地体验各种情境，从直觉和亲身经历上感受事物的发展变化和性质，从而提高学习者的学习兴趣和有效提升学习质量。

一、网络学习空间云平台的2D系统

本研究的网络学习空间云平台中的2D系统采用大规模开放在线课程（Massive Open Online Courses，MOOC）的设计思想，平台采用SaaS模式构建，由管理端、机构端、教师端和学生端等四端组成，以机构为单位，可为每个机构提供一套云端在线教育系统。

平台的管理端是一个后台管理系统，可管理和监控平台内所有的机构、教师、学生、课程、

课件等信息；机构端为学校（机构）的管理中心，可管理本学校（机构）的教师、班级、学生、课程、作业、考试等相关的信息；教师端主要提供给学校（机构）内的教师使用，教师在教师中心可创建课程、上传微课资源（视频、文档等）、创建3D虚拟学习环境、管理班级及学生、布置作业、设置考试、管理成绩、分析学习等。教师可基于教师端，以班级为单位，开展小规模限制性在线课程（Small Private Online Course，SPOC）模式教学，教师端可打开3D虚拟学习环境编辑与发布系统，根据教学内容，利用3D虚拟学习环境编辑与发布系统，自主地设计与开发3D虚拟学习环境，将其发布到课程目录中供学生进行操作学习；学生端主要提供学生学习的场所，在这里，学生可以学习视频教程、查看PPT/PDF文档、在3D虚拟学习环境中操作演练、进行作业与考试等操作，3D虚拟学习环境编辑系统支持xAPI标准，学习者在3D虚拟学习环境中的学习过程可记录到Learning Locker学习记录系统中。

二、网络学习空间平台的3D系统

3D系统指的是3D虚拟学习环境编辑与发布系统，该系统采用B/S架构，由前端系统和后端系统组成，前端基于HTML5和WebGL技术开发，底层封装了Three.js、Ammo.js、Buzz.js等开源库，使其具备了图形渲染、游戏物理以及声音等游戏引擎的功能，后端由Node.js、Express.js以及MongoDB组成。前端将底层各个引擎封装后形成新的API，在此基础上构建3D虚拟学习环境编辑与发布系统，利用该系统，教师可根据教学需要，在编辑器中通过对相关模型进行拖拽，像搭积木一样的方式构建3D虚拟学习环境。教师将编辑好的3D虚拟学习环境的链接，发布到课程目录中。发布后学生即可在相关课程的目录中打开，3D系统创作的3D虚拟学习环境，无需安装任何插件，直接在浏览器运行，从而构建出3D网络学习空间。3D虚拟学习环境编辑与发布系统主要提供以下功能。

（一）3D虚拟学习环境构建

在场景搭建方面，支持内置建模工具，如创建平面、盒状体、球体、粒子系统等，并提供了修改器，利用系统提供的模型修改器功能可将内置建模工具创作的规则模型修改为不规则模型。使用贴图工具可为模型贴上相应的贴图，可设计出任意类型的模型。同时支持由第三方建模工具（如3dmax、Blender等）创建的模型上传至3D开发系统。教师借助于3D开发系统，根据教学内容的需要，通过对模型的拖拽、复制、粘贴等操作构建出适合教学的3D虚拟学习环境。

在交互开发方面，系统提供了两种方法。第一种方法是使用内置行为组件，行为组件是可用于向3D虚拟学习环境中的对象添加动态行为功能的组件，如旋转、路径跟随、注视等，通过行为组件，只要进行相应的设置，就可以为对象设定各种行为，无需编程就可以实现交互性操作。行为组件还可以进行复用，通过行为组件，为不会编程的教师开发互动式3D虚拟学习环境提供了极大的方便。第二种方法是使用JavaScript语言，系统提供一个JavaScript脚本语言编辑器，利用该编辑器，可以调用系统提供的各类API进行互动开发，对有一定编程基础的教师，只需经过简单的编程培训，就可以利用JavaScript语言编写强交互性、趣味性的3D游戏化学习环境。

（二）多人协作

目前的3D虚拟学习环境一般由第三方工具（如Unity3D游戏引擎）创作，如果要支持多人环境，需要开发专门的服务器端系统，不适合构建在云端。

3D开发系统从其底层引擎中就支持3D多人环境，而且采用的是B/S技术架构，因此只需在3D虚拟学习环境的设置窗口中将该场景设置为支持多人环境后，该场景就支持多人协作的能力，无需编写一行代码即可实现多人互动学习环境。学习者可根据需要选择自己的虚拟化身，当多个用户登录到同一场景时，可实现多人实时在线。学习者通过虚拟化身，可聚集在一起交流、讨论、开展探究活动等；同时提供了文本、语音、点对点视频三种交流方式方便学习者交流互动，以构建学习共同体，增强用户对系统的黏性。

（三）支持xAPI

随着移动终端智能化发展，让学习和培训可以随时随地进行，新的分布式异步学习环境呼之欲出，为了让您了解整个学习图谱，捕获更多LMS外部的信息。只有将您的LMS与包括知识库、文档管理系统、社交学习平台和人才管理系统在内的各种系统连接起来，才能够跟踪完成情况、测试分数、可交付成果、学习任务等。

旧标准SCORM明显已经不符现代学习环境所需，需要定义一个新的标准，来克服许多SCORM所面临的限制。SCORM的局限是只能追踪特定的“课程导向”的学习数据，例如观看了哪些课程页面、考试成绩以及完成哪些课程单元等等。所以采用全新概念的新标准xAPI应运而生。新的xAPI标准让我们可以设计新形态的学习计划，它可纳入的不仅仅是制式化培训课程及评估测验，还有所有可能会发生或预期之外的学习经验（包含在线或离线学习）。

Experience API（或xAPI）是一种新一代学习技术规范，通过它可以采集（在线和离线）的学习行为数据，打破了只能记录课件阅读过程的局限。xAPI从多种技术中以一致的格式采集数据。各个系统能够通过使用xAPI的简单字段来进行捕获和共享数据，并且能够安全地进行通信。xAPI解除了许多旧的限制，让移动学习、模拟、虚拟世界、严肃游戏、现实世界的活动、体验式学习、社交学习、离线学习和协作学习等等，可以通过xAPI进行交互采集。

个人在学习过程中，会产生很多活动，所有这些活动都可使用xAPI进行记录，然后存储于学习记录存储（LRS），LRS可接收、存储和返回有关学习经历和绩效的数据。当需要记录活动时，xAPI协议应用程序就会以“名词+动词+宾语”（即“某人+做了+什么”）的形式报告向学习记录存储(LRS)发送语句。LRS记录并存储所有发生的陈述。语句是xAPI的基础，规定了活动流中特定时刻的格式。作为使用xAPI的开发人员，需要非常熟悉语句。如学员李四完成了第一节PS课程，xAPI会把学员李四学习这节PS课程的所有行为事件（学习视频进度、最后得出的成绩、作业完成情况等）以“李四学习了第一节PS课程”形式记录在LRS中，李四和LRS详细信息可以通过启动系统发送给培训者。LRS可以与其他LRS共享这些语句。LRS可以单独存在，也可以存在于学习管理系统（LMS）中。与SCROM相比，如学员张三在学习APP中学习一门课程时，APP会收集学员的信息告诉LRS。SCORM只会显示“张三–完成PS课程–得分60”，而xAPI的强大之处，是同步LRS的数据告诉培训师：“张三从开始学习课程到，以60分的成绩完成PS课程”过程中的所有学习活动。这样培训师便能够清晰了解学员张三在学习这节PS课程中的学习情况。

本研究在3D开发系统中引入了xAPI技术规范，可将学习者在3D虚拟学习环境中的学习过程经历记录到学习记录系统中，以形成教育大数据，构建学习者画像，为基于人工智能技术解决个性化学习问题提供数据依据，构建智慧型网络学习空间。

（四）解决教师开发3D虚拟学习环境中的两大难点

1. 3D学习场景搭建

场景是由许多不同的3D模型以及相关的资源组成，场景中的模型类似于积木块，利用3D开发系统的在线编辑器搭建场景就像利用房屋积木块搭建房屋一样，因此要构建场景，首先需要有相应的3D基础模型，3D开发系统的在线编辑器提供了三种添加模型的途径：

（1）提供内置3D模型创作工具，利用此类工具建好相应的模型后，再利用材质编辑器工具为模型贴上贴图即可完成3D模型创作，内置3D模型创作工具可创建如平面、球体、粒子系统等模型。

（2）提供模型修改器，通过为内置3D建模工具创建的模型添加相应的修改器，可设计出任意类型的3D模型，构建出不规则的模型。

（3）提供本地模型库(或从本地上传模型，由3DMax、Blender等第三方工具创建的模型)、在线模型库等3D模型资源，教师可在其中找到适合自己教学的3D模型，并将其添加到3D编辑器中。

在有了足够的3D虚拟学习环境所需要的模型后，利用3D开发系统提供的在线编辑器，教育者通过事先规划好的场景草图，利用在线编辑器对模型进行拖拽、移动、复制、粘贴等操作，以构建出符合教学需要的3D虚拟学习环境。

2. 交互（行为）开发

交互（行为）开发能够让3D虚拟学习环境变得更加生动，通过与场景进行交互，学习者能够学习到更多的知识，实现学习者对深度学习的支持。3D开发系统提供两种方法：

（1）使用行为组件。行为组件是3D开发系统内置进行交互开发的组件，也是本系统区别于其他系统的强大之处，借助于行为组件，教育者无需编写一行代码就可以构建出强交互性的3D虚拟学习环境。行为组件是用于向3D模型添加行为功能的组件，如旋转、路径跟随、注视等。通过行为组件，只要进行相应的设置，就可以为对象设定各种行为。行为组件还可以复用，通过行为组件，为不会编程的教师开发3D互动应用提供极大方便。

（2）使用JavaScript脚本语言进行交互开发。针对有一定编程基础的教育者，为辅助其创作出交互性、个性化强的3D虚拟学习环境，3D开发系统提供了JavaScript API，在编辑器中利用脚本编辑器，通过调用JavaScript API，可快速编写强交互性、趣味性的3D虚拟学习环境。

（五）3D虚拟学习环境开发流程

3D虚拟学习环境编辑系统采用基于HTML5技术开发，能够嵌入网络学习空间云平台中提供给教师使用，使用浏览器原生支持的WebGL技术，所开发的3D虚拟学习环境能够真正地实现跨平台运行，无需额外的插件。

1. 构建3D虚拟学习环境

（1）教师编写3D虚拟学习环境的开发方案。教师根据所授课程相关的知识内容，结合3D开发系统提供的相关功能，编写3D虚拟学习环境的开发方案。

（2）使用3D虚拟学习环境在线编辑器进行3D虚拟学习环境开发。依托3D开发系统，3D虚拟学习环境将由教师自主开发。以教师身份登录网络学习空间云平台后会进入教师端，此时打开教师端中的3D虚拟学习环境编辑系统，该系统提供了两种创建场景的模式：创建空白场景和从现有模板中创建场景。

①创建空白场景。教师利用3D开发系统，可以选择创建空白场景，此种方式可从无到有构建一个3D虚拟学习环境，即将要创建3D虚拟学习环境的单体资源（模型、贴图、声音、文本等）组织好。教师进入3D虚拟学习环境编辑系统后，首先是场景设计，教师可以有多种途径编辑3D虚拟学习环境：a.从本地上传利用3Dmax、Blender以及Photoshop等工具软件建立的3D模型和贴图；b.从系统自带库中选择相应3D模型；c.从在线3D模型库选择相应的3D模型；d.利用编辑器自带的模型创作工具创建模型。

②从现有模板中创建场景。模板是指根据某一科目某一知识点的内容，由教学设计、美术人员以及程序设计人员组成的团队设计而成，3D开发系统可将事先设计好的模板调入在线编辑器中进行二次开发，采用模板的方式可极大地加快3D虚拟学习环境的开发，也能够让开发的3D虚拟学习环境变得更加优质。前期资源相对较少，搭建3D虚拟学习环境时会花费较多的时间。后期平台运营时可组织有关专业人员针对学前教育、基础教育、职业教育、高等教育等各层次教育的特点，设计大量的3D虚拟学习环境模板，供各级各类教师调入在线编辑器进行二次开发，以开发出适合自己教学的3D虚拟学习环境。

教师可选择从现有模板中创建场景，教师根据所授课内容，选择合适的场景模板后，使用复制功能，系统将会对此模板复制一份到新的位置并在3D可虚拟学习环境编辑器中打开。教师在此基础上进行二次开发，可极大降低开发难度和提高工作效率，实现优质资源快速增长。

2. 交互功能开发

交互性功能的开发能够增加3D虚拟学习环境的趣味性，能帮助学习者进行深度学习，利用3D开发系统进行交互性开发，步骤如下：

（1）利用系统内置的行为组件进行开发。

目前3D开发系统的在线编辑器中提供了旋转、轨道、超链接、悬停标签、路径跟随、紧随地面、观看、查找等8个行为组件，利用这些行为组件可以完成常见的行为开发。用户利用JavaScript API还可以开发出更多的行为组件，行为组件可以复用，能够非常方便地扩展到其他3D虚拟学习环境的开发中。

（2）利用内置的JavaScript脚本编辑器进行开发。

3D开发系统的在线编辑器中内置的一个脚本编辑器，可以利用JavaScript语言来进行更高级的逻辑互动开发3D虚拟学习环境，利用脚本编辑器可以调用底层引擎提供的功能。脚本编辑器提供了通用API（4个方法）、音频API（4个方法）、客户端API（6个方法）、三角面操作API（6个方法）、物理系统API（10个方法）共30个方法，为教师开发强交互性的3D虚拟学习环境提供了有力支撑。随着系统的不断完善，还会提供新的API，如AI、UI等新的组件。

3. 3D虚拟学习环境的发布与运行

（1）教师发布3D虚拟学习环境。教师利用3D虚拟学习环境编辑系统搭建好3D虚拟学习环境并进行交互性设计后，可借助系统提供的发布功能将3D虚拟学习环境发布到课程目录中。要进行3D虚拟学习环境的发布，只需进行简单的设置，即进入该场景的设置窗口后，可选择“支持单用户”还是“支持多用户”“是否需要虚拟化身”等操作，但必须要取消“是否需要编辑器工具”复选框后，即可将3D虚拟学习环境进行发布，发布后进入该3D虚拟学习环境，将浏览器中的URL地址复制到课程的相关目录中，即可发布3D虚拟学习环境。

（2）学生进入3D虚拟学习环境中进行学习。学生在登录网络学习空间平台后，会进入学生所属的机构首页，在首页中有机构的所有课程列表，进入所授课教师的课程目录中，找到相应的3D虚拟学习环境资源链接，点击目录后即可进入3D虚拟学习环境进行学习。

3D虚拟学习环境编辑系统的具体应用开发流程描述如图7-1所示。

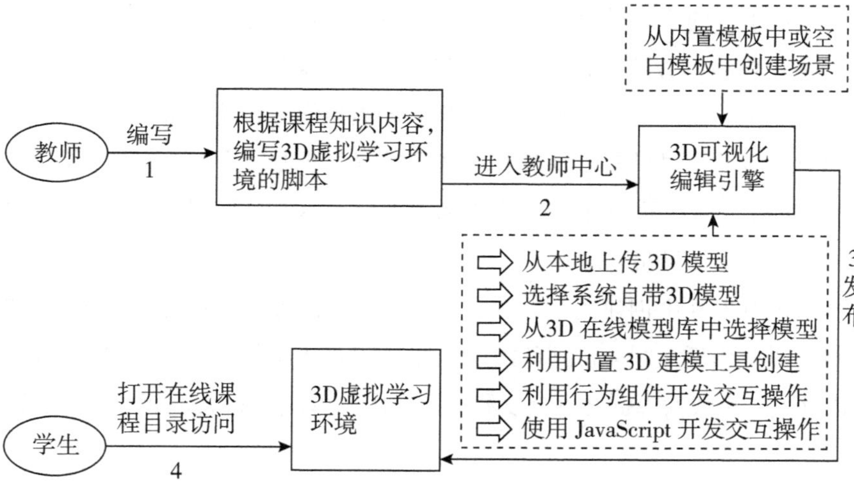

图7-1　3D虚拟学习环境编辑系统的应用开发流程

三、网络学习空间云平台中课程目录组织

网络学习空间是提供给学习者学习的场所，随着各类终端（个人电脑、智能平板、智能手机等）的快速普及，网络学习空间要求能够在这些终端上运行，并且要求能够自动适应不同大小的

屏幕，以方便学习者使用不同的终端进行学习。在某一具体的课程目录中，可以同时存在视频、文档、3D虚拟学习环境的链接，点击链接，可以直接观看视频、查看文档、进入3D虚拟学习环境学习。课程中的每一个3D虚拟学习环境，都是可以针对某门课程的某一章节或某一知识点而专门设计，每一个3D虚拟学习环境的场景规模不要过大，最好是能够满足某一知识点的学习即可，这样学习者在学习的过程中不会出现迷航现象。一般建议是一个2D视频对应一个3D虚拟学习环境，即2D视频是针对某一知识点讲解的微课视频，3D虚拟学习环境就是针对该知识点进行实践应用的情境化学习环境。

在教师中心，教师创建好课程之后，就需要为每一节或某一知识点创建视频、文档以及3D游戏化学习环境目录。视频、文档目录创建好之后，只需将相应的文件上传到目录对应的位置即可；3D虚拟学习环境目录下的内容连接，是由教师利用3D虚拟学习环境编辑与发布系统将3D游戏化学习环境设计与开发完成后，通过简单的设置，如设置为单人模式、多人模式、是否开启创作工具、是否设定为永久的3D虚拟学习环境等操作，即可将3D虚拟学习环境进行发布，发布后最终生成一个网址，教师只需要将这个网址复制并粘贴到3D虚拟学习环境目录中即可。

网络学习空间中课程目录结构组织一般如图7–2所示。

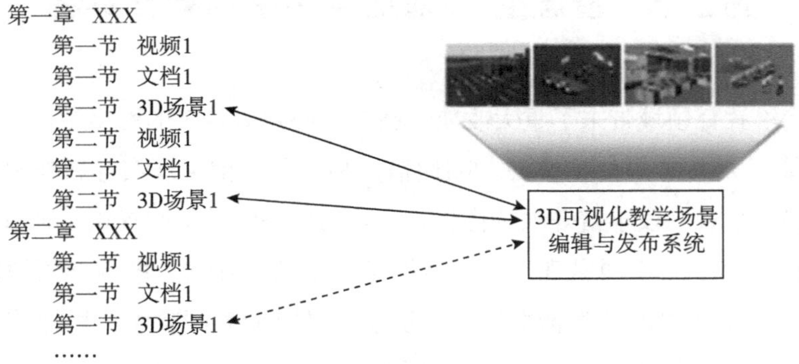

图7–2　课程目录结构的组织

根据课程目录，学习者在学习的过程中也不会迷失方向，课程目录是学习者进行课程学习的导航路径，采用此种方式组织课程目录有着如下优势。

1. 2D和3D融合，可极大地发挥二者的优势

学习者根据课程目录进行学习时，可以先观看某一小节的视频，然后查看相应的文档或练习，在学习完相应的课程知识点后，接下打开该知识点所对应的3D虚拟学习环境，将所学知识在3D虚拟学习环境中进行实战演练，使所学的知识得到有效巩固，可极大地提高学习者的学习动机与学习参与度，真正做到情境化教学。借助于虚拟现实技术，将传统课堂进行无限延伸。

2. 标准化输出3D虚拟学习环境

此前网络学习空间中所应用的3D虚拟学习环境，一般是采用软件开发工具（或第三方游戏引擎）设计与开发，导致其所需的运行环境错综复杂，无法在统一的环境下运行，对学习者的学习带来一定的障碍，且难以做到广泛推广应用。借助3D开发系统，该编辑系统提供了统一的底层引擎和在线编辑器，因此由该系统创作的3D虚拟学习环境具备了统一的运行环境，而且3D开发系统是利用现代浏览器原生支持的技术开发，无需插件即可在多种平台上运行，轻松实现跨平台使用。通过使用统一的编辑器和发布功能，提供统一的文件输出格式以及统一的运行引擎，将资源、服务、数据有效打通，为空间的标准化建设提供有效途径。

3. 构建学习共同体

3D虚拟学习环境编辑与发布系统，为教师提供一个极佳的网络学习空间下3D虚拟学习环境创作平台，通过支持体验式、角色扮演式、探究式、任务式、问题式等多种学习方式，底层引擎支持多人环境，在上层无需编写一行代码即可构建多人学习环境，当多个用户登录同一场景后，借助于文本、语音、视频聊天工具，让多个学生一起，在3D虚拟学习环境中进行探究学习，构建出学习共同体，可极大地提高学习者的学习兴趣和学习参与度，以提高教育教学质量，带动空间建设与应用的持续和深入发展。

第二节　智慧型3D网络学习空间教学案例

人工智能时代给教育领域带来了重大改变，新技术必将对传统的网络学习空间变革产生重要促进作用。云计算、大数据、人工智能、5G通信、物联网、虚拟现实等新技术具有突破时空限制、快速复制传播、呈现手段丰富等独特优势，为重构网络学习空间提供了强有力的技术支撑。利用新技术重构的网络学习空间呈现出可丰富课堂教学及时互动、教与学资源动态选用、练习与作业实时反馈、基于数据的教学精准评价、智能工具赋能教师教学、微课支持学生个性化学习、3D虚拟学习环境支持学生知识的内化及应用等特征，已然成为未来课堂教学发展的大趋势。借助于新型的网络学习空间，为课堂教学模式的创新带来前所未有的机遇和可能。通过情境化学习环境的设计与构建，为学生提供具有数字表征和符号意义的教学内容，在课堂教学中让学生使用3D虚拟学习环境，营造“自主学习”的环境，将传统的课堂教学变革为学习者与环境之间的有机互动，结合线上下线教学，取得了丰富的成果，构建了课堂教学新模式，并引用xAPI技术规范，利用学习分析技术，对学习者的学习过程进行分析，为教师能深入了解学生在学习中的具体表现和学习情况，动态调控学习行为，同时为教学评价提供依据，使评价更具科学性。

一、基于3D网络学习空间的职业教育课堂教学模式创新

（一）职业教育的特征

本研究以职业教育教学为例，开展课堂教学模式的创新。职业教育是一种类型教育，是以能力导向为本，旨在培养具备熟练技能的劳动者，能够快速胜任岗位工作。基于此目标，职业教育

教学中推行以工学一体化的课程及活动设计理念，力图将工作领域场景与学校学习场景进行统整，实现传统的教学环境无法实现的目标。要达成此教学预期，就需要充分利用虚拟现实技术、增强现实技术、物联网技术和移动技术的优势，并与传统环境相结合可以解决传统教学中的瓶颈问题。

传统职业教育教学环境制约了工作环境及岗位场景的创建，工作场景与学习场景脱节是职业院校中普遍存在的问题，学习即工作、工作即学习的一体化设计难以实现。即便是有可利用的虚实融合的学习环境，为了使用虚拟现实技术的简单化处理方式，教学中出现了将现实实验可做的技能训练模式僵硬地改为虚拟模拟训练模式的现象，无法从根本上解决工作场景与学习场景脱节的问题。

（二）虚拟融合场景及学习活动设计

虚实融合学习场景的设计以及学习活动的设计，需要在成熟理论的指导下，在学习内容分析和工作过程分析的基础上进行工学一体化设计，充分发挥虚实融合学习场景的功能与优势，设计以学习者为中心的体验学习和参与学习活动，实现学习场景设计与学习活动设计的高度契合是解决工学脱节问题的可行之道。

构建职业教育虚实融合的学习场景，需要厘清虚拟融合场景的特征与功能、技术对创建学习场景的支持作用，分析工作场景与学习场景之间的关系、学习场景与职业知识与能力之间的关联，探索职业教育虚实融合学习场景的相关要素及其相互关系，从理论范畴提出适合职业教育特色的虚实融合场景建构模型。

学习场景聚焦教学应用，是支持特定空间、针对具体的教学活动开展的直接条件。学习场景设计以学习者为中心，以学习任务为分类标准，整合各种学习资源、学习过程和学习方式，将技术与学习活动整合，形成相对完整的学习情境和学习体系。场景创建依赖学校的信息化教学环境，在真实学习环境、虚拟学习环境、虚拟融合的学习环境中，针对特定学习主题、项目，根据学习内容的特点，在特定的学习时间和空间开展不同类型的学习活动，支持个体或个体与群体的交流互动，每个学习场景的构建既要体现场景的基本要素，也要满足学习复杂性的特征。

职业教育重在培养学生的职业能力，教学中存在三高（高成本、高危险、高污染）及四难（难下去、难动作、难看出、难再现）的问题，仅依赖真实场景学习无法解决学校教学环境的难题。职业教育教学中现实诉求作为场景构建的主动力，技术作为场景构建的原动力，催生了多场景支持下的混合学习、泛在学习等教学模式。

通过3D虚拟学习环境，将书本知识与真实生活融合，将学生以学习者为中心的课程内容通过仿真视景建立主题性联系，教育空间突破了原有的物理界限，延伸受教育者感知教育教学环境的视觉范围，为受教育者提供开放的、时空一致的、可被计算的沉浸式教育交互视景空间，使学生在3D虚拟学习环境中接触到不同类型的教育内容并尽快融入其中，通过亲身参与帮助他们更加迅速地理解所学知识，培养积极的学习态度并促进认知结构的不断完善与发展。

（三）3D网络学习空间资源组织

3D网络学习空间中的课程资源由2D视频、文档和3D虚拟学习环境组成，学习者在学习完2D视频、文档后可以进入3D虚拟学习环境学习。3D虚拟学习环境是以沉浸理论为理论基础，以具身认知为驱动，以促进学习者身心整体发展为目标的新型教学形态，它是对智慧时代教学变革的一种回应。其构成要素包括具身化、可交互的3D学习场景，平等的、互动的主体间性师生关系，动态的、开放的时空结构，智能化、虚拟化的教学资源，人机协同、个性化、多样化的展开方式，精准、数据驱动的学习评价。利用3D开发系统，教师是3D虚拟空间转移、建构的工程师，学习者是虚拟共生教学和交互反馈体验活动的主要参与者，二者之间通过对真实生活内容的智能构建实现更高级、更丰富的智能学习交互。

基于3D虚拟学习环境开展教学，其教学组织形式更加灵活开放，具有探究、体验、项目化、游戏化等多种混合性组织形式，突破了传统教学班级授课制的局限。在教学中，教师扮演着学习者学习的促进者、数据分析者和情感引导者的角色。通过利用3D网络学习空间，在5G、大数据等新一代信息技术支持下，借助智能平板、智能手机等设备，突出以学习者为中心，在教学实施的过程中，分为课前、课中、课后三个阶段，开展教学模式创新，提高学习者的参与性和积极性，促进学习者的深度学习，以有效提高教育教学质量。

（四）3D网络学习空间教学的一般流程

在3D网络学习空间中，教师在其中建立好课程，需要进行教学设计和课程资源开发。

1. 教学设计

教学设计对教学的实施起着重要的引导作用。一般教学设计包括前期分析、中期设计和后期评价三方面。

（1）前期分析。需要教师分析学习需求、学习内容、学习者特征以及教学目标。在分析学习者特征时需要关注学习者已有的知识基础、学习能力、学习水平、学习风格等。教学目标的分析要建立在对整个教学单元和本节课分析的基础上，教师要从知识技能、过程方法、核心素养等方面，对教学目标进行整体分析。

（2）中期设计。主要包括教学环境的创设和教学活动的设计。教学环境的创设是利用3D虚拟学习环境教学最重要的环节，为了给学习者较好的教学体验，教师必须选择适合的教学主题、教学方法、教学情境、教学工具以及在教学过程中需要使用的技术设备。在3D虚拟学习环境中开展教学要重视学习者在课堂中的沉浸与具身化体验，因此在设计教学活动时，教师要重视学习者的体验过程。教师需要在学习者进行具体化的学习探究时及时提供帮助，并在学习者交流讨论结束之后进行总结与反思。

（3）后期评价。需要教师在评价学习过程方面进行相应的设计，如评价的内容、标准。学习过程的评价，主要包括学习者的学习参与度与投入度、学习表现、对虚拟教学情境的使用与适应情况等。教学设计的过程，也是教师深入理解3D虚拟学习环境的教学，并将其恰当有效地运用于课堂教学的一种探索。

2. 课程资源开发

教师通过对课程内容进行重构，根据教学设计的内容，确定需要制作成微课的相关知识点以及适合开展3D虚拟学习环境教学的内容，系列微课制作可使用Focusky、Camtasia Studio或者剪映等视频工具，3D虚拟学习环境的开发则使用网络学习空间云平台自带的3D虚拟学习环境编辑与发布系统创建。

3. 课堂教学实践

在新型课堂教学模式下，教学的基本流程主要分为课前、课中、课后三个阶段。课前，教师利用平台向学生推送预习资料，同时根据学习平台统计学生的预习情况（一般是学习观看微视频以及做练习），制定相应的教学策略；课中是在课堂中利用3D虚拟学习环境开展教学的实施阶段，也是过程评价的阶段，是教学实施与教学评价一体化的过程，将由教师和学生在3D虚拟学习环境中开展探究式、情境化-问题式等学习活动，师生进行协作学习、互动交流，学习者完成相应的学习任务后给出相应的评价并展示；课后由教师根据学习分析情况为学习推送个性化的学习资源以及针对具体情况做个性化辅导。通过借助智能技术对教学组织结构重组和实现精准评价与优化，最终实现新型课堂教学模式。智能技术支持下的新型课堂教学模式如图7-3所示。

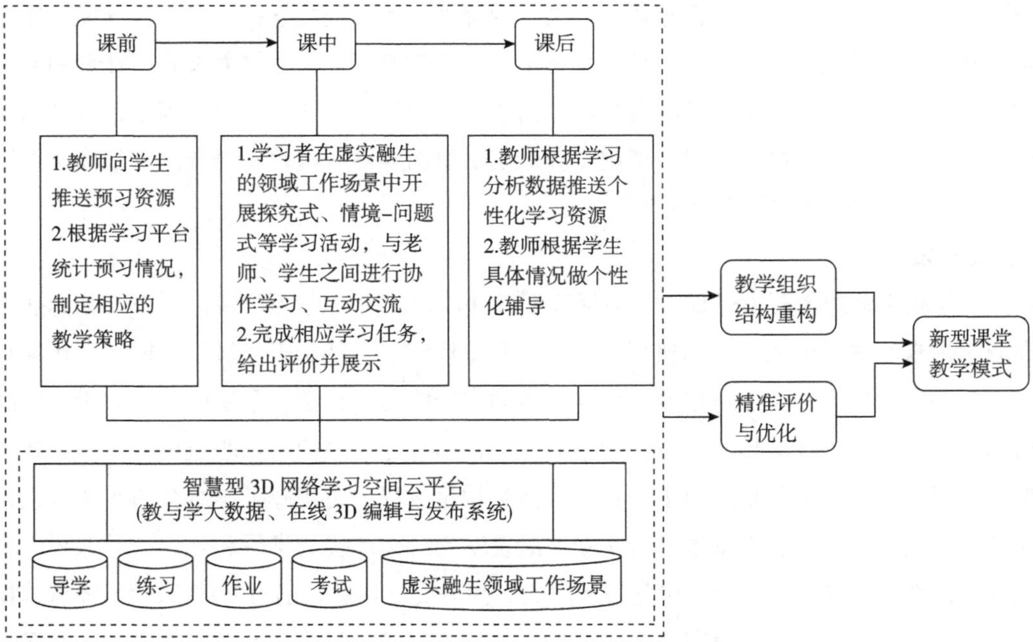

图7-3 智能技术支持下的新型课堂教学模式

二、职业院校护理专业《老年照护》的课程教学实例

1. 课程分析

职业院校护理专业《老年照护》是一门实践性极强的课程，本课程以老年化社会发展需要，着重培养复合型、创新型养老照护人才为目的，具有“体现关怀、重视身心、注重实用”的特

点。学生应掌握老年照护相关理论知识和老年照护岗位要求，熟悉老年人身心健康知识，运用人际沟通与交流技巧，掌握促进老年人健康的照护知识和方法，以维持其最佳健康状态，提高生命质量，同时还能自觉关注老年人及其健康，能应用专业知识对老年人进行健康指导。培养具有爱岗敬业、刻苦耐劳、乐于奉献的工作品质，具有敬老爱老的博爱精神和职业素养，同时具有良好逻辑思考能力，能独立解决问题、并具有团队合作观念的老年照护人才。

本课程在“项目导向、任务驱动”思想的指导下，课程内容以老年服务人员的照护工作任务分析为基础，参考老年照护国家职业标准和岗位需求，以老年人常见照护问题为依据设置教学项目，在项目中融合理论知识和操作技能，展开理实一体化和教、做、评等三者相统一的教学方法。具体学习项目的选择和编排，以养老机构中老年照护岗位的典型工作任务和工作流程分析为基础，按照接收老年人入住养老机构的服务流程进行，从接收入机构、协助入房间直至对临终老人的关怀和终末消毒处理，把课程分为老年照护岗位的职业发展、照护服务组织、照护服务实施、用药照护、心理照护、功能障碍照护、认知障碍照护、应急救护、安宁照护九个项目。

2. 教学设计

课程设计以“职业岗位能力—课程教学模式—学习能力模块—核心能力要素”为主线，构建融“岗、课、证、能”于一体的课程体系。与行业养老专家、同类学校专家合作开发，结合学校办学定位和“前（养老）院后（学）校、学见结合、工学交替”人才培养模式，在利用该课程在云课堂的立体化教学资源，采取“项目导向、情景教学、案例教学，学教相辅”；以“高仿真模拟实训—医院（养老院）临岗见习—医院（养老院）协岗实习→医院（养老院）顶岗实习”，践行教、学、做、评于一体的教学模式。

3. 资源开发

在具体的教学资源的开发过程中，包括系列微课以及3D虚拟学习环境的开发，从职业出发，分析高职学生未来主要就业岗位的典型工作任务和工作流程，基于工作过程，以“工作项目”为主线，以任务为载体，创设工作情景，培养学生的实践能力。教学上紧紧围绕服务于高职高专人才的培养目标，以照护技能培养为主线的培养方针，结合老年照护国家职业标准，满足高职高专技能型、应用型专门人才的培养要求。在课程体系构建过程中，实施工学结合的教学模式，指导学生在校内实训室和校外实训基地进行实践，激发学生对本课程的喜爱和好评。对课程内容进行了系统性的梳理和全局性的统合、优化技术路线、提升交互体验，通过3D虚拟学习环境，构建全域、全过程、全方位的全智能教育空间，提升人才培养质量，创新教育教学方式，具有促进教育发展的实践价值。

本课程为校内理论–实训一体化培训课程，课时共计18学时，涵盖9个学习项目、29个学习任务。本案例将以护理专业《老年照护》课程为例，通过对该门课程进行重构，使用第三方工具如Camtasia 2021、Focusky等制作系列微课程，利用3D虚拟学习环境开发系统创作3D网络学习空间。在制作好系列微课以及创作相应的3D虚拟学习环境后，教师以教师身份登录，进入教师中心。教师可以利用创建课程功能进行课程的创建，然后上传相应的微课以及添加3D网络学习空间链接到课程目录中。创建好的课程及课程目录如图7-4所示。

图7-4 《老年照护》课程目录

4. 课堂教学

在利用智慧型3D网络学习空间开展教学时，以课前、课中、课后三个部分进行教学组织，开展线上线下混合式教学。课前通过下发任务，让学生利用课程平台中的微课开展自主学习，课中主要由教师带领学生利用3D虚拟学习环境开展教学活动，针对课前利用微课介绍的知识，在3D虚拟学习环境中开展探究活动。如针对服药协助这一知识点，介绍随着年龄的增长，老年人的各器官功能发生了退行性变化，导致患病率增高。药物治疗是保证老年人战胜疾病、恢复健康、减少死亡的重要措施之一，而治疗的关键在于正确使用药物。但老年人由于生理功能改变，记忆力衰退，听力、视力减退等原因，老年人对药物治疗的目的、服药时间、给药方法不能很好地理解，往往会影响药物治疗的有效性及安全性。因此，护理人员有必要为老年人用药提供指导，协助老年人正确用药，防止不良反应的发生。然后教师借助3D虚拟学习环境开发系统，根据教学内容，创作出3D虚拟学习环境，如图7-5所示。在课堂中，教师带领学生进入3D虚拟学习环境，与设计好的虚拟老人

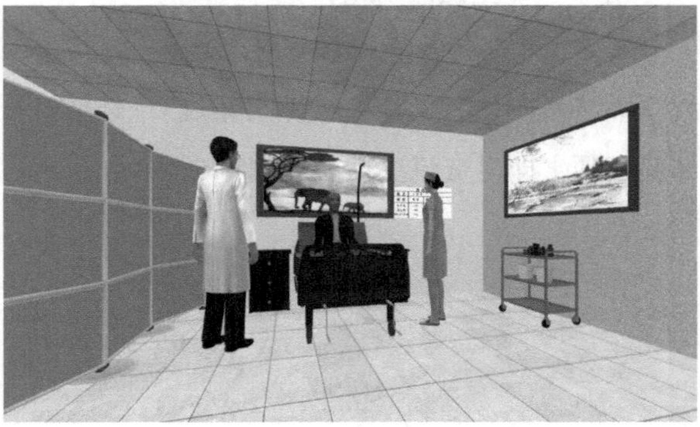

图7-5 协助用药3D虚拟学习场景

进行沟通，了解老人病情，并在教师的指导下正确使用药物，身临其境地参与到实际的工作任务过程。课后，教师利用平台布置作业，并进行教学效果的评价。

三、3D虚拟学习环境下职业教育《护理学基础》教学效果分析

利用智慧型3D网络学习空间平台，可实现在线视频点播、虚拟情境体验、虚拟角色扮演、语音互动交流、虚拟游戏闯关、作业提交、评价反馈、在线考核等功能。在《护理学基础》教学中，本研究将虚拟学习平台与传统CBL教学法相结合，为学生提供情境性、沉浸性、参与性的学习体验，实现线上结合线下体验式的新型CBL教学模式，在教学中取得了良好的效果。

（一）对象与方法

1. 研究对象

将2020级高职护理专业4个班学生，采用整群随机抽样法随机抽取2个班为试验组，2个班为对照组，共123人。试验组共62人，男生6人，女生56人；入学成绩（70.34 ± 4.82）分；年龄17~20（17.63 ± 0.62）岁。对照组共61人，男生4人，女生57人；入学成绩（71.54 ± 5.61）分；年龄17~21（18.12 ± 0.52）岁。两组学生均在入学成绩、年龄、性别构成等方面差异无统计学意义（$p>0.05$）。所有学生均自愿参与本次研究，并签署知情同意书。

2. 教学方法

两组学生均使用高等教育出版社出版，章晓幸、邢爱红主编的《基本护理技术》第2版教材。选取药物过敏试验（2学时）、静脉输液输血（6学时）、氧气吸入（2学时）、临终护理（2学时）4个项目共12学时的理论课程作为教学内容。两组学生由同一教学团队进行授课，教学进度、授课时长均相同。现以药物过敏试验（2学时）理论课程教学为例分别介绍两组的教学方法。

（1）对照组教学方法。

采用传统课堂讲授教学模式，教师通过多媒体讲解相关知识点，用时55 min。针对教学重难点青霉素皮试液配制方法和过敏性休克的急救设计案例分析题，进行课堂提问和答疑，用时20 min。教师总结本堂课的教学内容，布置课后作业和预习项目，用时5 min。

（2）试验组教学方法。

利用虚拟学习平台与CBL教学法相结合的虚拟体验式线上结合线下的混合式教学模式。从CBL教学准备、CBL教学实施、课后拓展3个环节进行教学设计，实现课前、课中、课后全程学生虚拟体验及师生即时交流反馈。如图7-6所示。

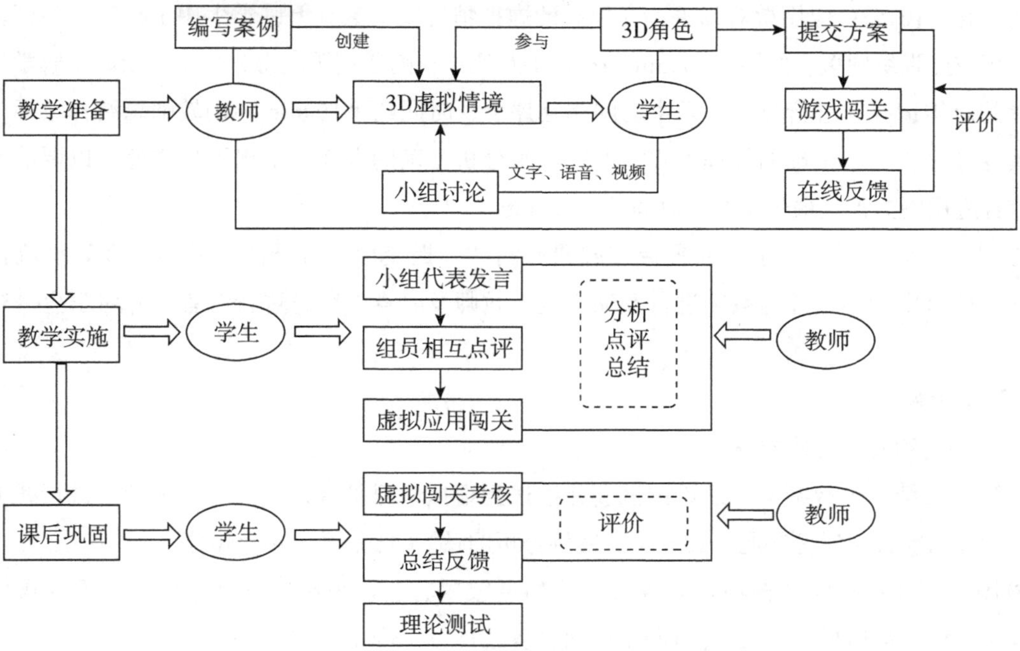

图7-6　CBL教学法结合虚拟学习平台教学流程图

①教学准备。首先是教师课前准备。模块创建：教师在平台课程《药物过敏试验》项目下建立“药物过敏反应发生的原因与特点”“药物过敏反应的预防与临床表现”“青霉素过敏性休克的急救”“各种皮试液的配制方法”“皮试结果判断”5个学习模块，每个学习模块下包含学习资料、情境任务、任务闯关游戏、综合应用闯关、反馈与评价5个栏目。创建虚拟情境：教师团队围绕教学目标编写5个案例，利用理论知识之间的逻辑联系与动态情境变化引导护理实践的连续性发展，有目的地创设出虚拟学习环境。设计虚拟闯关游戏：基于每个模块的虚拟情境任务需求提炼知识的重难点，在游戏中设置各种闯关关卡，且难度由浅入深，技能操作由简单到复杂。每个学习模块下设置游戏2个，分别为任务闯关游戏和综合应用闯关游戏。学生课前预习：课前2 d学生进入各模块下的子栏目完成学习任务。栏目1：学习资料。查看该栏目下的学习任务单、教学课件、教学微视频、相关拓展资料等完成初步理论知识储备。栏目2：情境任务。以小组为单位，各成员选择虚拟角色进入情境，利用文字、语音、点对点视频的形式在虚拟情境中进行交流与互动，实现小组间的讨论，探讨任务解决方法并在线提交解决方案。栏目3：任务闯关游戏。组员独自进入游戏，以完成关卡数量、耗时、正确率作为游戏得分，闯关不成功者需重新闯关。学生课前第2次预习：课前1 d由各组长组织线上第二次讨论，并提交小组的最终讨论方案。各组员将两次讨论和任务闯关游戏过程中遇到的问题及时提交到反馈与评价栏目。教师查看各小组提交的方案和闯关得分情况，及时对学生提出的问题进行解答。

②教学实施过程。(a)小组发言：每组派出代表，根据课前准备情况，随机选择一个情境任务进行发言，每个情境任务讨论时间约为10 min，学生可以分享自己对情境任务的见解和两次游戏闯关中遇到的问题。教师对每组的汇报情况进行点评，并对重难点内容进行归纳与总结，促进学生

知识的内化。(b)综合应用游戏闯关：在原有的虚拟情境案例基础上，学生用手机完成各模块下的综合应用技能训练闯关，时限为15 min。(c)师生互评：教师通过游戏得分数据，及时了解学生对知识掌握的总体情况并进行点评、学生之间相互评价，时间约为10 min。(d)教师总结：教师分析案例的演变经过，提出正确的处理流程，鼓励学生分析正确的方面，指出不足之处，以课前预习得分和综合应用闯关评选最佳小组，时间约为15 min。

③课后巩固。课后学生进入平台完成课后测试、提交用思维导图总结的方案处理流程，反思各学习环节中的不足并与教师进行互动交流。教师及时查看留言进行解答，并对学生进行总体评价。

3. 评价指标

（1）理论和实训考核成绩。

①理论成绩：由教师编写理论测试卷并推送到虚拟学习平台，统一对两组学生进行线上理论测试，考核内容含选择题20题（25分）、案例分析题1题（15分），共计40分。

②操作成绩：技能考核项目为青霉素药物过敏试验法，采用以下操作评分标准：操作前准备、操作流程、沟通技巧、人文关怀4个方面，各占15%、60%、15%、10%，共计60分。

（2）自主学习能力。

采用张喜琰等修订的护理专业学生自主学习能力测评量表，该量表包含4个维度：学习动机、自我管理、学习合作、信息素养，共30个条目。采用Likert 5级评分法。总量表的Cronbach’sα系数为0.82，各维度的Cronbach’sα系数为0.64～0.79，信效度良好。

（3）学习效果。

在文献检索和小组讨论的基础上，自行设计量表对学生的学习效果进行评价。量表包含人际沟通能力、人文关怀能力、临床思维能力、团队合作能力、护理综合能力5个维度，共30个条目。各条目采用Likert 5级评分法，分完全不同意、不同意、一般、同意、非常同意5个等级，对应的计分为1～5分，总分150分。测定该量表的Cronbach’sα系数为0.87，量表的内容效度、准则效度和结构效度分析均较好。

4. 统计学方法

采用SPSS 24.0统计分析软件对数据进行分析处理。计量资料用均数±标准差（$x \pm s$）表示，组间比较采用独立样本t检验，计数资料用例数表示，采用$\chi 2$检验，以$p<0.05$为差异有统计学意义。

（二）结果

1. 两组考核成绩结果比较

试验组理论和实训考核成绩均高于对照组（$p<0.001$），如表7-1所示。

表7-1 两组学生考核成绩比较（分，$\bar{x} \pm s$）

组别	人数	选择题	案例分析题	理论成绩	操作成绩	考核总分
对照组	61	17.95 ± 2.30	9.72 ± 2.00	27.67 ± 3.04	49.26 ± 2.30	76.93 ± 3.34
试验组	62	20.98 ± 1.98	12.97 ± 1.21	33.95 ± 2.52	52.68 ± 1.67	86.63 ± 3.32
t		−7.823	−10.856	−12.472	−9.412	−16.128
p		<0.001	<0.001	<0.001	<0.001	<0.001

2. 两组自主学习能力评价结果比较

试验组自主学习能力总分及各维度评分均高于对照组（$p<0.001$），如表7-2所示。

表7-2 两组学生自主学习能力比较（分，$\bar{x} \pm s$）

组别	人数	学习动机	自我管理	学习合作	信息素养	总分
对照组	61	28.18 ± 3.89	38.08 ± 2.67	17.98 ± 2.18	19.84 ± 2.73	104.08 ± 5.48
试验组	62	31.23 ± 2.22	40.31 ± 2.50	19.21 ± 2.17	22.76 ± 2.79	113.50 ± 5.10
t		−5.885	−4.772	−3.123	−5.878	−9.872
p		<0.001	<0.001	<0.001	<0.001	<0.001

3. 两组学习效果评价结果比较

试验组人际沟通能力、人文关怀能力、临床思维能力、团队合作能力、护理综合能力各维度自评得分均高于对照组（$p<0.001$），如表7-3所示。

表7-3 两组学生学习效果评价比较（分，$\bar{x} \pm s$）

组别	人数	人际沟通能力	人文关怀能力	团队合作能力	临床思维能力	综合护理能力
对照组	61	19.67 ± 4.79	20.51 ± 4.71	21.31 ± 4.47	19.39 ± 5.07	21.46 ± 3.60
试验组	62	23.95 ± 4.14	24.19 ± 4.15	25.48 ± 4.44	23.55 ± 5.51	25.03 ± 4.20
t		−5.295	−4.602	−5.194	−4.355	−5.069
p		<0.001	<0.001	<0.001	<0.001	<0.001

（三）讨论

1. 虚拟学习平台结合CBL教学法有利于提高学生学习成绩

基础护理学是一门以实际训练为主导的课程，教学目的是培养学生的临床思维和操作能力，CBL教学法以临床案例为基础，弥补了理论学习与临床实践割裂的缺陷，研究显示将CBL教学法应用于理论与实训教学，促使学生巩固和运用理论知识，提升专业操作能力。表7-2显示，试验组学生的理论考核总成绩及实训考核成绩均明显高于对照组（$p<0.001$）。将CBL与虚拟平台相结合，通过创设出动态性、连续性、体验式的虚拟临床情景，真实还原了临床病人患病、治疗和护

理的全过程，缩短了课堂与临床的距离。面临虚拟情境中的实际问题，调动了学生的学习潜能，促使其将理论与实践相结合完成虚拟任务。同时，在虚拟平台的支持下，突破了传统CBL以课堂讨论为主的教学方式，课堂主要用于解答疑惑、汇报讨论、综合提高，提高了课堂教学效率。课堂上，教师在操作练习中融入趣味性、实践性的虚拟综合应用闯关游戏，有效提高了学生对知识的掌握程度，提升了学生的操作能力，实现了“知行合一”。

2. 虚拟学习平台结合CBL教学法有利于提高学生的自主学习能力

表7-1显示，试验组学习动机、自我管理、学习合作、信息素养4个维度得分均高于对照组（$p<0.001$），表明试验组学生学习兴趣、自主学习能力显著高于对照组，且有统计学意义，与研究结果相似。相比以教师为主导的传统教学法，丰富有趣的3D虚拟游戏被引入学习各环节中，知识的运用变成了趣味性和挑战性的“通关”过程，在不断探索和反复尝试过程中，实现自主学习→即时反馈→再次学习的循环，学生从中更能感受到学习的掌控感和成就感，从而提高了自主学习的兴趣和学习动力。此外，学习平台赋予了学生很大的学习自主权，学生可随时登录平台，学习任务可引导学生作为学习实践的主体。结合各类互动环节强化学生在实践过程中的参与感与求胜欲，为获得高分，学生须将自己置于问题解决者的角色，在不断地质疑和问题的解决过程中有效提高自我管理和自主学习能力。

3. 虚拟学习平台结合CBL教学法有利于提升学生的学习效果和综合能力

表7-3显示试验组学生在沟通能力、人文关怀能力、团队合作能力、临床思维能力、护理综合能力5个方面的效果评价均高于对照组（$p<0.001$）。传统CBL教学多运用文字或视频案例，因此类资源静态性、片段性的局限，学生缺乏足够的感同身受，容易忽略病人及家属的动态心理变化过程。以案例为脚本，小组之间进行不同的虚拟角色扮演，培养了学生的人文关怀能力和沟通能力。同时，学生能更好地明确工作职责，在分析、判断、识别、寻求信息、逻辑推理、预知病情变化的过程中，逐渐形成一定的临床护理思维。讨论过程中各种意见和观点的碰撞促使每个学生积极寻求信息、主动沟通、多角度思考，也极大地促进了团队协作精神的培养。小组方案结合虚拟综合应用闯关游戏“解锁”到的具体护理操作步骤，在反复讨论、尝试、合作的过程中培养了学生的综合能力，提升了整体学习效果。

（四）小结

将虚拟学习平台与CBL教学法相结合的教学模式运用于《基础护理学》教学中，为学生提供了个性化、趣味性的学习体验，提高了学生的理论及实训考核成绩、自主学习能力、学习效果，从不同方面提高了学生的综合能力。但本次研究样本量较少，仅纳入4个班123名护理专业学生作为研究对象，后续研究中会增大样本容量，提升结果的可信度。同时，虚拟学习平台各教学项目中未设置针对单项操作项目的教学资源，在后期的研究中仍需更新和优化各教学资源，满足基于群体和个性化需求的虚拟学习云平台结构的变革。

第八章

研究与展望

二维网络技术支撑的网络学习空间已出现天花板效应，现有网络学习空间中的学习内容形态主要以视频、文档为主，难以满足学习者多样化的学习需求，学习者的学习兴趣和学习参与度不够，最终导致学习效果不佳、学习质量不高。随着人工智能、大数据、虚拟现实、5G移动通信等新一代信息技术（也统称为智能技术）的快速发展，驱动着社会从“互联网+”进入“人工智能+”社会，伴随着移动终端的全面普及，移动学习、在线学习逐渐成为人们获取知识的主要途径，为教育信息化的创新提供了新的机遇和可能，学习已经走向智能化、情境化、移动化、微型化和碎片化。因此，本研究的目的不单单是对网络学习空间的一次全面综合性的分析，更是对现阶段我国网络学习空间应用实践的总结与反思。

第一节　研究总结

本研究通过对现有网络学习空间平台的架构、功能以及网络学习空间应用情况的调查与分析，基于当前我国网络基础设施情况、学校建设网络空间的情况、教师的信息化应用能力等综合因素的考虑，采用全3D场景化的沉浸式教学还不太现实，2D和3D技术的有效结合才是当前网络学习空间的建设目标。因此，本研究通过充分利用智能技术，采用新技术对网络学习空间平台实现重构，以实现支持大规模用户并发访问、以机构（学校）为单位推进网络学习空间应用、与传统课堂有效结合开展线上线下混合式教学、提供简单易用的3D虚拟学习环境创作工具并利用3D虚拟学习环境延伸课堂教学空间、使用xAPI技术标准采集学习者的学习经历过程数据、利用大数据分析技术为学习者推送个性化学习资源等。

一、利用智能技术设计与开发了以机构为单位的网络学习空间平台

（一）平台架构

在我国教育信息化推进的过程中发现，学校（机构）是教育资源相对集中且执行力相对较强的单位，以学校（机构）作为智慧教育的实施主体，课堂（以班级为单位）作为实施智慧教育的主阵地，最适合智慧教育落地，因此平台以学校（机构）为管理单元，即由机构端-教师端-学生

端三端组成，并提供平台管理端管理平台内所有机构及各机构内教师、学生、课程、练习、考试等情况。

网络学习空间云平台采用SaaS(软件即服务)架构模式设计，业务模式采用B2B2C模式，其中第一个B为平台管理端，第二个B为机构（学校），C为教师和学生，所有系统和服务运行在云端，可有效减少机构的运营和管理成本，即以机构为单位。可为每个机构提供一个云端在线教育系统，基于该系统在机构内开展教学应用，教师和学生通过平台完成整个教学和学习过程。

（二）网络学习空间的四端（平台管理端、机构端、教师端、学生端）

1. 平台管理端。管理平台内所有机构及各机构内教师、学生、课程、练习、考试等情况。

2. 机构端。为学校（机构）的管理中心，可管理本学校（机构）内的教师、班级、学生、课程、作业、考试等相关的信息。

3. 教师端。主要提供给学校（机构）内的教师使用，教师在教师中心可创建课程、创设3D虚拟学习环境、管理班级及学生、布置作业、设置考试、成绩管理、学习分析等功能，教师端嵌入了3D虚拟学习环境编辑与发布系统，教师可根据教学内容，自主设计与开发3D虚拟学习环境并将其发布到课程目录中供学生进行操作学习。教师可基于教师端，以班级为单位，开展小规模限制性在线课程（Small Private Online Course，SPOC）模式教学。

4. 学生端。主要为学生学习的场所，学生利用智能平板、智能手机、移动PC等移动终端，在传统的课堂上，借助于4G/5G网络环境，突出以学习者为中心开展线上线下混合式教学。学生可以学习视频教程、查看PPT/PDF文档、在3D虚拟学习环境中进行操作演练、进行作业与考试等操作。借助xAPI技术标准可将学习者的所有相关操作记录到学习记录系统LRS中。

二、利用智能技术设计与开发了3D虚拟学习环境开发系统

3D虚拟学习环境开发系统是一套完整的前后端系统，其设计目的是方便教师（学生）创设3D虚拟学习环境并能对其进行有效的管理，创建好的3D虚拟学习环境是一个个可运行的学习场景，并且能支持多人以虚拟化身的方式进入场景进行交流互动。总体目标是，设计并实现满足上述要求的基于Web的底层多人引擎。提出合理的引擎架构设计，设计并实现引擎中的网络多用户功能与3D场景管理功能，包括网络数据传输、网络同步、3D场景的管理与优化等主要功能和其他辅助功能，如事件处理、声音、物理与AI等。3D虚拟学习环境开发系统由在线3D底层引擎、在线3D编辑器和Web服务端三部分组成。

（一）在线3D底层引擎

引擎的架构主要分为四个层次：

1. 通用组件层，本文使用第三方库，为引擎功能的开发提供相应的功能函数使用。主要包括Web端的渲染、网络通信、事件、物理等功能。

2. Web平台层，解决Web游戏开发中PC浏览器和手机浏览器之间的差异，封装统一调用的接口。

3. 引擎功能层，以网络多用户为核心，以网络通信为媒介，实现各个功能与网络多用户功能的组织与交互。同时实现了游戏数据与游戏逻辑的解耦。

4. API层，引擎为Web端游戏开发提供统一的JavaScript API，分为服务端、客户端和Common API。其中Common API是客户端和服务端均会用到的功能API。

通过将引擎分层，实现各个层次功能明确，划分清晰，具有良好的可扩展性，同时引擎解决了游戏数据与游戏逻辑间的解耦，提供了良好的模块化设计，通过封装客户端和服务端之间的差异，提供统一的JavaScript API接口。降低了游戏开发者的学习成本，提供了一致的编程体验。

（二）在线3D编辑器

在线3D编辑器是对在线3D底层引擎的再次封装，提供了一个简单、直观、易用的图形用户操作界面，教师(学生)利用在线3D编辑器，可采用所见即所得的方式创设3D虚拟学习环境，借助在线3D编辑器，无需编写一行代码即可构建出具身化、可交互的3D学习场景，轻松实现平等的师生互动、协作、交流等，或者通过少量的调用JavaScript API接口，实现更为高级的互动教学场景，支持调用xAPI技术规范，可在3D虚拟学习环境中采集学习者的学习经历数据，构建出教育大数据，为学习分析、个性化数据推送提供数据支撑。

（三）Web服务端

Web的3D虚拟学习环境编辑系统采用B/S架构，Web服务端可对前端在线3D编辑器所创建的3D虚拟学习环境进行管理，并能为每一个3D虚拟学习环境创建一个Web服务，即能让其独立运行，由于在服务端提供了Web服务，无需编写一行代码即可支持多用户3D虚拟学习环境，也不需要再架设专门的服务器。Web服务端也提供了一个文件服务器，可以存储前端用户上传的3D模型等资源。

通过网络学习空间平台中的3D虚拟学习环境编辑系统。教师可快速构建出虚拟实验、开展各类教学活动（如体验式、项目式、探究式、任务式、问题式等）等具有统一格式的3D虚拟学习环境，可构建出各类虚拟仿真等教育教学资源，丰富网络学习空间教育资源形态；3D虚拟学习环境编辑系统构建的3D虚拟学习环境，无需安装任何插件即可在多种终端设备的浏览器中运行，轻松实现跨平台；支持多人协同交互，可构建学习共同体，增强学习者对网络学习空间平台的黏性，提高活跃度，同时通过扩展可支持AR、VR、MR等最新技术，可极大地提高学习者的学习兴趣和学习参与度；通过引入xAPI技术规范，实时采集学习者的学习经历数据，利用人工智能等技术，破解班级授课制下因材施教的难题，实现个性化教学，以全面提高教育教学质量，为网络学习空间的标准化建设提供有效途径。

随着5G技术的全面推广应用，网络学习空间下的3D虚拟学习环境将会得到更加广泛的应用，用户体验会更加友好，能有效带动空间建设与应用的持续和深入发展，推进教育现代化进程。

三、以职业教育课程开展实践研究

本研究主要以职业教育的课程开展教学实践，教师利用网络学习空间平台创建好课程，根据课程内容，将有关知识点制作成系列微课，选取有关适合制作3D虚拟学习环境的内容，创设3D虚拟学习微课。微课制作的工具推荐使用Camtasia Studio、剪映、或者Focusky等编辑工具，这三款软件都是操作极其简单、功能强大的微课制作工具，可满足教师制作各种类型微课视频的需要，3D虚拟学习环境则利用本平台提供的3D虚拟学习环境开发系统构建，在3D虚拟学习环境中，师生可开展体验式、探究式、情境化-问题式、项目式、游戏化等多种教学活动。通过xAPI技术标准采集学习者的学习过程数据并保存在Veracity Learning LRS中，通过该LRS系统提供的学习分析功能，可帮助教师全面了解学生学习情况并进行相应的干预，以帮助学习者更好地完成学习目标，提高学习质量。

第二节 研究的不足之处

本研究是利用智能技术构建一套融合2D和3D技术的大型的网络学习空间云平台，涉及的技术新而广，由于利用二维网络技术开发网络学习空间平台已相当成熟，但开发网络学习平台属于一个大型的应用系统，功能繁多，因此，开发团队需要由多个专业方向成员即系统架构师、系统分析师、网页美术师、程序设计师、数据库工程师等人员组成，因此，将2D网络学习空间平台外包给专业的软件开发团队，由课题组提出具体需求，外包软件开发团队则按照需求开发，但针对xAPI标准的引入也是一个全新的领域，为了降低成本，减少开发工作量，将采集到的学习过程数据存储在Veracity Learning LRS系统中，借助于该系统提供的学习分析功能，为学习者提供相应的干预和学习辅导，后续将引入LearningLocker学习记录系统构建教育大数据，并利用大数据分析技术对教育大数据进行分析，并开发个性化推荐系统，为学习者提供更加精准、个性化的学习服务。

本研究的3D虚拟学习环境开发系统，是一款基于Web端的3D底层多人引擎并提供在线3D编辑器，是一套前后端的全栈系统，主要提供给教师进行3D虚拟学习环境的创作，简单、易用是其首要目标。要实现该目标需要考虑Web平台与PC客户端、移动原生平台的差异以及移动端设备的性能，需要解决网络数据传输、网络同步、游戏数据与逻辑间解耦等问题，同时需要针对 3D场景多样化的特性，解决场景管理的优化问题，并能利用xAPI采集学习者的学习经历，同时要给教师提供足够的基础资源和可以利用的模板，以便于教师快速进行3D虚拟学习环境的开发。本研究课题组成员通过努力，充分利用现有的开源技术，基本实现了渲染、物理、网络等底层引擎以及直观易用的在线3D编辑器。但因时间和人力问题，还存在着以下需要改进的地方。

一、暂未引入UI库，现有UI功能支持不足

3D虚拟学习环境开发系统虽然支持创建UI界面，但功能有限，使用自带UI工具创作界面也不够便捷，这也是因为本开发系统底层使用Three.js作为渲染引擎，在进行该系统开发时，市面上还没有开源的UI库，直到2020年6月，Fairy GUI提供了支持Three.js的UI库，2021年6月，该UI库升级至0.9版，至此该UI库才趋于成熟，可以用于实际的项目开发中。在本项目中没有引入该UI库，后期将会把该UI库引入该开发平台。

二、暂未引入AI库，现有AI功能支持不足

通过使用3D虚拟学习环境开发系统提供的行为功能或调用其提供的JavaScript API，可以做一些简单的AI操作，为场景增加一定的趣味性。但AI功能实现有限，对于一些复杂场景，如模拟多个NPC互动、每个NPC安排不同的任务等则难以实现。目前已有比较优秀的前端JavaScript AI开源库如Yuka，可以将该库进行封装后引入3D虚拟学习环境开发系统中，并将AI库的相关功能通过设置的方式去实现，无需编程即可完成AI开发，以此来丰富3D虚拟学习环境。

三、引入第三方的xAPI学习分析工具，个性化学习支持不足

由于3D虚拟学习环境开发系统技术复杂度高、国内相关开发人员奇缺等问题，为了加快开发进度，课题组在采集学习者的学习过程数据时使用了xAPI技术规范，学习记录系统则采用了Veracity Learning LRS，该系统提供了学习分析功能，但学习分析功能相当有限。后期将会引入Learning Locker开源系统，该系统提供了许多API，借助API能够实现更精细的控制。通过采集学习者的学习经历数据，构建学习者画像，从学习者的即时结果和长期结果，学习者认知、情感、行为，提升学习者终身发展能力与幸福角度等方面，为学习者提供精准的评价，提出相关人文性的改进建议或干预措施等。

四、暂未引入可视化编程工具

可视化编程是一种趋势，即对图形块进行拼装的方式实现程序逻辑，在目前的3D虚拟学习环境开发系统中，要实现更高级的互动操作，需要利用该系统的脚本编辑器调用底层引擎提供的JavaScript API来实现，这是一种利用代码来实现的高级交互方式。但此方式需要场景创作者熟练使用JavaScript编程语言，需要了解该语言的语法、熟悉各个函数的功能及相应的参数调用，这对于普通的创作者来说也是一个不小的挑战。可视化编程模块可将函数功能以图形块的方式呈现，创作者只需要把各个功能组成的图形块进行拼装来实现程序逻辑，并根据程序逻辑自动生成相应语言的代码，目前有许多类似的开源系统，如谷歌公司免费开源的Blockly。因此后期可将Blockly进行封装，嵌入3D虚拟学习环境开发系统中，为3D虚拟学习环境创作者提供更为便利的开发工具。

五、暂未引入体感技术的支持

完全沉浸式教学需要可穿戴设备，如VR眼镜等。目前采用此种方式因设备及其配套设备昂贵等问题难以在普通教室大规模应用，因此VR眼镜等可穿戴设备通常情况下也只能在实验室使用。本研究采用类似于当前桌面网络游戏的沉浸体验，学习者在课堂中使用智能平板、移动PC等智能终端开展学习，使用浏览器打开3D虚拟学习环境，每位学习者均有一个代表本人的虚拟化身进入3D虚拟学习环境，与教师或其他同学共同在3D虚拟学习环境中开展教学活动。然而在学习的过程中使用键盘、鼠标操作也有一定的局限性，有些操作则不够自然，会影响学习者的操作体验。后期将在3D虚拟学习环境开发系统中引入Leap Motion体感技术，该体感设备价格便宜，功能强大，同时也为在浏览器中开发体感交互内容提供了JavaScrip SDK，可非常方便地集成到3D虚拟学习环境开发系统中。体感技术的运用，使得师生可以通过手势和动作直接与机器互动，让师生的体验更加自然和直接，有利于沉浸式教学的开展。

第三节　推进网络学习空间建设与应用的建议

当前，地域的不同、经济条件的限制等多方面原因，导致现有网络学习空间的使用情况也各不相同。人们还存在着对空间内涵与价值认识的不足、建设的盲目性、以及资源供给质量、空间建设体系不完善等问题，这些问题限制空间的发展，使得当前网络学习空间难以满足需求者。要实现网络学习空间持续建设与深入发展，除了提供功能强大、方便易用的平台以外，教师还需要了解推进网络学习空间应用的关键点以及资源平台建设、模板的设计与制作、优秀教学案例收集与整理等。

一、推进网络学习空间应用的关键点

要充分利用网络学习空间以切实提升教学质量，就需要找到破解影响教学质量的瓶颈问题。通过对各地学校进行实际情况调查与分析、查阅相关文献等等，我们发现影响课堂教学质量的因素是多方面的，有教学资源、工具和系统方面的因素，也有学生整体情况等因素，但最为关键的因素是教师的教学思路和方法。

当前，课堂教学最突出的问题是学生对学习内容兴趣性不高，对所学知识觉得不知道用来干什么，可以解决什么样的实际问题，由于课堂空间的局限性，教学活动开展较少，即使开展了教学活动，学生参与度不高，导致学生厌学、教学整体效果不理想，这些已成为制约课堂教学质量提升的主要障碍。在这种情况下，如果直接应用技术，再好的技术手段，对于教学问题的解决都是无济于事的，技术只是辅助教学质量提升的手段而已。

因此，要调整教学思路和方法，教师首先需要站在课程整体层面上。以职业教育《老年照护》课程为例，教师要充分了解学生学完该课程后所对应的工作岗位以及工作岗位所对应的工作任务，并去实地进行调研，与同行专家进行交流以加深对岗位工作的理解。然后基于教材，可以适当地对教材内容进行重构，做到对教与学进行统筹规划与系统设计，即做好逻辑设计。通过学习逻辑设计，一方面让学生能够明晰所要学习课程内容是为了解决什么问题、完成什么任务而安排的，这些内容与其他知识间的逻辑关系，最大限度地激活学生的学习欲望，使学生能够积极投入到学习中。另一方面，充分利用新一代信息技术，如利用虚拟现实技术构建与现实情景相同的情境化虚拟学习环境，在情境化的虚拟学习环境中开展与真实环境相同的教与学活动，让学生全身心地投入到情境中进行体验学习，使得课堂教学的效果达到最佳。

（一）以紧耦合课程内容为单位做学习逻辑设计

做学习逻辑设计，首先要明确的事情是在教学内容的多大范围内进行。广义上讲，学习逻辑设计应从学生终身发展的角度来统筹规划课程内容，要做顶层设计。实际教学中，顶层设计都是依据学科素养体系编写教材来完成的。需要做的事情是在有了教材之后，谋划在什么范围开展学习逻辑设计。

有一点是明确的，就是没有太大关系的内容，根本没有必要放在一起来统筹考虑学习逻辑设计。原则上讲，只有知识间的关联强，有着互补价值的内容，即它们之间耦合性非常紧密，很难割裂开来组织教学活动，则有必要放在一起来统筹做学习逻辑设计。一般情况下，通常是以单元或某一系列知识为单位开展学习逻辑设计。在学习逻辑设计中，应让学生明晰知识间的关联性，并在此基础上，合理安排所涉及知识的学习次序。

学科不同，课程内容不同，相应的学习逻辑设计思路和方法差异是非常大的。应根据具体情况，做适合的学习逻辑设计。在学习逻辑设计方面，文科与理科的差别也比较大。

（二）有针对性地设计驱动学习的问题与任务

学习逻辑设计首先要解决的问题是帮助学生搞清楚为什么要学习课程所安排的内容，即让学生明白课程学习的目的和应用场景，也即学习课程的用途，这是教学最为关键的事情，直接决定了学生是否会有足够的学习兴趣来参与学习。当学生不清楚学习该门课程有何用途时，无论是课堂教学，还是课后学习，都不会取得较好的成效，有时反而会取得适得其反的效果。其次还要让学生明白通过这门课程到底会学习哪些方面的知识，形成什么样的能力和素养。

要想让学生明白为什么要学习该门课程所安排的学习内容，要激发学习者的学习兴趣和学习欲望，采用传统的直接讲授方法通常起不到好的效果，最好的办法是通过实际问题或任务，让学生明白学习该门课程内容主要用于解决什么问题，或完成什么任务，学生自然而然就清楚为什么要学习了。但是，在实际教学活动中，教师通常难以找到适切的问题或任务去很好地激发学习者的学习兴趣和学习欲望，也很难在课堂中开展解决问题或任务的方法。因此，问题或任务的设计以及找到在课堂中解决问题或任务的方法，就变得尤为重要。

学习问题或任务的设计，是学习逻辑设计的核心工作。所设计的问题或任务，一方面应能够充分反映出这些问题或任务的解决或完成是十分必要的，且如果没有进一步的知识学习，就无法解决这些问题，无法完成这些任务。另一方面，应覆盖所有边界情况，且是分层递进的，能够有效引导学生由浅入深、系统全面开展学习活动。这里的关键点是如何让学生从实际问题或任务入手，为了解决问题或完成任务，就必须掌握相应的知识，且知道掌握哪些方面的知识。

（三）系统设计教与学路径

在驱动学习的问题或任务设计之后，课堂教学设计的主要任务：一方面是以知识学习为基础，如何让学生形成问题解决能力；另一方面是在知识学习和问题解决能力形成的基础上，如何培养学生的思维能力，特别是系统思维和创新思维能力。因此，能否实现教学预期，完成所期望的学生能力和素养的培养，关键在于教与学活动的设计与实施。教与学活动的设计与实施，直接决定着是否能够激发学生的学习兴趣和学习欲望，让学生全身心投入学习当中，轻松愉快地完成学习活动，以及在学习活动过程中思维能力得到启迪和发展，合作能力得到提升等。

如针对职业教育的相关课程，可借助虚拟现实等相关技术，通过创设逼真的、与真实问题或任务情境一致的场景，通过虚实融合的场景化学习将技术和学习活动融合为一体，有利于在校学习活动与就业的衔接、解决实训环境匮乏的问题、形成工学一体化培养体系，引发学习资源呈现与供给方式，撬动教学方法与模式的改变，探索多模态学习场景下的体验式学习、分布式学习、个性化学习和全方位协作学习活动的设计，对促进职教领域信息化教学模式创新和培养高素质的技能型人才有者特有的价值和意义，学习逻辑设计思路如图8-1所示。

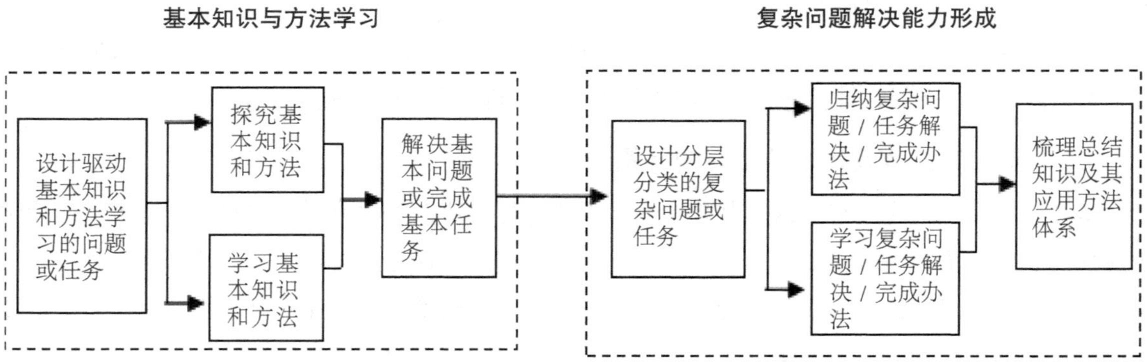

图8-1　学习逻辑设计思路

针对某一具体类型学习内容，当对各种类别学生的情况都做了充分考虑后，选择出多种可行的教与学路径，并综合在一起，就构成了该学习内容的教与学路径体系，所有学习内容的教与学路径体系总和即为教与学路网。因此，如果建立了教与学路网体系，则对于教与学路径的设计和优化，将会起到系统、全面的引导和支持作用。

一般情况下，一节课的教与学活动，可以分为两个阶段。第一阶段是完成基本知识学习，并形成相应的问题解决能力；第二阶段是在第一阶段学习的基础上，提炼归纳基于基本知识解决复杂问题的方法和应用策略，并形成复杂问题解决能力。因此，学习逻辑设计应分阶段进行，具体如下。

在第一阶段，主要是完成基本知识学习和形成基本问题解决能力。在任务驱动下，基本知识的学习可以有两种途径。一是采取听讲或读懂的方式让学生学会知识。在教师讲解或学生阅读的基础上，通过问题解决、合作交流、教师指导等方式深化理解知识，并形成知识运用能力。二是让学生通过探究，归纳总结出问题解决的基本方法，并形成基本问题解决能力。

在第二阶段，重点完成的是在已经掌握基本知识和形成基本问题解决能力基础上，进一步学习复杂问题解决方法与策略，并形成能够解决不同层次、不同类别复杂问题的能力。在这一阶段的学习也有两种途径：一种是在教师讲解复杂问题解决方法的基础上，学生通过进一步的多类别复杂问题解决、合作交流、教师指导等方式深入理解复杂问题解决方法，并形成不同层次、不同类别复杂问题的系统解决能力；另一种是学生在教师指导下，通过独立或者合作探索解决复杂问题的过程，归纳总结出不同层次、不同类型复杂问题的解决方法。

教与学路径的设计，应充分考虑学习内容的特点、群体学生已有知识水平和认知能力、任课教师自身的教学水平、可用教学条件等多方面因素，结合学生在不同时段的学习侧重，合理选择第一阶段和第二阶段应采取的教与学路径。

当以创新性思维能力培养为主要导向，且学生的已有知识水平和认知能力能够较好地开展探究学习，所学内容又适合采取探究学习方式时，对第一阶段和第二阶段的教学路径选择，原则上均应以学生“自主或合作探究，归纳总结”为主要学习方式。如果所学知识难度过大不适合采取探究学习方式，或者学生已有知识水平和认知能力不足以开展探究性学习活动时，第一阶段的知识学习原则上采用第一种途径。但是第二阶段的学习，即复杂问题解决方法的学习，应尽可能采取学生归纳总结的方式完成学习活动。

二、颗粒化资源平台的建设

教师在进行教学前，需要进行教案、课件、微课视频、3D虚拟学习环境等教学资源的设计，这些教学资源的设计，是教师根据教学内容，为完成教学目标而使用更为颗粒化的资源设计而成。为了完成一个实现教学目标的资源设计，需要教师通过各种途径寻找颗粒化资源，往往需要花费许多时间。在互联网出现之前，教师设计教学资源时一般是从图书馆借阅图书、商店购买光盘等方式收集颗粒化资源，然后利用相关工具制作相应的教学资源以满足教学需求。随着互联网的广泛应用以及搜索引擎提供的强大功能，教师在寻找颗粒化资源时变得更加方便、快捷，但往往在某一资源网站中找到所需颗粒资源后需要注册，增加了不少工作量，同时随着知识付费模式的兴起，教师找到的颗粒化资源一般都是付费资源，这对教师来说也是一个不少的负担。因此，提供颗粒化资源的平台建设尤为重要。

颗粒化资源一般包括短视频（如某一作物经过剪辑的生长过程）、图片、3D单体物件模型（如桌、椅等）、纹理等，通过分门别类地归纳整理到资源网站中，还可以根据年级、学科进行细分，同时提供搜索功能，便于更快地找到所需颗粒资源进行二次开发，以加快教学资源设计的速度和质量。同时除了平台管理者收集资源以外，也应该开放相应的接口，允许第三方人员或企业上传颗粒化资源，可以设定一些激励机制，如第三方上传颗粒化资源，通过后台审核后可以增加一定的积分和奖励，以激励更多人参与颗粒化资源的制作和上传，以形成颗粒化资源开放使用的生态平台。

三、教学模板的设计与制作

教学模板一般包括教案模板、PPT模板、3D虚拟学习环境模板等。教学模板实际上也是一种由教学设计、美术人员共同设计的教学资源。本研究的3D虚拟学习环境开发系统支持调入模板功能，可将根据各个学科知识点的特点设计好的3D虚拟学习环境模板调入在线3D编辑器中进行二次开发，以制作出符合教师本课程教学需要的3D虚拟学习环境。对3D虚拟学习环境模板的设计要求更高，其制作难度也更大，一般是由领域工作人员、教学设计人员、美术设计师、程序设计师等专业人员组成的团队，利用3D虚拟学习环境开发系统进行开发后保存为模板功能，系统就会将模板保存到模板资源网站中供师生选用。通过制作大量不同学科的教学模板，可为教师快速开发高质量的教学资源提供极大的帮助，为网络学习空间资源持续建设和深入发展带来有力支撑，实现优质教学内容爆炸式增长。

四、优秀教学案例的收集与整理

教学案例一般由教学设计、教学方法、教学过程、教学效果评价等几部分组成，优秀、典型的教学案例可为教师进行教学提供很好的借鉴和极大的帮助，有利于提升整体的教学质量。网络学习空间平台管理方应注重收集和整理专业性、典型性、社会性的教学案例，并将教学案例分门别类地存放在资源平台网站中，供师生参考学习。

参考文献

1. 参考的论文类

[1] 吴永和，管玟琪，余云涛，等.“网络学习空间人人通”技术标准研究[J].信息技术与标准化，2014（6）：40–43.

[2] 刘革平，王星，高楠，等.从虚拟现实到元宇宙：在线教育的新方向[J].现代远程教育研究，2021，33（6）：12–22.

[3] 刘革平，王星.虚拟现实重塑在线教育：学习资源、教学组织与系统平台[J].中国电化教育，2020（11）：87–96.

[4] 徐凤婷，曹卫真.网络学习空间的研究现状与未来发展[J].教育教学论坛，2021（29）：25–28.

[5] 杨玉宝，谢亮.具身认知：网络学习空间建设与应用的新视角[J].中国电化教育，2018（2）：120–126.

[6] 李爽.网络学习空间的价值与应用取向研究[D].大连：辽宁师范大学，2017.

[7] 唐烨伟，沈玉涵，赵一婷，等.智能技术赋能网络学习空间：锚点定位、模型重构与价值探求[J].电化教育研究，2021，42（5）：70–76，85.

[8] 钟绍春，钟卓，范佳荣，等.智能技术如何支持新型课堂教学模式构建[J].中国电化教育，2022（2）：21–29，46.

[9] 陈涛，巩阅瑄，蒲岳.探寻社会化意义：大学生在线教学交互及其对学习效果的影响：基于334所高校在线教学的调查[J].高等教育研，2020，41（6）：72–81.

[10] 张晓芳.智能化背景下成人学习支持服务模型构建探讨：以开放的大学为例[J].成人教育，2018，38（12）：26–30.

[11] 赵赋，黄天元.人工智能时代的高等教育与变革[J].复量教育论坛，2019，17（4）：18–25.

[12] 贾非，赵彬行，李志创.混合式学习与在线学习对学生投入度的影响：以学习环境为视角[J].复旦教育论坛，2019，17（5）：55–61.

[13] 何克抗.建构主义的教学模式、教学方法与教学设计[J].北京师范大学学报（社会科学版），1997（5）：74–81.

[14] BROWN J S, OTHERS A. Situated cognition and the culture of learning. technical report[J]. Cognitive Processes，1988，18（1）：48.

[15] 钟志贤.论学习环境设计[J].电化教育研究，2005（7）：16–18.

[16] HILARY M. Situated learning perspectives[J]. Educational Technology Publications, 1996:19–43.

[17] 胡翰林，沈书生.情境认知视角下创客教育实施路径的转变[J].现代教育技术，2019，29（9）：121-126.
[18] 李展. 具身认知视域下虚拟仿真实验的设计与开发[D]. 济南：山东师范大学，2019.
[19] 杨玉宝，谢亮.具身认知：网络学习空间建设与应用的新视角[J].中国电化教育，2018（2）：120-126.
[20] 项国雄.活动理论及对学习环境设计的影响[J]. 电化教育研究，2005（6）：9-14.
[21] 张军，董秋瑾.活动理论视域下研训行一体化教师学习模式建构研究[J]. 教师教育研究，2021，33（3）：18-23.
[22] 赵珊.心流理论视阈下沉浸式设计路径探析[J].四川戏剧，2021（2）：77-79.
[23] 杨晶. 基于Roblox的高中信息技术教育游戏开发与应用[D].南昌：江西科技师范大学，2021.
[24] 张子石，金义富，吴涛.网络学习空间平台的规划与设计：以未来教育空间站为例[J].中国电化教育，2015（4）：47-53.
[25] 彭建磊. 3D虚拟学习环境中基于任务驱动的学习活动设计与实现[D].重庆：西南大学，2016.
[26] 袁星. 基于Web的3D多用户游戏引擎架构设计与实现[D].广州：华南理工大学，2019.
[27] 包劼. 基于SaaS的在线教育管理系统的设计与实现[D].上海：上海交通大学，2020.
[28] 乔惠. 基于xAPI的开放学习者画像的构建与应用研究[D].上海：华东师范大学，2018.
[29] 郭欣悦，吴峰，邵梁.职业教育虚实融合场景化学习活动设计研究[J].中国电化教育，2021（2）：131-136.
[30] 袁凡，陈卫东，徐铷忆，等.场景赋能：场景化设计及其教育应用展望：兼论元宇宙时代全场景学习的实现机制[J].远程教育杂志，2022，40（1）：15-25.
[31] 艾兴，李苇.基于具身认知的沉浸式教学：理论架构、本质特征与应用探索[J].远程教育杂志，2021,39（5）：55-65.
[32] 唐烨伟，沈玉涵，赵一婷，等. 智能技术赋能网络学习空间：锚点定位、模型重构与价值探求[J].电化教育研究，2021，42（5）：70-76, 85.
[33] 王珍海. 基于Web的协同3D场景建模系统的研究[D]. 上海：上海交通大学，2015.
[34] 肖月. 3D图形引擎中渲染器的研究与设计[D]. 长春：长春工业大学，2019.
[35] 李爽. 网络学习空间的价值与应用取向研究[D]. 大连：辽宁师范大学，2017.
[36] 陈颖博，刘革平，谢涛.基于Secondlife的探究式学习环境设计与实现[J].中国远程教育，2012（2）：77-80.
[37] 陈卫东. 沉浸式虚拟学习环境设计与学习评价研究[D]. 上海：华中师范大学，2020.
[38] 肖际亚. 基于Web的3D场景协同编辑关键技术研究与实现[D]. 成都：电子科技大学，2016.
[39] 张磊.全智能教育空间建构：基于情境认知理论的分布交互式视景仿真研究[J].重庆高教研究，2021，9（5）：34-43.
[40] 赵春，刘福刚. 一种融合联通主义与新建构主义的混合式教学模式[J].高教探索，2021（10）：

16-21.

[41] 郭炯，黄彬，郑晓俊.《网络学习空间建设与应用指南》解读[J].电化教育研究，2018，39（8）：34-38.

[42] 马小强，贾平. “网络学习空间人人通” 区域应用实效分析[J].电化教育研究，2020，41（10）：59-64.

[43] 杨玉宝，谢亮.具身认知：网络学习空间建设与应用的新视角[J].中国电化教育，2018（2）：120-126.

[44] 刘革平，高楠，胡翰林，等.教育元宇宙：特征、机理及应用场景[J].开放教育研究，2022，28（1）：24-33.

[45] 黄荣怀，杨俊锋，胡永斌.从数字学习环境到智慧学习环境：学习环境的变革与趋势[J].开放教育研究，2012，18（1）75-84.

[46] 杨现民，赵鑫硕，刘雅馨，等.网络学习空间的发展：内涵、阶段与建议[J].中国电化教育，2016（4）30-36.

[47] 李月，陈雨薇，陈毅萍.国外3D虚拟世界教育实证研究的现状与趋势研究[J].中国远程教育，2015（8）：16-22.

[48] 瞿嬰.网上虚拟实验中学生综合素质的培养[J].实验室研究与探索，2005（1）：7-9.

[49] C.MADERUELO, A.MARTIN-SUAREZ, J.S.PÉREZ-BLANCO, et al.Facility-based inspection training in a virtual 3D laboratory[J].Accreditation and Quality Assurance，2014（5）：403-409.

[50] 张淼. SecondLife环境下初中力学虚拟实验的设计与实现[D].重庆：西南大学，2013.

[51] IOANNIS VRELLIS,NIKOLAOS AVOURIS,TAASSOS A.MIKROPOULOS.Learning out-come,presence and satisfaction from a science activity in second Life[J].Australasian Journal of Educational Technology,2016，32（1）：59-77.

[52] 李学孺，刘革平.基于SecondLife的体验式学习活动设计[J].现代教育技术，2011，21（10）：34-36.

[53] IRYNA KOZLOVA, DMITRI PRIVEN. ESL teacher training in 3D virtual worlds [J].Language Learning & Technology，2015，19（2）：83-101.

[54] 刘革平，李学孺.面向高校教师的SecondLife虚拟实践社区构建与应用[J].电化教育研究，2012，33（5）：53-56.

[55] 夏志鹏，刘革平.3D虚拟学习环境中操作指导型虚拟教师设计与实现[J].中国电化教育，2016（5）：98-103.

[56] 鲍雪莹，赵宇翔.游戏化学习的研究进展及展望[J].电化教育研究，2015，36（8）：45-52.

[57] 马颖峰，赵磊.Second Life与高阶思维能力培养的关系及对教育游戏设计的启示[J].现代教育技术，2010，20（9）：28-31.

[58] Lorenzo-Alvarez ROCIO,Rudolphi-Solero TEODORO,Ruiz-Gomez MIGUE J,et al.Game-based Learning in virtual worlds: a multiuser online game for Medical undergraduate radiology education within second Life.[J]. Anatomical sciences education,2019.

[59] 何张雨婷. 对外汉语教育游戏的设计与应用[D].杭州：浙江大学，2018.

[60] 杨萍. 基于3D虚拟学习环境的主题学习活动设计与实现[D].重庆：西南大学，2019.

[61] 卜昭锋，杜晓明，朱宁，等.基于xAPI的数字化学习过程数据跟踪[J].现代教育技术，2019，29（1）：86–92.

[62] 肖君，乔惠，李雪娇.基于xAPI的在线学习者画像的构建与实证研究[J].中国电化教育，2019（1）：123–129.

[63] 郭炯，黄彬，郑晓俊.《网络学习空间建设与应用指南》解读[J].电化教育研究，2018（8）：34–38.

[64] 徐杰，杨文正，李美林，等.国际游戏化学习研究热点透视及对我国的启示与借鉴[J].远程教育杂志，2018（6）：73–83.

[65] 刘艳.游戏化教学在高中信息技术课堂的应用研究[D].大连：辽宁师范大学，2015：14.

[66] 祝士明，王田.游戏化学习环境下的教与学[J].现代教育技术，2017（6）：25–30.

[67] 尚俊杰.游戏化学习：让学习更科学、更快乐、更有效[J].人民教育，2018（13/14）：102–104.

[68] 马小强.电子游戏教育价值分析与判定[J].中国电化教育，2008（10）：19–23.

[69] 邹有君.发挥游戏软件在地理教学中的应用价值：以“城市化对地理环境的影响”为例[J].中学地理教学参考，2014（11）：26–28.

[70] 李伟，赵蔚，马杰.基于Flash+XML的中学物理教育游戏的设计与开发[J].中国电化教育，2013（7）：86–90.

[71] 李海峰，王炜.基于具身认知理论的教育游戏设计研究：从EGEC框架构建到“环卫斗士”游戏的开发与应用[J].中国电化教育，2015（5）：50–57.

[72] 吴舒琴.基于体验式学习的教育游戏设计与开发：以《岳阳楼记》为例[D].武汉：华中师范大学，2018.

[73] 张仁智.基于抛锚式教学模式和HTML5的教育游戏设计与实现[D].昆明：云南师范大学，2018.

[74] 朱云，裴蕾丝，尚俊杰.游戏化与MOOC课程视频的整合途径研究：以《游戏化教学法》MOOC为例[J].远程教育杂志，2017，35（6）：95–103.

[75] 曲茜美，曾嘉灵，尚俊杰.情境故事视角下的MOOC游戏化设计模型研究[J].中国远程教育，2019，40（12）：24–33，92–93.

[76] 贾寿迪，马红亮，杨洋，等.开放勋章对在线教学的应用价值：基于Moodle课程的实践案例分析[J].现代教育技术，2014，24（8）：78–85.

[77] 王娜，徐鲁雄.基于Unity3D的计算机网络虚拟实验室建设研究[J].实验技术与管理，2016，33（9）：242–245，252.

[78] 郭炯，郑晓俊."人人通"如何走向"人人用"：解读《关于加强网络学习空间建设与应用的指导意见》[J].中小学数字化教学，2019（5）：24–28.

[79] 张露，尚俊杰.基于学习体验视角的游戏化学习理论研究[J].电化教育研究，2018（6）：11–20，26.

[80] 刘革平，谢涛.3D虚拟学习环境综述[J].中国电化教育，2015（9）：22–27.

2. 参考的著作类

[1] 尹睿.个人网络学习空间支持教师学习的生态研究[M].北京：高等教育出版社，2020.

[2] 杨开诚.以学习活动为中心的教学设计实训指南[M].北京：电子工业出版社，2016.

[3] 冯光伟.课堂教学设计理论与实践[M].北京：科学出版社，2019.

[4] 唐烨伟."互联网+"时代重构网络学习空间：技术赋能教育融合新样态[M].长春：东北师范大学出版社，2021.

[5] 石琳，郭宇承，谷学静，等.智能3D虚拟学习环境中的人工情感研究[M].武汉：武汉大学出版社，2015.

[6] 尹俊.游戏化教育–改变互联网教育的创新战略[M].北京：人民邮电出版社，2019.

[7] 王云凤.职业院校网络学习空间建设与应用[M].北京：北京理工大学出版社，2020.

[8] 胡燕.无障碍虚拟学习环境的设计研究[M].北京：科学出版社，2018.

[9] 尹睿.个人网络学习空间支持教师学习的生态研究[M].北京：高等教育出版社，2020.

[10] 杨滨.培养学生问题解决能力：网络学习空间应用研究[M].北京：中国社会科学出版社，2018.

[11] 尚晖.信息技术[M].长沙：湖南大学出版社，2021.

3. 参考的网页类

[1] 中华人民共和国教育部.刘延东国务委员在全国教育信息化工作电视电话会议上的讲话[EB/OL].（2012–09–05）[2022–03–09].中华人民共和国教育部.2012年9月5日.

[2] 中华人民共和国教育部.教育部关于发布《网络学习空间建设与应用指南》的通知（教技[2018]4号）[EB/OL].(2018–04–16)[2020–03–09].http://www.moe.gov.cn/srcsite/A16/s3342/201805/t20180502_334758.html.

[3] Three.js: JavaScript 3D Library [EB/OL]. https://www.threejs.org.

[4] Babylon.js: Powerful, Beautiful, Simple, Open–Web–Based 3D At Its Best [EB/OL]. https://www.babylonjs.com.

[5] LayaAir:基于Web的次世代3D游戏引擎[EB/OL].https://www.layabox.com.

[6] 中华人民共和国教育部.教育部关于印发《教育信息化2.0行动计划》的通知[EB/OL].（2018–04–18）[2020–03–09].http://www.moe.gov.cn/srcsite/A16/s3342/201804/t20180425_334188.

html.

[7] 中华人民共和国教育部.教育部关于发布《网络学习空间建设与应用指南》的通知[EB/OL].（2018-04-16）[2020-03-09].http://www.moe.gov.cn/srcsite/A16/s3342/201805/t20180502_334758.html.

[8] 中华人民共和国教育部.教育部关于加强网络学习空间建设与应用的指导意见[EB/OL].（2019-01-16）[2020-03-09].http://www.moe.gov.cn/srcsite/A16/s3342/201901/t20190124_367996.html.

[9] 至成科技.https://www.xazcit.com/23454.html.